U0665500

蔡美峰院士在办公室

蔡美峰教授出席 2004 年度国家科学技术奖励大会

2016 年 6 月应俄罗斯科学院地球科学学部科拉科学中心和喀山联邦大学的邀请，蔡美峰院士参加第十届岩石破坏力学与预测研讨会和第六届中俄科学论坛，
蔡美峰院士和钱七虎院士会后合影

蔡美峰院士带领北京科技大学团队对南非兰德金矿区进行考察

蔡美峰院士在首钢矿业公司水厂铁矿考察交流

蔡美峰院士在山东黄金矿业股份有限公司玲珑金矿考察交流

蔡美峰院士在山东黄金矿业股份有限公司玲珑金矿考察

蔡美峰院士学术成就与贡献概览

北京科技大学　著

科学出版社

北京

内 容 简 介

我国著名的岩石力学与采矿工程专家、北京科技大学教授、中国工程院院士蔡美峰，始终牢记党和人民的培育之恩，不忘初心、刻苦钻研、勤奋工作，用毕生精力报效党、祖国和人民，取得了一系列的学术成就并作出重要贡献。本书介绍蔡美峰院士针对地下、露天、露天转地下三大类采矿工程中的关键技术问题，建立以地应力为基础的采矿设计优化理论和技术体系及开采地压控制理论与方法；以地应力主导的能量聚集和演化为主线，揭示矿震、岩爆、冲击地压等开采动力灾害诱发机理及其与采矿过程的关系，并提出地下采矿与岩石开挖工程岩层控制的基本原理与技术、大型深凹露天矿高效运输系统及强化开采技术、露天转地下相互协调安全高效开采关键技术等。

本书可供从事岩石力学、采矿工程、安全工程、土木建筑工程、水利水电工程、交通运输工程及相关专业的教师、研究生、本科生，以及相关领域的科学研究、工程设计与建设人员和现场工程技术人员等学习、参考。

图书在版编目（CIP）数据

蔡美峰院士学术成就与贡献概览 / 北京科技大学著. —北京：科学出版社，2024.12

ISBN 978-7-03-078395-0

Ⅰ. ①蔡…　Ⅱ. ①北…　Ⅲ. ①蔡美峰－事迹　Ⅳ. ①K826.14

中国国家版本馆 CIP 数据核字（2024）第 075989 号

责任编辑：冯　涛　李程程 / 责任校对：赵丽杰

责任印制：吕春珉 / 封面设计：耕者设计工作室

科学出版社 出版

北京东黄城根北街 16 号

邮政编码：100717

http://www.sciencep.com

北京中科印刷有限公司印刷

科学出版社发行　各地新华书店经销

*

2024 年 12 月第 一 版　开本：787×1092 1/16

2024 年 12 月第一次印刷　印张：22 1/4　插页：2

字数：534 000

定价：298.00 元

（如有印装质量问题，我社负责调换）

销售部电话 010-62136230　编辑部电话 010-62135235

严谨求实 奋力拼搏

不忘初心 报效祖国和人民

序　一

我怀着十分崇敬的心情为《蔡美峰院士学术成就与贡献概览》一书作序。

蔡美峰先生是国际著名岩石力学与采矿工程专家，中国工程院院士，北京科技大学教授。先生从事科研和教育工作数十载，取得了一大批教育和科学技术成果，为大型企业、研究院所、设计单位和行业部门培养了众多的杰出人才，为提高我国采矿工程和技术的科学水平作出了突出贡献。

蔡院士是全国教学名师和全国模范教师，时刻教育学生"现在好好学习、掌握本领，毕业后才能好好报效国家"，当年他怀着一颗赤子之心从澳大利亚回国效力，是学生们学习的好榜样。蔡院士在北京科技大学工作40多年，相继担任资源工程学院、土木与环境工程学院院长十余年，为矿业、土木等学科布局和专业发展作出了重大贡献。犹记得互联网上广为传播的蔡院士暴雨天蹚水坚持到办公室工作、大年初一办公室加班的视频照片，这些都是蔡院士日常工作的真实写照。几十年如一日，没有节假日和休息日，将全部精力投入教学和科研工作中，蔡院士勤奋的工作精神和广博学识，深深地激励着每一名学生。

蔡院士是矿业界知名学者和全国优秀科技工作者，师从中国岩石力学领域奠基人于学馥先生，秉承"以身作则、深入实践"的传统，留学澳大利亚期间专攻国家最需要的高难度课题，回国后扎根现场，完成了金川、新城、玲珑等众多矿山工程技术攻关任务，带领课题组获得国家科学技术进步奖二等奖4项、国家科学技术进步奖三等奖1项和国家技术发明奖三等奖1项。几十年来，每到矿山现场都要下井察看，年近80岁高龄仍坚持到1500m深的会泽铅锌矿深竖井和4000多m高的普朗铜矿高陡边坡考察。蔡院士严谨的治学态度和不断探索的科学精神值得我们每一位科技工作者认真学习。

蔡院士在学习、工作、生活中展现出的无私奉献精神和高尚家国情怀更令人钦佩。1967年蔡院士自上海交通大学工程力学专业毕业后，在湖北宜昌山区的国防科学技术委员会第710研究所工作近10年。留学澳大利亚期间，他殚精竭虑、刻苦钻研，完成学业后便迫不及待地返回祖国，用自己学得的知识报效祖国。蔡院士总是强调"我的成长道路是许许多多工人、农民用辛勤的劳动铺就的"。他怀揣感恩之心，携其夫人张贵银女士捐款300万元成立"蔡美峰张贵银矿业教育基金"，支持学校教育事业发展与人才培养。

成就一番事业、锤炼钢筋铁骨，需要精神传承和执着坚守，蔡院士为国奉献、甘为人梯的精神长期浸润着广大学子为人为学的精神家园，不断引导着优秀青年积极投身国家建设。

《蔡美峰院士学术成就与贡献概览》一书详细记录了蔡院士的人生经历、教育思想和学术贡献，是对先生成就的全面记录和总结，是后辈学习借鉴的重要资料。

奉先生雅命，拜读书稿，有感而发，是为序。

北京科技大学 党委书记　武贵龙

序　二

出版《蔡美峰院士学术成就与贡献概览》一书是为庆贺我校中国工程院院士蔡美峰八十周年华诞。书中介绍了蔡院士在岩石力学与采矿工程领域从事教学和科研数十年，奋力拼搏与不懈努力所取得的学术成就与作出的贡献。

昼夜辛劳、勤奋耕耘五十载。

蔡院士 1967 年毕业于上海交通大学工程力学专业，在国防科学技术委员会第 710 研究所工作近 10 年，于 1978 年考取北京钢铁学院（现北京科技大学）的硕士研究生，研究方向是采矿工程专业岩石力学。1981 年毕业留校任教以来，他始终坚信采矿对国民经济发展有着举足轻重的作用；同时他意识到采矿是一门极为复杂的系统工程，解决采矿问题涉及多学科的理论知识。采矿的理论基础是力学，经过工程力学本科学习的蔡美峰深感自己将在采矿这一行业大有用武之地，自己有责任利用毕生所学及现代科学理论和高新技术，为提高我国采矿工程和技术的科学水平作出自己的努力和贡献。

经过多年的不懈努力，作为国内外著名的岩石力学与采矿工程专家、我国矿山地应力测量和以地应力测量指导科学采矿的主要开拓者，蔡院士首次开发出我国具有自主知识产权的“实现完全温度补偿并考虑岩体非线性的地应力解除测量技术”，引领和推进我国矿山地应力测量的开展、普及与提高；提出以地应力为基础的采矿优化的理论与技术体系、安全高效开采技术和矿山动力灾害预测与防控技术等。先后完成近百项采矿基础理论和采矿工程科研项目，为提高我国采矿工程和技术的科学水平、实现科学采矿，解决一批有代表性大中型矿山开采过程中的关键工程技术难题作出重要贡献。作为项目负责人，蔡院士先后获国家科学技术进步奖 5 项、国家技术发明奖 1 项。

无私奉献、甘为人梯。

蔡院士一贯强调，作为人民教师必须爱岗敬业，他怀着强烈的责任心和使命感，以广博的学识、丰富的实践经验和高尚的人格魅力，言传身教，为人师表，把培养的每一名学生锤炼成国家建设的有用之才。从教 40 多年来，他培养了一批又一批矿业工程专业的本科生，同时亲自指导培养的博士研究生、硕士研究生均超过 100 名，他们中多数人已成为国家建设的栋梁之材。蔡院士 2002 年主编的普通高等教育“十五”国家级规划教材《岩石力学与工程》，至今已出版两版，发行 7 万余册，一直被全国几百所高校采用，2005 年获高等教育（本科）国家级教学成果奖二等奖。

蔡院士也因爱党、爱国、爱校、爱教的深切情怀和楷模作用以及作出的贡献，先后获“高等学校教学名师奖”“全国模范教师”“全国优秀科技工作者”荣誉称号。

为了激励青年人才的培养和发展，蔡院士发扬“无私奉献、甘为人梯”的精神，与夫人张贵银女士拿出个人的积蓄设立了北京科技大学“蔡美峰张贵银矿业教育基金”，报答党和人民的栽培之恩和学校的教育培养之恩，助推北京科技大学国际一流学科建设，助力北京科技大学“矿业工程”学科国际排名名列前茅（在“2017 软科世界一流学科”排名中，北京科技大学“矿业工程”学科排名世界第一）。

希望全校师生以蔡院士为榜样，发扬“求实鼎新”的校训精神，努力拼搏、不断奋进，为把我国建设成社会主义现代化国家、把我校建成具有世界一流水平的综合大学作出贡献。

北京科技大学 校长　杨仁树

前　言

本书的出版是为庆贺北京科技大学蔡美峰院士八十周年华诞。

蔡美峰，国内外著名的岩石力学与采矿工程专家，我国矿山地应力测量和以地应力测量成果指导科学采矿的主要开拓者之一，中国工程院院士。他出身于贫苦的农民家庭，如果不是新中国成立，如果没有党和人民的培养，他很可能连上学的机会都没有，根本不可能从小学、中学一直读到大学，更不可能成为今天国内外著名的岩石力学与采矿工程专家。因此，他始终牢记党和人民的培育之恩，不忘初心、刻苦钻研、勤奋工作，用毕生精力报效党、国家和人民。

蔡美峰院士 1967 年毕业于上海交通大学工程力学专业，1978 年考取"文化大革命"后第一届研究生，进入北京钢铁学院（现北京科技大学）攻读采矿工程专业岩石力学研究方向硕士学位，1981 年硕士研究生毕业后留校任教。40 多年来，他始终坚持在科研和教学的工作岗位（包括公派出国 5 年一直从事国内相关的研究工作）。蔡美峰院士首次开发出我国具有自主知识产权的"实现完全温度补偿并考虑岩体非线性的地应力解除测量技术"，引领和推进我国矿山地应力测量的开展、普及与提高；提出以地应力为基础的采矿优化理论与技术体系、安全高效开采技术和矿山动力灾害预测与防控技术等；先后完成近百项采矿基础理论和采矿工程科研项目，为提高我国采矿工程和技术的科学水平、解决一批大中型矿山开采中的关键技术难题，发挥了极其重要的作用。蔡美峰院士从教 40 多年来，在教学方面做了大量开创性的工作，截至 2023 年，培养博士研究生 115 名、硕士研究生 120 名、博士后 30 余名。蔡美峰院士在岩石力学与采矿工程领域 40 多年的奋力拼搏与不懈努力，为提高我国采矿工程和技术的科学水平、实现科学采矿，同时为国家培养一批高水平的矿业研究、设计和工程管理人才，作出了突出贡献。2008 年、2009 年、2010 年蔡美峰院士分别获得"高等学校教学名师奖""全国模范教师""全国优秀科技工作者"荣誉称号。

本书主要介绍蔡美峰院士的学习、工作经历和为党、为国效力取得的学术成就与作出的贡献两方面的内容。全书共分四个部分、十四章。第一部分包括第一章和第二章。第一章，介绍蔡美峰院士的生平和为国效力的根本动力；第二章，介绍蔡美峰院士刻苦学习、潜心钻研，用出色的工作报效祖国和人民的事迹。第二部分包括第三章至第十一章。第三章，介绍蔡美峰院士首次开发出我国具有自主知识产权的地应力测量技术，推进我国矿山和地下岩土工程地应力测量的开展、普及和提高，为实现科学采矿创造必要条件；第四章，介绍蔡美峰院士针对地下、露天、露天转地下三大采矿工程中的关键技术问题，建立以地应力为基础的采矿设计优化理论与技术体系，提出符合现代岩石力学原理的开采地压控制理论与方法，为我国金属矿的科学开采提供技术支撑；第五章，介绍以地应力主导的能量聚集和演化为主线，揭示矿震、岩爆诱发机理及其与采矿过程的关系，为开采动力灾害预测和防控开辟有效途径；第六章，介绍大型深凹露天矿高效运输系统及强化开采技术研究；第七章，介绍露天转地下相互协调安全高效开采关键技术研究；第八章，介绍玲珑金矿深部岩石力学与采矿方法综合研究；第九章，介绍地下采矿与岩石开挖工程岩层控制理论与技术；第十章，介绍我国金属矿深部开采创新技术体系的战略研究；第十一章，介绍深部矿产和地热资源共采战略研究。第三部分为第十二章，介绍蔡美峰院士教书育人，塑造高尚师德丰碑的事迹。第四部分包括第十三章和第十四章。第十三章，介绍蔡美峰院士组织和参加学术公益活动获得高度评价的情况；第十四章，列举蔡美峰院士主要事迹的媒体报道。

本书内容主要根据蔡美峰院士提供的大量素材与相关资料整理而成。科学出版社为本书的成稿和高质量出版提供了有力保障。在编辑过程中，北京科技大学王培涛等蔡美峰院士团队成员对书稿做了认真检查和校对。本书的顺利出版离不开他们的悉心工作，在此表示深深的谢意！同时，对所有支持、鼓励与关心本书出版的各位专家、同行和蔡美峰院士的弟子们表示诚挚的感谢！

目　录

第一部分　奋斗历程

第二部分　学术贡献

第四部分 国际国内影响

第一部分

奋斗历程

第一章　蔡美峰院士简介

蔡美峰，1943 年 5 月出生，江苏如东人。国内外著名的岩石力学与采矿工程专家，我国矿山地应力测量和以地应力测量成果指导科学采矿的主要开拓者之一。

1967 年毕业于上海交通大学工程力学专业，1978 年进入北京钢铁学院（现北京科技大学）攻读采矿工程岩石力学研究方向硕士学位，1981 年毕业留校任教。1985~1990 年，获澳大利亚新南威尔士大学采矿岩石力学博士学位。2013 年当选中国工程院院士。

开发出我国具有自主知识产权的“实现完全温度补偿并考虑岩体非线性的地应力解除测量技术”，提出了以地应力为基础的采矿优化的理论与技术体系、安全高效开采技术和矿山动力灾害预测与防控技术等，先后完成了近百项采矿基础理论和采矿工程科研项目，包括国家重点基础研究发展计划（简称 973 计划）项目、国家高技术研究发展计划（简称 863 计划）项目和国家科技攻关（支撑）“八五”“九五”“十五”“十一五”“十二五”项目及“十三五”国家重点研发计划项目等。获国家科学技术进步奖二等奖 4 项、三等奖 1 项，国家技术发明奖三等奖 1 项，省部级科技奖励二等奖以上的 16 项。出版学术著作 8 部，发表学术论文 400 多篇。在教学方面，培养了博士研究生 115 名、硕士研究生 120 名、博士后 30 多名；主编了“十五”国家级规划教材《岩石力学与工程》。

1991~2010 年任北京科技大学采矿系副主任、资源工程学院（现土木与资源工程学院）院长；先后获得“高等学校教学名师奖”“全国模范教师”“全国优秀科技工作者”荣誉；“矿业工程”国家一级重点学科首席学科带头人（至今）；曾任国际岩石力学与岩石工程学会[①]教育委员会主席，任中国岩石力学与工程学会理事、常务理事、副理事长、监事兼教育委员会主任委员等。

① 国际岩石力学学会（International Society for Rock Mechanics，ISRM）于 2017 年 10 月正式更名为国际岩石力学与岩石工程学会（International Society for Rock Mechanics and Rock Engineering），缩写名称 ISRM 维持不变。本书未按时间界定，均用“国际岩石力学与岩石工程学会”新称。

第二章　不忘初心　报答党、国家和人民培育之恩

1943 年，蔡美峰出生在江苏如东黄海边的一个贫苦小乡村。他出生刚三个月，以种地和打鱼为生的父亲在一次出海时不幸遇难，母亲孤身一人拉扯着四个未成年的孩子艰难度日。十几年贫苦的乡村生活和艰难的求学历程，是蔡美峰成才的起点。他深知，如果不是新中国成立，如果没有党、国家和人民的培养，一个偏僻小乡村的穷孩子不可能有机会上学，更不可能从小学、中学一直读到大学，更不可能有条件取得今天这么大的学术成就。这是他不畏艰难、刻苦学习的思想基础和不忘初心，报答党、国家和人民培育之恩的根本动力。

1962 年 9 月，蔡美峰从如东县栟茶中学（现为江苏省栟茶高级中学）以高分考入上海交通大学，成为一名工程力学专业的大学生。1967 年 7 月，他大学毕业，被分配到国防科学技术委员会第 710 研究所工作。尽管工作、学习条件受到“文化大革命”环境的严重制约，但他始终以共产党员的觉悟和知识分子的良知做好自己的本职工作，他作为负责人之一完成的海军装备产品，获得 1978 年全国科学大会奖。在这段时间中，他从未停止过强烈的求知欲和对理想的不懈追求，从未放松学习。

1978 年国家恢复研究生招生，迎来了科学的春天。由于当时身处山区，得不到需要的招生信息，蔡美峰经人推荐报考了北京钢铁学院（现北京科技大学）采矿工程专业。结果他以近千名考生中总分排名第 3、专业排名第 1 的优异成绩，作为“文化大革命”后的第一批研究生，被该校录取。这成为他一生的重要转折点。 从此，他从事的专业领域从工程力学转入采矿工程。入学面试时，他的导师，我国岩石力学学科的奠基人之一于学馥教授问他的第一个问题就是：“以前你是搞上天（火箭发射）的，现在要入地，行吗？”蔡美峰坚定地回答：“行！我能吃苦，肯学习，干什么都行。”以前很多人看不起采矿，认为采矿没有学问，不是一门科学。当蔡美峰走进这一领域，看到矿产资源的开发和利用在国民经济的发展中起着举足轻重的作用，但是当时我国采矿工程和技术的科学水平与国外相比，还比较落后。同时，他发现采矿是一门极为复杂的系统工程，其复杂性既在于开采结构的复杂性，也在于开采条件和环境的复杂性，采矿问题的解决涉及多学科的理论和知识。采矿的理论基础是力学，经过工程力学本科训练的蔡美峰深感自己在采矿这一行业大有用武之地，自己有责任采用包括力学在内的现代科学理论和高新技术，为提高我国采矿工程和技术的科学水平作出自己的努

力和贡献。他的这次选择，决定了他未来一生的走向。

1985 年，蔡美峰被国家选派作为访问学者赴澳大利亚留学，一年后获澳方资助，兼攻博士学位。他抵澳后，原本是要去悉尼附近的伍伦贡大学从事巷道支护方面的研究，那个项目经费充足，也比较容易出成果，并且他硕士学习阶段和毕业后一直从事这方面的研究。但当时新南威尔士大学矿业学院有一个地应力测量方面的研究课题，是一个外国博士研究生准备了一年半后认为无从下手而放弃的；而且这个项目的经费需要逐年申请，没有保证。蔡美峰在国内时曾接触过这方面的工作，了解到由于没有摸清地应力的分布规律，国内有些矿井建了十多年都不能投产。蔡美峰深知地应力测量对采矿工程的极端重要性，他从国家需要出发，勇于承担风险，选定这个“难啃的骨头”来作为自己的研究课题。

进入课题研究不久，蔡美峰的导师（也是原先提出该课题的教授）辞职离开了学校。虽然学院安排了另一位教授做他的导师，但实际上科研方面的事就靠他自己一个人琢磨了。他的研究不光要耗费较大脑力，还要耗费很大体力。试验过程中需要用到 200 多块 70 多千克的岩石试块，需要每天把试块从试验台上搬上搬下，需要在一尺半高的试验台底部爬进爬出，劳动强度不低于建筑工地运料工的强度。为了加快试验研究进度，他常常在实验室从早上八点一直干到晚上九点。在那几年中，他始终有一个念头：国家在不算富裕的情况下花了很大的代价让他有了出国学习的机会，他只有充分利用国外大学资料全、信息快、试验条件好的有利条件，争分夺秒，刻苦钻研，学有成就，才能不辜负祖国和人民重托，才能报答党和人民的恩情。功夫不负有心人，经过五年的努力，他的研究成果终于得到了国际专家的认可和好评。这一经历为他后来在地应力测量领域取得国内外瞩目的突破性成果，提出以地应力为切入点的科学采矿优化理论和安全高效开采技术等奠定了坚实的基础。

1990 年 10 月，蔡美峰获得博士学位。当时澳大利亚政府已经宣布接受所有中国留学生永久居留申请，也有单位邀请他留在澳大利亚工作。在留学期间，他担任过几年的悉尼地区中国留学生联谊总会主席和党支部书记，并且在历次留学人员会议上，他都强调：公派留学人员在国家需要时回国服务是天经地义的。因此，在拿到博士学位半个月后，他就毫不犹豫地带头回国，毅然回到北京科技大学原工作岗位担任一名教师。1990 年 11 月 8 日，《光明日报》在头版头条以“问渠哪得清如许——记留澳博士研究生蔡美峰”为题，并附短评《新一代知识分子的风范》，报道了蔡美峰刻苦攻读、学有所成，并放弃国外永久居留机会，怀着一颗赤子之心毅然带头回国效力的感人事迹。

GUANGMING DAILY 1990年 11月 8日 星期四 代号（1—16）
农历庚午年 九月廿二 第14954号 统一刊号CN 11-0026

问渠哪得清如许

——记留澳博士研究生蔡美峰

本报驻堪培拉记者 薛福康

成长的道路是人民的汗水铺就

10月16日，悉尼新州大学的一座礼堂里，隆重的博士学位授予仪式正在进行。

蔡美峰手捧着刚拿到的学位证书，思绪万千。他想到了自己的身世：1943年，他刚来到世上3个月，以打渔为生的父亲便在一次出海时不幸淹死。母亲孤身一人拉扯4个未成年的孩子。如果不是新中国成立，他一个江苏如东渔村的穷孩子怎么可能从小学、中学一直读到上海交通大学呢？毕业后又考入北京科技大学读硕士，再后来又被选送到澳大利亚来留学。母亲积劳成疾，已过早地去世了。要是她能看到今天这一切，该有多快慰啊！蔡美峰心里很明白，自己的成长道路是许许多多工人农民用辛勤劳动的汗水铺就的。

我见到蔡美峰的时候，他已订好了11月6日回国的飞机票，这几天正在忙着为四篇要发表的论文作最后润色。我半开玩笑地问他："不做几年博士后研究吗？"他很爽快地说："做学问没个底。我得赶快回去，把我研究的成果尽快在国内推广应用。"我说："现在有的留学人员觉得国内研究条件不够理想，怕回国后不能发挥专长。你没有顾虑吗？"他说："在这个问题上我们留学人员要向钱学森等老一辈归国科学家学习。当年新中国刚成立，条件比现在差不知多少倍，而他们在海外都已经是很有成就的科学家了，他们并没有因为祖国落后而却步。国家花了很大代价派我们出来，需要人才，我们学成归国效力，不是天经地义的吗？我早想过了，回国后无论工作顺利还是不顺利，重用还是不重用，我决不会后悔的。"

采矿系最辛苦的研究生

蔡美峰是搞采矿工程的。大学毕业后曾在金川铜矿工作过，因为摸不准地应力的分布情况，那里有些矿井建了12年仍不能投产，使国家遭受很大损失。地应力测量同时也是与土木建筑、水利、铁道等工程密切有关的学科。现在国内外虽然已有了一些地应力的测量方法和设备，但都是建立在经验基础之上的，科学依据不充分，测量误差可达几倍到十几倍。对于一个大型矿井来说，这种误差导致的设计不合理造成的浪费可在亿元之上。

他抵澳后，原本是要去悉尼附近的卧龙岗大学从事坑道支护技术的研究，那个项目经费充足，也比较容易出成果。而当时悉尼新州大学又有一个岩应力课题，是一个外国博士研究生准备了一年半后，认为没法搞而放弃的。这个项目的经费需逐年申请，没有保证。蔡美峰从国家需要出发，甘冒风险，选定这个难"啃"的课题来做自己的博士论文。

攻读博士当然得有导师。而原先提出这个课题的教授早就调走搞别的项目去了。蔡美峰只好另找了一位教授"挂"，以便向上呈的年度报告有人签字。科研方面的事就只好由他自己一个人琢磨了。

他的研究不光要耗费脑力，还要耗费巨大的体力。试验需要200多块70多公斤重的岩石块，那都是他自己搅拌三合土，一块块脱坯浇制出来的。试验中，他每天要把岩石块从试验台上搬上搬下，要在一尺半高的试验台底部爬进爬出，劳动强度不低于建筑工地上的运料工。他就这样干了几年。有时候一个人实在不行了，就把爱人拉去顶半边天。

研究有进展了，就想早点出成果。他常常是从早上八点一直干到晚上九点。采矿系有30多个外国研究生，系秘书总是说："蔡，你是最辛苦的了。"有人劝他，做试验曲线时灵活点，少取几个值，照样可以画出一条漂亮的曲线。可是他从不取巧，始终坚持一板一眼，扎扎实实地干。试验中需要500个空心包体应力计，每个只能用一次，价值30澳元。学校说拿不出这么多钱来买，眼看研究要停顿，他又只好先攻这个关，想办法改进应力计的结构，现在每只可使用6次。今年9月，他在澳大利亚一个隧道工程国际会议上介绍这种应力计，代表们起初都不相信，后来还是细细观察了实物才点头称是。 （下转第四版）

短评

新一代知识分子的风范

留澳博士研究生蔡美峰的经历和事迹读来感人至深，它使读者从中看到了新一代知识分子的风范。

蔡美峰的成长道路，说来平凡而又不平凡。一个渔村的穷孩子，顺利地读完了小学、中学、大学，拿到了硕士学位，又被选送出国留学，成为一个学有所成的科研人员，这中间洒下了他的多少汗水，又包含着多少人的支持和帮助啊！在他的身后，亲爱的祖国时时刻刻关怀着他。蔡美峰始终牢记着：他的成长道路，是许许多多工人农民用辛勤的劳动铺就的。因此，求学期间，他呕精竭虑，刻苦钻研，一旦学业完成，他便迫不及待地返回祖国，用自己学得的知识报效祖国。

蔡美峰的事迹又一次证明：我国广大知识分子最大的愿望是为祖国富强、民族振兴贡献自己的力量。

中国的知识分子向来有热爱祖国、热爱人民的美德。建国初期，尽管国内条件比较差，不少已在国外取得突出成就的优秀知识分子毅然归国效力。今天，年轻一代的知识分子继承了老一辈知识分子严谨治学的优良学风，也继承了他们热爱祖国、热爱人民的光荣传统。他们不仅在学业和事业上兢兢业业，奋发进取，而且对祖国、对人民始终怀有一颗赤子之心，始终牢记祖国和人民的重托，把祖国和人民的利益放在第一位，不计名利，默默奉献。这方面的动人事迹，应该向全社会大力宣传，以进一步形成尊重知识、尊重人才的良好风尚。

问渠哪得清如许

（上接第一版）

我问蔡美峰夫妇，在澳5年，游览过哪些地方？贤内助老张未开口先发笑。她说前4年就没有出过悉尼市。去年圣诞节，他们想，也快回国了，到首都堪培拉去参观一下吧。驱车4小时，来到堪培拉，才发现所有的参观点都关着门。没有办法，只好开着车转了转，名符其实的走马观花。老张自嘲地说："真是做学问做傻了，玩也不会玩。"

然而功夫毕竟不负有心人，失之东隅者收之桑榆。摆在我们面前的这本十万字精装论文在世界上首次对几种主要的地应力测量技术和仪器在不同岩层条件下工作的准确性、可靠性和适用性作出了客观的、定量的评价，运用它所提供的修正系数，可使误差控制在50%以内。与以前的几倍、十几倍误差相比，它对降低工程建设投资，提高安全可靠程度无疑是一个重大贡献！蔡美峰还在试验中设计出一种新的测试仪，工作性能明显优于国际上目前通用的几种主要的测试仪。

一呼百应的联谊会主席

蔡美峰在科研上这样埋头苦干、殚精竭虑，是因为他心中始终搏动着一种绝不辜负人民重托，早日为国报效的冲动。我曾听他无意中说到，这些年虽然远离祖国，但他一直坚持阅读人民日报，收听国内新闻。这些既平凡而又不平凡的事情令人信服地感到，祖国和人民始终在他心上。

蔡美峰不仅自己怀着这样一种高尚的目的勤奋地学习和钻研，他还关心更多的留学人员。老蔡的夫人常说他"成天泡在实验室里，回家就是吃饭睡觉"。实际上这5年来，他为组织留学生的各种活动，没有少花时间。悉尼几所大学有的相距几十公里，但只要提起"老蔡"，几百名公费生几乎没有人不知道的。

他从1985年底到1988年初，当了两年多悉尼地区留学生联谊总会的主席。后来换届，他让贤了。但他仍然象以前一样热心。他说，每搞一次这样的活动，发通知、借场地、租音响、准备饮料食品、组织节目等等，总得忙碌两个星期。他每年约有两个月的时间要把主要精力放在这上面。

如果说前几年的联谊会工作还可以用一个"忙"字来概括的话，那么去年"六·四"以后的工作就不是那么单纯了。在形势最紧张的一段时间里，蔡美峰及时在联谊会干部中提出"坚定信念，冷静观察，独立思考，不误学业"的要求稳定了大家的情绪。

后来留学生中又出现了申请"难民居留"的现象。老蔡经常以自己的成长体会对周围的留学生做工作，旗帜鲜明地提出："我们公派留学生绝不应该申请难民居留"，应该珍惜来之不易的留学机会，充分利用国外大学资料全、信息快、实验条件好的有利条件刻苦学习，学有成就，回国服务。"

蔡美峰以自己的正派、真诚和热情赢得了大家的信任，团结了联谊会的一班人。现在老蔡要走了，大家很怀念以前的日子。那时候，他这位联谊会前任主席和现任主席老廖团结合作，带动一班人，着实为大家办了不少好事。每回，他们这一班人马忙一阵，就给远离祖国的留学人员带来一次欢聚的机会。回忆往事，真有许多美好的时光。

但是老蔡却说："其实老廖能力比我强，他一定会干得比我好。"

回国后的第二个月，蔡美峰即下到矿山寻找和落实科研项目，迫不及待地要把在国外研究的成果尽快在国内推广应用。1990 年 12 月，他在山东新城金矿签订了回国后的第一个项目——“新城金矿地应力测量及采矿设计优化研究”的合同。他开始了在国内矿山的第一次地应力现场实测，并根据实测结果指导矿山的采矿设计与优化研究。该项目的研究成果“新城金矿复杂条件矿床采矿方法研究”为他作为第一技术完成人获得 2000 年国家科学技术进步奖二等奖打下了扎实的基础。在随后的 30 多年时间，他先后完成了近百项采矿基础理论和采矿工程科研与应用的项目，为大规模推动我国各类矿山和地下岩土工程地应力测量的开展并提高测量精度和效率，将采矿从传统的经验类比提升到定量的科学计算，大幅度提高我国采矿工程和技术的科学水平，解决一批国家重点矿山生产中的关键技术难题，实现采矿机械化—自动化—数字化—信息化—智能化—少人或无人化过程的发展作出了重要贡献。

凡是与蔡美峰一起工作过的人，无不对他一丝不苟、严谨周密的治学态度和勤奋刻苦、顽强拼搏的工作精神留下深刻的印象。数十年如一日，他几乎没有休息日，平均每天工作 12 小时以上，即使出差途中也抓紧时间工作。他有一个很多人不具备的特点，就是无论是在飞机上、火车上，还是在汽车上，他都可以正常地看论文、写材料，几个小时也不头晕。据统计，在他担任学院院长的十多年中，除院长工作以外，他每年完成的教学、科研工作量是全校教授年平均工作量的 3 倍以上。他具有岩石力学与采矿工程学科系统深厚的理论功底，特别注重理论联系实际，注重关键工程实用技术，特别是全行业带有共性的、对推动行业进步有重大作用的关键技术的研究。为了做好科研项目，他总是尽可能深入现场，身体力行。有一年他在矿山待了 9 个多月，虽然当时已是 50 多岁的人，但下井、爬坡时仍然跑在最前面。1998 年，山东新城金矿主溜井塌方，井边上围满了工程技术人员，但谁也不敢靠前。蔡美峰到达现场后，穿上工作服，戴上安全帽，拿起手电筒，趴在井沿上仔细观察塌方情况，为治理作准备，全然不顾个人安危，现场所有人都非常感动。他的这种深入一线、真抓实干、严格要求、一丝不苟的工作作风，在认识他的人中是有口皆碑的。数十载的辛勤耕耘和探索，蔡美峰以岩石力学理论和方法、地应力测量成果为基础指导科学采矿，在采矿工程和技术的多个方面取得了具有开拓性的成果。

第二部分

学术贡献

第三章　首次研制出我国拥有自主知识产权的地应力测量技术

首次研制出我国拥有自主知识产权的地应力测量技术，为实现科学采矿创造条件。

第一节　地应力的基本概念及地应力测量的重要性

地应力是存在于地层中的天然应力，也称原岩应力、岩体初始应力、绝对应力等。它是引起采矿、土木建筑、水利水电、铁道、公路和其他各种地下岩土开挖工程变形和破坏的根本作用力。准确的地应力资料是实现采矿和岩土工程开挖设计和决策科学化的必要前提条件。地应力的形成主要与地球的各种动力运动过程有关，包括大陆板块边界受压、地幔热对流、地球内应力、地心引力等。水平方向的地球构造应力和垂直方向的地球自重应力是地应力的两个主要组成部分。太平洋板块与印度板块对中国大陆的推挤和菲律宾板块与欧亚板块的相对约束，造成了中国大陆的高地应力场。在高地应力场的条件下采矿，会出现一系列世界性难题。

采矿是一个多步骤的开挖过程。在地应力作用下，开挖时会出现一系列的力学问题。为了保证采矿工程的稳定性和开采安全，必须进行一系列的力学计算和分析，从而作出合理的采矿设计，以最小的代价安全地把矿石开采出来。传统的采矿设计方法是经验类比法或工程类比法，即凭借经验、通过查手册等方式进行设计，而不是通过定量数学力学计算分析后进行设计。所以，在很长时间内，人们认为采矿不是一门科学，而是一门技艺。实际上，是当时没有合适的力学计算方法能够进行采矿工程设计的定量力学计算和分析。在传统的力学计算方法中，只有固体力学解析解的计算方法可用。但这种方法有很多限制或缺陷，包括只能计算简单的开挖形状，如圆形、椭圆形的巷道、硐室周边的应力、位移，更复杂的形状就无法计算了。采矿的开挖过程中，开挖形状多种多样，并且不是单一的形状，而是多种不同形状的组合。另外，采矿岩体的材料也具有组合的复杂性，不是单一的材料。所以，传统的力学计算方法解决不了采矿设计中的定量计算问题。

20 世纪 70 年代逐渐发展起来的数值模拟等计算方法及迅速发展的大型电子计算机技术，为采矿设计的定量计算和分析提供了可能。它们不但能计算各种复杂的形状（包括各种不同形状的组合），也可以计算使用的各种不同材料（包括不同材料的组合），同时根据实际情况计算域内材料的分区，还可以考虑开采顺序、开挖步骤后一步一步计算。通过计算，能够定量显示采矿岩体和开采结构的应力、位移、塑性区、破坏区等的分布状况，对不同的开采布置和结构参数、不同的地压控制和支护措施下的采矿岩体和开采结构的稳定性作出判断。多方案的计算、分析、比较后，就可以作出优化的安全的设计。地应力是采矿开挖前就存在于地层中的天然应力，所有的采矿开挖活动都是在地应力控制下进行的。因此，已知地应力是进行采矿设计优化各种计算必需的力学前提条件。

地应力对采矿设计的重要性主要表现在以下几个方面。

（1）确定最优开采总体布置。重要的采矿设施，如主井、副井、风井、主运输巷道等使用周期长，对保证矿山正常生产起关键作用，应尽可能离开主应力区。

巷道、采场的走向（轴线方向）应尽可能与地应力的最大主应力方向相一致，这样巷道和采场横断面内存在两个中、小主应力，有利于巷道、采场的稳定。

（2）选择巷道、采场的断面形状。为了减少巷道和采场的围岩应力集中，其理想的断面形状是一个椭圆，当椭圆的水平轴和垂直轴的尺寸之比与水平方向和垂直方向的应力比相等时，巷道和采场周边应力处于均匀分布状态是最佳的。在考虑实际生产需要和条件下，设计应尽可能遵循这一原则。

（3）选择合理的采矿方法，进行采矿设计优化。采矿是一个复杂的开挖过程，不同的采矿方法、开采顺序和开挖步骤都会导致不同的力学效应，即不同的采矿工程稳定性状态。由于采矿工程的结构、形状和开采步骤的复杂性、多样性，传统的经验类比不做计算，传统的解析解的力学方法无法进行采矿设计计算，随着现代计算机技术和数值模拟等方法的发展，采矿设计的定量计算和优化成为可能。但一切计算都必须在已知地应力的条件下进行。

（4）确定合理的支护和加固措施。对围岩的应力－应变分布状态和围岩与支护的共同作用进行定量计算和分析，是进行采矿支护与加固设计优化的必要条件。优化的支护与加固设计不仅能充分调动和发挥围岩自身的承载能力，而且也能充分发挥支护的作用。同样，已知地应力是进行计算分析的必要条件。

（5）岩爆、矿震等开采动力灾害预测。采矿过程中，岩爆、矿震等开采动力灾害都是由开采扰动引发的能量聚集和释放的结果，这种能量聚集和释放是由地应力主导的。根据实测的地应力状态进行能量聚集和演化规律的定量计算和分析，是预测开采动力灾害“时－空－强”规律的唯一途径。

（6）深凹露天矿高陡边坡优化设计。传统的边坡设计方法是二维极限平衡法，它是一种只考虑自重应力的静力平衡分析方法，用于浅部山坡露天矿开采设计是可行的。但深凹露天矿高陡边坡延伸到地表下数百米，以水平构造应力为主导的地应力场、断层、岩体结构、岩性分布等将对稳定性起控制作用，对其稳定性进行全面的力学计算和分析是进行边坡设计优化所必需的，即计算所需的力学条件就是地应力。

如前所述，地球构造运动和重力作用是引起地应力的主要原因，其中尤以水平方向的构造运动对地应力的形成影响最大。当前地应力状态主要由最近一次的构造运动所控制，但也与历史上的构造运动有关。亿万年来，地球经历了无数次大大小小的构造运动，各次构造运动的应力场也经过多次的叠加、牵引和改造，造成了地应力状态的复杂性和多变性。即使在同一工程区域，不同点的地应力状态也可能是很不相同的，因此，地应力的大小和方向不可能通过数学计算或模型分析的方法来获得。要了解一个地区的地应力状态，唯一的方法就是进行地应力测量。因此，准确的地应力条件使采矿设计的定量计算和分析成为可能，地应力测量将为采矿学科从“技艺”（经验类比）上升到“科学”（准确的定量计算分析）作出重要的贡献。

在采矿设计力学计算和分析的过程中，必须重视一个重要的问题，即地应力是存在于地层中的内应力，而不是外加的荷载。这与以外荷载为力学前提条件的固体力学等传统力学有根本的不同，也是岩石力学研究与其他传统力学研究的根本不同。如图 3.1 所示，在采矿开挖活动前，不管地应力多大，地层处于一种自然平衡的状态。采矿开挖活动打破了这种平衡状态，引起地应力向采矿开挖形成的自由空间的释放，形成等效释放荷载。这种等效释放荷载正是造成采矿工程围岩变形和破坏的根本作用力。等效释放荷载带动围岩变形、位移和局部应力集中，在围岩中产生扰动能量（应力乘位移就是能量）。在这种力学计算分析的过程中，每步开挖都是一次“等效释放荷载”的加载过程，只有数值模拟计算方法才适合完成，传统的解析解的计算方法是无法完成的。如果采用固体力学的方法，把地应力直接加在采矿围岩的外边界上，就会出现采矿围岩外边界上的位移量最大、开挖内边界位移量最小的结果，这与实际是完全相反的，因此必须采用图 3.1 所示的等效释放荷载的分析方法表示地应力的作用。

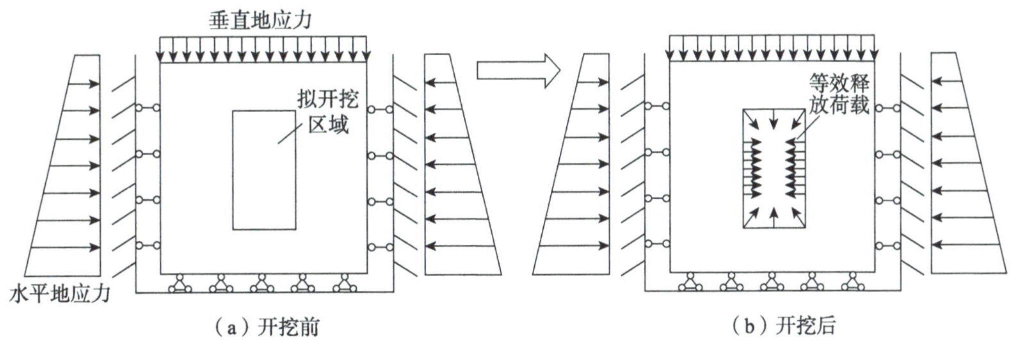

图 3.1　采矿开挖地应力等效释放荷载形成与作用示意图

第二节　发明实现完全温度补偿的地应力测量方法和装置

一、实现完全温度补偿的应力解除法地应力测量方法和装置

准确的地应力资料对采矿和岩石工程的科学设计和施工是至关重要的。然而，在很长一段时间内，我国矿山地应力测量开展得很少。早期的采矿设计以经验类比为主，不做计算，也就不需要地应力资料。众所周知，采矿设计是力学问题。像一般力学计算需要边界条件一样，地应力是进行采矿设计计算必需的力学边界条件。开始，由于缺乏地应力测量资料，很多人假设地应力条件时，一般假设自重应力场条件。在自重应力作用下，地下岩体所受的垂直应力是水平应力的 2 倍左右。已有的实测结果表明，绝大多数地区的水平应力大于垂直应力，一般可达 2 倍左右，即水平应力是垂直应力的 2 倍左右。根据弹性力学的理论，地下水平巷道的宽度与高度之比和水平应力与垂直应力之比相等时，巷道是最稳定的。因此，根据自重应力场条件，巷道的高度就设计成宽度的 2 倍。实际的现场地应力条件是水平应力大于垂直应力，巷道宽度大于高度才是稳定的。很显然，根据假设进行的计算和设计是脱离实际的、错误的。地应力资料的缺乏，严重制约了我国采矿工程技术水平的提高。当时，影响我国地应力测量开展的主要原因，除对地应力的重要性认识不足外，还包括地应力测量的难度大、成本高，再加上测量技术不完善，往往不能提供工程设计需要的可靠地应力数据。因而，研究发展一种高效率的可靠的地应力测量技术变得迫切和必要。

20 世纪 80 年代留学澳大利亚期间，蔡美峰花费 5 年左右的时间潜心研究地应力测量的理论和技术，查阅了几乎全世界已公布的有代表性的地应力测量实例、资料，熟悉各种地应力测量方法的基本原理、应用情况、主要优缺点和存在的问题。发现应力解除法是最适用于矿山的地应力测量方法。在全世界已经获得的矿山地应力测量资料中，有 80% 是采用应力解除法完成的。应力解除法的基本原理是，向岩体内打一个小钻孔，然后通过套钻的方法，在小孔外面打一个直径为小孔 4 倍左右的同心的大孔，使小孔周围岩体从母体分离开来，脱离地应力的作用（应力解除）。小孔在应力解除过程中会发生变形，通过测量变形值，就能计算出作用在小孔周围岩体中的应力值。

目前，应力解除法已形成一套标准化的测量程序，具体测量步骤如图 3.2 所示。

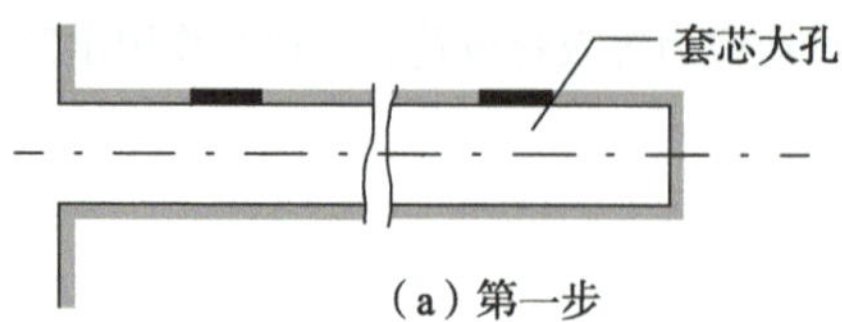

（a）第一步

图 3.2　应力解除法测量步骤示意图

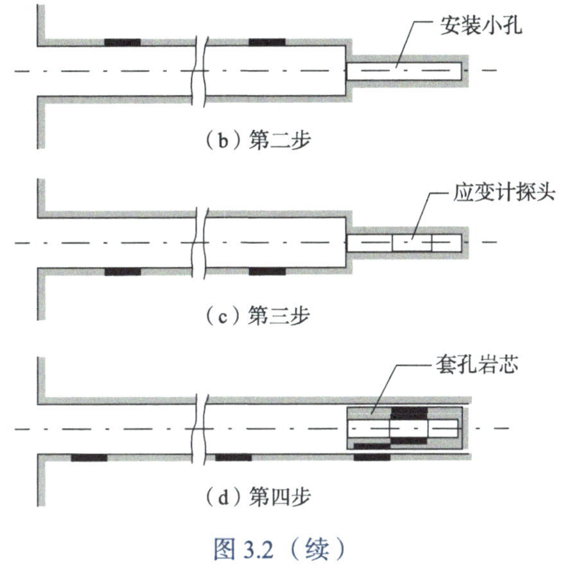

（b）第二步

（c）第三步

（d）第四步

图 3.2（续）

第一步：从岩体表面，一般是从地下巷道、隧道、硐室或其他开挖体的表面向岩体内部打大孔，直至到达需要测量岩体应力的部位。大孔直径为下一步即将打的用于安装探头的小孔直径的 3 倍以上，小孔直径一般为 36～38mm，因此大孔直径一般为 130～150mm。大孔深度为巷道、隧道或已开挖硐室跨度的 2.5 倍以上，以保证测点是未受岩体开挖扰动的原岩应力区。

第二步：从大孔底打同心小孔，供安装探头用，小孔直径由所选用的探头直径决定，一般为 36～38mm。小孔深度一般为孔径的 10 倍左右，以保证小孔中央部位处于平面应变状态。

第三步：用一套专用装置将测量探头（如孔径变形计、孔壁应变计等）安装（固定或胶结）到小孔中央部位。

第四步：用第一步打大孔用的薄壁钻头继续延深大孔，从而使小孔周围岩芯实现应力解除。应力解除引起的小孔变形或应变由包括测量探头在内的量测系统测定并通过记录仪器记录下来。测得的小孔变形或应变通过有关公式即可求出小孔周围的原岩应力状态。

从理论上讲，不管套孔的形状和尺寸如何，套孔岩芯中的应力都将完全被解除。但是，若测量探头对应力解除过程中的小孔变形有限制或约束，它们就会对套孔岩芯中的应力释放产生影响，此时就必须考虑套孔的形状和大小。一般来说，探头的刚度越大，对小孔变形的约束越大，套孔的直径也就需要越大。对绝对刚性的探头，套孔的尺寸必须无穷大，才能实现完全的应力解除，这就是刚性探头为什么不能用于应力解除测量的缘故。空心包体应变计等对钻孔变形几乎没有约束，因此对套孔尺寸和形状没有严格要求，只要保证套孔直径超过小孔直径的 3 倍即可。

应力解除过程中，小孔产生的变形或应变一般是通过粘贴在小孔壁上的金属电阻应变片进行测量，并根据惠斯通电桥原理，将应变转换成电阻变化，再转换成电压变化进行测量和记录。由于电阻应变片对温度变化是非常敏感的，温度变化时其电阻值必然发生变化，并在惠斯通电桥中产生相应的输出电压。根据这一部分输出电压计算出来的应变值是由温度变化而引起的虚假应变值，而不是由应力变化引起的。为了保证应力测量结果的准确性，必须去除这部分温度附加应变值，即采取消除温度影响的补偿或修正措施。这是保证应力解除法测量可靠性和准确性的第一个关键问题。

传统的温度补偿方法是在惠斯通电桥中与工作应变片相邻桥臂中接入另一个应变片，称为补偿片。该应变片是不能和钻孔接触的，不能感受应力解除造成的影响。但在温度变化时，它可以产生和工作应变片相同的变形，因而电阻变化也相同，根据惠斯通电桥的原理，二者相抵消，故不会增加或减少输出电压，不会引起附加的温度应变值被测量出来，这一方法通常称为补偿臂法。然而，为了实现有效的温度补偿，补偿臂中的应变片或电阻除不承受由应力解除所引起的变形外，其他方面必须与工作片处于相同的状态和环境中，也就是说，必须也与岩石胶结在一起，这样才能在温度变化时产生和工作应变片完全相同的电阻变化，从而达到相互抵消，即补偿的目的。当胶结式应变计或变形计和钻孔胶结在一起之后，其中的应变片的变形行为将主要取决于孔壁岩石的状况，受孔壁岩石控制。补偿片只有也与孔壁胶结在一起才可能在温度变化时产生与工作应变片相同的变形，也即电阻变化。但是一经和岩石胶结在一起，它就要受到应力解除的影响，而这是不允许的。另外，现有应变计一般有 9 ~ 12 个应变片，它们位于应变计的不同部位和方向。当它们直接或间接与岩石粘贴后，由于岩石的不均质性、不连续性和各向异性，各应变片在相同的温度变化下产生的附加应变值也是不同的。如果采用补偿臂法，每个工作应变片都必须有自身的补偿片，采用一个共用补偿片是不行的。同时，每个补偿片必须和相应的工作片处于同一位置和方向，并且也和岩石粘贴在一起，这样才能在温度变化时产生相同的变形；而一经和岩石粘贴在一起，就必然要感受由于应力变化引起的变形，这是不允许的。所以从原理上讲，补偿臂法是不适用于胶结式应变计的温度补偿之用的。由于其远离测点，使用位于电阻应变仪中的标准电阻或其他外部补偿片和工作片根本不位于同一环境中，更不能起到补偿的作用。为此，蔡美峰研发了一套新的补偿技术，可以达到完全的温度补偿，其要点如下。

（1）在惠斯通电桥的 4 个桥臂（每个桥壁的电阻值为 120Ω）中，除一个桥臂为工作应变片外，其余 3 个桥臂均为超低温度系数的电阻，其温度系数为 1×10^{-6}/℃，因而每个电阻由于温度变化引起的应变值不大于 0.5×10^{-6}/℃，基本上消除了这 3 个桥臂由于温度变化引起附加应变值的可能性。一般电阻应变仪中的电阻及普通电阻应变片的温度系数均为 100×10^{-6}/℃左右，受温度变化的影响很大。

（2）应变计靠近电阻应变片的部位装有一个高灵敏度的测温元件，将应力解除过程中应变片部位的温度变化连续记录下来。

（3）在每次应力解除试验完成后，套孔岩芯被原封不动地带回实验室，并置于一个可调温度的恒温箱中，进行温度应变标定试验。由于此时应变计仍然在套孔岩芯中心孔的原有位置，温度变化引起的各个位置和方向的应变值可由应变计中的各应变片测量出来。根据试验结果可求出每一应变片的温度应变率，即温度变化 1℃在每一应变片中产生的应变值。由标定的每一应变片的温度应变率和记录的应力解除过程中测点的温度变化，即可得到每一应变片由于测点温度变化所引起的附加应变值。将此值从应力解除时测得的总应变值中清除出去，即可获得每一应变片真正由于应力解除所引起的应变值，为计算地应力提供正确的数据。

（4）在温度补偿中，还有一个从未引起人们注意的问题，即电阻应变片导线在温度变化时所引起的附加应变值。一般应力解除测量中所用的应变计的导线电缆有几十米长。若仅以 20m 长计，则接入电桥线路的导线有 40m 长（每个应变片均有 2 根连接导线，其中 1 根是各片共用的），阻值约为 4Ω。当温度变化时，其阻值变化由下式计算：

$$\Delta R=aR\,\Delta t$$

式中，a 为电阻系数，对于铜，$a=3.9\times10^{-3}$/℃。若 $\Delta t=1$℃，则 $\Delta R=15.6\times10^{-3}\Omega$。由此引起的应变可达 $\varepsilon=15.6\times10^{-3}/(2\times124)=62.9\mu\varepsilon$。

这说明，若导线电缆长度为 20m，当温度变化 1℃时，每一电阻应变片的导线可引起 60 多个微应变的附加应变值。这是一个相当大的数字，因为有些应变片在应力解除过程中测得总应变值也只有 100με 左右。为了消除这部分附加应变值，需要在与工作应变片相邻桥臂中接入相同长度、相同类型的导线，并且和工作应变片的导线一并从测点引出。这样在温度变化时，两个相邻桥臂中的导线相同，产生相同的电阻变化，因而根据惠斯通电桥原理，可以起到相互抵消的作用。

采用上述的温度补偿技术可以实现完全的温度补偿，从根本上克服测点温度变化对测量结果造成的影响。这样，在传统的应力解除法测量程序中就增加了一个环节，即温度标定试验。

为了使用完全温度补偿技术，对传统的空心包体应变计进行重大改进，在其中增加高灵敏度测温元件和作补偿用的空载导线。同时自行研制了高精度应变—电阻—电压转换装置，即高精度的能够实现完全温度补偿的惠斯通电桥装置。普通的动、静态电阻应变仪不适用于这种装置的测量。

上面介绍的完全温度补偿的地应力测量方法和装置解决了应力解除法地应力测量

过程中，测点温度变化对地应力测量结果可靠性、准确性和精度的影响问题。

影响应力解除法地应力测量可靠性、准确性和精度的另一个重要的问题是，由应力解除测量应变值计算地应力是基于一个传统的假设，认为岩石是线性、连续、均质和各向同性的，而实际岩体均具有一定程度的非线性、不连续性、不均质性和各向异性，由此必然导致计算和分析结果的误差。下面介绍这方面的成果。

二、考虑岩体非线性、不连续性和各向异性的应力解除法地应力测量分析理论

1. 岩体非线性的影响及其正确的岩石变形模量测定方法

在由应力解除过程中测得的孔壁应变计算地应力时，需要知道岩石的变形模量。岩石变形模量是否准确对计算出的应力结果是否准确具有决定性影响。岩石变形模量的误差有多大，计算出来的应力值的误差也将有多大。如果变形模量的误差过大，那么计算出来的应力值将是不真实的和不可靠的。

岩体作为一种随机介质，其结构是极其复杂的和千变万化的。从岩体中的一点到另一点，其结构和性质往往大不相同，为了保证应力计算结果的准确性，计算中所采用的变形模量必须是对应于应变片部位的钻孔岩石的变形模量，而通过套孔岩芯围压试验所计算出来的变形模量可以保证这一点。

一般岩体均具有非线性，而非线性材料的变形模量不是一个常数，是随应力水平而变化的。一般来说，高应力水平下的变形模量要高于低应力水平下的变形模量。为了保证应力测量结果的准确性，必须使用和应力水平相一致的变形模量。用高应力水平下的变形模量计算低应力值或用低应力水平下的变形模量计算高应力值会导致计算结果产生相当大的误差。所测地应力是未知的，计算地应力时需要知道变形模量，而确定变形模量时又需要知道应力水平的值，因此需用试算法或迭代法求解。

此外，非线性岩体的加载和卸载路径是不重合的。根据应力解除试验中所测得的钻孔变形或应变值计算地应力时所用的变形模量必须由卸载曲线所确定，因为应力解除是一个卸载过程。

2. 岩体不连续性、不均质性和各向异性的影响及其修正方法

传统的地应力测量和计算理论是建立在岩体为连续、均质和各向同性的假设基础之上的，而一般岩体具有程度不同的不连续性、不均质性和各向异性。在由应力解除过程中获得的钻孔变形或应变值求地应力时，若忽视岩石的这些性质，必将导致计算出来的地应力与实际应力值有不同程度的差距。为了提高地应力测量结果的可靠性和准确性，分析时必须考虑岩石的这些性质。

1）建立岩体的不连续性、不均质性和各向异性模型并用相应程序计算地应力

对于具有简单各向异性的岩体，可以建立能表征岩体各向异性的模型，再根据该模型的应力－应变关系，由测得的钻孔变形或应变求原岩应力值。岩体的不连续性和不均质性无法用单独的模型来考虑，只能将它们变换成各向异性的一部分，包含在各向异性的模型中。

假定岩石是具有正交各向异性的或横观各向同性的，并能通过有关试验测定出正交各向异性岩石中的 9 个各向异性参数或横观各向同性岩石中的 5 个各向异性参数，那么就可以根据有关公式由应力解除过程中测得的钻孔变形值计算出应力值。但为了保证应力计算结果的准确性，测得的各向异性参数必须是对应于应变片粘贴部位岩石的，或者是与该点岩石各向异性性质相同且方向重合的，这在普通试验中是不可能实现的。利用套孔岩芯的围压试验结果可确定岩石的各向异性参数，并根据实测应变计算地应力值。

首先忽视尺寸的影响，假定套孔岩芯的外径和其内径相比可视为无穷大，对于直径为 38mm 的钻孔和外径为 150mm 的岩芯，该假设的误差是 4%。

在围压 P_0 的作用下，正交各向异性岩体中孔壁上任一应变片的应变值可由下式表示：

$$\varepsilon_i\text{（正交各向异性）} = [\cos^2\beta_i \ \sin^2\beta_i \ \cos\beta_i \times \sin\beta_i]\,\boldsymbol{BA}$$

式中，β_i 为该应变片和周向之间的夹角；$\boldsymbol{A}$ 是正交各向异性材料 9 个弹性参数组成的列矩阵；$\boldsymbol{B}$ 是一个 3×9 矩阵，其中各分量值与 3 个弹性对称面和 xyz 坐标之间的方位关系以及与孔壁上该应变片所在点的应力分量相关，若能判断出岩体中弹性对称面的方位，则 $\boldsymbol{B}$ 可求出。

如通过 9 个独立方向的测量，获得 9 个独立方程，则作为未知量的 9 个弹性系数即可求出。在具有 12 个应变片的空心包体应变计中，就有 9 个方向是独立的。

若岩体是横观各向同性的，则上式变为

$$\varepsilon_i\text{（横观各向同性）} = [\cos^2\beta_i \ \sin^2\beta_i \ \cos\beta_i \times \sin\beta_i]\,\boldsymbol{B}_T\boldsymbol{A}_T$$

式中，$\boldsymbol{B}_T$ 是一个 3×5 矩阵，其中各分量值与岩体弹性对称轴在 xyz 坐标系下的方位和在 P_0 作用下在孔壁上应变片所在点的应力分量有关；$\boldsymbol{A}_T$ 是横观各向同性材料 5 个弹性参数组成的列矩阵。

通过测量 5 个独立方向，即可解出 5 个弹性系数的值。若测量应变片的独立方向超过 5 个，则得出的独立方程超过 5 个。此时，可用最小二乘法求得 5 个弹性参数。

在求得各向异性的弹性参数值后，即可再次使用 ε_i（正交各向异性）式或 ε_i（横观各向同性）式求出原岩应力值，只是此时方程最右端的弹性系数值已变成已知的，矩阵 $\boldsymbol{B}$ 仍然与岩体中弹性对称面或对称轴与 xyz 坐标的方位关系以及孔壁应变片所在点的应力状态有关。此时孔壁的应力状态是由原岩应力引起的，其各点各个方向的应力

值均可由原岩应力的 6 个分量 σ_x、σ_y、σ_z、τ_{xy}、τ_{yz} 和 τ_{xz} 来表示。这 6 个应力分量是未知的。由 9 或 12 个测量应变值，一般可获得 6 个以上的独立方程，因此可以用最小二乘法求出原岩应力的 6 个应力分量 σ_x、σ_y、σ_z、τ_{xy}、τ_{yz} 和 τ_{xz}。

2）根据岩体的不连续性、不均质性和各向异性修正测量应变值

该方法是根据围压试验结果直接修正测量应变值，然后根据修正的应变值仍然使用连续、均质、各向同性的程序计算地应力。

套孔岩芯在围压的作用下，如果岩体是连续、均质和各向同性的，那么钻孔应变计中相同方位的应变片所测得的应变值应该是相等的，如在空心包体应变计中，有 3 个周向应变、2 个轴向应变、4 个斜向（与钻孔轴线呈 ±45° 方向）应变，应变值应分别相等。若不相等，则可能是岩体不连续性、不均质性和各向异性的影响引起的，但可以不探究是其中哪一个的影响所引起的，修正步骤具体如下。

（1）将围压引起的相同方向的应变值平均，得到平均周向应变值、平均轴向应变值和平均斜向应变值。

（2）将围压作用下每一应变片测得的应变值除以相应的平均应变值，得到该应变片所测应变值的偏差系数。

（3）将应力解除过程中测得的经过温度标定的各应变片的应变值除以各自相应的偏差系数，得到各应变片的修正应变值。

（4）根据修正应变值，由有关公式计算原岩应力值。

3）用数值分析方法修正岩体不连续性、不均质性、各向异性和非线弹性的影响

该方法不涉及测量仪器，而只分析岩体不连续性、不均质性、各向异性和非线弹性对钻孔应力状态和应变值的影响，分析步骤具体如下。

（1）通过观察、测量和试验，对测点岩体不连续性、不均质性、各向异性和非线弹性的状态和特性作出几何和数学的描述。

（2）根据实测应力解除过程中的孔径变形、孔壁应变或空心包体应变值，将岩体作为连续、均质、各向同性和线弹性对待，使用相应程序计算出原岩应力值。

（3）根据（2）中算出的原岩应力值进行数值计算，一般采用三维有限元程序比较合适。在计算模型中考虑测点岩体的不连续性、不均质性、各向异性和非线弹性，通过计算得到与测量应变片相对应部位的应变值。

（4）用（3）中计算出来的应变值代替应力解除过程中测得的应变值，使用与（3）中相同的程序再次计算原岩应力值。

（5）重复（3）、（4）中的计算过程，直至两次计算出来的原岩应力值的差别达到规定的要求为止。

三、国内外对上述发明理论和技术的高度评价及应用情况

上面介绍的实现完全温度补偿的地应力测量方法和装置以及考虑岩体非线性、不连续性和各向异性的应力解除法地应力测量计算与分析理论，使地应力测量结果的可靠性、实用性和精度大幅度提高，在现场地应力测量的实际应用中，发挥了重要的作用，得到国内外专家和学者的高度评价。

（1）蔡美峰就应力解除法地应力测量和提高地应力测量可靠性和精度方面的研究成果，在 *International Journal of Rock Mechanics and Mining Sciences*（《国际岩石力学与采矿科学学报》）发表 5 篇论文，得到国际上的高度关注和认可。国际岩石力学与岩石工程学会原主席、《国际岩石力学与采矿科学学报》原主编哈德森（Hudson）教授（英国皇家工程院院士、国际顶尖岩石力学与地应力测量专家）在接收蔡美峰的论文 "Study and Tests of Techniques for Increasing Overcoring Stress Measurement Accuracy"（《提高外环应力测量技术的研究与试验》，该项技术研究和测试提高了钻孔应力测量的精确性）的通知函中给予高度评价：

"您的工作很出色，是一个非常重要的贡献。" (Your technic note is excellent and a very important contribution.)

"您的研究取得了丰硕的成果，包含了许多具有方向性的关键技术。我以前没有听说过这样的温度补偿方法，每个工作应变片都有独立的温度补偿。祝贺您如此出色的工作。我们欢迎您在这方面进一步的贡献。地应力在工程设计和数值分析方面将变得越来越重要。" (The work was well-received and contains many key technologies with directionality. I have not heard the discussion of the dummy gauge before-each strain gauge needing to be separately 'dummied'. Congratulations on such a good piece of work. We would welcome further contributions on the subject, the in situ rock stress becoming more and more important in design and numerical analysis.)

（2）两位著名的国际地应力测量专家——阿玛德（Amadei，美国，教授，科罗拉多大学）和史蒂文森（Stephansson，瑞典，教授，斯德哥尔摩皇家理工学院），在他们的合著 *Rock Stress and Its Measurement*（《岩石应力及其测量》）中，用约占 4 页的篇幅（共 17 处），引用和介绍蔡美峰报告的成果，并给予高度肯定和评价。该合著为西方国家系统介绍地应力测量的专著（1997 年第一版），比蔡美峰的专著《地应力测量原理和技术》（1995 年第一版，科学出版社）晚 2 年。该书中一段引用蔡美峰成果的文字如下：

"蔡对几种主要的地应力测量方法，包括美国矿务局（USBM）孔径变形计、澳大利

亚联邦科学与工业研究组织（CSIRO）空心包体应变计、南非科学与工业研究委员会（CSIR）三轴孔壁应变计和实心包体应变计在各种岩石条件下的工作性能进行了全面的系统试验研究，揭示和确定了各种测量方法在具有非线性、不连续性、不均质性和各向异性岩体条件下的测量适用性。”

（3）我国著名的岩石力学与地应力测量专家、中国工程院院士葛修润在 2011 年 9 月举办的中国岩石力学高端论坛“陈宗基讲座”报告中评述：

“进入 20 世纪 80 年代以后，北京科技大学在地应力测试理论方面进行了系统的研究，在室内试验研究和现场实测的基础上，提出了一系列考虑岩体非线性、不连续性、非均质性、各向异性和正确的温度补偿等大幅度提高应力解除法测量精度的技术和措施。”

（发表于《岩石力学与工程学报》2011 年第 11 期）

（4）早期测量应力解除过程中小孔变形的仪器是压磁式应力计，这种仪器从原理上来讲不适用于应力解除法测量，因为应力解除法要求测量仪器对小孔的变形没有限制，而压磁式应力计对应力解除过程中的小孔变形有限制，因而对小孔的变形测量不准确。另外，这种方法是一种二维测量方法，1 个钻孔的测量只能确定垂直于钻孔平面的二维应力状态。要确定测点的三维应力状态，必须打 3 个互不平行且交互于测点的测孔，通过 3 孔测量才能确定测点的三维应力状态，而这是非常困难的，严格来讲是不可能的。我国最早开展完整矿山地应力测量的是甘肃金川镍矿，当时采用的就是这种仪器。20 世纪 70 年代，人们花费 6 年时间完成了 8 个测点的测量，其中 4 个测点测得的是三维应力状态，另 4 个测点测得的只是浅地表的二维应力状态。20 世纪 90 年代中期，采用蔡美峰新研制出来的上述测量技术，人们花费 4 个月时间就完成了金川镍矿深部 11 个测点的三维地应力测量，获得金川镍矿深部准确的地应力场的分布规律。

（5）我国著名的工程地质、水文地质和岩石力学专家孙玉科教授（1978 ~ 1994 年先后任中国科学院地质研究所副所长、中国科学院地学部副主任、中国科学院南海海洋研究所所长）与杨志法等 5 人联合出版专著《中国露天矿边坡稳定性研究》，在书中“边坡稳定性分析——初始地应力”一章中共引用 2 个蔡美峰团队的地应力测量实例的成果，实例 1 为金川露天矿地应力测量，实例 2 为峨口露天矿地应力测量。

实例 1：金川露天矿地应力测量

包括露天矿在内，金川矿区实为地上地下同时开发的一座大型矿山。早从 20 世纪 70 年代以来就先后开展过地应力的多次研究（表 3.1）。

表 3.1　金川矿区各测点主应力计算结果（据蔡美峰）

测点号	深度 / m	最大主应力			中间主应力			最小主应力		
		数值 / MPa	方向 / （°）	倾角 / （°）	数值 / MPa	方向 / （°）	倾角 / （°）	数值 / MPa	方向 / （°）	倾角 /（°）
1	550	14.40	36.5	0.5	8.83	306.3	20.0	8.41	307.8	−70.0
2	550	31.18	33.8	6.3	13.74	280.9	74.1	10.88	305.4	−14.5
3	550	24.88	1.9	15.5	13.59	271.3	2.1	12.96	353.6	−74.4
4	550	28.08	35.2	5.0	14.28	88.7	−82.7	11.59	305.8	−6.7
5	550	28.44	36.6	2.2	13.34	299.4	72.9	9.44	307.2	−16.9
6	700	36.95	176.7	−8.8	17.55	2.6	−81.1	13.09	86.8	1.9
7	700	37.86	18.2	1.4	16.79	130.6	86.2	12.22	108.2	−3.5
8	700	34.68	348.0	−5.1	17.34	238.8	−74.9	13.48	259.2	14.2
9	700	31.64	13.2	3.8	18.68	79.9	−80.5	11.59	283.8	−8.7
10	760	40.55	160.6	−1.9	20.55	0.3	−84.3	16.75	70.6	0.7
11	760	37.26	226.0	14.6	18.19	204.2	−74.5	17.66	314.6	−5.6

露天矿边坡由于受地应力影响，发生如下突出的现象：一是上盘1688平台，当时按设计已开挖到境界；但在近半年时间内，经测量总是开挖不到线，几次返工，显然反映了该段岩体持续外鼓。这用应力释放、卸荷松动是难以解释的，应是地应力的反映。二是上盘区西段主要为倾倒变形，而该段的倾倒变形量大，累计超过10m以上，这是地应力作用的反映，否则，同样是不能解释的。三是露天矿上盘区变形距离较大，超出采场境界近400m，似乎亦是地应力的作用。从这些现象不难得出，地应力对边坡的影响是存在而明显的，尤其是高地应力地区的深凹露天矿山更不能回避。

实例2：峨口露天矿地应力测量

峨口矿山是20世纪90年代露天矿山研究地应力的代表。峨口露天矿区为前震旦系含铁的绿色变质岩系，经强裂褶皱，形成NEE向的紧密的复式倒转向斜构造。在该矿区共布置了8个测点。1～4测点采用水压致裂法量测地应力；5～8测点上运用了空心包体应力计法测量。最终获得如下测量结果（据蔡美峰，见表3.2）。

表 3.2　峨口铁矿地应力测量结果汇总表

测点号	坐标			σ_H		σ_h		σ_v
	x /m	*y* /m	*z* /m	数值 /MPa	方向	数值 /MPa	方向	数值 /MPa
1	5300	6020	118	13.3	N20° W	6.4	N70° E	3.4
2	4260	5960	133.5	14.0	N17° W	6.5	N73° E	3.8
2′	4260	5960	99.14	13.3	—	7.2	—	2.8
3	5650	6490	151.3	18.5	N9° W	9.1	N81° E	4.3

续表

测点号	坐标			σ_H		σ_h		σ_v
	x /m	y /m	z /m	数值 /MPa	方向	数值 /MPa	方向	数值 /MPa
4	5390	6570	110.9	13.2	N28° W	6.8	N62° E	3.2
5	4690	6140	310	23.10	N0.1° W	7.64	N89.9° W	9.14
6	4730	6160	310	23.11	N10° W	10.72	N80.2° E	8.25
7	7070	6180	310	22.96	N3.2° W	8.59	N93.4° E	10.97
8	4810	6270	310	19.34	N27° W	8.99	N63° E	8.57

（6）20 世纪 80 年代留学澳大利亚期间，蔡美峰主攻地应力测量技术，针对最适用于矿山地应力测量的应力解除法中存在的两个关键问题，进行了 5 年多深入、系统的试验研究，发明了一种完全温度补偿的地应力测量方法和装置，创立了考虑岩体非线性、不连续性、不均质性和各向异性影响的地应力测量计算和分析理论与方法。蔡美峰 1990 年回国，回国后的各种努力极大地推动了我国地应力测量的开展。至 20 世纪 90 年代末，蔡美峰带领课题组完成了 50 多个矿山和水电、土木、交通等工程的地应力实测，地点涉及华东、华北、东北、西北、中南、西南地区，不但为工程设计提供了可靠依据，而且丰富了现场地应力测量的工程实践。各地测量结果显示出许多规律性，对研究我国大陆地应力场分布也具有重要意义。20 世纪 90 年代初，蔡美峰在国内第一次将地应力测量引入露天矿边坡工程，采用应力解除和水压致裂两种最主要地应力测量方法测定了峨口铁矿地应力场，测量结果否定了山坡地构造应力已充分释放的传统假设，为边坡稳定性研究提供了科学依据。1995 年，采用能实现完全温度补偿的空心包体三维测量技术，只用三个多月时间就完成了金川镍矿深部 10 个测点的三维地应力实测，获得了有规律的可靠数据。在十几年前，采用过去的压磁法技术（二维测量技术），该矿花费 6 年时间才测量了 8 个测点，并且其中 4 个测点只得到浅地表二维应力状态相关数据。

在以上理论、实验室试验研究以及现场地应力实测（包括国内和国外）的基础上，蔡美峰形成了“实现完全温度补偿并考虑岩体非线性的地应力解除测量技术及其应用”研究成果，该研究成果获 1999 年度国家技术发明奖三等奖（图 3.3，蔡美峰为第一发明人）。这是我国地应力测量领域的第一个国家技术发明奖。“实现完全温度补偿并考虑岩体非线性的地应力解除测量技术”是我国第一个自主研制的拥有我国自主知识产权的地应力测量技术，对推动我国矿山和岩土工程的地应力测量广泛开展，大幅度提高地应力测量的可靠性、准确性、实用性、精度和效率起到了重要的作用。

发明证书

为表彰在技术发明创造方面作出重大贡献者，特颁发国家技术发明奖证书，以资鼓励。

项目名称：实现完全温度补偿并考虑岩体非线性的地应力解除测量技术及其应用

获 奖 者：蔡美峰　为第一发明人

奖励等级：三等奖

奖励日期：一九九九年十二月

项目编号：[illegible]

中华人民共和国科学技术部

朱丽兰

图 3.3　研究成果获 1999 年度国家技术发明奖三等奖

（7）基于地应力测量研究和实测成果，1995 年蔡美峰出版了国内第一部系统介绍地应力测量的专著《地应力测量原理和技术》。该专著比西方国家第一部系统介绍地应力测量的专著 *Rock Stress and Its Measurement*《岩石应力及其测量》早 2 年。国内不少人是通过蔡美峰的这部专著学会地应力测量的。因为该书既有测量理论又有工程实践（实际操作），很受欢迎，尤其是相关院校、相关专业的老师和学生，以及相关课题组，几乎人手一册。蔡美峰培养了数百名研究生、本科生，还为几十所科研院所、大专院校的相关人员进行培训、指导。很多人成为行业的领导和骨干，他们对采用所学到的地应力测量技术，推动矿山地应力测量的开展和提高发挥了重要作用。蔡美峰多次应邀在国际学术会议上作报告，在美国、法国、加拿大、意大利、澳大利亚、俄罗斯、波兰、比利时、日本和韩国等国家进行学术讲座；在中国岩石力学与工程学会组织撰写的《中国岩石力学与工程世纪成就》大型专著中，学会特邀蔡美峰编写“地应力及原位地应力测量”一章，重点介绍了他的研究成果。

第四章　创建以地应力为基础的科学采矿设计优化理论与安全高效开采技术体系

创建以地应力为基础的科学采矿设计优化理论与安全高效开采技术体系，在地下、露天、露天转地下三大采矿工程中成功应用。

第一节　实现以地应力和岩石力学为基础的采矿设计优化和地压控制

1. 岩石力学与固体力学及其他力学学科的本质区别

从学科分类的标准来看，采矿工程应该归属于力学学科。岩石力学是采矿工程的基础学科。以下是蔡美峰主编的“十五”国家级规划教材《岩石力学与工程》（科学出版社出版，2002 年 8 月第一版，曾获 2005 年国家级教学成果二等奖）的“绪论”内容（由蔡美峰亲自撰写）。

岩石力学是近代发展起来的一门新兴学科和边缘学科，是一门应用性和实践性很强的应用基础学科。它的应用范围涉及采矿、土木建筑、水利水电、铁道、公路、地质、地震、石油、地下工程、海洋工程等众多的与岩石工程相关的工程领域。一方面，岩石力学是上述工程领域的理论基础；另一方面，正是上述工程领域的实践促使了岩石力学的诞生和发展。鉴于岩石力学与岩石工程密不可分的事实，本书将它们放在同等重要的位置予以介绍，并将书名定为《岩石力学与工程》。

1966 年，美国科学院岩石力学委员会对岩石力学给予以下定义：“岩石力学是研究岩石的力学性状的一门理论和应用科学，它是力学的一个分支，是探讨岩石对其周围物理环境中力场的反应。”这一定义是从“材料”的概念出发的，带有材料力学或固体力学的深深烙印。随着岩石力学理论研究和工程实践的不断深入和发展，人们对“岩石”的认识有了突破。首先，不能把“岩石”看成固体力学中的一种材料，所有岩石工程中的“岩石”是一种天然地质体，或者叫作岩体，它具有复杂的地质结构和赋存条件，是一种典型的“不连续介质”。其次，岩体中存在地应力，它是由于地质构造和重力作用等形成的内应力。岩石工程的开挖引起地应力的释放，正是这种“释放荷载”才是引起岩石工程变形和破坏的作用力。因此岩石力学的研究思路和研究方法与以研究“外荷载作用”为特征的材料力学、结构力学等有本质的不同。最近的研究表明，无论是岩体结构，还是其赋存状况、赋存条件均存在大量的不确定性。因此，必须改变传统的固体力学的确定性研究方法，而从“系统”的概念出发，采用不确定性方法来进行岩石力学的研究。“岩体”是自然系统，“工程岩体”是人地系统，其行为和功能与施工因素密切相关。

以上内容明确指出了岩石力学与其他力学学科有本质区别，具体如下。

（1）不能把“岩石”看成固体力学中的一种材料，所有岩石工程中的“岩石”是一种天然地质体，或者称为岩体，它具有复杂的地质结构和赋存条件，是一种典型的“不连续介质”。

（2）岩体中存在的地应力是地质构造和重力作用等形成的内应力。岩石工程的开挖会引起地应力的释放，而这种等效释放荷载才是引起岩石工程变形和破坏的作用力。

（3）岩石力学的研究思路和研究方法与以研究“外荷载作用”为特征的固体力学、弹性力学、弹塑性力学、材料力学、结构力学等有本质的不同。

（4）采矿工程是一个多步骤的开挖过程，其力学行为和工程稳定性与施工因素密切相关。

（5）“岩体”是自然系统，“工程岩体”是人地系统，其行为和功能与施工因素密切相关。

（6）岩石力学既不能完全套用传统的固体力学连续介质理论，也不能完全依靠以节理、裂隙和结构面分析为特征的传统地质力学理论，而必须把岩石工程看成一个人地系统，用系统论的方法来进行岩石力学与工程的研究。用系统概念来表征岩体，可使岩体的复杂性得到全面、科学的表述。从系统来讲，岩体的组成、结构、性能、赋存状态及边界条件是构成其力学行为和工程功能的基础，岩石力学的研究目的是认识和控制岩石系统的力学行为和工程功能。

采矿工程是一个多步骤的开挖过程，每次开挖都会引起一次新的地应力释放，其荷载条件、力学计算的边界条件是随开挖过程而变化的。

不同的开挖过程、开挖步骤，不同的支护方式、支护结构、支护施工形式和支护时间等具有不同的最终力学效应，最终对应不同的工程稳定性状态。

工程施工因素对采矿和岩土工程的稳定性有重大影响。因此，开挖引起的力学效应具有加载途径性。

2. 传统的采矿设计存在的问题

传统的采矿设计方法是经验类比法或称为工程类比法，是一种定性分析的方法，依赖经验，靠查手册做设计；对工程地质条件、矿体赋存状况、岩体结构、岩性分布和岩体物理力学性质等工程设计基础资料缺少准确的认识；没有定量的计算和分析，设计不是靠数据决策，而是靠人“拍脑袋”决策。深部、大规模工程的复杂性使该方法完全失去应用价值。

基于自重应力计算分析法，由于没有实测的地应力资料，力学边界条件和加载方式与实际不符。一切采矿开挖活动都是在地应力场的作用下进行的，受地应力场控制。在地应力场中，起主导作用的是处于水平方向的构造应力，而不是自重应力。忽视构造应力的作用将导致计算结果完全脱离实际，失去应用价值。所以，经验类比法或基于自重应力计算分析法均缺乏科学性，设计误差和错误可能会导致巨大的经济损失，甚至灾害事故。

地应力是存在于地壳上层岩体中的天然应力，而且是在一切采矿开挖活动开始前就已经存在于地层中的原始应力。因此，一切的采矿开挖活动都是在地应力场的控制下进行的。太平洋板块与印度板块的推挤和菲律宾板块与欧亚板块的约束造成了中国大陆的高地应力场。在高地应力场条件下采矿是一项世界级难题。地应力控制采矿开挖全过程，是引起围岩变形破坏和矿震、岩爆、煤与瓦斯突出等矿山重大灾害事故的直接原因。为了进行科学采矿，保证开采安全和高回收，必须进行采矿设计的定量计算和分析。地应力是进行定量设计计算必需的力学前提（边界）条件。大量的地质勘探与调查的结果表明，金属矿床是无定的脉状矿体，赋存状况极其复杂，导致采矿结构具有复杂性和多样性。经典力学方法无法计算具有复杂结构的采矿工程问题，因此传统采矿设计只能靠经验类比。采矿规模的扩大和向深部发展，使经验类比法失去了作用。准确的地应力测量结果，为采矿设计力学计算边界条件的确定提供了保证，现代数值模拟等计算技术的发展与应用使其成为可能。在没有实测地应力时，假设自重应力场为条件，其中垂直应力是水平应力的 2 倍，这与实际情况恰恰相反。如此计算，一个宽度为 2 倍高度才安全的巷道会设计成高度是宽度的 2 倍，这样会影响矿体的回收，引起巷道坍塌破坏，造成经济损失和灾害事故。为此，蔡美峰提出以实测地应力为基础，根据实际矿体赋存条件，通过定量计算和分析，确定最佳开采总体布置、采场结构参数、开采顺序、开采工艺、支护加固与安全监控措施，最终实现安全高回收的开采目标，逐步形成了具有自身特色的采矿设计优化理论，并在地下、露天和露天转地下采矿工程中得到成功应用。

3. 地应力对采矿设计的重要性及关键应用

（1）确定最优开采总体布置。重要的采矿设施，如主井、副井、风井、主运输巷道等使用周期长，对保证矿山正常生产起关键作用，应尽可能离开主应力区。

巷道、采场的走向（轴线方向）应尽可能与地应力的最大主应力方向相一致，这样巷道和采场横断面内存在两个中、小主应力，有利于巷道、采场的稳定。

（2）选择巷道、采场的截面形状。为了减小地下巷道和采场的围岩应力集中，其理想的断面形状是一个椭圆，当椭圆的水平轴和垂直轴的尺寸之比与水平方向和垂直方向的应力比相等时，巷道和采场周边应力处于均匀分布状态是最佳的。在考虑实际生产需要和条件下，设计应尽可能遵循这一原则。

（3）选择合理的采矿方法，进行采矿设计优化。采矿是一个复杂的开挖过程，不同的采矿方法、开采顺序和开挖步骤都会导致不同的力学效应，即不同的采矿工程稳定性状态。由于采矿工程的结构、形状和开采步骤的复杂性、多样性，传统的经验类比不做计算，传统的解析解的力学方法无法进行采矿设计计算，现代计算机技术和数值模拟等方法的兴起，使采矿设计的定量计算和优化成为可能。但一切计算都必须在已知地应力的条件下进行。

（4）确定合理的支护和加固措施，保证井下开采中巷道和采场围岩稳定性。对围岩的应力－应变分布状态和围岩与支护的共同作用进行定量计算和分析，是进行采矿支护与加固设计优化的必要条件。优化的支护与加固设计不仅能充分调动和发挥围岩自身的承载能力，而且能充分发挥支护的作用。同样，已知地应力是进行计算分析的必要条件。

（5）采空区处理及地表沉降问题。在采空区处理方面，地应力状态决定了采空区的稳定性。了解地应力有助于选择合适的处理方法，如在高应力区可能要加强支护，防止采空区坍塌。对于地表沉降问题，地应力是关键因素。它影响着上覆岩层的移动和变形。采矿设计中，依据地应力可以预测地表沉降范围和程度。例如，在水平地应力大的区域，设计时要考虑采用分层开采等方式减小地表不均匀沉降。准确掌握地应力能优化采矿布局，保障采矿安全与地表环境稳定。

（6）岩爆、矿震、煤与瓦斯突出、矿井突水等开采动力灾害预测、预报与防控。

采矿过程中，岩爆、矿震、煤与瓦斯突出、矿井突水等开采动力灾害都是由开采扰动引发的能量聚集和释放的结果，这种能量聚集和释放是由地应力主导的。根据实测的地应力状态进行能量聚集和演化规律的定量计算和分析，是预测开采动力灾害“时－空－强”规律的唯一途径。

（7）深凹露天矿高陡边坡优化设计。传统的边坡设计方法是二维极限平衡法，它是一种只考虑自重应力的静力平衡分析方法，用于山坡露天开采设计是可行的，但深凹露天矿高陡边坡延伸到地表下数百米，以水平构造应力为主导的地应力场、断层、岩体结构、岩性分布等将对稳定性起控制作用，对其稳定性进行全面的力学计算和分析是进行边坡设计优化并采取合理的控制与加固措施所必需的，计算所需的力学条件就是地应力。

4. 岩石力学与采矿工程设计优化力学研究的特点

1）力学荷载条件的特殊性和多因素性

地下矿产赋存地层中存在一个天然地应力场，一切采矿开挖活动等都是在其作用下进行的。确定地应力是研究一切岩石开挖活动力学效应的首要任务。地应力是一种内应力，它与传统力学荷载的概念是不同的。传统的固体力学、材料力学、结构力学等研究都是先挖洞，再加荷载，研究荷载对洞室稳定性等的力学影响；而岩石力学研究的采矿开挖过程是先有荷载，后挖洞，研究挖洞引起的地应力等效释放荷载及其对硐室变形、破坏和稳定性的影响。如图 4.1 所示，在采矿开挖活动前，不管地应力多大，地层处于一种自然平衡的状态。采矿开挖活动打破了这种平衡状态，引起地应力向采矿开挖形成的自由空间的释放，形成等效释放荷载，它作用在开挖自由空间的内边界上。这种等效释放荷载正是引起采矿工程围岩变形和失稳破坏的根本作用力。等效释放荷载带动围岩变形、位移和局部应力集中，在围岩中产生扰动能量（应力乘位移就是能量）。围岩变形、位移和局部应力集中的量越大，储存在采矿围岩中的开挖扰动能量就越大，可能造成的围岩变形、破坏也越大。

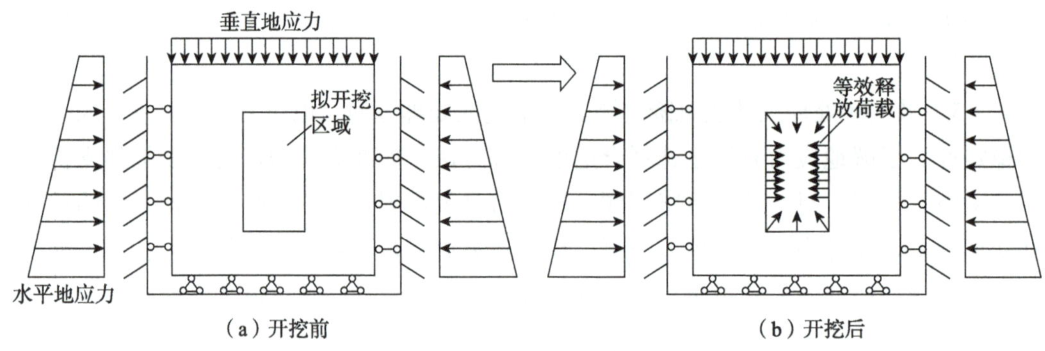

图 4.1　采矿开挖地应力等效释放荷载形成与作用示意图

采矿是一个多步骤的开挖过程，每步开挖都是一次等效释放荷载的形成和加载过程，这种力学计算分析的过程，只有数值模拟计算方法才能完成，传统的解析解的力学计算方法是无法完成的。如果采用固体力学的方法，按传统方法把地应力作为外荷载直接加在采矿围岩的外边界上，进行围岩的应力、变形分析，就会出现采矿围岩外边界上的位移量大、开挖内边界位移量小的结果，这与实际是完全相反的，因此必须采用等效释放荷载的分析方法表示地应力的作用。

2）施工因素对力学条件和工程稳定性的影响

岩体开挖会引起地应力的释放，形成等效释放荷载，然后引起岩体的变形和破坏，影响岩体结构的稳定性。采矿工程是一个多步骤的多次开挖过程，每次开挖都会引起一次新的地应力释放和等效释放荷载的加载过程。所以采矿设计优化的力学计算和分析的荷载条件、力学边界条件是随开挖过程而变化的。

采矿岩体一般均具有非线性的特征，按照力学的理论，非线性材料具有加载途径性，即在采矿过程中，开采设计（包括开采方法、开挖过程、开采顺序、开挖步骤），以及支护方式、支护结构、支护施工形式和支护时间等不同，那么导致的等效释放荷载的形成与加载的方式和过程就不同，从而导致力学效应也不同，即采矿岩体稳定性状态最终不同。因此可知，开挖引起的力学效应具有加载途径性，采矿工程的施工因素对采矿工程的稳定性有重大影响。这是采矿力学过程不同于其他力学过程的根本所在。据此，蔡美峰提出了以地应力为基础的采矿开发系统设计优化理论和技术体系，根据实测地应力和实际矿体赋存条件，通过科学的定量计算和分析，选择最合理的采矿方法，确定最佳的开采总体布置、采场结构参数、开采顺序、开挖步骤和地压控制措施等，实现安全、高效的开采目标。

3）采矿设计研究对象的复杂性和不确定性

传统的力学分析方法，不论是理论分析还是数值模拟，都是一种正向思维或确定性思维，即牛顿时代的思维模式。这种方法从事物的必然性出发，根据试验建立模型，确定本构关系（应力－应变关系），在特定、有限的条件下求解，即“1+1=2”方法。

采矿工程力学分析的基本条件包括地应力、岩体结构、岩性分布、节理裂隙、岩体物理力学性质等，均具有不确定性（模糊性、随机性），应力－应变关系和力学效应也同样具有不确定性。这是因为，岩体是天然的地质体，而非人工设计加工的。岩体结构及其赋存条件和赋存环境具有复杂性、多变性，并且受到工程施工因素的影响等，因此不可能事先把它们研究得非常清楚，其中必然存在大量认识不清、认识不准的不确定性因素。用“1+1=2”方法解决不了采矿工程问题，必须用统计分析的方法进行系统优化分析，通过对多种不同方案的综合分析比较，找出最优的设计方案，同时通过监测将施工过程中的多种信息返回到设计中，对设计反复修正和补充，使其更完善、更合理。

4）采矿设计基础研究的可靠性和工程实用性

采矿设计优化研究对象具有广泛性和复杂性，这决定了采矿设计优化岩石力学研究的内容也是广泛而复杂的，特别是基础研究具有很强的可靠性和工程实用性，基础研究的主要内容如下。

（1）矿区岩石、岩体地质特征的研究：①岩石的物质组成和结构特征；②结构面特征及其对岩体力学性质的影响；③岩体工程分类。

（2）矿区岩石的物理、水理与热学性质的研究。

（3）矿区岩石的基本力学性质的研究：①岩石的变形和强度特征以及力学指标参数；②影响岩石力学性质的主要因素；③岩石的破坏机理及其破坏判据。

（4）采矿岩体力学性质的研究：①结构面力学性质的研究；②岩体变形与强度特征；③影响岩体力学性质的主要因素；④矿区岩体中地下水的赋存、运移规律及岩体的水力学特征。

（5）矿区原岩应力（地应力）分布规律及其测量理论与方法研究。

（6）采矿岩体工程稳定性及其维护技术的研究。

（7）采矿工程岩体的模型、模拟试验及原位监测技术的研究。

（8）各种新技术、新方法与新理论在采矿设计优化中的应用研究。

5. 采矿设计优化力学研究的主要方法

根据所采用的研究手段或依据的基础理论所属学科领域的不同，采矿设计优化力学计算和分析的研究方法可大概归纳为以下六大类。

1）固体力学的研究方法

早期，将弹性力学和塑性力学的理论和方法引入采矿岩石力学中，从材料的基本力学性质出发认识采矿岩石工程的稳定问题，确立一些经典计算公式，为简单的采矿岩石工程的力学计算和分析迈出新的一步。但固体力学理论是连续介质理论，忽视了对岩体不连续性本质和对地应力作用的正确认识，忽视了开挖的概念和施工因素的影响，因而作出的计算和分析结果往往脱离工程实际；较多的假设较理想化导致计算和分析结果缺少实际应用意义。

同时，早期的固体力学计算方法只适用于圆形（椭圆形、矩形）巷道等个别情况，而并不适用于普通的采矿岩石开挖工程，因为没有现成的弹性或弹塑性理论解析解可供应用，所以固体力学的计算和分析方法，只在早期做简单的弹性－弹塑性力学分析时有过应用，考虑地应力作为荷载条件后，就不再应用了。现代计算机和数值分析技术的发展为以地应力作为力学边界条件的采矿岩石力学的定量计算和分析创造了条件。

2）工程地质的研究方法

20 世纪 20 年代，法国的克罗斯（Cloos）创立了工程地质的研究方法，他是奥地利学派（当年修建阿尔卑斯山隧道工程的工程技术流派）的著名代表。他们反对把岩体当作连续介质简单地利用固体力学的原理进行岩石力学特性的分析；强调要重视对岩体节理、裂隙的研究，重视岩体结构面对岩石工程稳定性的影响和控制作用。该理论和方法对岩石工程的最重要贡献是提出了“研究工程围岩的稳定性必须了解原岩应力和开挖后岩体的力学强度变化”及“节理裂隙对岩石工程稳定性的影响”等观点。该理论和方法同时重视岩石工程施工过程中应力、位移和稳定性状态的监测，提出了著名的“新奥法”（new Austrian tunnelling method，NATM），这是现代岩石力学和岩石工程信息设计和施工的雏形，至今仍被国内外广泛应用。但是，该理论和方法过分强调节理、裂隙的作用，过分依赖经验，而忽视理论的指导作用，因此也是有缺陷的。

3）科学试验方法

科学试验是采矿岩石力学发展的基础，它包括实验室岩石力学参数的测定、模型试验、现场岩体的原位试验及监测技术，以及地应力的测定和岩体构造的测定等。

近代发展起来的新的试验技术都已不断地应用于采矿岩石力学领域，如遥感技术、地理信息系统（geographic information system，GIS）技术、全球定位系统（global positioning system，GPS）技术、激光散斑和断层扫描技术、三维地震勘探技术、微震技术等，都已逐渐为采矿工程服务。

4）数学力学分析方法

数学力学分析是采矿岩石力学研究中的一个重要环节，是通过建立采矿工程岩体的力学模型和利用适当的分析方法，预测采矿工程岩体在各种力场作用下的变形与稳定性，为采矿工程设计和施工提供定量依据。

常用的力学模型包括刚体力学模型、弹性及弹塑性力学模型、流变模型、断裂力学模型、损伤力学模型、渗透网格模型、拓扑模型等。

常用的分析方法包括数值分析方法，如有限差分法、有限元法、边界元法、离散元法、无界元法、流形元法、不连续变形分析法、块体力学和反演分析法等；模糊聚类和概率分析，如随机分析、可靠度分析、灵敏度分析、趋势分析、时间序列分析和灰色系统理论；模拟分析，如光弹应力分析、相似材料模型试验、离心模型试验等。

5）现代岩石力学理论与方法

现代岩石力学理论与方法既不完全套用传统的固体力学连续介质理论，也不完全依靠以节理、裂隙和结构面分析为特征的传统地质力学理论，而把开挖岩石工程看成一个人地系统，用系统论的方法来进行采矿设计岩石力学与工程的研究。用系统概念来表征采矿岩体，可使岩体的复杂性得到全面、科学的表述。从系统来讲，岩体的组成、结构、性能、赋存状态及边界条件是构成其力学行为和工程功能的基础，岩石力学的研究目的是认识和控制岩石系统的力学行为和工程功能。

20 世纪 60 ~ 70 年代，不连续性成为岩石力学的研究重点，岩体和岩块的区别得到重视，随着计算机科学的进步，从“材料”概念到“不连续介质”概念是岩石力学理论上的飞跃。

20 世纪 60 年代开始出现用于采矿等岩石工程稳定性计算的数值计算方法，主要是有限元法；80 年代，数值计算发展很快，有限元、边界元、离散元及其混合模型得到广泛应用；90 年代，数值方法终于在岩石力学和采矿等工程学科中扎根。

20 世纪 80 年代，现代计算机科学技术的进步也带动了信息技术的发展。采矿等岩石工程三维信息系统、人工智能、神经网络、专家系统、工程决策支持系统等迅速发展起来，并得到普遍的重视和应用。

20 世纪 90 年代，现代数理科学的重要渗透是非线性科学在岩石力学中的应用。耗散结构论、协同论、分叉和混沌理论被试图用于认识和解释岩体力学过程。

针对采矿岩体结构及其赋存状态、赋存条件的复杂性和多变性，岩石力学和工程所研究的目标和对象存在着大量不确定性，于学馥教授于20世纪80年代末提出的不确定性研究理论，目前已被越来越多的人认识和接受。现代科学技术手段，如模糊数学、人工智能、灰色理论和非线性理论等为不确定分析研究方法和理论体系的建立提供了必要的技术支持。

系统科学虽然早已受到岩石力学界的注意，但直到20世纪80～90年代才成为共识，并进入采矿岩石力学理论和工程应用。系统论强调复杂事物的层次性、多因素性及相互作用特征，并认为认识是多源的，是多源知识的综合集成，这些为采矿岩石力学理论和岩石工程实践的结合提供了依据。

结论：从“材料”概念到“不连续介质”概念是现代岩石力学领域的第一个突破；进入计算力学阶段是第二个突破；而非线性理论、不确定性理论和系统科学理论进入实用阶段，则是岩石力学理论研究及工程应用的第三个突破，意义更为重大。

6）基于系统论、信息论和不确定性分析理论的综合方法

（1）现代科学技术手段为不确定分析研究方法和理论体系的建立提供了必要的技术支持。

（2）基于系统论、信息论的不确定性分析理论与方法是实现采矿岩石力学理论和岩石工程实践相结合，使其实用化、科学化的有效方法。

（3）这种研究方法也就是通常所说的“黑箱→灰箱→白箱”的研究方法。采用这种方法可以在整个采矿工程设计、施工过程中，使岩体内部结构或初始条件不清楚或不完全清楚的“黑箱”或“灰箱”系统，不断减少黑度，增加白度，以逐步优化工程设计和施工。

（4）为促进不确定性系统分析方法的进一步发展，使其更完善、更实用，在岩石工程系统的研究中，还必须强调以下两方面的工作。

第一，系统扎实的采矿基础资料的收集、调查、试验和研究工作。只有把基础资料的采集工作做扎实，才能减少采矿工程“灰箱”系统的黑度或灰度，缩短“黑箱→灰箱→白箱”的分析、研究过程，提高工程规划、决策的准确性，加快工程设计和施工的进度。

第二，采矿工程施工和运行过程中的全方位多手段的现场监测工作。丰富的监测资料将为“黑箱→灰箱→白箱”系统分析和研究系统的功能与特性提供必要的信息资料。通过对过程监测的信息进行高效的理论分析和经验判断，将多源知识综合集成，并及时向工程执行系统反馈，进行工程决策，就可以逐步优化采矿设计和施工工艺，使采矿工程实践和岩石力学理论分析达到高度融合。

6. 以地应力为基础的采矿设计优化理论与方法

根据采矿工程稳定性受地应力场控制及其力学分析过程的特点，提出以地应力为基础，进行采矿设计与开采优化的系统理论与方法，以提高我国采矿工程和技术的科学水平。

（1）通过实测获得矿区地应力分布状态，建立矿区地应力场模型。

（2）通过系统的调查、试验、分析、研究，准确掌握矿区的工程地质条件、矿体赋存状况、岩体结构、岩性分布和岩体物理力学性质等，为采矿设计提供可靠依据。

（3）根据实测地应力、实际工程地质条件和矿体赋存状况，通过定量计算和分析，选择合理的采矿方法，确定最佳的开采总体布置、采场结构参数、开采顺序、开采工艺、地压控制与安全监控措施等，最终实现安全高效的开采目标。

（4）该理论与方法充分考虑采矿岩体的非线性特征及多阶段、多步骤开挖特点，成功地应用数值分析、人工智能等现代计算和分析技术，推动我国采矿设计从传统的经验类比阶段上升到科学的定量计算阶段。

（5）设计路线：基础资料采集→初选方案确定→多方案定量计算分析→多目标优化决策→工程技术实施→现场监测和反分析→修改和完善方案。

上述以地应力为基础的采矿设计优化理论与技术体系和符合现代岩石力学原理的开采地压控制理论与方法，充分考虑采矿岩体的不确定性和非线性特征及多步性开挖特点，成功地应用数值分析、人工智能等现代数学、力学理论与计算分析技术，推动我国采矿设计从传统的经验类比向科学的定量计算转变，并在大量的地下与露天采矿工程中得到成功应用。

第二节　范例一——地下采矿工程

将传统的矿房－矿柱地下矿两步回采工艺改变为采场进路不间断连续回采工艺，使采矿的效率和安全性大幅度提高。

一、矿房－矿柱地下矿两步回采工艺的缺陷

地下矿的早期开采将矿体分隔成矿房、矿柱两部分，分两步进行回采，第一步采矿房，第二步采矿柱，是隔一采一的间断回采方法（图 4.2）。

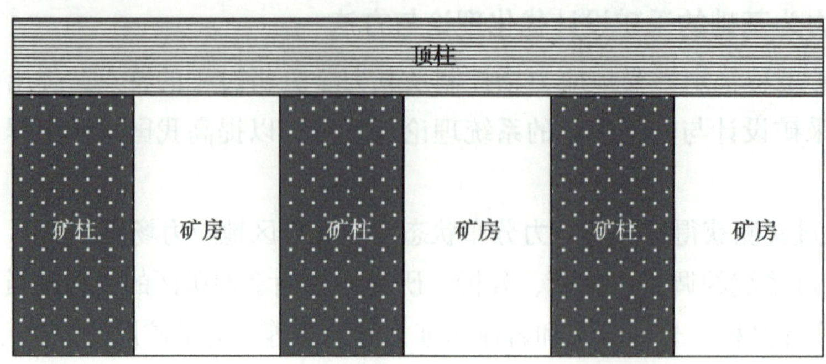

图 4.2　矿房－矿柱两步回采地下采矿示意图

矿山生产实践证明，矿房－矿柱地下矿隔一采一（先采矿房，后采矿柱）的两步回采工艺，可同时布置的采场数量少，采矿能力小、强度低、效率低。同时，在第一步矿房回采过程中，矿柱受到的压力越来越大，出现的开裂、破坏会越来越严重，从而给第二步回收矿柱带来很大的麻烦。为了保证矿柱回采的正常进行和安全，必须采取必要的支护措施，但是这样会增加开采的成本。一般情况下，第二步回采矿柱开采难度大、效率低、成本高、矿石损失严重的问题是很难解决的。为了大幅度提高采场生产能力，增加采矿强度，减少采矿损失，提高开采的经济效益，采用连续回采的生产工艺是十分必要的。

二、新城金矿采用盘区呈“品”字形布置采场进路的连续充填工艺，使采矿的效率和安全性大幅度提高（“九五”国家重点科技攻关项目）

1. 研究背景

新城金矿位于山东省莱州市，是 20 世纪 70 年代我国新发现的蚀变岩型金矿床的典型代表。除具有成矿规模大、工业价值高的特点外，还具有复杂的开采技术条件，具体表现如下：矿体一般为缓倾斜，厚度极薄至中厚，形态多变；上盘围岩为绢英岩化花岗质碎裂岩，围岩破碎，且有断层泥；矿体沿走向长度短，而矿山生产规模大，要求采场生产能力大。地表有人口稠密的村庄和农田，烟（台）潍（坊）公路通过矿区，因而地表不允许有明显的变形和沉陷。为了进一步提高采场生产能力，降低采矿损失与贫化指标，以尽快适应二期改扩建工程的需要，提高企业的经济效益；同时，也为与新城金矿开采条件类似的矿山提供一套行之有效的开采技术，“新城金矿复杂条件矿床采矿方法研究”被列为 1996 年 8 月国家计划委员会批复的“九五”国家重点科技攻关项目——“难处理（采、选、冶）金矿资源开发利用技术研究”中的一个项目进行研究。其攻关目标是，通过试验研究寻找一种技术上先进且适合新城金矿复杂矿床条件的安全、经济、高效和有利于环境保护的采矿方法，提高采矿强度和生产能力，降低采矿损失率和矿石贫化率，降低生产成本，显著提高劳动生产率和矿山的经济效益与社会效益。

本项目的工程依托单位为山东省新城金矿，参加攻关研究的单位包括北京科技大学、长春黄金研究院（现为长春黄金研究院有限公司）、东北大学和长沙矿山研究院（现为长沙矿山研究院有限责任公司），其中蔡美峰为总体技术负责人。项目分成“采矿岩体应力应变和岩石力学研究”“盘区上向高分层连续回采充填采矿法”“充填系统和充填技术研究”三个专项进行研究。产、学、研三方面密切配合，通力合作，以保证项目研究的高起点、高效率，以及高水平和高质量的研究成果。

2. 研究内容

1）采矿岩体应力、应变和岩石力学研究

（1）本项目进行了大量的现场基础资料的试验、收集和整理工作，包括系统的工程地质和水文地质、岩体结构调查与评价，矿区岩体的质量分级评价；采用实现完全温度补偿并考虑岩体非线性的地应力测量技术，进行了矿区地应力现场测量，建立了矿区地应力场分布模型；进行了矿区 11 种岩组的物理力学性质试验。全面、系统、扎实的基础资料为进行理论研究和数值计算，以及采矿方法的选择和设计优化提供了可靠依据和充分保证。

（2）通过 4 个水平、17 个测点地应力现场实测，获得了各测点的三维地应力资料和矿区地应力场分布规律，建立了矿区上部、下部和上、下统一的地应力场分布模型。测量结果表明：新城金矿地应力场是以水平构造应力为主导的，而不是以自重应力为主导的；地应力大小属于中等偏上水平，最大水平主应力值为自重应力的 2 倍左右或稍大；在深部，最大主应力和最小主应力均位于水平方向，这就意味着在矿区深部水平面内存在很大的剪应力。按照莫尔强度理论，岩体的破坏主要是剪应力引起的，高剪应力的存在对地下巷道和采场变形和破坏有重要影响，必须给予高度重视。

（3）工程地质调查和岩体质量分级研究表明，矿体及下盘围岩稳定性较好，上盘围岩稳定性差。特别是，当考虑岩体软化系数（水的影响）时，岩体质量将有明显下降。本项目研究中采用的岩体稳定性分类的灰色优化模型，不仅能够综合考虑多种因素的影响，并能考虑岩体性质的不确定性和模糊性，更能反映围岩的自然特性。

（4）岩石物理力学性质试验的试件分组覆盖面大，试验项目较齐全，特别是三轴压缩试验达到 45 组。试验操作方法严格，所得数据准确、可靠。

（5）通过回采稳定性及采矿优化设计三维有限元分析，对 4 种采场结构模型进行定量计算、分析、比较，发现采场和矿柱宽度为 8m，优于 10m；采场分层高度为 5m，优于 3.3m。因此，推荐采用采场和矿柱宽度为 8m、分层高度为 5m、一步采场超前准一步采场 2 个分层的开采方案。计算图示结果可明确显示“品”字形连续开采过程中免压拱的存在（图 4.3，图中数字代表该点的应力值，单位为 MPa）。

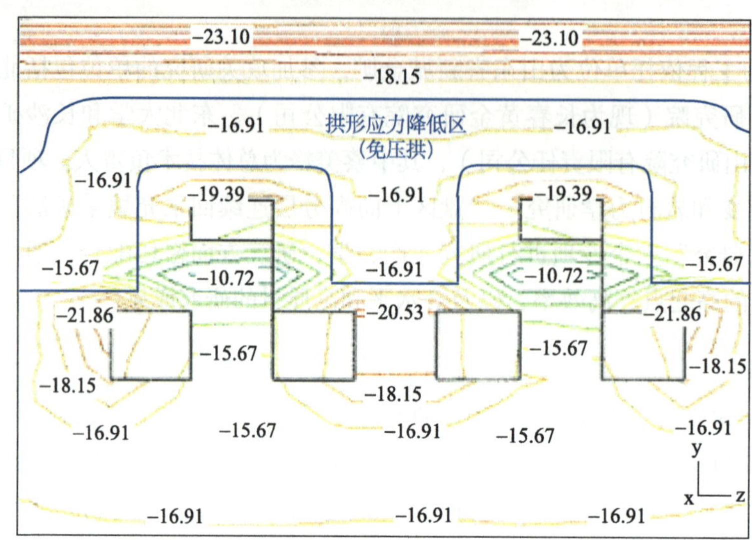

图 4.3　数值模拟"免压拱"显示图

（6）通过采场两种开采顺序数值分析结果的综合比较，证明由中央向两翼推进的开采顺序优于由两翼向中央推进的开采顺序。

（7）通过对深部中段两种不同的开采顺序数值模拟结果比较，证明先同时开采 −245m 中段和 −380m 中段、后同时开采 −280m 中段和 −430m 中段的方案比先同时开采 −280m 中段和 −380m 中段、后同时开采 −245m 中段和 −430m 中段的方案有利于采场的稳定和安全。由此，推荐的开采顺序为上部和下部均向下延伸开采。

（8）采用多点位移计、钻孔应力计、钢板应变计和断面收敛测量等多种手段对采矿过程中采场周围岩体、矿体和充填体内应力和位移状态及其发展变化规律进行实时监测，为控制采场地压提供重要依据。监测结果说明，试验采场应力、应变状态正常，采场是稳定的，采矿试验是成功的。

（9）采用三角水准高程测量方法对河西矿体开采引起的新城金矿主竖井及地表移动进行了实时监测，为采取合理措施，保护主竖井、主斜坡道的安全提供了重要依据。

2）盘区上向高分层连续回采充填采矿方法研究

（1）根据新城金矿矿体赋存条件，采用盘区上向高分层连续回采充填采矿工艺，经过计算机模拟和反复计算，证明采矿方法是合理的，并经工艺试验证明其是成功的。该工艺填补了同类条件矿床开采技术的空白，属于国内外首创，为新城金矿和同类开采条件黄金矿山或其他金属矿山提供了一种生产能力大、经济效益好、技术先进、生产安全的采矿方法。

（2）新城金矿过去的机械化上向分层充填法的分层回采高度为 2.2 ~ 3.4m，而本次试验盘区采场作业高度为 4.3m，最终达 4.5m。作业分层回采高度提高，既可提高回采生产能力，又可提高采场采矿强度；既可减少采矿损失，又可降低矿石贫化，并且每年可节省大量采准工作量及胶结充填体水泥量。这对提高地质资源利用率，以及入选矿石品位和降低生产成本大为有利。

（3）“品”字形采场连续回采技术，可大大增加盘区中同时回采的采场数目，充分发挥无轨作业的优越性，提高盘区生产能力。与过去隔一采一相比，大幅度减少了二步采采场数目。矿山生产实践证明，二步采采场开采难度大，采矿效率低，成本高，矿石损失严重。同时采场呈“品”字形布置，可形成免压拱开采，使采场围岩的应力分布趋于合理，采场地压可以得到有效控制（图 4.4）。

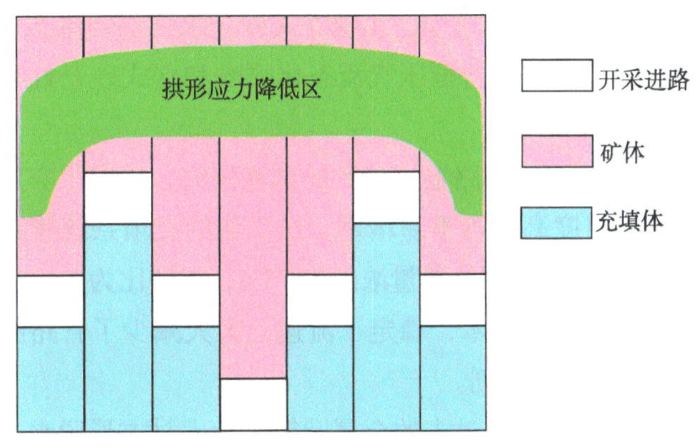

图 4.4　“品”字形布置开采进路示意图

（4）经采场凿岩爆破参数优化试验研究，试验所推荐的凿岩爆破参数与过去相比，减少了凿岩眼数 38% 左右，缩短凿岩时间 36%，减少采矿单位炸药消耗量 44.7%，每米眼崩落矿石量增加了 97.69%，采场落矿大块率降低 50%，为提高设备效率、减少能源消耗、增大采场生产能力发挥了重大作用。由于节省凿岩及炸药成本，采场矿石直接作业成本减少 5.99 元 /t。

（5）通过无轨采掘设备优化配置及应用研究，对采场的铲、装、运各种型号铲运机与铲运卡车根据不同运输距离合理配置，提高了无轨设备的作业效率和机械化作业技术水平，减少了备品、备件的消耗，为矿山生产节约了大量资金。同时，为降低生产成本、提高矿山生产能力发挥了重要作用，并且对我国黄金工业发展及技术进步也将发挥越来越大的作用。

（6）在其他两个专项研究成果的基础上，通过采矿方法的试验研究，使采场盘区生产能力达到 282.4t/d，比原 180t/d 提高了 56.9%；采场劳动生产率达到 23.11t/ 工班，比原 14.3t/ 工班提高了 61.6%；采矿总损失率为 3.76%，矿石总贫化率为 5.15%，比原 7.70% 和 6.90% 分别下降了 51% 和 25%。攻关研究成果已推广应用到其他采场，采出矿石超过 20 万 t，采矿总损失率为 4.05%，矿石总贫化率为 4.75%，比原指标分别下降 47% 和 31%。

3）充填系统与充填技术研究

（1）通过系统的实验室试验，实现了充填材料配比优化，提高了充填体强度和输送性能。

（2）研究了放砂漏斗形成机理，提出了立式砂仓的合理结构，采用气动力流态化技术，使立式砂仓放砂浓度由过去的 60% ~ 65% 提高到 72% ~ 78%，流量达到 60 ~ 80m^3/h，解决了矿山多年来存在的充填浓度不高、充填体强度低的技术难题，技术指标达到国际先进水平。

（3）在采用气动力流态化技术中，实现立式砂仓水气联合流态化尾砂技术，保证全砂仓尾砂均匀流态化，发明了新型压气流态化喷嘴和立式砂仓虹吸排水系统，保证了充填料浆浓度的稳定。

（4）进行了尾砂胶结充填管路输送参数的试验研究，确定了宾厄姆体充填料浆输送参数，宾厄姆充填体强度高，且不易堵塞。经优化的充填系统管路输送参数如下：充填料浆平均流速为 2 ~ 8m/s，固体质量浓度为 75%，灰砂比为 1 ∶ 15。同时，发明了利用软管泵输送充填材料的新技术，稳定了流速，大大减少了管路磨损，显著提高了其使用寿命。该项技术为国内首创。

（5）采场充填脱水技术，由过去的金属圆筒改为木材方形脱水井加脱水笼联合脱水，并且 2 个采场共有 1 个泄水井，使采场脱水能力提高，减少了采场分层离析现象，使采场充填体的整体性和强度大大提高。强度值由过去不足 1MPa 提高到 2MPa，提高 1 倍以上。

（6）整个充填系统，实现了计算机监控，模入 14 路、模出 10 路，开关量 32 路，控点多、规模大，是我国充填站目前控制规模大、控制精度高、信息管理全面的计算机监控系统。

3. 发现、发明及创新点

（1）首次提出盘区上向高分层连续回采充填采矿法，使盘区的 8 个采场分成两组，每组中有 3 个采场呈“品”字形连续回采，形成免压拱，使盘区周围的应力分布合理，采场地压得到有效控制。实现连续回采可减少二步回采矿柱，提高盘区回采强度和采矿效率。

（2）在机械化水平落矿时，使分层回采高度由原来国内外的 2.2 ~ 3.4m 提高到 4.3m 左右，提高了采矿效率，减少了充填成本，降低了损失贫化。

（3）使用实现完全温度补偿并考虑岩体非线性的地应力测量技术进行矿区地应力现场测量，建立了矿区地应力场分布的折线回归模型，为国内外首创。

（4）发明了压气流态化喷嘴，采用气动力流态化技术和立式砂仓虹吸排水系统，使充填料浆的浓度由过去的60%～65%提高到72%～78%，流量稳定在60～80m^3/h，充填体强度由过去的不足1MPa提高到2MPa。花很少的投资达到如此高的充填技术指标为国内外所少见。

（5）采矿技术经济指标，包括采场生产能力、回采强度、劳动生产率、采矿损失率、矿石贫化率，均达到国内领先、国际先进水平。

4. 与当前国内外同类研究、同类技术的综合比较

（1）本项目以先进的岩石力学手段和研究结果为基础，对采矿方法、开采工艺和充填系统、充填工艺进行了全面、系统的研究。在采矿方法、岩石力学研究方法和充填造浆技术方面取得了重大突破。

（2）盘区上向高分层连续回采充填采矿法与国内外目前采用的盘区上向水平分层充填法相比，由于采用高分层落矿技术，减少了分层数和辅助作业时间，实现了连续回采，减少了二步采采场数，回采强度大，生产效率高，安全性好，损失贫化率低。总之，该方法是一种安全、高效、损失贫化率低的新型采矿方法。其中，盘区呈“品”字形免压拱布置的连续回采技术处于国际领先水平。

（3）使用实现完全温度补偿并考虑岩体非线性的地应力测量技术，进行了矿区地应力现场测量，建立了矿区地应力场分布的折线回归模型，这样大规模的地应力测量在国内矿山是首次，测量技术和测量成果均处于国内外领先水平。

（4）根据实测的地应力资料和工程地质条件，以及矿体赋存条件，采用大型非线性三维有限元模拟对盘区和采场的结构参数、开采顺序、顶板维护技术和开采的稳定性进行了系统分析研究；并对深部开采的地压活动规律进行了预测研究和多种手段的实时监控，为开采设计优化及地压控制提供了可靠依据。这样扎实的岩石力学基础研究工作和丰富的基础资料为国内外同类研究所少见。

（5）新型压气流态化喷嘴造浆技术，使充填料浆浓度由过去的60%～65%提高到72%～78%，流量稳定在60～80m^3/h，充填体强度由过去的不足1MPa提高到2MPa。充填系统实现了高精度微机自动化监控。花很少的投资达到如此高的充填技术指标为国内外所少见。其中，压气流态化放砂技术处于国际领先水平。

（6）通过对无轨设备优化配置，提高了无轨设备的作业效率和机械化作业技术水平，在国内矿山处于领先水平。

（7）本项目研究达到的技术经济指标，包括盘区生产能力、采场劳动生产率、采矿损失率和矿石贫化率，均达到国内领先、国际先进水平。

↘5. 应用效果

1995～1999 年，新城金矿采用上述研究成果，采场生产能力增加 88%，劳动生产率提高 62%，采矿损失率下降 51%，矿石贫化率降低 25%，黄金产量增加 75.5%，从 1995 年的 5.3 万两 /a 提高到 1999 年的 9.3 万两 /a，成为全国第一产金大户。1999 年，在黄金大幅降价的情况下，仍实现利润 5093.5 万元。由攻关技术进步本身给矿山创造的经济效益为 1147.67 万元 /a。之后 10 多年在该矿山的推广应用，还产生了 1.92 亿元的经济效益。这种回采工艺，生产安全，效率高。其推广应用，不仅对新城金矿技术进步，而且对整个黄金工业发展产生了积极作用。采用“品”字形免压拱连续回采技术，改善了充填系统和充填工艺，提高了充填体强度，有效地改善了围岩稳定性状态，保证了生产安全。由于减少了地表沉陷和破坏，减少了废石采出和充填废水的排泄，环境污染得到有效控制。因而，本项目的经济效益、社会效益和环境效益十分显著。本项研究成果还可推广应用到其他类似矿床赋存条件的黄金矿山及其他金属矿山，对推动我国采矿的科技进步发挥巨大的作用。“新城金矿复杂条件矿床采矿方法研究”项目研究成果获 2000 年度国家科学技术进步奖二等奖（蔡美峰排名第二，矿方排名第一，图 4.5）。

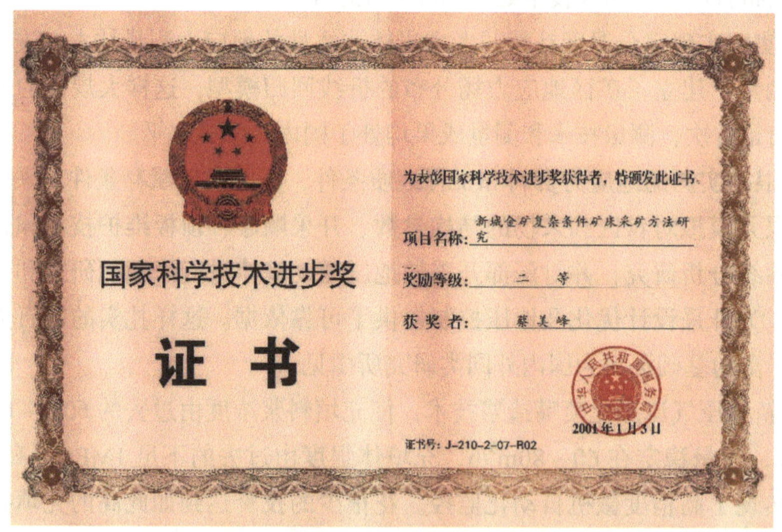
国家科学技术进步奖

证书

为表彰国家科学技术进步奖获得者，特颁发此证书。

项目名称：新城金矿复杂条件矿床采矿方法研究

奖励等级：二　等

获 奖 者：蔡美峰

中华人民共和国国务院

2001年1月3日

证书号：J-210-2-07-R02

图 4.5　研究成果获 2000 年度国家科学技术进步奖二等奖

第三节　范例二——露天采矿工程

创新发展采场边坡设计优化和高效运输技术，使我国露天矿深部开采快速达到同期国际先进水平。

一、金属矿露天开采的重要性和急需解决的问题

露天开采在金属矿产资源开采中占很大比例，如我国 80% 以上的铁矿石来自露天开采。21 世纪初，很多大中型露天矿已由山坡露天开采进入深部凹陷开采，逐渐变成深凹露天矿。矿山生产遇到两个突出问题：第一，随着开采深度的增加和边坡的加高加陡，一方面，边坡稳定性和开采安全性越来越差，开采难度加大；另一方面，对于大型露天矿山，提高边坡角又是充分回收资源、降低生产成本、增加矿山效益的重要手段之一。如图 4.6 所示，一个年产千万吨级的露天矿，边坡角提高 1°（在边坡垂直高度 H 不变的前提下，边坡角从 α_1 提高到 α_2，提高 1°），就可减少剥岩量 1000 万 t 以上，经济效益可达亿元。所以，这是一把双刃剑。为此，必须系统进行边坡优化设计和稳定性综合监测与控制的研究，才能在保证开采安全的前提下，最大限度地提高边坡角，减少剥岩量，降低成本，增加效益。第二，物料（矿石、废石）运输由重载下坡运行变为重载上坡运行；采场越深，爬坡高度越大，运输距离越长；运输效率不断下降，运输成本急剧增加。据统计，在我国大型露天矿的生产总成本中，目前运输一项占到 40% ~ 60%。可见，运输方式是影响矿山经济效益的关键因素。传统的汽车、铁路及其联合运输方式已不能满足深凹露天开采运输的要求，只有采用新的运输技术，才能控制生产成本的增加，维持矿山的正常生产和可持续发展。此外，大型露天矿作业空间大，生产环节多，设备种类多、数量大，时空关系复杂。传统的定铲定车的生产组织模式和人工指挥的调度方式，不能有效地控制、调节和组织复杂的生产环节和人员、设备，也不能充分发挥设备的作业效率，劳动生产率低。只有建立自动化的生产调度与管理信息系统，才能有效、实时地调度和管理设备，协调好设备与人员、设备与设备、设备与生产过程的关系，实现对生产人员与设备的自动定位、跟踪及调度，使整个生产系统始终处于优化和高效运行中，从而大幅度提高生产效率和效益。

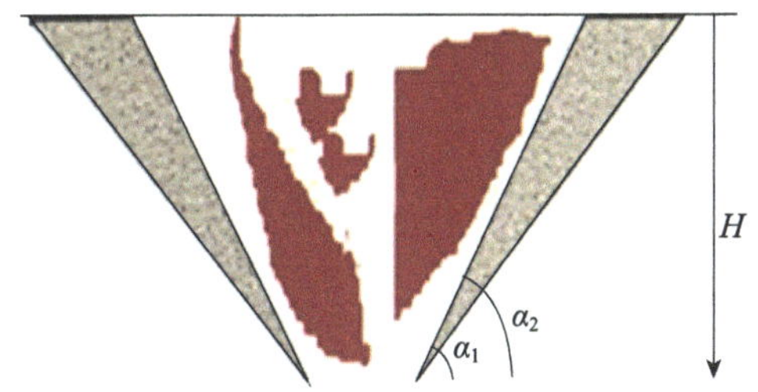

图 4.6　深凹露天矿开采深度和边坡角示意图

二、大型深凹露天矿安全高效开采关键技术研究（“十五”国家科技攻关计划项目）

1. 立项背景

为了解决我国大中型深凹露天矿开采中带有共性的关键技术难题，提高我国露天矿深部开采的整体技术水平，相关研究内容被列为“十五”国家科技攻关计划项目的

专项进行研究，由北京科技大学、首钢集团有限公司矿业公司（简称首钢矿业公司）和清华大学共同完成，首钢矿业公司水厂铁矿为专项示范工程，参加研究人员100余人，蔡美峰为项目负责人。

水厂铁矿是我国较大的金属露天矿之一（图4.7），该矿的最终凹陷开采深度将达到430m，最终形成的边坡垂直高度为670m，在我国大型深凹露天矿中具有代表性，因此被选择为本项目的依托工程。通过攻关研究，实现深凹露天开采设计优化，提高边坡角，减少剥离量；建立具有当前国际先进水平的汽车－胶带半连续运输系统和自动化的生产调度和管理信息系统，从而大幅度降低生产成本，提高生产效率，实现矿山的安全高效生产。

图4.7 首钢矿业公司水厂铁矿概览

2. 总体研究思路

本项目针对影响深凹露天矿安全高效开采的3个关键技术问题进行综合研究，主要包括深凹露天矿边坡设计优化与安全强化开采综合技术研究、深凹露天矿汽车－胶带半连续运输系统合理设计与安全高效运行保障技术研究及露天矿自动化生产调度和管理信息系统研究。

（1）露天矿合理的边坡设计是保证开采安全、降低生产成本的关键。必须系统进行边坡设计优化的研究，才能在保证安全的前提下，通过提高边坡角等综合手段，降低开采成本，增加矿山效益。

（2）露天矿生产总成本中运输占40% ~ 60%，采用高效运输技术是降低生产成本的首要手段。汽车－胶带半连续运输系统技术含量高、运输能力大、运营成本低，代表了当今深凹露天矿运输发展的方向。

（3）大型露天矿生产设备和环节多、时空关系复杂，改变目前人工的生产组织方式，建立自动化生产调度和管理信息系统，对充分发挥设备作业效率，降低生产成本，提高矿山效益意义重大。

3. 技术难点

（1）边坡设计中，边坡越陡，稳定性和安全性越差；但是，对于大型露天矿山，提高边坡角是减少剥岩量、降低生产成本的重要手段。

（2）水厂铁矿是当时我国生产规模最大的金属露天矿山，整个矿山在保证不减产、不停产的前提下，由原有的汽车－铁路运输系统改变为汽车－胶带半连续运输系统，难度较大。

（3）金属露天矿边坡结构复杂，在 40° ～ 50° 的边坡上建立胶带运输线且输送物料的比重大、距离长，提升高度大，中间环节多。因而，对胶带系统的可靠性和各环节之间的最佳衔接与配合要求高、难度大。

（4）车流规划是卡车调度系统的核心，由于矿山生产条件复杂多变，建立一个合理有效的车流规划模型，满足实时性生产调度的要求，难度较大。

4. 主要研究内容

1）深部开采边坡设计优化与安全强化开采综合技术研究

我国大型露天矿的总体边坡角与国外同类矿山相比，普遍偏缓。这主要是由传统的经验类比和二维极限平衡分析的边坡设计方法所决定的。本项目在大量系统的工程地质、水文地质勘查、矿区地应力场测量和矿岩石力学综合试验研究的基础上，采用固－流耦合大型三维非线性数值模拟和基于 GIS 的三维极限平衡分析相结合的方法进行边坡稳定性分析和设计优化，使水厂铁矿各区的总体边坡角分别提高了 1° ～ 6°，平均提高了 3° ～ 4°。同时，采用 GPS、全站仪等多种手段，结合网络理论，在水厂铁矿建立了边坡位移监测网，对边坡稳定性进行动态分析和预测预报，并采取一系列边坡稳定性控制措施，保证高陡边坡开采的安全。具体研究内容包括：①边坡工程地质勘查与试验研究；②边坡水文地质调查与渗流场分析研究；③矿区地应力场测量；④基于 GIS 的边坡稳定性三维极限平衡分析模型和软件系统的开发与应用；⑤边坡稳定性分析与设计优化；⑥深部强化开采安全保障关键技术研究；⑦边坡稳定性动态监测与控制。

2）汽车－胶带半连续运输系统合理设计与安全高效运行保障技术研究

汽车－胶带半连续运输系统是一种新型高效运输技术，技术含量高，既可发挥汽车运输的机动灵活、适应性强、短途运输经济、有利于强化开采的长处，又可发挥带式输送机运输能力大、爬坡能力强、运营费用低的优势，两者联合可达到最佳的经济效益。这是我国未来深凹露天矿运输系统的重点发展方向。

本项目在水厂铁矿建立两条汽车－胶带排岩运输系统，一条汽车－胶带矿石运输系统。由于深凹金属露天矿边坡结构复杂，而且输送物料比重大，运输距离长，提升高度大，因而在 40° ~ 50° 的边坡上建立胶带运输线难度很大。本项目研究解决了深凹金属露天矿汽车 – 胶带半连续运输系统在设计、施工和运行过程中的关键技术问题，将水厂铁矿建成我国使用汽车 – 胶带半连续运输技术的示范基地，具体研究内容如下：①汽车 – 胶带半连续运输系统各环节和设备最佳衔接与配套技术研究；②汽车 – 胶带半连续运输系统线路布设优化研究；③汽车 – 胶带半连续运输系统可靠性研究；④胶带运输系统计算机控制和安全高效运行保障技术研究；⑤露天矿胶带排土工艺优化及排土场空间合理利用研究；⑥深凹露天矿坑内单线陡坡联络道技术研究与应用。

3）露天矿自动化生产调度和管理信息系统研究

针对大型露天矿山采场结构复杂，生产设备品种多、数量大，生产和管理环节多的特点，采用现代信息技术和智能控制技术，研制开发具有自主知识产权的露天矿自动化调度模型和软件，在水厂铁矿建立基于 GPS 定位的自动化实时调度系统，充分发挥和提高运输和采掘设备作业效率，使生产和管理的各个环节实现最优化或合理化，达到最大限度地降低生产成本和管理成本，提高企业效益的目标。主要研究内容如下：①露天矿自动化生产调度模型与软件系统研究；②露天矿自动化调度系统现场调试；③自动化生产调度系统与生产管理信息系统的连接技术。

5. 创新点及与国内外同类研究的比较

（1）国内外首次采用三维数值模拟与三维极限平衡分析法相结合的边坡稳定性分析和优化设计方法，首次提出基于 GIS 的动态三维极限平衡分析方法，克服了传统的二维极限平衡分析或经验类比边坡设计方法的缺陷，为深凹露天矿边坡设计提供了科学的方法，使首钢矿业公司水厂铁矿边坡设计达到世界先进国家水平。

国内外传统的边坡设计方法——二维极限平衡分析法具有一定缺陷，主要包括以下内容：①只有“安全系数”一种边坡稳定性判断指标；②只能考虑“滑坡”一种边坡破坏方式；③不能考虑断层、构造和地应力等控制性因素对边坡稳定性的影响；④露天矿边坡是三维问题，简化成二维问题会产生 10% ~ 30% 的分析误差。这种方法对山坡露天矿有一定适用性，但对深凹露天矿不适用。

基于三维数值模拟与三维极限平衡分析相结合的优化设计方法有如下特点：①有多种边坡稳定性判断指标——塑性区、破坏区、位移量等；②可考虑断层、构造和地应力等各种影响边坡稳定性的因素；③三维分析符合边坡的实际状况，可保证计算分析的可靠性和高精度；④通过多方案的计算、分析、比较，可制定出优化的设计方案，在保证开采安全的前提下，尽可能提高边坡角、减少剥岩量。

传统的经验类比或二维极限平衡分析设计方法，造成我国露天矿山的总体边坡角与国外先进国家相比普遍低 5° 左右，即国外的总体边坡角为 46° ~ 50°，而我国的则为 41° ~ 45°；采用上述优化设计方法，水厂铁矿各区的总体边坡角平均提高到

46° ~ 50°，达到世界先进国家水平。

（2）解决了深凹金属露天矿在 40° ~ 50° 的边坡上建立胶带运输线带来的一系列技术难题（边坡结构复杂、坡度大、距离长、输送物料比重大、提升高度大、中间环节多），在保证不减产、不停产的前提下，将已不适应深凹开采运输的水厂铁矿原有汽车 - 铁路运输系统整体改建为新型高效的汽车 - 胶带半连续运输系统；水厂铁矿作为一个完整矿山全部采用汽车 - 胶带半连续运输技术，并且系统主要设备全部国产化，达到国际一流水平，这在全国是第一家。

（3）提出了深凹金属露天矿汽车 - 胶带半连续运输系统各环节之间的最佳衔接与配合技术，胶带系统可编程逻辑控制器（programmable logic controller，PLC）计算机控制技术，可控起动传输（controlled start transmission，CST）技术和胶带防断带、防跑偏监测与控制技术，保证了系统的安全、可靠运行，使该矿的运输成本下降 30% 以上。

（4）开发出具有自主知识产权的露天矿自动化调度模型和软件系统，提出了一种新的基于实时最优流率的车流规划模型与基于目标流率饱和度的实时调度准则，保证了现场实时调度的实现。

（5）建立了 GPS 定位的自动化实时生产调度系统，实现对生产人员与移动设备的自动化定位、跟踪及调度，使整个生产系统始终处于优化和高效的运行状态，生产效率提高 5% ~ 10%。自主开发的自动化生产调度软件系统超过著名的美国模块采矿系统（Modular Mining Systems）公司的 DISPATCH 软件系统的性能。

（6）开发出露天矿胶带排土优化软件系统，优化了排土场境界和标高，减少了排土占地。

（7）基于 GPS 等监测手段，结合网络理论建立露天矿边坡位移实时监测系统，进行边坡稳定性预测、预报，保证高陡边坡开采的安全。

6. 应用效果

（1）通过四年的攻关研究，首钢矿业公司水厂铁矿生产成本显著下降，生产效率大幅度提高。2001 ~ 2004 年，在开采深度和提升高度不断增加的情况下，矿石成本不但没有上升，反而逐年下降，下降幅度达 32%；全员劳动生产效率增长了 2.3 倍，达全国同行业重点矿山平均水平 6 倍以上，位列全国第一。

（2）全面提升了矿山的生产技术和管理水平，对提高我国铁矿石产量，避免过度依赖进口，保证国家资源和经济安全具有重要意义。

（3）汽车运输改为胶带运输，实现了以电代油的能耗结构战略性转变，使综合能耗指标大幅度下降。

（4）提高边坡角、减少剥岩量和增加排土场高度，可大量减少占用耕地；边坡优化减少了地质灾害的发生，使用清洁能源减少了环境污染，对保护与改善生态和环境安全具有重要意义。

本项目研究成果获2006年度中国钢铁工业协会中国金属学会冶金科学技术奖特等奖（蔡美峰排名第一，图4.8）、2007年度国家科学技术进步奖二等奖（蔡美峰排名第一，图4.9）。

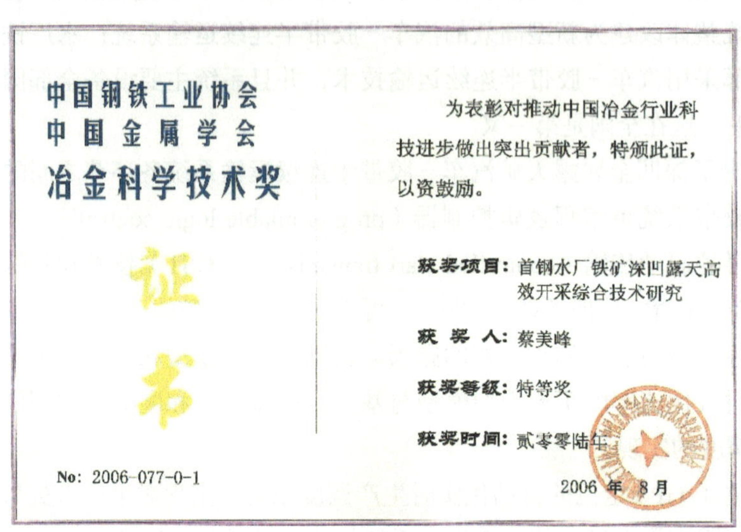
中国钢铁工业协会
中国金属学会
冶金科学技术奖
证书
No：2006-077-0-1

为表彰对推动中国冶金行业科技进步做出突出贡献者，特颁此证，以资鼓励。

获奖项目：首钢水厂铁矿深凹露天高效开采综合技术研究

获 奖 人：蔡美峰

获奖等级：特等奖

获奖时间：贰零零陆年

2006年8月

图4.8 研究成果获2006年度中国钢铁工业协会中国金属学会冶金科学技术奖特等奖

国家科学技术进步奖
证 书

为表彰国家科学技术进步奖获得者，特颁发此证书。

项目名称：大型深凹露天矿安全高效开采关键技术研究

奖励等级：二等

获 奖 者：蔡美峰

2007年12月11日

证书号：2007-J-252-2-02-R01

图4.9 研究成果获2007年度国家科学技术进步奖二等奖

第四节　范例三——露天转地下采矿工程

为了安全高效开采，大型深凹露天矿转地下采矿势在必行，蔡美峰院士研究团队通过创新研究首次实现将我国中小型金属露天矿高效转型建成大型地下金属矿。

一、露天转地下开采的必要性和难题

我国冶金矿山 80% 以上的矿石量来自露天开采。经过几十年的开采，目前我国大多数大中型露天矿山已经进入了中后期开采，开采方式由山坡露天开采转入深部凹陷开采。我国年生产能力在 300 万 t 以上的冶金露天矿山有 16 座，其中有 10 座设计凹陷开采深度达到 200m 以上，最大凹陷开采深度为 400 ~ 500m。由于我国多数大型铁矿床为倾斜和急倾斜矿床，埋藏延深一般较大，进入深凹开采以后，虽经过不断的技术创新，产能保持了一定的时间，但是露天境界内保有的开采资源量越来越少。如果凹陷开采深度超过 400 ~ 500m 后，继续进行露天扩帮开采，不但经济上不合理，而且大量占用土地，剥离的大量废石进一步恶化矿山及周边的生态环境和地质环境，资源也得不到有效利用，而且开采成本和边坡维护费用急剧增加，导致矿山正常生产难以为继。另外，一部分露天矿由于矿体赋存条件和露天作业条件受限，根本无法展开大规模的露天开采。对于这样一大批露天矿山，只有转地下开采，进行开采模式的转型，才能维持矿山的可持续开发。现代露天转地下开采技术的特点就是集露天和地下两种工艺优点于一体，可以使矿山基建投资减少 25% ~ 50%，生产成本下降 25% 左右。因此，露天转地下开采是大量矿山的必然选择。

与国外相比，我国金属矿山进入深部开采的时间较晚，还没有较大规模露天转地下开采的成功实践和经验。已有的几个露天转地下开采的矿山的生产规模和效益没有一个超过露天开采时的规模和效益，更没有通过露天转地下开采建成大规模现代化地下金属矿山的先例。露天转地下开采（图 4.10）存在以下 5 个方面的难题。

（1）对整个矿山开采期的 3 个阶段（即露天开采期、露天与地下联合开采过渡期和地下开采期）划分时机把握不准确，极限开采深度和生产规模不合理，过渡期过长或太短，不能实现平稳过渡，造成企业生产能力的波动，甚至减产、停产。

（2）对露天和地下开采缺少统一的全面规划，井巷工程建设和探矿严重落后，露天和地下两类相关的采矿工程设施不能有效地相互利用，转地下开采矿山的开拓系统、排水系统、矿石溜破运输系统往往与露天脱节，导致露天与地下的不配套、不协调。这不仅浪费资金，而且很难进行大规模、高效率强化开采。

（3）露天转地下开采前，仍有大量的境外挂帮矿和零散矿体，因回采难度大，没有完善可行的安全回收技术与工艺，其常常被丢弃，或者回收率太低，造成资源严重浪费，成为矿山减产、停产的重要原因。

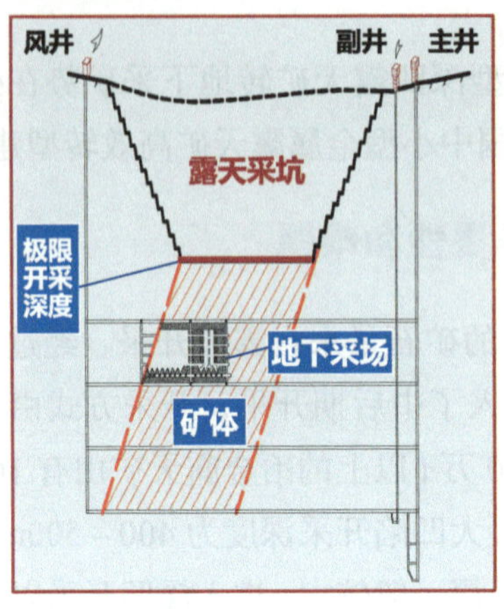

图 4.10　露天转地下开采示意图

（4）露天转地下矿山在露天坡底存在应力集中，转入地下后，由于各大系统的建设开挖，坡底应力集中更加突出，边坡稳定性出现严重问题。露天转地下开采过程中，边坡和地下岩层共同变形、相互影响，导致更为复杂的地压和破坏问题产生。

（5）对地下采场覆盖层作用认识不清，缺少科学规范的形成技术，结构不合理、不安全，使通风、排水系统负荷增大，并可造成淹井、泥石流等灾害事故，加大了地下开采的风险和成本。

二、杏山铁矿露天转地下高效转型建设大型数字化地下金属矿山的研究与实践（“十一五”国家科技支撑计划项目）

1. 立项背景

杏山铁矿隶属于首钢矿业公司，始建于1966年，原为露天开采的矿山。1966 ~ 1968年采用露天开采，生产规模为35万t/a，后停产。1981年恢复生产。1997年10月 ~ 1998年6月进行扩帮设计，设计最低(极限)开采深度为 –33m，露天开采闭坑时间为2007年。实际生产规模最高曾达300万t/a，此后稳定在100万t/a左右。在此期间，通过进一步的勘查，探明在杏山采区 –33m 水平以下深部还蕴藏着丰富的铁矿石资源，地质矿量为4458.73万t；–33m 水平以上露天境界外挂帮地质矿量为642.43万t。21世纪初，为了可持续发展，保证矿山资源有效接替，并提高矿山的生产能力，以满足生产发展的需要，首钢矿业公司决定将杏山采区由露天转地下开采。2006年，露天矿闭坑。从2007年开始，杏山铁矿进入露天转地下开采的过渡阶段。杏山铁矿 –33m 水平以上大量的境界外挂帮矿的合理高效开采，是保证露天转地下开采的过渡阶段矿山生产能力和效益稳定、实现露天转地下平稳过渡的重要保证。杏山铁矿转地下开采后的设计生产能力为 320 万 t/a，采用无底柱分段崩落法开采。

为了解决上述一系列露天转地下开采的关键技术难题，“露天转地下相互协调安全高效开采关键技术研究”项目被列入“十一五”国家科技支撑计划进行研究，杏山铁矿为工程依托单位。在研究杏山铁矿露天转地下开采关键技术、实现不停产平稳过渡的过程中，针对转地下后有利于采矿活动展开的空间和矿体条件，本项目同步进行了扩大生产规模、建设数字化矿山的技术和方案的研究，并在转地下后立即开展各技术方案的全面实施，实现露天转地下的高效转型。高效转型有两层含义：一是开采方式转变，露天开采快速平稳转变为地下开采；二是采矿模式转变，传统采矿模式转变为现代数字化、自动化、智能化采矿模式。

2. 主要研究内容

（1）露天转地下一体化的开拓系统和回采工艺，露天转地下开采的最佳衔接和不停产高效转变。

（2）露天转地下开采覆盖层的安全结构与地压活动规律及其控制技术研究。

（3）数字矿山开采、信息管理、生产执行、自动控制、安全管理五大系统平台建设，矿产资源高效集约化开发和利用。

（4）建设各项生产过程自动化控制系统，实现少人开采，提高生产效率和矿山本质安全水平。

（5）建立矿山安全生产管理信息系统，实现安全生产管理信息化与自动化，为矿山本质安全提供保障。

3. 主要技术创新点

（1）首创露天转地下相互协调安全高效开采技术，创造性地提出了露天转地下一体化的开拓系统和回采工艺，以 4 年多一点的高速度完成了杏山铁矿露天转地下开采的最佳衔接和不停产平稳过渡，为扩大生产规模、建设现代化大型地下金属矿山创造了条件。

① 结合露天转地下开采技术条件，从技术、经济及安全等方面统筹考虑，首次建立基于无底柱分段崩落法的露天与地下一体化的开拓、运输系统和开采方法与工艺，实现露天转地下开采的无缝衔接和平稳过渡。

② 露天挂帮矿采用平硐溜井开拓方案，利用露天和地下共用的地下巷道和设施进行开拓、运输，不但为境界外残留矿体开采提供了条件，而且大大减少了露天剥离量和运距，降低了成本，保证了开采安全，解决了境界外残留矿体安全回采的技术难题，保证了过渡期矿山产量和效益的稳定，避免了减产、停产局面的发生。

③ 露天转地下开拓、运输系统有效衔接和开采方法与工艺一体化，简化了过渡期开采系统的复杂性，大大缩短了露天转地下开采的基建时间，为实现地下采矿的尽快投产和达产创造了条件。杏山铁矿仅用 4 年多一点时间即完成露天转地下平稳过渡，地下投产第二年即达产，速度之快均为国内外罕见。

④ 杏山铁矿浅部资源赋存状况和周围环境条件均较差，不可能实施大规模露天开采。转地下开采后，其生产规模由露天开采的 100 万 t/a 提升到 320 万 t/a，提高 2 倍以上，是我国第一个露天转地下建成的大型金属矿山，并且全面推进数字化、自动化开采，采矿技术经济指标达到国内领先、国际同期先进水平。

（2）揭示了露天转地下开采过程中边坡与地下岩层共同变形、相互影响的地压活动规律，提出了关键控制技术；提出了满足防冲击地压、防泥石流、阻滞水渗透等功能需求的覆盖层安全结构与合理厚度的确定方法与形成技术，建立了金属矿露天转地下开采的地压控制理论。

① 通过应力、位移、声发射和微震监测等多元信息耦合的实时监测及三维数值模拟研究，揭示了露天转地下开采过程中边坡与地下岩层共同变形、相互影响的规律及其演化过程，为露天转地下开采边坡和采场稳定性的实时评价、预测与控制，以及保证露天边坡稳定和地下开采安全提供了依据。

② 通过大规模物理模拟试验、数值模拟研究和现场监测，揭示了露天转地下开采过程中，地下开挖导致边坡岩体变形破坏，坡体内能量不断积累，微裂隙不断发展，当开采到某一深度时，积储的变形能突然释放导致原有裂隙迅速扩张贯通，使大块坡体滑移，形成对地下采场的冲击破坏。地下采矿是一个不断向下的多步开挖过程，上述现象反复出现就形成了循环动力冲击灾害。

③ 通过模型试验和现场监测，发现覆盖层随地下矿体的采出而下移，导致边坡失去覆盖层约束和支撑是引起边坡岩体变形破坏和动力冲击的重要原因；据此提出了不断补充覆盖层维持其标高的预防动力冲击破坏的关键技术。

④ 通过物理模拟试验和现场观测，揭示了覆盖层随地下采矿下移呈现分层（流动层和整体下移层两层结构）的规律，提出通过控制两层粒度结构和合理厚度，实现覆盖层防冲击地压、阻滞水渗透、防泥石流等露天转地下的“保护层”功能。

（3）全面推进数字矿山建设，实现数字化和信息化深度融合，建成数字开采设计、生产执行、自动控制、安全管理、信息管理五大系统平台，通过基础信息数字化、采矿装备现代化、生产执行可视化、管理控制一体化、决策支持平台化，实现与环境和谐的矿产资源的高效集约开发和利用。

① 在数字化矿山建设中，首先建立了以光纤和无线通信为主体，语音、视频与数据同网传输的杏山铁矿井上 / 井下综合通信网络系统，为矿山实时、动态、海量数据的

传输构建了必要的信息高速公路；同时坚持创新引领，综合运用现代物联网技术、三网（通信、定位、监控）融合技术、无线定位技术、远程遥控技术，建成了数字开采设计、生产执行、自动控制、安全管理、信息管理五大系统平台。

② 首创数字岩体稳定性分级模型，建立了杏山矿床地质数据库和三维岩体稳定性分级数据库，形成了杏山铁矿地表、地下的实体三维立体图，直观反映矿体的形态构造、品级和空间分布；同时，采用可视化和虚拟现实技术完成了矿床开采的数字化三维实体建模，可对资源状况及其开采的环境与技术条件作出科学合理的评价，从而为优化采矿设计、安全高效实现资源的充分回收提供了准确、可靠的依据。

③ 建立杏山铁矿地下开采生产过程自动化执行系统，包括电机车遥控驾驶系统，破碎、提升系统，皮带运输系统，通风、排水、供电、通信、定位系统、监控系统等；通过网络集成技术，将通信、定位、监控整合为一，地面生产指挥中心可以实施对整个生产过程的监控，实现生产过程控制与管理的一体化与可视化。

④ 建立信息化管理系统，通过对采矿、配矿、运输、破碎、提升等生产流程的优化，使生产按需开展；系统共分生产制造执行系统、生产管理信息系统、安全管理信息系统、设备管理平台、技术管理平台、综合管理平台六个模块；使用该系统规范了资料信息的采集、传递、储存流程，提高了信息的共享和使用，为优化管理决策提供了强有力的技术手段。

（4）应用自动化技术和远程遥控技术，通过自主研发，开发并建成了各项采矿生产过程自动化控制系统，提高了地面生产组织的集中管控程度，减少了井下操作人员，实现了少人开采、安全开采，提高了生产率，提升了本质安全水平。

① 国内首次研制开发出井下电机车地面遥控无人驾驶系统，由地面远程遥控井下电机车的行驶及自动装矿、卸载作业，取消井下现场操作人员（32 人）。

i. 在井下运输大巷，建设信、集、闭自动化控制系统，电机车实现全程闭锁运行，一键自动式对信号灯、电动道岔进行集中控制。不需要现场人工扳动道岔，避免了追尾事故的发生。

ii. 电机车接受地面的遥控指令并对运行状态进行实时监测、判断，对出现的预警信息进行声、光电报警，特殊情况下自动停止运行。

iii. 采用电气组合回路控制、受电弓自动升降控制等创新技术，对传统斩波调速井下电机车进行技术升级改造，实现了地下矿山运输系统的自动化。

iv. 通过设置失电自保、通信异常自恢复、气压失压控制等多种电机车运行自动保护功能，实现了系统的安全、稳定、高效运行。

② 国内首次实现凿岩台车远程遥控自动化作业。现场只需在台车换排移位和每排首孔对孔时给予人工辅助，同排孔间移位、各孔对孔、钻孔、换钻杆等作业均通过遥

控自动完成，需要的操作工人数及其工作量极少。钻孔效率大幅度提高，月平均穿孔量可达 7300m，比人工操作的同类凿岩台车效率（500m/ 月）提高 10 倍以上。

③ 建立破碎、提升自动控制系统，实现破碎、主井提升系统全自动联锁运行，保证运行安全、平稳；并使人员脱离高噪声、高粉尘工作环境，减少职业病的发生。

④ 建立皮带运输自动控制系统，采用 PLC 自动化控制系统对全矿 18 条皮带、10 个转运站进行集中控制，实现系统现场无人值守（减少人员 72 人）。同时，实时监测皮带系统运行参数，处置撕裂、跑偏、打滑等事故，实现自动报警和联锁停机。

⑤ 井下通风系统实现主扇、局扇地面远程自动控制，实时监测风压、风速、风量及运行参数，根据现场采集的采区空气质量数据，实时调配局扇的开动台数，调节井下通风情况，改善现场工作环境。减少了井下风机岗位工 16 人。

⑥ 井下排水系统通过自动化控制系统对井下 10 台高压水泵进行远程遥控和实时监控；建立安全评价和预警系统，实现安全、经济排水，泵房无人值守。

⑦ 供电系统由地面主控室对井下变电所远程遥控操作和数据采集，合理调度分配全矿供电需求，保证关键和重点部位的用电安全。

（5）创建了基于 GIS 数据库及空间分析技术的安全生产管理信息系统，实现了安全生产管理的信息化与自动化和以点管面、一键多能的综合管理和综合决策；同时，建立防灾和救灾功能并重的六大安全系统，实现数据自动采集、传输与远程控制，使井下环境、人员、设备全过程处于可控状态，为矿山本质安全提供重要保障。

① 基于 GIS 数据库及空间分析技术的安全生产管理信息系统，通过各专业信息系统与 GIS 数据库及空间分析技术的有机结合，实现了信息与安全、信息与管理、信息与位置（坐标）的综合集成；通过位置可以找到与生产和安全相关的各种实时信息，同时通过信息也能方便快捷地定位关联的位置及各种生产安全要素，真正实现以点管面、一键多能的综合管理和综合决策。

② 在现场建立了防灾和救灾功能并重的六大安全系统，根据井下反馈到生产指挥中心的实时数据，统一指挥、调度，及时排除安全隐患，快速处理各种突发事故；对井下人员、设备实施全天 24h 监控，使其处于可控状态，同时全方位提高应急救援处理能力，为突发事件情况下的人员救治、设备处置提供了可靠保障。

4. 国内外同类研究的比较

（1）杏山铁矿采用一体化开拓系统和开采方法与工艺，不但使挂帮矿充分回收，而且大大缩短了露天转地下开采的基建时间，过渡期时间仅为 4 年零 3 个月。其中，回收挂帮矿开拓系统的一项关键技术获国家发明专利（专利号：ZL 2011 1 0040670.2）。瑞典基鲁纳铁矿是国外金属矿露天转地下的典型代表，该矿露天转地下开采过渡期长达 10 年，露天与地下的开拓和开采系统基本上相互独立，残留挂帮矿基本上丢弃，因此该矿露天转地下开采的技术不及杏山铁矿适用于中国矿山。

（2）2011 年，杏山铁矿转地下开采后，全面推进数字矿山建设，目前已实现井下运输电机车地面遥控无人驾驶和同步自动装、卸矿（国内首次，多项技术为国内首创），中深孔凿岩台车遥控自动化作业，破碎、提升、皮带运输、排水、通风、供电系统的全过程自动化控制等，多项填补了国内空白，在全国地下金属矿山中处于领先水平。获国家发明专利 1 项（专利号：ZL 2012 1 0452066.5）、软件著作权登记 3 项。

（3）国内绝大多数矿山根据相关要求建设的安全六大系统，主要是针对事故、突发事件应急救援为主的提高减灾避险（救灾）能力而设置的，而杏山铁矿建立的安全六大系统突出了对事故、突发事件的预防能力，不但具有减灾、自救、逃生、避险等“救灾”功能，而且具有很强的“防灾”功能，目的是努力提高矿山的本质安全水平。

（4）本项目基于 GIS 数据库及空间分析技术的安全生产管理信息系统，通过信息与安全、信息与管理、信息与位置的综合集成，真正实现以点管面、一键多能的综合管理和综合决策，获国家发明专利（专利号：ZL 2011 1 0042895.1）。与之相比，国内外同类系统总体还是处于信息与安全脱节、信息与管理脱节、信息与坐标脱节的状态，难以实现以点管面、一键多能的综合管理和综合决策。

（5）目前，国内外覆盖层的研究几乎是空白，覆盖层设计主要凭经验，缺乏科学依据；本项目满足覆盖层功能要求的安全结构和合理厚度确定方法为国内外首次提出。获国家发明专利 2 项（专利号：ZL 2010 1 0548014.9、ZL 2010 1 0553875.6）。

（6）本项目首次通过试验研究和现场监测，揭示了露天转地下开采边坡岩体变形破坏导致循环动力冲击破坏的规律和机理；国内外在这方面的研究开展很少，未见相关报道。其中，物理模拟试验装置获国家发明专利（专利号：ZL 2011 1 0041042.6）。

（7）杏山铁矿露天转地下开采的第二年即达产，这在国内外都是罕见的。杏山铁矿地下开采的技术经济指标，在国内地下矿山中具有明显优势。2014 年，据中国冶金矿山企业协会完成的前一年（2013 年）国内 20 个同类重点地下矿山的统计数据，在 6 项主要技术经济指标中，杏山铁矿 2 项排名第一，4 项排名第二。

5. 应用效果

（1）2007 ~ 2010 年 4 年过渡期中，采出挂帮矿约 385 万 t，维持了矿山的产量和稳定的效益。

（2）2011 年转入地下开采，2012 年即达到并超过 320 万 t/a 的设计生产规模，产量比露天开采提高 2 倍以上。

（3）全面推进数字矿山建设，自主研发并建成多个采矿生产过程自动化控制系统，多项技术填补了国内空白。

（4）“杏山铁矿露天转地下开采，安全稳产衔接过渡和生态环保”被《2011 ~ 2020

年中国钢铁工业科学与技术发展指南》列为采矿技术主要成就。

（5）2012 年 9 月国家安全生产监督管理总局启动“非煤矿山安全科技‘四个一批’项目”，杏山铁矿被确定为“地下金属矿山数字化矿山建设示范工程”。

本项目研究成果获 2015 年度国家科学技术进步奖二等奖（蔡美峰排名第一，图 4.11）。

国家科学技术进步奖

证 书

为表彰国家科学技术进步奖获得者，特颁发此证书。

项目名称：露天转地下高效转型建设大型数字化地下金属矿山的研究与实践

奖励等级：二等

获 奖 者：蔡美峰

中华人民共和国国务院

2015 年 12 月 16 日

证书号：2015-J-25202-2-03-R01

图 4.11　研究成果获 2015 年度国家科学技术进步奖二等奖

第五章　开展以地应力主导的开挖扰动能量聚集和演化为主线的相关研究

开展以地应力主导的开挖扰动能量聚集和演化为主线的相关研究，为深部开采动力灾害预测和防控开辟了有效途径。

第一节　研究背景

我国很多的矿产和能源资源是通过地下开采的方式获得的。经过多年的开采，我国浅部资源正在逐渐减少和枯竭，大多数的中大型地下矿山已经或即将转入深部开采。矿震、岩爆、冲击地压等动力灾害是深部开采中面临的最突出的问题。

矿震在我国煤炭矿山较普遍发生，并且有几十年的历史，其中抚顺矿震最具代表性。由于我国是世界第一产煤大国，煤炭矿山量大面广，因此在深部开采动力灾害中，矿震占比较大。相对而言，我国金属矿山的大规模地下开采历史较短，除 20 世纪 90 年代辽宁红透山铜矿和安徽冬瓜山铜矿发生两次较大规模的岩爆外，其他更大规模的岩爆尚未见报道。但随着开采深度的增加，岩爆问题将会越来越严重。

从 20 世纪 70 年代开始，虽然国内外学者已对矿震和岩爆发生机理提出了多种理论和学说，但到目前为止基本还停留在假说和经验阶段。多数人认为：矿震和岩爆的预测预报只能建立在统计规律基础上，准确预报矿震、岩爆发生的时间、地点和强度几乎是不可能的。在该领域研究水平最高的波兰、南非和加拿大等国家，通常的做法是，建立矿震或岩爆观测系统，根据监测资料的统计规律，预测矿震或岩爆发展趋势。这种方法是一种被动方法，不能作出定量化的预测。

为了保证我国越来越多的矿山进入深部开采后的安全和我国矿业的可持续发展，蔡美峰提出了以地应力主导的能量聚集和演化为主线，进行矿震、岩爆等开采动力灾害预测和防控研究的方法，为开采动力灾害预测和防控开辟了一条有效途径。

抚顺矿震在我国最具代表性。1988 年以后，抚顺矿震主要由老虎台矿开采所引起。随着该矿开采深度的增加，矿震的频次和震级不断增加。1988 ~ 2000 年的 12 年间，抚顺市发生 M_L1 级以上矿震 7776 次，最大震级为 M_L3.6 级，有感范围涉及几乎整个抚顺城区。日渐频繁的矿震不仅直接影响了老虎台矿的安全生产，而且对抚顺的人民生命财产安全和社会稳定构成严重威胁。在此背景下，蔡美峰团队负责进行了“抚顺矿震时间—空间—强度预测及其对城市危害性评价研究”。通过对长期矿震观测资料与矿山开采资料的系统分析、研究和三维非线性动态数值模拟，追踪和反演老虎台矿近百年的开采历史和动力学响应过程，揭示地下开采引发矿震的力学机理和震源机制的演化，发现了老虎台矿的三种基本震源机制，即断层构造活动型、顶板大规模垮落冲击型和煤柱或煤壁崩塌冲击型，对该矿未来开采诱发矿震的趋势进行了预测。同时，在国内外首次建立了开采扰动势模型，揭示了矿震与开采量、开采深度、断层构造和应力环境的关系。根据开采扰动势模型计算出抚顺老虎台矿开采扰动诱发的能量，由能量结合地震学知识即可对抚顺矿震发展趋势和震级作出预测。根据老虎台矿当时的开采计划，预测老虎台矿开采到最深水平（-830m 水平）前，抚顺矿震将呈增大趋势，最大震级为 M_L3.8 ~ M_L4.2 级。预测不到 1 个月，当老虎台矿开采到 -780m 水平时，抚顺就发生了有史以来最大一次矿震（M_L3.7 级），从而验证了预测结果的可靠性。矿震预测结果被随后的事实证实，这在国内外是第一次。根据预测结果，不但确定了抚顺地面震中烈度和城区烈度分区（用于指导城区安全规划、改造和建设），而且确定了老虎台矿井下矿震震源危险性分区，提出了减小矿震规模、控制矿震发生的开采技术措施。随后，老虎台矿全面落实了这些措施，矿震得到较好控制，实现了防震和生产双赢的局面。

在“玲珑金矿深部岩石力学与岩爆预测研究”中，蔡美峰研究总结出岩爆发生的两个必要条件：一是岩石必须具备储存高应变能的能力，二是采场必须具有形成高能量聚集的应力环境。根据这两个条件，在大规模现场地应力实测基础上，通过大型三维数值模拟，定量计算出玲珑金矿（原名招远金矿）深部开采过程中，围岩应力集中和能量聚集的分布规律；通过系统的岩石力学试验，获得深部岩石的动力学特性（岩爆冲击倾向性）。在此基础上，对玲珑金矿深部开采可能诱发岩爆的部位和强度作出预测，提出以优化采矿方法、减小围岩应力集中、避免能量聚集为主线的岩爆防治措施。截至 2009 年年底，玲珑金矿开采深度已达 1000m，没有发生大的岩爆事故。

在“海沟金矿地压活动规律与控制方法试验研究”中，蔡美峰提出了对地压活动进行全过程预测和动态实时监测的多元信息耦合评价方法。采用 6 种监测手段，成功地预报和处理了较大的地压活动，控制了冲击地压的发生，保证了深部开采的安全；基于实测资料，首次提出了由应力、位移、声发射信息耦合分析判别岩体稳定性的 3 种模式，具有重要的理论和实用价值。

第二节　研究内容

课题 1：抚顺矿震时间—空间—强度预测及其对城市危害性评价研究

1. 工程背景

抚顺是我国传统煤炭生产基地，西露天矿和胜利、东风、龙凤、老虎台四个地下矿是围绕该市的五大矿山。该市地震台自 1975 年建立以来，就不断记录到矿震活动。1988 年以后，周围其他矿山相继关闭，抚顺矿震主要发生于老虎台矿范围内。

1988 年 1 月 ~ 2000 年 5 月，老虎台矿开采诱发抚顺 M_L1 级以上矿震 7776 次，最大震级 M_L3.6 级（表 5.1），抚顺全城区有感（图 5.1）。为了保证城市安全和社会稳定，同时维持老虎台矿正常生产，辽宁省指示抚顺立项进行本项目研究。

表 5.1　1988 年 1 月 ~ 2000 年 5 月老虎台矿开采诱发抚顺 M_L1 级以上矿震次数统计表

矿震震级 M_L/ 级	1.0 ~ 1.5	1.6 ~ 2.0	2.1 ~ 2.5	2.6 ~ 3.0	3.1 ~ 3.6	合计
矿震数目 / 次	5721	1675	298	63	19	7776

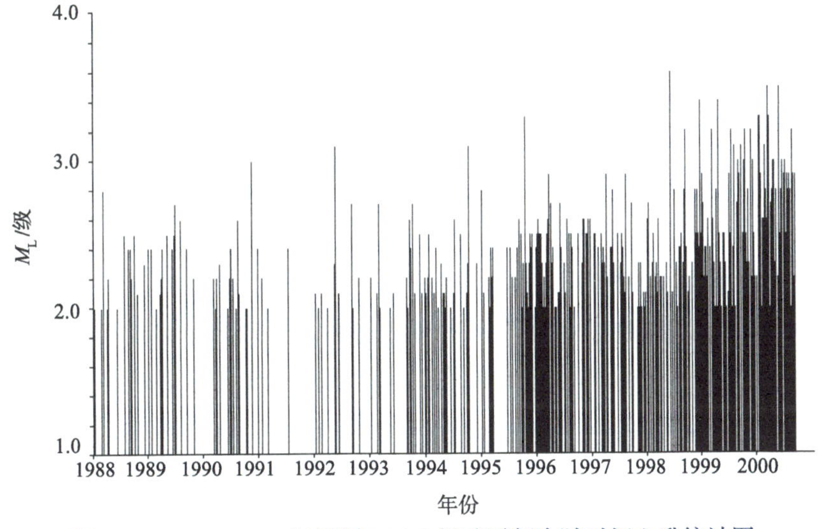

图 5.1　1988 ~ 2000 年抚顺 M_L1.0 级矿震频次随时间上升统计图

2. 研究内容

1）定量评价和预测抚顺矿震的动态发展趋势

以长期矿震观测资料为基础，运用地震学理论和方法，研究抚顺矿震的宏观规律和演化特征，并通过持续时间、极值和矿震动力加速度的研究，定量评价和预测抚顺矿震的动态发展趋势。

（1）抚顺矿震频度 - 震级分布规律。

抚顺矿震（1988 年 1 月 ~ 2000 年 5 月）总体上符合古登堡 - 里克特的频度 - 震级分布规律（图 5.2），其关系式为

$$\lg N = 5.58 - 1.44\, M_L$$

式中，M_L 为矿震级别；N 为 M_L 级别矿震发生的次数。

根据这一关系式对老虎台矿在现行开采规模和开采条件下引发矿震规模进行估计，最大震级 M_L3.9 级左右。

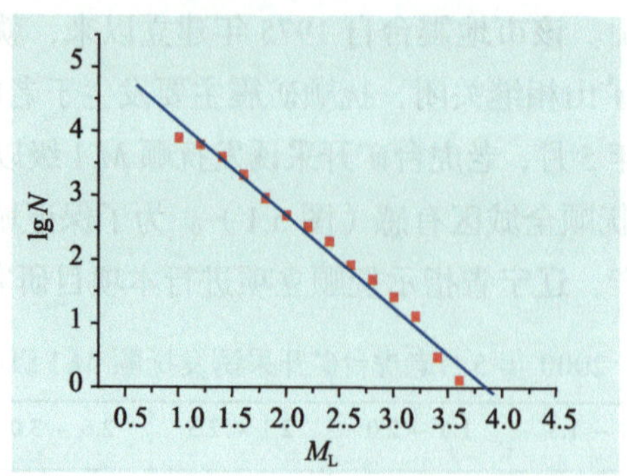

图 5.2　1988 年 1 月 ~ 2000 年 5 月抚顺矿震频度 – 震级分布规律

（2）抚顺矿震极值统计规律。

抚顺矿震符合冈贝尔 I 型极值分布规律。矿震统计资料表明，此期间内，一年内发生最大矿震震级大于 x 的概率 $H'(x)$ 为

$$H'(x)=1-\exp\left\{-\exp\left[-0.3414\left(x-1.577\right)\right]\right\}$$

据此预测，抚顺未来发生的最大矿震级别不会超过 M_L4.5 级。

（3）抚顺矿震持续时间分布规律。

矿震事件的持续时间也是矿震的一个重要参数。1991 年，老虎台矿各个级别矿震事件的持续时间达到一个高峰值；1992 年，则出现一个低值；1993 年以后，各个级别的矿震事件的持续时间又持续上升；1998 年略有下降，然后又持续上升（图 5.3）。

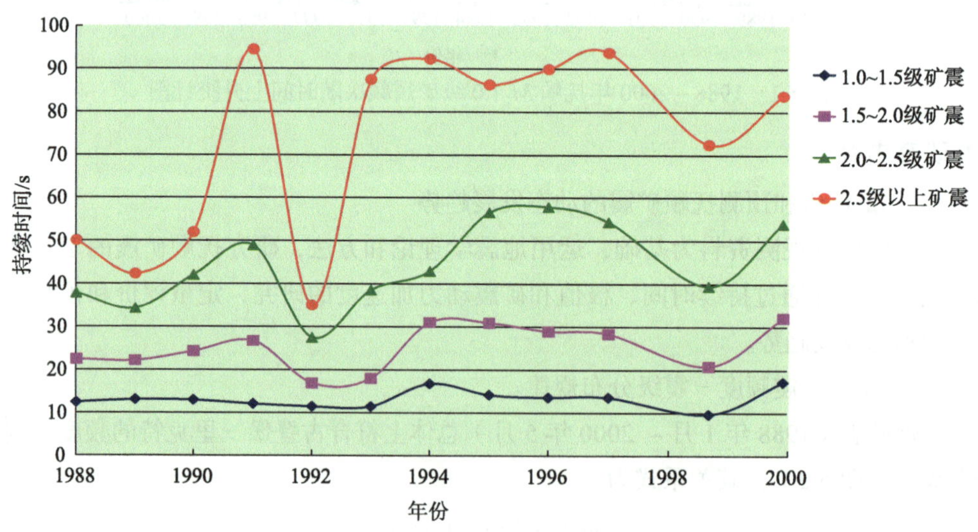

图 5.3　不同级别矿震事件持续时间分布

（4）抚顺矿震事件动力加速趋势。

动力加速趋势描述的是矿震发生的频率不断加快、震幅不断升高的趋势。矿震的

动力加速必然与矿震源动力作用密切相关。1988 年以来，各级别的矿震事件，特别是大级别矿震事件的动力加速度呈整体上升趋势（图 5.4）。

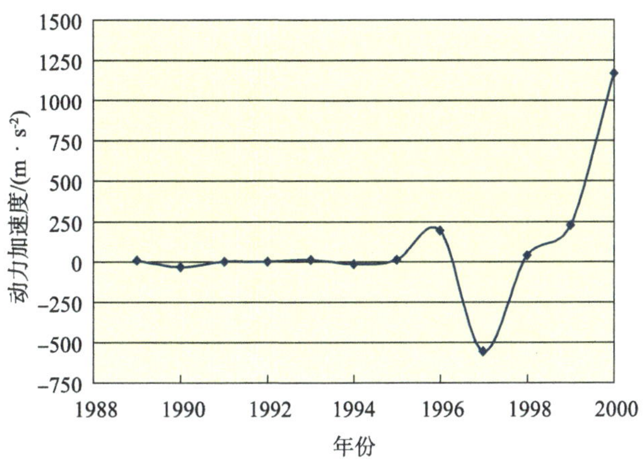

图 5.4　$M_L2.5 \sim M_L3.0$ 级矿震事件的动力加速度年度变化趋势

2）追踪和反演老虎台矿近百年开采历史和动力学响应过程

以岩石力学试验和地应力测量为基础，通过大型三维非线性动态数值模拟，追踪和反演老虎台矿近百年开采历史和动力学响应过程，揭示地下开采引发矿震的力学机理和震源机制的演化，为矿震预测提供科学依据。

（1）矿区地应力测量。

采用实现完全温度补偿并考虑岩体非线性的地应力测量技术，进行了矿区地应力实测，测量结果为

$$\sigma_{h,max} = 0.0305+0.0408H$$
$$\sigma_{h,min} = -0.0787+0.0175H$$
$$\sigma_v = -0.0006+0.0200H$$

式中，$\sigma_{h,max}$、$\sigma_{h,min}$、σ_v 分别为最大水平主应力、最小水平主应力和垂直主应力值；H 为测点埋深。

（2）数值模拟。

数值模拟采用国际最先进的大型三维非线性动力学计算软件 FLAC 3D。计算模型包括老虎台矿大部分开采区域，其中包括 7 条对开采影响较大的断层（图 5.5）。

通过模拟研究，获得如下主要结果。

① 煤岩体中的应力集中程度随开采深度的增加逐渐加大，在接近断层区域开采时，断层附近的应力集中产生局部化（图 5.6），并由此引起覆岩破坏的局部化。在新的开采扰动下，局部化破坏带将产生较大规模的运动并伴随能量的释放。这就是开采诱发矿震的力学机理。

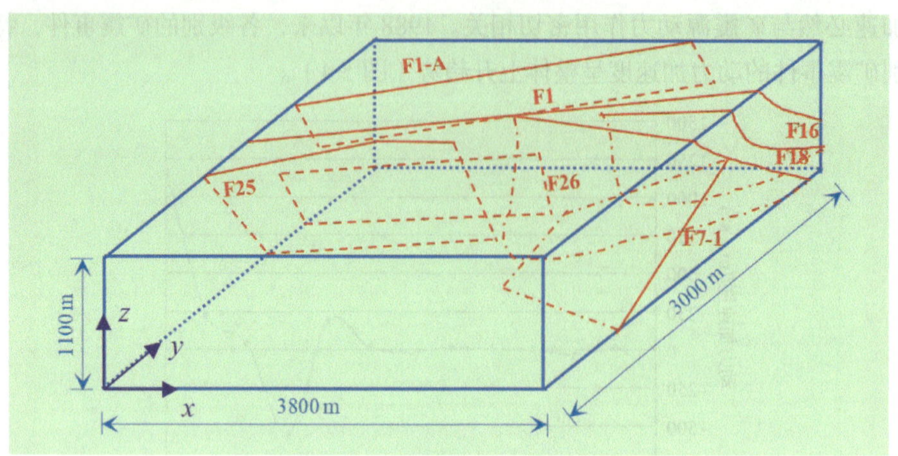

图 5.5　三维数值模拟模型图

图 5.6　2000 年井田内典型剖面位置岩体应力集中分布图

② 发现了开采诱发矿震的 3 种基本机制: 断层应力释放及错动引起的构造活动型、顶板断裂冲击型及煤柱或煤壁崩塌冲击型。1992 ~ 2000 年，主要震源机制由重力型向构造型转变。

③ 几条大的断层构造是影响和控制矿震发生的关键因素。未来开采区域主要集中在断层及中部向斜轴附近。根据断层附近能量集中和剪切位移、剪切应变速率预测，未来开采引发矿震级别将明显高于已出现的最高级别 M_L3.6 级。

3）采矿行为与矿震孕育和诱发机理的关系

通过开采扰动势模型建立，实现地震学和采矿工程学的结合，揭示采矿行为与矿震孕育和诱发机理的关系，为根据开采量和开采应力环境条件定量预测矿震的时间—空间—强度规律开辟了有效途径。

开采扰动势指在矿井中某一位置开采时，由于开采行为而引发的对邻近构造环境的扰动影响。开采扰动势的大小与开采深度 H 成正比，与开采量 ΔV（体积、质量等）以及开采位置到邻近构造的垂直距离 L 成反比（图 5.7）。用 G 来表示开采扰动势这个

特征量，则有

$$G \propto \left(\frac{H \cdot \Delta V}{L} \right)$$

因开采而产生的岩体内部“能量积聚”可以表示为

$$E = \theta \cdot \left(\frac{H \cdot \Delta V}{L} \right)^D \cdot k_0$$

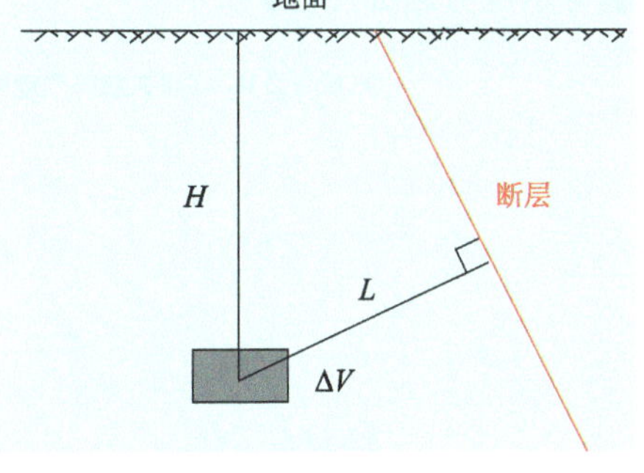

图 5.7 开采位置相对关系示意图

式中，θ 为开采特征参数，是反映开采方式对矿震诱发关系的参数；k_0 为区域构造应力不均衡系数；D 为回归系数。

图 5.8 所示为利用上式计算的每年诱发矿震能量（计算能量）与实测地震波计算的矿震释放能量（实际能量）的比较，两者具有很好的一致性。

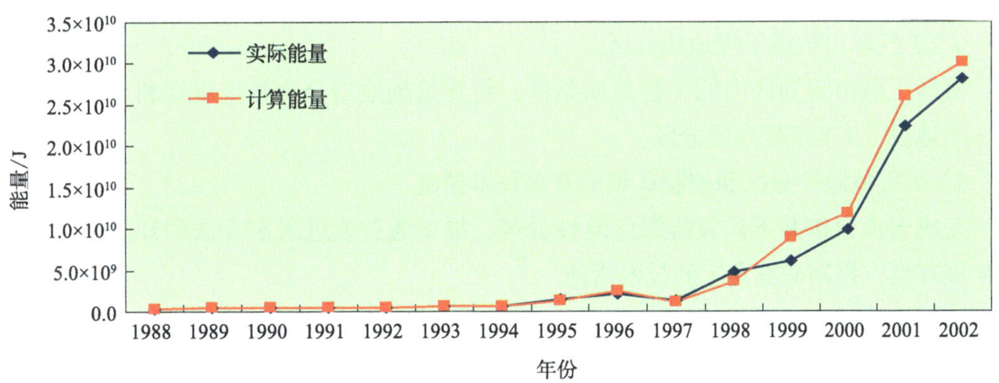

图 5.8 根据开采扰动势计算的矿震能量与实际矿震释放能量的比较

根据 2001 年的实际开采位置和开采量，经计算得到该年度的矿震总能量约为 2.6×10^{10}J。根据老虎台矿开采计划，在 2002 年及之后的几年内，开采深度进一步增加，开采位置也接近断层和高应力集中区，所以矿震能量水平将有所提高。经计算分析，矿震能量将为 3.16×10^{10}J ~ 1.26×10^{11}J，最大震级可为 M_L3.8 ~ M_L4.2 级。

4）抚顺最大矿震烈度分区和抗震工程地质分区

确定了老虎台矿震对抚顺市的影响范围和危害程度，即可确定抚顺城区最大矿震烈度分区和抚顺市抗震工程地质分区，从而为抚顺市的城市安全、规划、设计和建设提供了决策依据。

（1）抚顺最大矿震烈度分区。

根据综合研究所得到的结论，老虎台矿未来开采可能引发的最大矿震级别为 M_L3.8 ~ M_L4.2 级。按平均最大值 M_L4.0 级、震源深度 950m（–830m 水平）计算得出：震中烈度值为Ⅶ度，震中位于 E4400 ~ E7800 及 4636250 ~ 4636700 所确定的范围，矿震等烈度分区如图 5.9 所示。

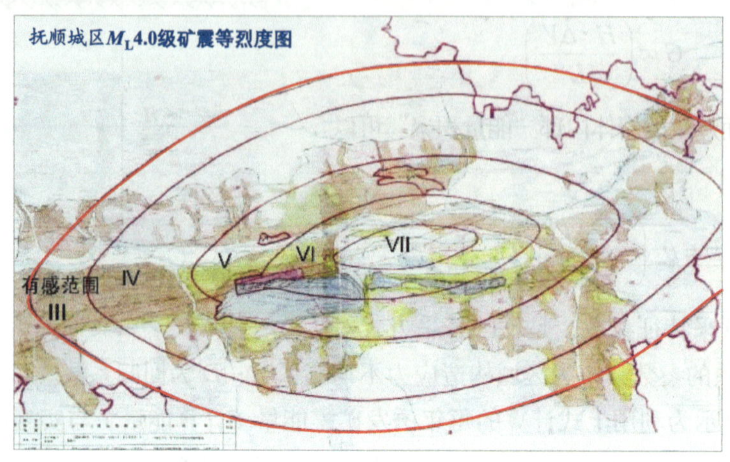

图 5.9　抚顺城区 M_L4.0 级矿震等烈度图

（2）抚顺市抗震工程地质分区。

根据抚顺市规划区内的工程地质条件，将建筑场地划分为对抗震有利、不利和危险 3 类地段、9 个工程地质分区。

5）矿震危险性分区和控制矿震的开采技术措施

完成老虎台矿井下矿震震源危险性分区，提出通过改进采矿方法和开采设计，减小矿震规模，控制矿震发生的技术措施。

（1）矿震危险性分区。

根据区域地质构造特征、井下矿震震源的统计分析、开采过程中岩体内部应力、破坏区、能量积聚与释放的分析、开采扰动势分析等，把井下分为三级 5 个危险区域，其中Ⅲ级区 1 个，危险性最大；Ⅱ级危险区 2 个，危险性次之；Ⅰ级危险区 2 个，危险性较小（图 5.10）。

（2）控制矿震的开采技术措施。

① 不断优化开采顺序、合理调整开采布局，避免或减少开采对断层的扰动，避免局部化的高应力、高能量集中。

② 井田开采北部边界的确定要合理，并慎重，以不引起 F1 及 F1-A 的明显变形与移动为准，以确保大范围岩体不受井下开采的显著影响。

③ 在工作面设计时，尽可能避免回采巷道与中小型断层的尖灭端重叠，以减少巷道、采场及构造带应力集中的高度叠加。

④ 采用爆破切割、深孔高压注水等方法，对煤岩层进行软化处理，减少工作面前方的高能量集中，避免煤岩体发生突发性的冲击破坏；爆破切割应采用高压气体能量大而冲击能量低的炸药。

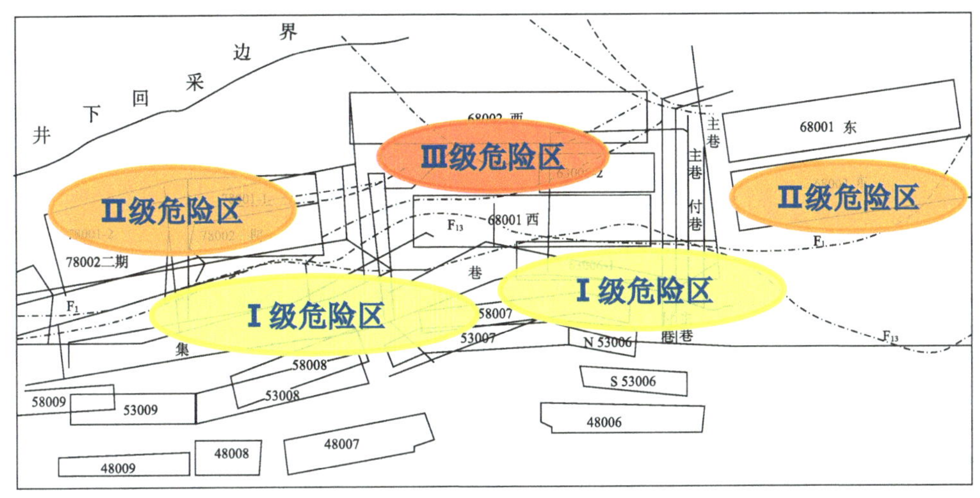

图 5.10　老虎台矿井下矿震震源危险性分区（井田中西部）

⑤ 对首幅开采留下的孤岛煤岩柱，在二幅开采前实施人工软化卸压，避免二幅开采导致其由于高能量集中而发生崩塌破坏。

⑥ 对易积聚高压瓦斯的区域，采取有效措施进行引放和降压，以改善开采环境。

⑦ 采用适当方式充填采空区，避免大的未充填采空区存在。

上述研究成果获“第一届安全生产科技成果奖”一等奖（图 5.11）。

为表彰在促进安全生产科学技术进步工作中做出突出贡献的人员，特颁发安全生产科技成果奖励证书，以资鼓励。

项目名称：抚顺矿震时间—空间—强度预测及其对城市危害性评价研究

奖励等级：一等

获奖者：蔡美峰

证书编号：2002-1-01-R01

图 5.11　研究成果获“第一届安全生产科技成果奖”一等奖

课题 2：玲珑金矿深部岩石力学与岩爆预测综合研究

1. 工程背景

在地层深部，高地应力的存在使岩体内储存大量的弹性应变能，在开采过程中，若围岩破坏后弹性能突然释放，将导致岩爆和矿震等突发动力学现象。另外，在采矿过程中，采矿开挖活动前，不管地应力多大，地层处于一种自然平衡的状态。采矿开挖活动打破了这种平衡状态，引起地应力向采矿开挖形成的自由空间的释放，形成等效释放荷载，它作用在开挖自由空间的内边界上。正是这种等效释放荷载产生围岩变形、位移和局部应力集中，在围岩中产生扰动能量（应力乘位移就是能量）。围岩变形、位移和局部应力集中的量越大，储存在采矿围岩中的开挖扰动能量就越大，可能造成的围岩变形、破坏也越大。本项目通过地应力现场实测、多种形式的岩石力学试验和三维有限元数值模拟计算，分析玲珑金矿采矿开挖引发的开采扰动能量在围岩中聚集和分布的情况，以及岩石及岩体本身储存高应变能的能力和外部聚集高应变能的环境条件，并采用多种岩石动力学准则，对玲珑金矿深部开采过程中，岩爆发生的可能性以及发生的部位和强度进行评价和预测。

2. 研究内容

1）深部岩石力学综合研究

深部岩石力学综合研究结果为理论分析、数值计算、采矿方法设计和岩爆预测与防治提供了可靠的依据和充分保证。

（1）深部工程地质、水文地质调查；结构面、节理、裂隙调查、统计和分析，确定了节理的分布、密度、状况和优势结构面走向；进行了矿区岩体的质量分级评价。

（2）采用具有国际领先水平的地应力测量技术，进行了矿区地应力现场测量，获得矿区 5 个水平、12 个测点的三维地应力状态和矿区地应力分布规律，建立了矿区地应力场分布模型。在同一个矿山进行如此大规模的现场地应力实测，在国内外属少见。模型表达式为

$$\sigma_{\mathrm{h,max}} = 0.72 + 0.05591H$$
$$\sigma_{\mathrm{h,min}} = 0.80 + 0.0234H$$
$$\sigma_{\mathrm{v}} = 0.32 + 0.0280H$$

地应力值随深度呈线性增长关系，因此深部开采时将遇到很大的地应力作用，高地应力为高能量聚集和岩爆发生创造了条件。

（3）进行了矿区 10 种岩组、160 块岩石试件的物理力学性质试验，获得了系统的矿岩物理力学特性资料。

2）采矿岩体能量聚集分析研究

以扎实的岩石力学综合试验、研究资料为基础，采用大型三维非线性有限元数值模拟方法，定量计算和分析开采过程中围岩应力集中和能量聚集的分布情况，对引发岩爆的应力环境作出评价。

计算结果表明，在玲珑金矿中深部矿房周围，岩体内积聚有很高的弹性应变能，最大弹性应变能（$W_{\mathrm{e,max}}$）分布如下。

（1）23 线垂直剖面上 –270m 水平 10# 脉，$W_{\mathrm{e,max}}$=1.16 × 10^5J/m^3。

（2）29 线垂直剖面上 –270m 水平 18# 脉和 47# 脉，$W_{e,max}=1.14\times10^5\text{J/m}^3$。

（3）47 线垂直剖面上 –270m 水平 18# 脉和 47# 脉，$W_{e,max}=1.25\times10^5\text{J/m}^3$。

（4）–110m 水平剖面上 10# 脉、18# 脉和 47# 脉，$W_{e,max}=0.25\times10^5\text{J/m}^3$。

（5）–270m 水平剖面上 10# 脉、18# 脉和 47# 脉，$W_{e,max}=1.48\times10^5\text{J/m}^3$。

图 5.12 反映了 –270m 水平矿房围岩中弹性应变能的聚集和分布情况。

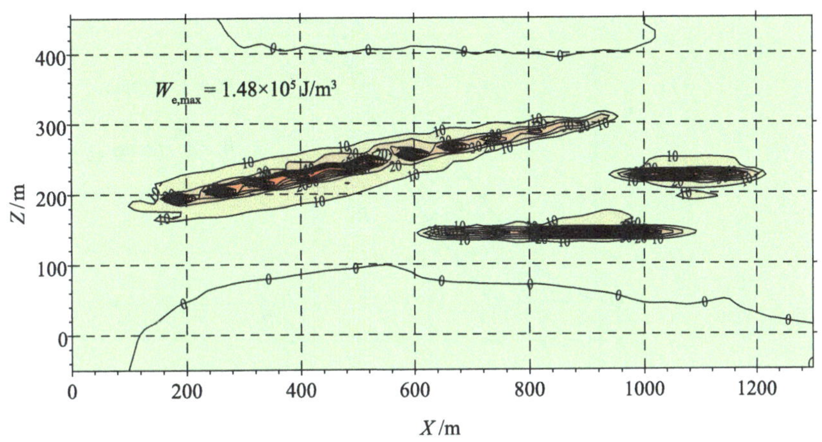

图 5.12　–270m 水平矿房围岩弹性应变能分布

国内外已有研究和现场监测结果表明，当岩体内部弹性应变能达到或超过 $1.0\times10^5\text{J/m}^3$ 时，将发生岩爆和冲击地压。上述五处围岩中，除 –110m 水平一处外，位于 –270m 水平的四处的最大弹性应变能均超过了这一临界数值。因而，玲珑金矿 –270m 水平以下开采时，发生岩爆的可能性很大。

3）岩石破坏岩爆冲击性评价研究

岩石或岩体的力学性质和结构决定了它们赋存应变能的能力和在高应力条件下的冲击性倾向，即在高应力、高能量条件下是否容易形成岩爆和冲击地压的动力学特征。

（1）岩石单轴压缩循环加载特性评价准则。

岩石在压缩过程中，试件变形将产生以弹性应变能形式聚集的能量，而岩石的塑性变形和内部微破裂将消耗能量。如果在岩石达到峰值强度前对试件卸载，岩石由于受压而产生的总应变能（W_{tot}）减去由于塑性变形等消耗的能量（W_{sp}）便储存在岩石内部（W_{st}，图 5.13）。由 $F=\dfrac{W_{st}}{W_{sp}}$，可对岩石破坏时的冲击特性作出判断：当 $F>5.0$ 时，发生中等到强烈冲击；当 $F=2.0\sim5.0$ 时，发生弱到中等冲击。

根据试验结果，玲珑金矿深部花岗岩加卸载曲线基本上重合，即 $W_{sp}\to0$，$F\to\infty$，所以，玲珑金矿深部围岩在发生破坏时，将可能产生很大的冲击作用，易发生岩爆。

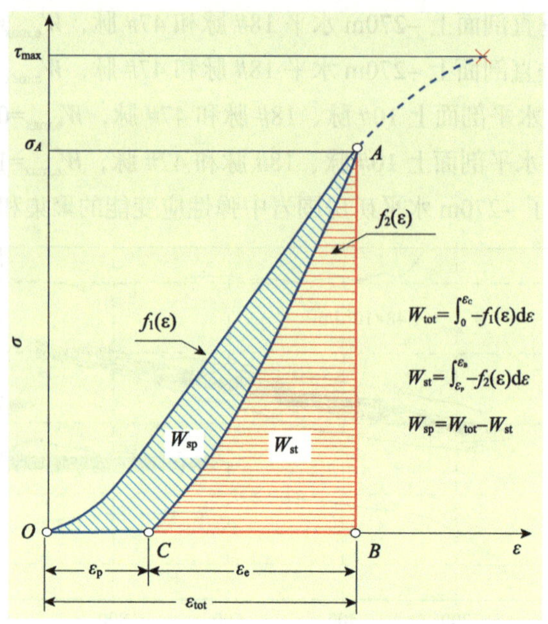

图 5.13　岩石试件加载能量计算示意图

（2）岩石刚性试验结果评价准则。

在刚性试验所获得的全应力－应变曲线图上，以峰值强度点为界，曲线所围左半部分面积代表岩石在破坏前积聚的变形能 W_E，右半部分面积代表破坏后消耗的塑性变形能 W_P（图 5.14）。

一般，当评价指标 $R=\dfrac{W_E}{W_P}\geqslant 1$ 时，将产生冲击现象，并且 R 值越大，冲击能力越大。

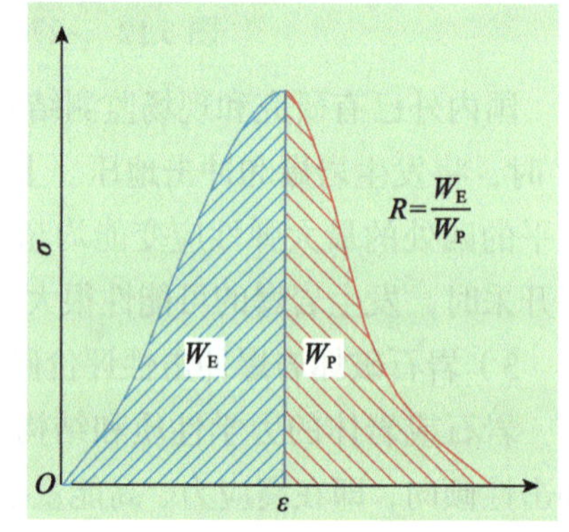

图 5.14　岩石刚性试验全应力－应变曲线

根据刚性试验结果，计算得到玲珑金矿深部花岗岩的 R=1.04 ~ 1.90。

因此，玲珑金矿深部花岗岩具有岩爆冲击性。

（3）线弹性应变能准则。

在单轴压缩条件下，岩石达到峰值强度前所储存的弹性应变能计算如下：

$$W_e=\frac{\sigma_C{}^2}{2E_S}$$

式中，σ_C 表示单轴抗压强度；E_S 表示卸载切线弹性模量。

根据国内外试验结果：当 W_e<40kJ/m^3 时，可产生弱岩爆；当 40kJ/m$^3\leqslant W_e$<100kJ/m^3 时，可产生中等岩爆；当 100kJ / m$^3\leqslant W_e$ < 200kJ / m^3 时，可产生强烈岩爆；当 $W_e\geqslant$200kJ / m^3 时，

可产生极强烈岩爆。

根据试验结果，计算出玲珑金矿深部岩石的 W_e=141.8 ~ 335.6kJ/m^3。因此，玲珑金矿深部岩石属于易产生强烈岩爆或极强烈岩爆岩石。

（4）岩石脆性评价准则。

岩石的单轴抗压强度（σ_C）与抗拉强度（σ_T）之比定义为 B，称为脆性系数，它反映了岩石的脆性程度。根据国内外试验结果：当 B =26.7 ~ 40 时，弱岩爆岩石；当 B =14.5 ~ 26.7 时，中等岩爆岩石；当 B<14.5 时，强岩爆岩石。

根据试验结果，计算得到玲珑金矿深部岩石的 B=12.1 ~ 17.9。因此，玲珑金矿深部岩石属于中等岩爆或强岩爆岩石。

（5）切向应力评价准则。

切向应力评价准则同时考虑了岩体的应力状态和岩石的力学性质，将围岩中的切向应力（σ_θ）和岩石单轴抗压强度（σ_C）之比定义为 T。

根据国内外试验结果：当 T=0.3 ~ 0.5 时，弱岩爆；当 T=0.5 ~ 0.7 时，中等岩爆；当 T>0.7 时，强烈岩爆。

根据岩石力学试验和数值模拟结果，得到玲珑金矿 –270m 水平围岩的 T=0.783 ~ 0.862。因此玲珑金矿 –270m 水平以下开采可能会出现强烈岩爆现象。

（6）岩体 RQD 评价准则。

一般情况下，裂隙发育的岩体完整性较差，不易引起高应力集中和能量积聚。因此，岩体裂隙的发育程度从另一个侧面反映了岩体产生岩爆的倾向。岩体质量指标（rock quality designation，RQD）是描述岩体完整性的一个简单而实用的指标，根据岩体的 RQD 值可以间接分析和掌握岩体的岩爆倾向。

根据现场调查和试验结果，玲珑金矿浅部岩体的平均 RQD 为 25% ~ 50%，深部（>400m）岩体的平均 RQD 为 70% ~ 90%。因此，预示深部岩体有较大的岩爆倾向。

通过以上研究，从整体上揭示了玲珑金矿深部岩体在开采过程中具有形成高应变能聚集的环境条件和多数岩石（岩体）具有储存较高弹性应变能的能力，并且这些弹性应变能释放具有很强的冲击特性。因此，可得出玲珑金矿深部开采具有潜在的强岩爆可能性的结论。

4）防治岩爆的技术措施

（1）进行合理的开采设计，确定优化的开采顺序和开挖步骤，采用卸压开采技术，避免围岩局部应力集中和应变能聚集。

（2）对采空区实施及时有效的充填，充填体必须具备一定的强度，–150m 水平以下充填体的弹性模量不能小于 1GPa；尽量减少空区的空顶面积和体积，减少岩爆可能发生的空间。

（3）对关键部位的硐室和围岩采用喷锚网、可塑性锚杆等柔性或先柔后刚的支护措施，允许围岩的适量位移和应变能的逐步释放。

（4）进行合理的爆破设计，尽量减少爆破振动的影响，避免引起岩爆的各种诱发因素的发生。

（5）在深部采场和主要硐室围岩中，建立压力、位移、声发射监测网，对深部开采的围岩稳定性和地压活动规律，特别是可能发生岩爆的倾向进行实时监测，为有效预报提供依据。到2003年为止，该监测网已连续工作了5年时间。

课题3：海沟金矿地压活动规律与控制方法试验研究

1. 工程背景

海沟金矿位于吉林省延边朝鲜族自治州长白山区安图县，是吉林省主要黄金产地之一，年产黄金超过1t。本课题以海沟金矿的大面积空区为研究对象，研究地压活动规律和控制方法，将压力、声发射、位移等信息进行耦合分析，从过程的角度考察岩体稳定性的变化，得到了由压力和声发射联合表示的岩体稳定性的3种判别模式，即升压稳定模式、降压稳定模式和降压不稳定模式。从基础的地质调查出发，通过对节理、裂隙特性的统计和地质力学分析，探求影响空区围岩稳定性的内在因素。将岩石力学三维数值计算模型用于采空区围岩地压活动规律研究，动态分析不同开采顺序、不同充填方式对围岩稳定性的影响。采用压力、位移、声发射等多种手段联合使用的监测方案，进行围岩的稳定性监测与评价。海沟金矿多年大范围的地下开采，造成了很大的人工开采空间。据测算，在纵向上，已先后在1中段到6中段进行开采，并继续向7、8中段延伸，开采最大深度达270m。在横向上，以主、副井为中心，两翼连续开采长度累计已超过千米。该矿的主要矿脉为28号脉，矿井前期的开采全部是空场法，因此经过十几年的开采之后，诸采空区互联成片，在箕斗井和罐笼井附近的空区连续长度已达400多m，空区垂直高度达240m以上。这些空间只有少部分被废石充填，绝大部分以空区形式存在。同时，由于矿区开采的需要，许多预留的顶、底柱和间柱已被回采。未采部分也因长期的地压活动而冒落。如此大的空区，已经对主井、副井的安全及矿区下一步的生产构成严重威胁。为了弄清上盘岩体和采空区、矿房顶板移动及地表沉陷的原因，保证地下采场、巷道和多种采矿设施的安全，吉林海沟黄金矿业有限责任公司进行了地压活动规律和控制方法试验研究。

随着矿产资源的大力开发，开采深度不断增加，开采规模不断扩大，由此而引发的工程安全事故也越来越多，其中由于采场围岩的变形、位移和片邦、冒落、崩塌等引起的安全事故也不断增加。尤其是像海沟金矿存在的大空区，无论是对于正在开采中的生产安全，还是对于周围建筑物都构成极大威胁。因此，对于这类岩体稳定性的监测与控制、对于由于失稳而产生的灾害，特别是大型采空区冲击地压发生可能性及其防控的预报是非常重要的。

有关岩体稳定性状态的可测信息有许多种，如应力、应变、位移、声发射等，这些信息中有外在的、宏观的、可测的，也有内部的、微观的、不可测的。近年来，随着计算机的普及和测试手段的不断完善，对有关深部岩体及大面积空区稳定性的多种信息的同步、大范围监测成为可能，关键问题是如何从众多的信息中提取出岩体稳定性演化的可靠信息。习惯上，往往只是通过某个或某几个参量的测量获得工程结构稳定性状态的信息，而不考虑各种信息间的耦合性。实践表明，这种做法很难得到可信的结果。工程结构在一个力学过程中所表现出的不同信息既然是同一力学过程的伴生信息，那么它们之间必然存在着某些对应关系，人们熟悉的应力－应变关系就是其中的一种。研究应力、应变、几何位移、声发射这几种信息参量在时间和空间上的非线性特征及其本构耦合关系，揭示不同信息特征在材料临界破坏时所表现出的“耦合识别模式”，不仅有重要的理论意义，而且对实际工程的稳定性监测，包括冲击地压发生可能性的监测，有很大的实用价值。

本课题结合所进行的实际监测工作，利用应力、应变、位移、声发射等信息参量的可测性和实时、动态、可靠等特点，通过研究应力、应变、几何位移、声发射这几种信息参量的耦合关系，建立具有可操作性的失稳联合判据；利用数值计算、数值模拟技术研究岩体的动力特性。

2. 研究内容

1）地压活动规律和采空区稳定性的地质力学分析和数值模拟研究

（1）从基础地质调查出发，通过对工程范围内的岩性分布、节理裂隙特征与发育规律及其与开拓布置和开采顺序间的关系的详查，采用地质力学分析方法，对节理、裂隙的分布与地质构造间的关系及其对空区围岩稳定性的影响进行了综合研究，从本质上揭示了影响空区围岩稳定性的内在因素。

（2）以系统的工程地质和矿岩物理力学性质试验为基础，采用大型三维 FLAC 3D 数值模拟方法，对深部开采全过程中的地压活动规律和采空区稳定性进行了定量预测，提出了优化开采结构、开采顺序和支护、充填方式，控制深部地压活动，特别是防止深部开采产生大规模冲击地压的技术措施。

2）全过程动态实时监测和多元信息耦合评价

在理论预测的基础上，对地压活动和采空区稳定性进行了多种手段全过程动态实时监测和多元信息耦合评价，首次提出了由应力、位移和声发射监测结果联合表示的判别围岩稳定性的 4 种模式。

（1）监测方法和监测网布置。

采用压力、位移、声发射、断面收敛和水准测量等多种手段，建立了主、副井和采空区围岩地压活动监测网，监测网由两部分组成，具体如下。

第一部分：在 4 中段、5 中段的穿脉岩体内布置 15 个测点，用于观测不同区域内岩体的应力、位移变化和声发射活动情况。全面了解观测范围内空区围岩的稳定性动态和地压显现规律，为下部 6、7 中段的开采提供安全保障。测点布置如图 5.15 所示。

第二部分：在 3 中段平面内，将 5 ～ 7 线穿脉延长至空区的上盘岩体内，开拓出 94m 长的专用观测巷道，集中布置压力、声发射和多点位移计等（图 5.16），用于对井筒附近上盘岩体的稳定性状况进行严密监视，确保主、副井安全。

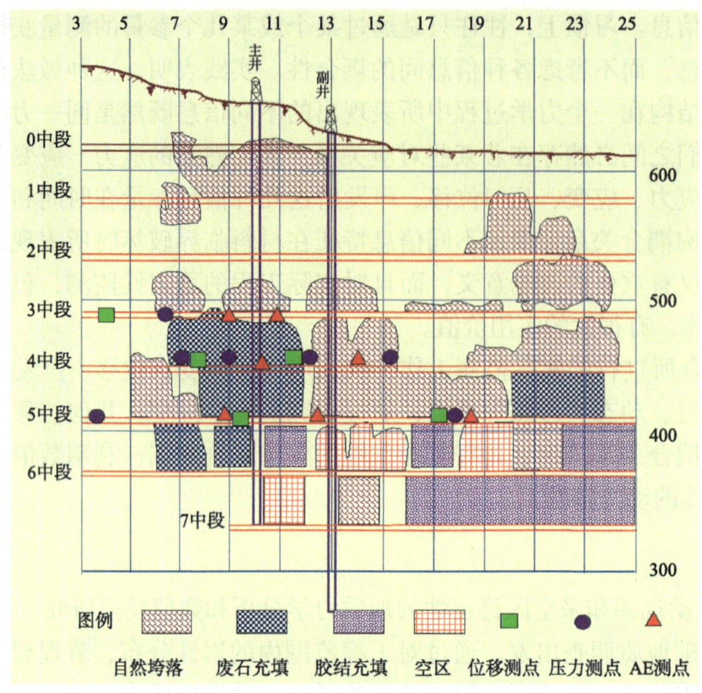

图 5.15　观测点的立面布置图

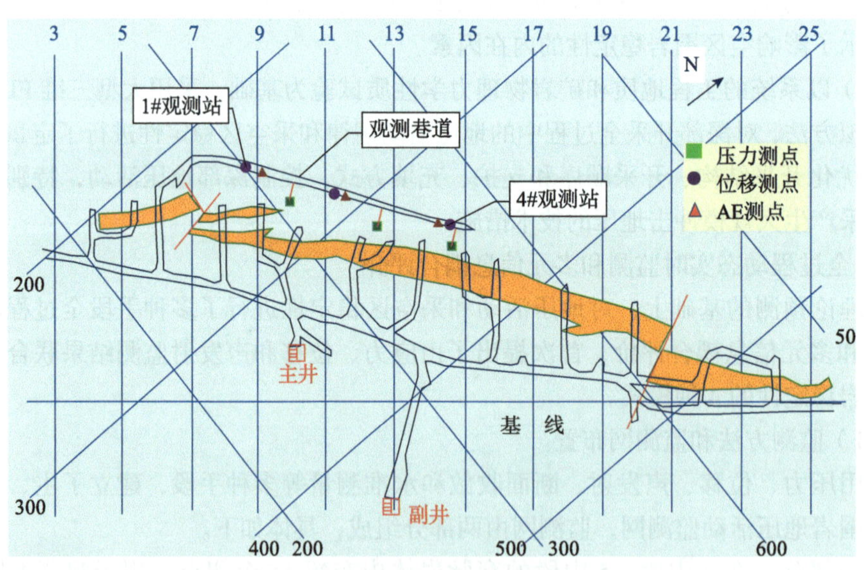

图 5.16　3 中段上盘岩体专用观测巷道测点布置图

（2）由压力、位移和声发射信息耦合表示的判断围岩稳定性的 4 种模式。

实践表明，仅凭借一种监测手段和孤立的几个信息往往不能对岩体内部的结构变化及围岩的稳定性和地压活动的趋势作出判断。本课题依据实测资料，提出了由压力、位移和声发射信息耦合表示的岩体稳定性的 4 种判别模式。

① 升压稳定模式Ⅰ。

岩体在该观测期内，压力不断升高，该部位的声发射也非常活跃，但岩体却保持稳定（图 5.17）。根据凯泽效应的定义，此时岩体内部应力已达到先前受到的最大应力，但还没有超过其极限承载力，故岩体仍然保持稳定。不过，出现这种模式时必须引起足够的重视，因为此时岩体内部已经有了新的损伤扩展。特别是，如果此时位移出现加速趋势，那么岩体将很快转入不稳定状态。

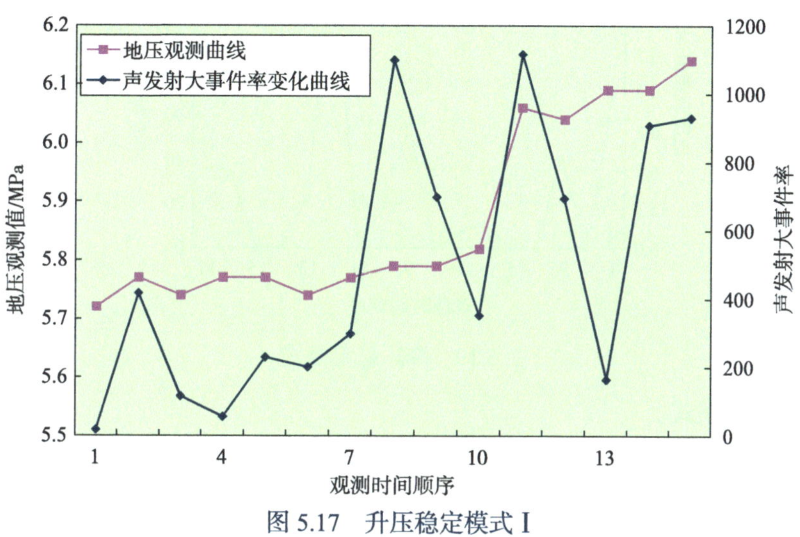

图 5.17　升压稳定模式Ⅰ

② 升压稳定模式Ⅱ。

岩体在该观测期内，压力不断升高，但是该部位的声发射却比较“安静”，岩体在该期内保持稳定（图 5.18）。根据岩石声发射的不可逆性，说明此时虽然压力不断升高，但是岩体内部并没有新的损伤扩展，岩体中的应力还没有超过岩石的历史最大应力，这相当于岩石卸载以后的再加载过程。

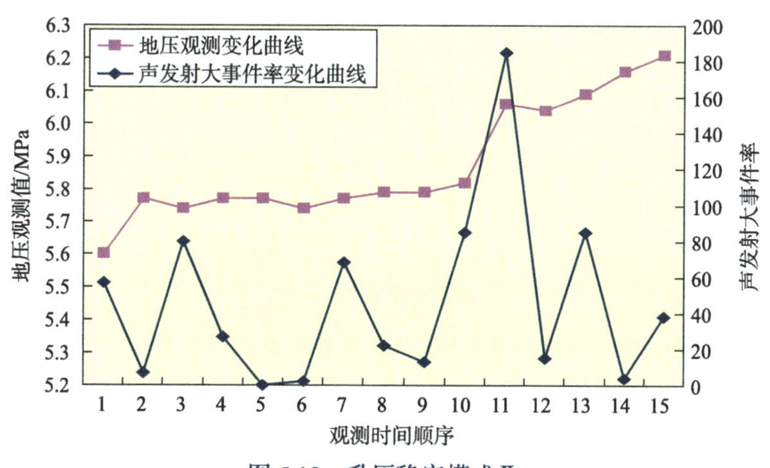

图 5.18　升压稳定模式Ⅱ

③ 降压稳定模式。

岩体在该观测期内，压力值不断下降，相应的声发射也比较“平静”，岩体保持稳定（图 5.19），这相当于岩石加载以后的卸载过程。

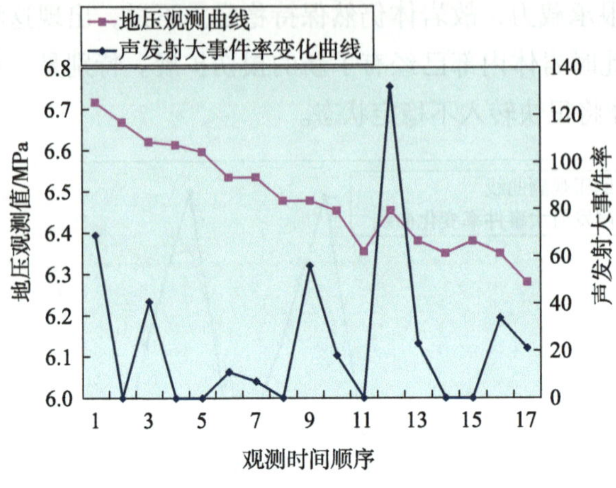

图 5.19　降压稳定模式

④ 降压失稳模式。

岩体在该观测期内，压力持续下降，而声发射却非常活跃（图 5.20）。这说明此时岩体中的应力已超过了历史最大应力，岩体已破坏，承载力不断下降，因此观测到的岩体内部应力值也持续下降。如果此时的位移出现加速趋势或突变现象，表明岩体即将或已经进入失稳状态。

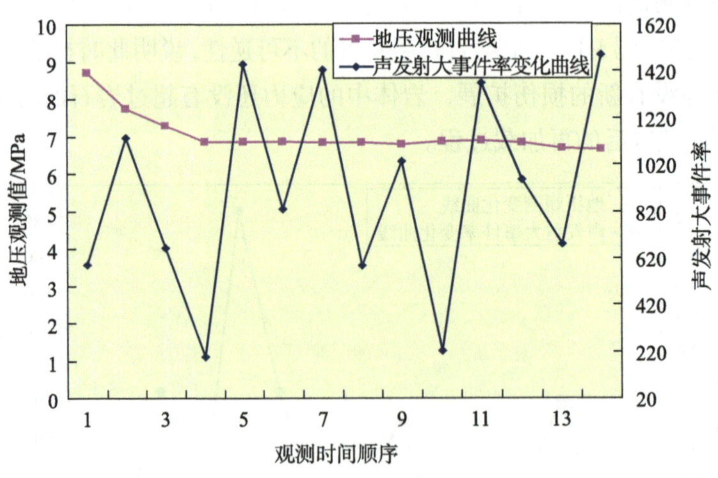

图 5.20　降压失稳模式

在 4 年多的课题研究期间，蔡美峰利用上述监测网和多元信息的耦合分析与评价方法，对较大的地压活动均成功地进行了预报，并采取了相应的控制措施，保证了主、副井和采空区的稳定性，没有形成采空区冲击地压。海沟金矿成为黄金系统安全生产模范矿山。

上述研究成果获1999年度国家经济贸易委员会黄金科学技术进步奖二等奖(图5.21)。

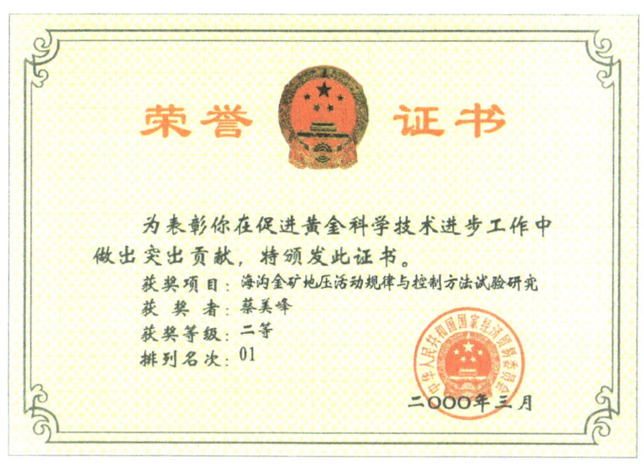

荣誉　证书

为表彰你在促进黄金科学技术进步工作中做出突出贡献，特颁发此证书。

获奖项目：海沟金矿地压活动规律与控制方法试验研究

获 奖 者：蔡美峰

获奖等级：二等

排列名次：01

二〇〇〇年三月

图5.21　研究成果获1999年度国家经济贸易委员会黄金科学技术进步奖二等奖

第三节　关键技术和创新点

以上相关研究工作及取得的研究成果，其关键技术和创新点总结如下。

（1）开辟了将地震学与开采动力学相结合研究矿震的新途径。以长期矿震观测资料为依据，建立了矿震动力加速率的概念，揭示了抚顺矿震的宏观规律、演化特征和动态发展趋势；采用大型三维非线性数值模拟、神经网络和分形等现代先进技术，再现老虎台矿近百年开采过程中能量聚集与演化规律和动力学响应特征，提出了构造活动型、顶板断裂冲击型和煤柱崩塌冲击型3种不同矿震震源机制，揭示了矿震孕育、发生与开采过程的关系。

（2）在国内外首次建立了开采扰动势模型，揭示了矿震发生及其规模与开采深度、开采量、断层构造和应力环境的关系，解决了定量预测矿震发生时间、空间和强度的难题。

（3）定量预测出老虎台矿未来开采（最深至 −830m 水平）可能引发的矿震最大震级为 $M_L3.8 \sim M_L4.2$ 级，地面震中烈度为Ⅶ度（对应 $M_L4.0$ 级），确定了抚顺地面矿震烈度分区。这是世界上第一张矿震烈度分区图，为抚顺市的城市安全、规划、设计和减震防灾提供了决策依据。

（4）采用具有国际领先水平的地应力测量技术，在玲珑金矿通过大规模实测，建立了矿区地应力场模型；通过三维有限元计算获得了由开采引起的高应变能分布，确定了高应变能聚集区；通过系统的岩石力学试验，确定了深部岩体聚集高应变能的能力；根据以上分析并综合采用多种岩爆判断准则，对玲珑金矿深部开采诱发岩爆的强度和位置作出了预测。

（5）确定了老虎台矿井下矿震危险性分区和玲珑金矿深部岩爆危险性分区，提出了通过改进采矿方法和开采设计，减小矿震和岩爆规模、控制矿震和岩爆发生的措施。

（6）在抚顺建立矿震监测网，在玲珑金矿和海沟金矿建立了压力、位移、声发射和断面收敛等多元信息耦合的地压监测系统。根据海沟金矿的监测结果首次提出了由压力、位移和声发射信息耦合表示的岩体稳定性的 4 种判别模式。

（7）初步形成了开采动力灾害的研究体系，即从扎实的现场地应力测量、工程地质调查、岩石力学试验和现场监测资料的采集入手，以能量聚集和演化为主线，揭示矿震和岩爆发生的机理及其与采矿过程、地质构造和岩体特性的关系，并对矿震和岩爆发生的时间、空间和强度进行定量预测；将预测和防治、地下和地面、生产安全和环境安全融为一体进行评价和研究，开辟了开采动力灾害研究的新途径。

第四节　与当前国内外同类研究的综合比较

以矿震和岩爆为代表的地下开采动力灾害研究是一项世界级的难题。从 20 世纪 70 年代开始，虽然国内外学者已对矿震和岩爆发生机理提出了多种理论和学说，但到目前为止基本上都还停留在假说和经验阶段。

与国内同类研究相比，本项目在理论（机理）研究的系统性和深度、矿震预测定量化程度、成果实用性等方面，均有重大创新、提高和突破。

（1）将地震学和采矿工程学、开采动力学紧密结合起来，进行矿震的研究。以系统的现场地应力测量、工程地质调查、岩石力学试验和矿山开采资料为基础，研究开采过程中能量聚集与演化规律，从开采方法和规模、应力和能量、地质构造和断层活动等诸方面进行矿震机理研究，将矿震孕育和发生与采矿过程紧密联系起来，提出了断层活动型、顶板断裂冲击型和煤柱崩塌冲击型 3 种不同的矿震震源机制。如此系统的矿震研究在国内外是首次。

（2）在国内外首次建立了开采扰动势模型，将矿震发生及其规模与开采量、开采深度、断层构造和应力环境定量联系起来，为预测矿震发生的时间、空间和强度开辟了有效途径。

（3）根据老虎台矿开采至最终水平（–830m）的开采计划，通过开采扰动势等多种手段综合分析，预测出老虎台矿未来开采可能引发抚顺矿震的最大规模为 $M_L3.8 \sim M_L4.2$ 级。

项目鉴定后一个月（2002 年 1 月 23 日，老虎台矿开采至 –780m 水平），抚顺发生了有史以来最高级别的矿震——$M_L3.7$ 级，这一事实初步验证了本项目研究对抚顺矿震趋势和震级预测的合理性和可靠性。如此定量化的预测并得到验证，在国内外是没有的。

（4）将预测和防治、地下和地面、生产安全和环境安全作为一个整体进行开采动力灾害研究。特别是抚顺课题，以矿震对城市的危害评价为主要研究目标，不但给出了未来最大矿震规模，而且给出了地面震中烈度和震中位置，确定了城区烈度分区。研究成果直接用于指导城市安全、规划和建设。这在国内外也是没有的。

（5）在玲珑金矿岩爆预测中，以大规模的现场地应力实测基础，以储存高应变能的岩石力学特性和聚集高应变能的应力环境研究为核心，并采用多种动力学准则，对深部开采可能发生岩爆的位置和强度进行了预测。在国内外同类研究中，大多只侧重几个孤立指标的研究，如此系统的研究在国内外是首次。

（6）建立多元信息地压动态实时监测系统，将各种地压监测信息进行耦合，在国内外首次提出了由压力、位移和声发射信息耦合表示的岩体稳定性的 4 种判别模式。

第五节　应用效果

本节所列成果的主要应用效果包括以下几点。

（1）根据老虎台矿当时的开采计划，预测老虎台矿开采到最深水平（–830m 水平）前，抚顺矿震将呈增大趋势，最大震级为 $M_L3.8 \sim M_L4.2$ 级。预测不到 1 个月，当老虎台矿开采到 –780m 水平时，抚顺就发生了有史以来最大一次矿震（$M_L3.7$ 级），从而验证了预测结果的可靠性。这在国内外是第一次。

（2）抚顺矿震的研究成果已经成为抚顺的城市规划、建设、改造和城市减灾防灾的重要决策依据。抚顺市政府已责成有关部门对矿震影响范围内的工程建设场地的抗震安全性进行评价，对城市基础设施和地面建筑物抗震设防能力进行彻底普查，对未达抗震设防要求的视其情况分别采取搬迁避险、抗震加固和推倒重建等措施。

（3）对老虎台矿井下矿震震源的危险性分区和控制矿震发生的开采技术措施，已经成为指导该矿后续开采过程中优化开采顺序、调整开采布局、采取安全措施的重要依据。实现了矿山的安全、持续生产，形成了防震和生产双赢的局面。

（4）玲珑金矿深部岩石力学和岩爆预测研究成果已应用于生产实际。该矿已对 –150m 水平以下的采矿方法和开采顺序进行了调整。在巷道和采空区围岩中建立了地压和岩爆活动的监测网。几年来，井下没有出现由于开采动力灾害引起的人员伤亡事故，保证了生产安全，使矿山的产量和效益明显提高。

（5）在海沟金矿所建立的观测网和观测制度几年来一直发挥着重要作用，所提供的岩体稳定性监测和评价准则，已经被现场人员接受。提出的采空区处理方案和开采顺序与开采工艺优化方案已付诸实施。几年来，较大地压活动均成功进行了预报，没有发生大规模采空区冲击地压事件。为延长矿井服务年限，缓解资源紧张的矛盾发挥了重要作用。

（6）我国是世界第一产煤大国，而我国煤炭总储量的 2/3 埋在 1000m 以下；东部很多矿区，如开滦、北票、淮南、长广、新汶、徐州、兖州等都相继进入深部开采，并且开采深度以每年 8 ~ 12m 的速度增加。金属矿山也有红透山铜矿、冬瓜山铜矿、弓长岭铁矿、夹皮沟金矿等采深超过 1000m。随着开采深度的增加，岩爆、矿震等动力灾害发生的频率和危险性将越来越大，深部开采动力灾害将是普遍存在的问题。因此本项目研究成果将有广泛的应用前景。

（7）对抚顺老虎台矿震、山东玲珑金矿岩爆和吉林海沟金矿冲击地压预测及防治研究，形成了一个系统的研究成果——深部开采动力灾害预测及其危害性评价与防治研究，获 2003 年度国家科学技术进步奖二等奖（蔡美峰排名第一，图 5.22）。

国家科学技术进步奖

证　书

为表彰国家科学技术进步奖获得者，特颁发此证书。

项目名称：深部开采动力灾害预测及其危害性评价与防治研究

奖励等级：二　等

获 奖 者：蔡 美 峰

中华人民共和国国务院

2004 年 1 月 20 日

证书号：2003-J-210-2-16-R01

图 5.22　研究成果获 2003 年度国家科学技术进步奖二等奖

第六章　大型深凹露天矿高效运输系统及强化开采技术研究

——“十五”国家科技攻关计划项目

第一节　研究背景

我国冶金矿山 80% 以上的矿石产量来自露天开采。目前，我国大多数大中型露天矿山已由山坡露天开采进入深部凹陷开采。矿山生产中遇到两个突出问题。

第一个问题是，物料运输由山坡开采重载下坡变为深凹开采重载上坡，运输距离加长，运输效率降低；运输和生产成本急剧上升，生产能力下降，经济效益下滑。据统计，在露天矿的生产总成本中，运输占 40% ~ 60%。传统的汽车、铁路及其联合运输方式已不能适应深凹露天开采运输的要求，只有采用新的运输技术，才能控制生产成本，维持矿山的正常生产。

第二个问题是，随着开采深度的增加，采场边坡不断加高加陡，很多矿山最终边坡垂直高度为 600 ~ 700m，边坡滑移和倾倒破坏事故越来越多，开采难度越来越大，资源回收率低，严重威胁矿山的安全，制约矿山生产能力的提高。

同样的问题在有色、煤炭和其他露天矿山中也普遍存在。为了解决我国大中型露天矿深部开采中的关键技术问题，提高我国露天矿开采的整体技术水平，大幅度降低生产成本，保证生产安全，提高企业效益，本项目被列为“十五”国家科技攻关计划项目进行研究。

本项目由北京科技大学、首钢矿业公司、攀钢集团研究院有限公司（简称攀钢）、中钢集团马鞍山矿山研究总院股份有限公司和清华大学共同完成。项目总投资国家攻关拨款 300 万元，企业自筹经费 2.115 亿元，参加研究人员 150 余人，蔡美峰为项目负责人。

第二节　研究思路与技术难点

1）研究思路

以安全和效益为目标，围绕降低成本、保证安全和增加效益开展研究。

（1）由于运输成本所占比重大，首先必须解决高效运输技术问题。采用当前国际先进的高效运输方式，对我国露天矿具有普遍推广意义的有汽车 - 胶带半连续运输和陡坡铁路运输两种方式。

（2）合理的边坡设计是保证开采安全、降低生产成本的另一关键问题。必须系统进行边坡优化设计的研究，才能在保证开采安全的前提下，最大限度地提高边坡角，减少剥离量，降低成本，增加效益。

（3）由于大型露天矿山生产设备和环节时空关系复杂，建立自动化生产调度和管理信息系统，实现开发系统的自动控制，对充分发挥设备作业效率，降低生产成本，提高矿山效益都具有重大意义。

2）技术难点

（1）水厂铁矿是我国生产规模最大的金属露天矿山，整个矿山在保证不减产、不停产的前提下，由原有的汽车－铁路运输系统改变为汽车－胶带半连续运输系统，难度较大。

（2）金属露天矿边坡结构复杂，并且输送物料比重大、距离长，在 40° ~ 50° 的边坡上建立胶带运输线，提升高度大，中间环节多。因而，对胶带系统的可靠性和各环节之间的最佳衔接与配合要求高、难度大。

（3）陡坡铁路研究必须从国内现有技术装备和直流供电方式出发，改变国外牵引机组和交流供电的模式，具有很大难度。

（4）一方面，随着边坡的加高加陡，边坡的稳定性和开采的安全性越来越差；另一方面，对于大型露天矿山，提高边坡角又是充分回收资源、降低生产成本的重要手段。年产千万吨以上的矿山，边坡角提高 1°，就可减少剥岩量数千万吨，经济效益极为显著。这是一把双刃剑。

（5）车流规划是卡车调度系统的核心，由于矿山生产条件复杂多变，寻求一个合理有效的车流规划模型，满足实时性生产调度的要求难度较大。

第三节　研究内容和创新点

一、研究内容

本项目分为以下 4 个专题，其中第 1、3、4 专题以水厂铁矿为工程依托单位，第 2 专题以攀钢的朱兰铁矿为工程依托单位。

专题 1：汽车－胶带半连续运输系统研究

本专题解决了金属露天矿建立汽车－胶带半连续运输系统设计、施工和运行过程中的一系列关键技术问题（图 6.1），包括系统各环节之间的最佳衔接与配合技术，胶带排土工艺及参数优化，胶带防跑偏、防断裂技术，胶带系统计算机控制及安全高效运行保障技术等，在水厂铁矿建成的三套汽车－胶带半连续运输系统使该矿的运输成本下降 50%。

图 6.1　金属露天矿建立汽车－胶带半连续运输系统

专题 2：陡坡铁路运输系统研究

本专题提出了“陡坡铁路线路和牵引网络设计”成套技术（图 6.2），研制了柔性可调节式防爬桩装置和 224t 电机车，在朱兰铁矿建立了国内首条陡坡铁路运输线，使朱兰铁矿运输效率提高了 14.28%，降低采矿成本 20%，延长矿山服务年限 7 年。

图 6.2　陡坡铁路线路和牵引网络设计

专题 3：露天矿深部开采设计优化研究

在系统的工程地质、水文地质勘查，矿区地应力场测量和岩石力学综合试验研究基础上，采用多种新的综合分析技术，完成了水厂铁矿的边坡设计优化（图 6.3），使各区的总体边坡角分别提高了 1°～6°（平均 3°～4°）；建立了 GPS 边坡位移监测系统，保证了生产的安全，实现了强化开采的目标。

图 6.3　水厂铁矿的边坡设计优化

专题 4：自动化生产调度和管理信息系统研究

本专题研制开发了具有自主知识产权的露天矿自动化调度模型和软件，并在水厂铁矿建立了基于 GPS 定位的生产设备自动调度和管理系统（图 6.4），生产效率提高 15%；研制了地测及采掘进度计划自动编制与实施系统，为开采设计优化提供了有效手段。

图 6.4　露天生产与运输设备智能调度

二、主要创新点

（1）首钢矿业公司水厂铁矿作为一个完整矿山全部采用汽车－胶带半连续运输技术，并且系统主要设备全部国产化，并达到国际一流水平，在全国是第一家。

（2）研究开发了大型深凹露天矿坑内单线陡坡公路技术，改变采场边坡设计参数，提高边坡角，减少剥岩量，缩短了运输线路长度，使水厂铁矿减少剥岩量 5000 多万 t，减少剥岩成本 3 亿～4 亿元。为今后采用半连续运输工艺的矿山提供了新的思路。

（3）在深凹露天矿汽车－胶带半连续运输系统采用 PLC 双向环型高速光纤通信网络技术和 CST（controlled start transmission，可控启动传输）固定胶带驱动技术对胶带系统进行控制，保证了系统的安全可靠运行，提高了运输效率。

（4）在攀钢朱兰铁矿建立了全国第一条露天矿陡坡铁路运输线，使铁路运输坡度由 28‰ 提高到 40‰ ~ 50‰。研制成功柔性“可调节式防爬桩”装置和 224t 电机车。

（5）采用三维固 - 流耦合有限差分法、离散元法和三维极限平衡分析法相结合的方法对边坡稳定性进行分析和设计优化，为国内外首创；基于 GIS 的动态三维极限平衡分析方法也为国内外首创。

（6）提出了一种新的车流规划模型，大大减少了目标函数中的变量数和实时计算量，求解一个大规模的车流规划仅需 4ms。同时，提出了一种新的基于目标流率饱和度的实时调度准则，保证了现场的实时调度。

第四节　与国内外同类研究的比较

下面比较了本项目研究与国内外同类研究的差异，主要有以下几点。

（1）采用了大型非线性固 - 流耦合有限差分法、离散元法和极限平衡法相结合对大型露天矿强化开采进行边坡稳定性分析、综合评判和优化设计，特别是同时采用了三维固 - 流耦合有限差分法和三维极限平衡分析法进行边坡稳定性分析和设计优化，基于 GIS 的动态三维极限平衡分析软件为国内外首创。

（2）通过攻关研究，水厂铁矿的运输系统达到国内领先和国际同期先进水平，开发了具有自主知识产权的自动化生产调度模型和基于 GPS 的智能终端自动化调度软硬件系统；运输成本下降 50%，劳动生产率大幅度提高。

齐大山铁矿的两套胶带运输系统是 20 世纪 90 年代从德国引进的整套系统，其设计生产能力高于水厂铁矿，但其实现的生产能力明显低于水厂铁矿（表 6.1）。

表 6.1　2004 年国内代表性矿山胶带系统产量　　单位：万 t

项目	岩石系统	矿石系统
首钢矿业公司水厂铁矿	2000	1100
鞍钢集团矿业有限公司（简称鞍钢矿业公司）齐大山铁矿	1560	800
鞍钢矿业公司大孤山铁矿	1100	470
本溪钢铁（集团）矿业有限责任公司（简称本钢矿业公司）南芬徐家堡子铁矿	580	

（3）陡坡铁路研究立足于国内铁路技术装备和条件，在陡坡铁路上部建筑构造形式和参数、牵引方式、直流供电模式及防爬理论等多方面取得突破和创新。

（4）国内外边坡设计的传统方法是极限平衡法，这是一种确定性的分析方法，没有考虑地应力的作用，因而该方法对山坡露天矿设计是适用的，但对深凹露天矿设计并不适用。本项目研究为深凹露天矿优化设计提供了科学的方法。

（5）我国露天矿山的总体边坡角与国外先进国家相比普遍低 5° 左右，即国外为 46° ~ 50°，而我国为 41° ~ 45°。本项目攻关后，水厂铁矿各区的总体边坡角平均为 46° ~ 50°，达到世界先进国家水平。

（6）解决了深凹露天矿开采中的关键技术难点，延长了矿山的可采年限，大幅度提高了矿山企业的效益；减少了由于矿山开采引起的滑坡等地质灾害发生的可能性，有效保护与改善了矿山周边生态环境，对保护矿山生产设备和人民生命财产安全具有重要意义。

（7）通过攻关研究，首钢矿业公司水厂铁矿和攀钢朱兰铁矿等矿山的生产技术和管理水平得到全面提升，提高了我国铁矿石的产量，避免了铁矿石过度依赖进口，为国家资源和经济安全提供了保证。

（8）由于攻关技术进步，2002 ~ 2004 年三年累计为矿山创造的经济效益超过 3.5 亿元，由以下 4 个部分构成。

① 水厂铁矿采用汽车 - 胶带半连续运输系统，2002 ~ 2004 年产生的效益分别为 3603.2 万元、4768 万元和 5891 万元。

② 朱兰铁矿采用陡坡铁路运输，2002 ~ 2004 年分别节省运费 206.1 万元、927.6 万元和 2941.7 万元。

③ 水厂铁矿提高边坡角和采用单线陡坡联络道技术，2002 ~ 2004 年分别减少剥岩成本 3843 万元、4941 万元和 4941 万元。

④ 水厂铁矿由于边坡优化，避免了边坡失稳造成的停产和安全事故损失，使生产效率平均提高 2%，增加经济效益 1000 万元 /a。

在“十五”国家科技攻关计划的“冶金矿山”项目中，取得这么高的攻关效益是领先的。

第五节 应用效果

本项目通过 4 个专题的系统研究，取得以下 4 个方面的重要应用成果。

（1）通过专题 1 的研究，在水厂铁矿建立 3 套具有国际同期先进水平的汽车 - 胶带半连续运输系统，使水厂铁矿运输成本下降 50%。该成果在本钢矿业公司南芬铁矿和首钢矿业公司马兰庄铁矿进行推广应用。

（2）通过专题 2 的研究，在朱兰铁矿建成了国内第一条陡坡铁路运输线，使该矿运输效率提高了 14.28%，采矿成本减少 20%。陡坡铁路运输系统研究成果在本钢矿业公司歪头山铁矿取得推广应用，可为该矿创经济效益 5.6 亿元。

（3）按照专题 3 的研究成果，首钢矿业公司水厂铁矿已进行了设计修改，总体边坡角平均提高 3° ~ 4°，减少剥岩量 5000 多万 t，节省成本 3 亿 ~ 4 亿元。

（4）通过专题 4 的研究，在水厂铁矿建立了基于 GPS 定位系统的生产设备自动调度和管理信息系统，使水厂铁矿实现了生产调度的自动化。该成果在鞍钢矿业公司弓长岭铁矿和首钢矿业公司孟家沟铁矿得到推广应用。

本项目研究成果获 2004 年度中国冶金矿山科学技术奖特等奖（蔡美峰排名第一，图 6.5）。

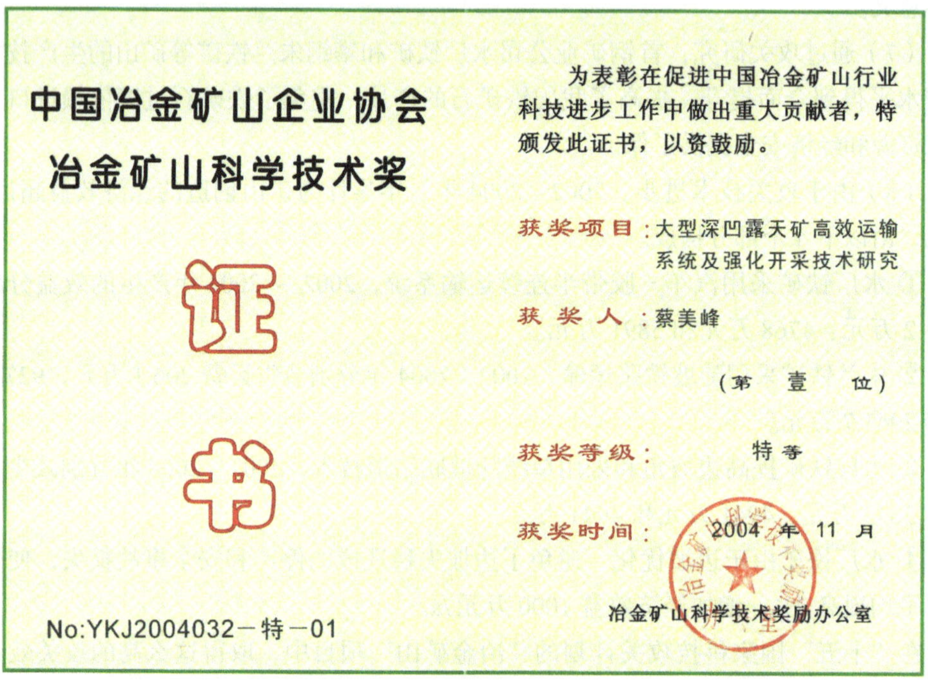

中国冶金矿山企业协会

冶金矿山科学技术奖

证书

为表彰在促进中国冶金矿山行业科技进步工作中做出重大贡献者，特颁发此证书，以资鼓励。

获奖项目：大型深凹露天矿高效运输系统及强化开采技术研究

获奖人：蔡美峰

（第 壹 位）

获奖等级：特等

获奖时间：2004 年 11 月

冶金矿山科学技术奖励办公室

No:YKJ2004032－特－01

图 6.5　研究成果获 2004 年度中国冶金矿山科学技术奖特等奖

第七章　露天转地下相互协调安全高效开采关键技术研究

——“十一五”国家科技支撑计划项目

第一节　研究背景

我国冶金矿山80%以上的矿石量来自露天开采。目前大多数大中型露天矿山已经进入了中后期开采，很多矿山的开采方式已由山坡露天开采转入凹陷露天开采。大型铁矿床多数埋藏延深较大。凹陷开采深度超过500～600m后继续进行露天扩帮开采，不但经济上不合理，而且大量占用土地，剥离的大量废石进一步恶化矿山及周边的生态环境和地质环境，资源却得不到有效利用。为了有效开发和利用深部的矿产资源，大量矿山必须从露天开采方式转变为地下开采方式。现代露天转地下开采技术集露天和地下两种工艺优点于一体，可以使矿山基建投资减少25%～50%，生产成本下降25%左右。

露天转地下开采是一项复杂的系统工程，过程环节多，影响因素复杂。要实现露天转地下开采的平稳过渡，既要提高生产能力，又要保证生产安全，难度较大。特别是我国缺少大规模露天转地下开采的成功经验。开采过程中的难点和问题主要如下。

（1）对整个矿山开采期的3个阶段，即露天开采期、露天转地下开采过渡期和地下开采期划分时机把握不准，过渡期过长或太短，不能实现平稳过渡，造成矿山生产能力的波动，甚至减产、停产。

（2）对露天和地下开采缺少统一的规划，转地下后的开拓、运输、排水系统等与露天脱节，导致露天与地下开采不配套、不协调，大量的工程与设施不能有效地相互利用，这不仅浪费资金，而且很难进行大规模、高效率强化开采。

（3）露天转地下开采前，仍有大量的境界外挂帮矿和零散矿体。回采难度大，没有完善可行的安全回收技术与工艺，常常被丢弃损失，或者回收率太低，造成资源严重浪费，并导致矿山减产、停产。

（4）露天转地下矿山在露天坡底存在应力集中，转入地下后，由于各大系统的建设开挖，坡底应力集中更加突出，边坡稳定性出现严重问题。露天转地下开采过程中，边坡和地下岩层共同变形、相互影响，从而导致更为复杂和严重的地压破坏问题出现。

（5）对覆盖层作用认识不清，缺少科学规范的形成技术，结构不合理、不安全，造成通风、排水系统负荷增大，并可造成泥石流等灾害，加大了地下开采的风险和成本。

为了解决我国金属露天矿转地下开采过程中带有共性的一系列关键技术难题，本项目被列入“十一五”国家科技支撑计划进行研究，首钢矿业公司杏山铁矿被选为项目研究的依托单位和示范工程，由北京科技大学、首钢矿业公司、河北理工大学（现为华北理工大学）、北京矿冶研究总院（现为矿冶科技集团有限公司）和中冶北方工程技术有限公司共同完成，蔡美峰为项目负责人。

本项目针对金属露天矿转地下开采5个方面的关键技术进行全面、系统、深入的试验研究，研究后形成金属矿露天转地下开采的系列化的可推广的实用理论和技术。

第二节　研究内容

1）露天转地下开采最佳衔接和平稳过渡关键技术

（1）最优露天开采境界的确定。

（2）露天转地下最佳时机和最优过渡期的确定。

（3）露天转地下最佳过渡方案和合理生产规模的确定。

（4）露天转地下开拓运输系统、采矿方法与工艺。

（5）通风、排水等系统的最佳衔接技术。

（6）过渡期露天挂帮矿开采工艺与方法。

2）露天转地下开采覆盖层的安全结构与合理厚度确定及其形成技术

（1）覆盖层力学行为和移动特性（图7.1）。

（2）覆盖层水渗透特性。

（3）覆盖层的窜风特性及其对防寒的影响。

（4）井下泥石流灾害的预防技术。

（5）覆盖层的安全结构和合理厚度及其形成技术。

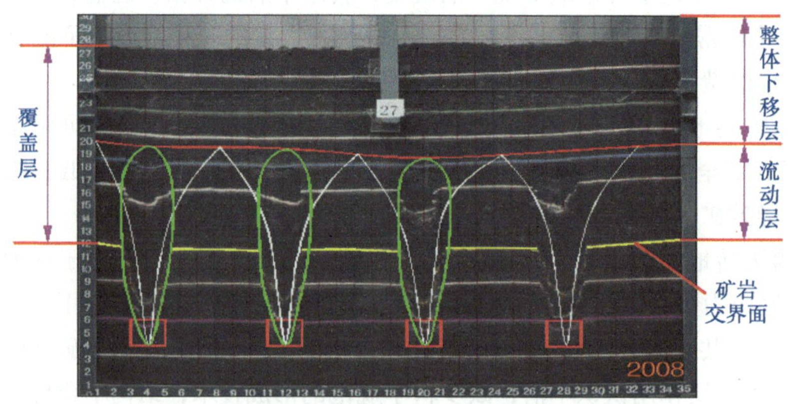

图7.1　露天转地下开采覆盖层安全结构示意图

3）露天转地下开采地压活动规律及其监测与控制研究

（1）矿区地应力测量及三维应力场分布规律。

（2）露天转地下开采物理模拟试验。

（3）露天转地下开采数值模拟分析。

（4）边坡及岩层变形实时监测与预测预报技术。

（5）露天转地下开采地压活动规律及稳定性评价与控制技术。

4）露天转地下相互协调安全高效采矿工艺与技术

（1）露天转地下开采技术背景。

（2）露天转地下开采多目标优化决策。

（3）露天与地下一体化开采技术方案（图 7.2）。

（4）露天转地下无底柱分段崩落开采工业试验。

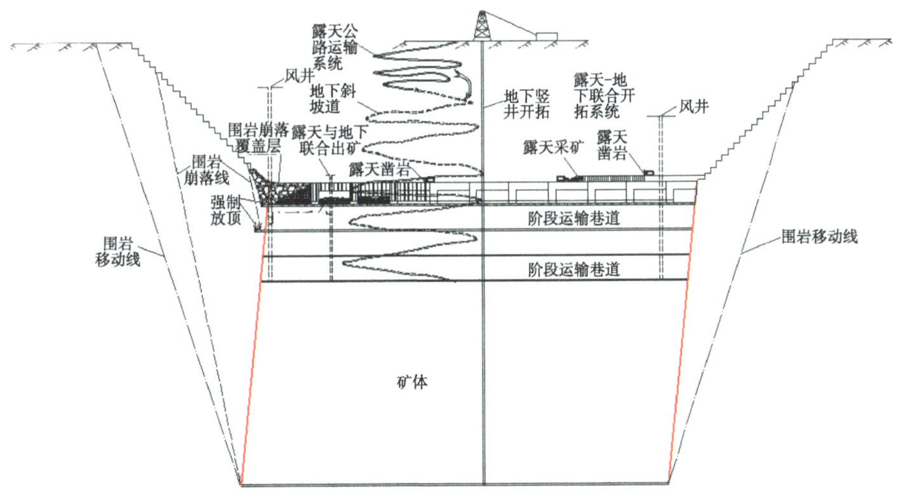

图 7.2　露天与地下一体化开采技术方案示意图

5）矿山安全生产综合技术与信息管理系统

（1）矿山安全生产综合技术。

（2）基于 GIS 的矿山安全生产信息管理系统。

第三节　研究发现、发明与创新点

（1）首次提出基于地下大规模高效采矿技术的露天转地下开采的技术支撑平台，采用露天与地下一体化的开拓运输系统和一体化的开采方法与工艺，实现露天与地下开采的最佳衔接和平稳过渡。

① 以露天、地下联合作业的无底柱分段崩落法为核心，露天挂帮矿开采利用深部

矿体地下开拓系统的部分设施进行开拓、通风和运输，不但为境界外残留矿体开采提供了条件，而且降低了开拓成本，保证了开采安全，解决了境界外挂帮矿和残留矿体安全高效回采技术与工艺难题。

② 以平硐、斜坡道的形式对挂帮矿体进行开采的同时，对地下矿体进行开拓，大大缩短了露天转地下开采的基建时间，实现了地下采矿的尽快投产和达产。

③ 露天－地下开拓运输系统的有效衔接和露天挂帮矿与地下矿体开采方法的一体化，简化了过渡时期开采系统的复杂性，大大提高了露天－地下矿山开采的高效性、安全性。

④ 境界外挂帮矿和残留矿体的安全高效回收，保证了过渡期矿山产量和效益的稳定，避免了矿山减产、停产的发生。

⑤ 提出了排内分组起爆、端部挤压爆破放矿的无底柱分段崩落采矿新工艺，优化了采场结构参数，确定了最佳崩矿工艺参数。采矿成本降低约 12%，矿石回收率提高约 6.5%，矿石回收率达到 85% 以上。

（2）揭示了露天转地下开采覆盖层的作用机理，提出了形成覆盖层安全结构和合理厚度的新方法。

① 通过大规模物理模拟试验和数值模拟分析，揭示了露天转地下覆盖层随地下采矿活动呈分层的规律，提出了覆盖层的分层结构（流动层和整体下移层）及满足其防冲击地压、防渗透、防漏风、防寒、防泥石流等功能需求的流动层和整体下移层合理厚度的确定方法。

② 提出高台阶翻卸一次回填形成覆盖层的新技术，高台阶回填技术可利用散体自然分级特性，实现对覆盖层分层结构和粒度控制的要求。

（3）揭示了露天转地下开采边坡岩体变形破坏的演化特征及地下开采导致循环冲击动力灾害的机理，提出了有效的控制技术（图 7.3）。

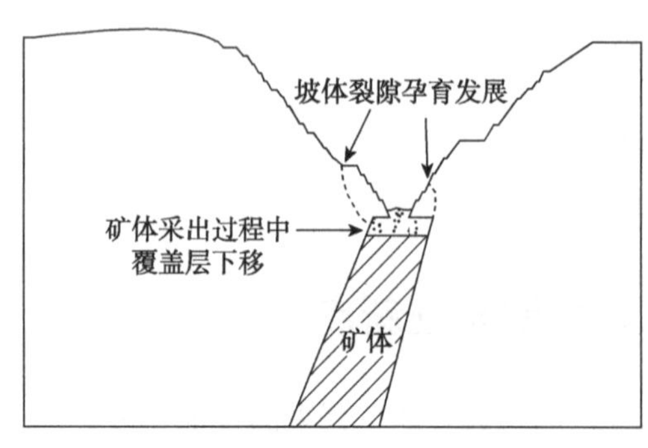

（a）首次冲击地压孕育阶段

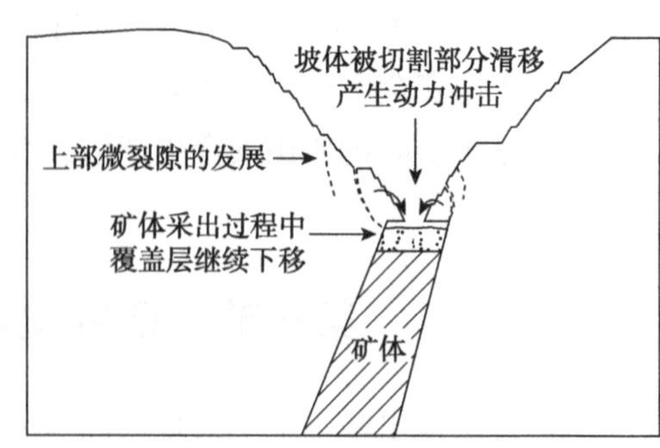

（b）首次冲击地压

图 7.3　冲击动力灾害示意图

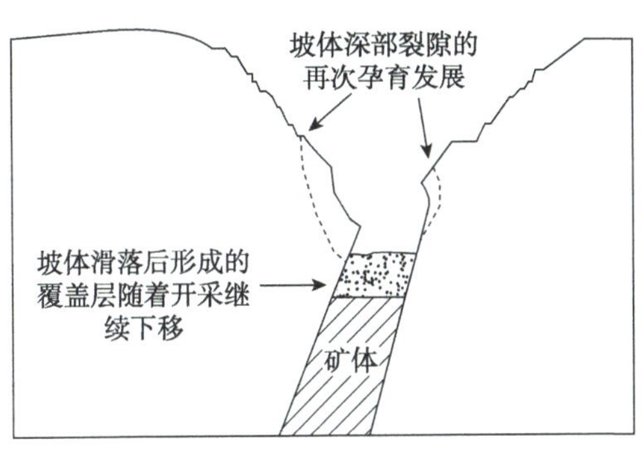

（c）循环动力冲击孕育阶段

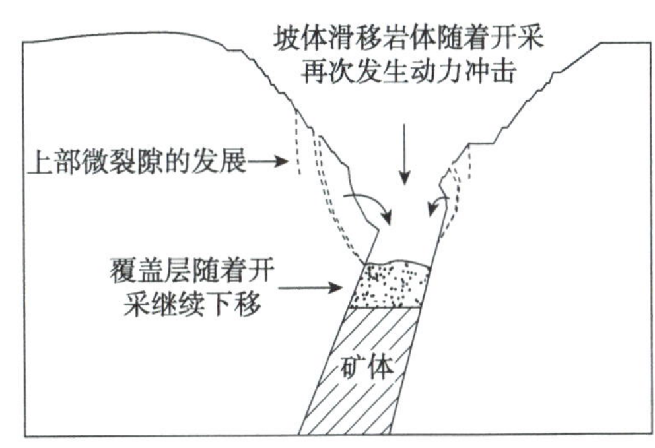

（d）循环动力冲击

图 7.3（续）

① 通过相似材料模型试验，发现了露天转地下开采过程中，随着矿体的不断向下开采，坡体会依次进入蓄能和突然释放的过程，导致微裂隙的迅速扩张贯通，使大块的坡体滑移，冲向地下采场，造成循环动力冲击灾害。

② 发现了覆盖层随着地下矿体的采出而下移，导致边坡失去覆盖层的支撑，是引起边坡岩体变形破坏和动力冲击灾害的主要原因；并据此提出了回填废石保持覆盖层标高的预防动力冲击灾害的关键技术。

（4）建立了基于 GIS 数据库及空间分析技术的露天转地下开采安全生产管理信息系统。

① 通过各专业信息系统与 GIS 数据库及空间分析功能的有机结合，实现了信息与安全、信息与管理、信息与位置（坐标）的综合集成。

② 通过位置可以得到与生产和安全相关的各种实时信息，同时通过信息也能方便快捷地定位关联的位置及各种生产安全要素，真正实现以点管面、一键多能的综合管理和综合决策。

第四节　与当前国内外同类研究的比较

与其他国内外矿山生产对比，本项目研究主要差别表现在以下方面（表 7.1）。

表 7.1　杏山铁矿技术经济指标及与国内外矿山对比

项目	杏山铁矿	国内其他矿山	国外矿山
开拓系统	露天转地下相互协调	相互独立或部分利用	相互独立或部分利用
采切比 /（m/kt）	45.2	45 ~ 52.6	40 ~ 45
回收率 /%	85.4	75 ~ 80.2	70 ~ 80
采矿成本 /（元 /t）	101.5	100 ~ 115.7	

（1）杏山铁矿是我国第一个露天转地下建成的大型金属矿山，露天转地下后开采

规模将达到320万t/a；与露天开采不足100万t/a的生产规模相比，转地下开采后的生产能力和效益都提高2倍以上。

（2）国内已有的几个露天转地下开采的矿山，如凤凰山铁矿、金岭铁矿等生产规模都较小，最大为75万t/a；在露天转地下的过渡与衔接技术、采矿方法与工艺、大型先进技术及装备方面，均无法与杏山铁矿相比，没有形成具有示范效应的系统技术成果。

（3）瑞典基鲁纳铁矿是国外金属矿露天转地下开采的典型代表，它当时的露天转地下开拓系统、技术装备水平等与杏山铁矿相似，但没有采用挂帮矿与地下矿体一体化开采的技术工艺，露天与地下开采脱节。杏山铁矿过渡期为4年半，基鲁纳铁矿为10年。

（4）当时，国内外覆盖层的研究几乎是空白，覆盖层的设计主要凭经验，缺乏科学依据；本项目满足覆盖层功能要求的安全结构和合理厚度的确定方法为国内外首次提出，而覆盖层对于采用崩落法的铁矿露天转地下开采的平稳过渡是至关重要的。

（5）本项目首次揭示了露天转地下开采边坡岩体变形破坏演化特征及地下开采导致循环动力冲击灾害的规律和机理；国内外在这方面的研究开展很少，对其规律和机理的认识尚未见报道。对于开采环境恶劣、安全条件差的露天转地下矿山，循环动力冲击灾害的发生将是普遍现象，对其规律和机理的准确认识极其重要。

（6）露天转地下开采的技术经济指标，杏山铁矿与国内其他露天转地下矿山相比具有明显优势，与国外相比，整体上达到国际同期先进水平，某些指标也有一定的优势。

（7）与本项目基于GIS数据库及空间分析技术的安全生产管理信息系统相比，国内外同类系统总体还是处于信息与安全脱节、信息与管理脱节、信息与坐标脱节的状态。

第五节　应用效果

本项目相关技术在杏山铁矿应用后，主要成果如下。

（1）杏山铁矿实现不停产平稳过渡，2007～2010年的4年过渡期中开采境界外挂帮矿和残留矿体385.3万t，实现利润5.87亿元。

（2）杏山铁矿采用废石充填形成覆盖层，2009年和2010年筛选出有用矿石11.57万t，产生利润为1682万元。

（3）马兰庄铁矿应用本项目研究成果，2010年1月以来，新增产值3.62亿元，新增利润1.02亿元。

（4）杏山铁矿地质环境条件复杂，围岩破碎。露天转地下开采的成功实施，对防止各种地质灾害的发生，实现安全高效开采具有重要意义。

（5）采用废石充填形成覆盖层，可以使排土场的大量废石得到应用，有利于排土场的稳定和环境的保护。

本项目研究成果获 2011 年度中国钢铁工业协会、中国金属学会冶金科学技术奖一等奖（蔡美峰排名第一，图 7.4）。

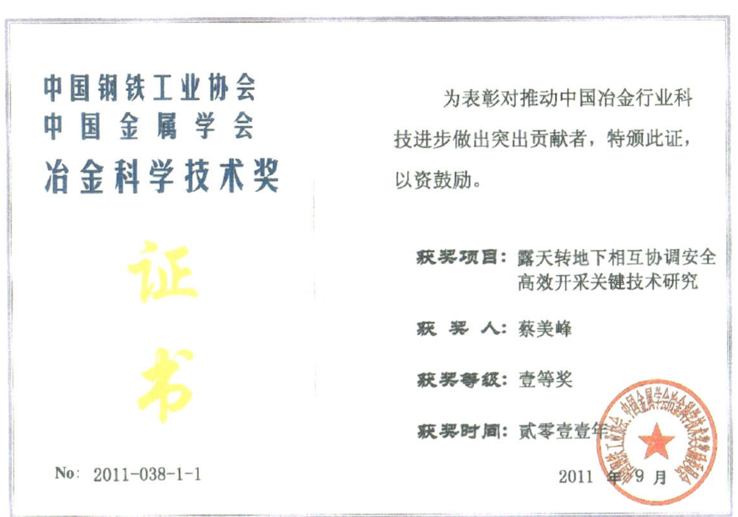

中国钢铁工业协会
中国金属学会
冶金科学技术奖

证书

No：2011-038-1-1

为表彰对推动中国冶金行业科技进步做出突出贡献者，特颁此证，以资鼓励。

获奖项目：露天转地下相互协调安全高效开采关键技术研究

获奖人：蔡美峰

获奖等级：壹等奖

获奖时间：贰零壹壹年

2011 年 9 月

图 7.4　研究成果获 2011 年度中国钢铁工业协会、中国金属学会冶金科学技术奖一等奖

第八章　玲珑金矿深部岩石力学与采矿方法综合研究

——原冶金部 1995 年科技计划项目

第一节　研 究 背 景

玲珑金矿是我国较大的黄金矿山之一，1976 年黄金产量突破 2.5t 后，连续 21 年产量居全国之首。该矿位于山东省招远市玲珑镇，南距招远市区 16km，北距龙口市 55km，东距烟台市 137km，东南距青岛市 170km，均有公路相连，交通方便。

玲珑金矿自 1962 年投产以来，基本沿用浅孔留矿法开采。从总体上来看，采矿工艺较落后，劳动生产率较低，损化率偏高。当前最低作业中段已达到 -150m 水平，距地表 400 ~ 450m。随着开采深度不断增加，深部矿体赋存状况发生了很大的改变，矿体倾角变缓，厚度加大，出现了九曲 10# 脉的破碎带蚀变岩型矿体。此外，深部工程地质条件也变得更加复杂，围岩稳定性状态恶化，地应力增大，地压显现加剧。同时，矿山经多年开采，上部留有大量的采空区，也对下部开采的稳定性造成很大影响。生产中已出现部分采场的顶板受拉破坏，并波及顶板内一定厚度，发生顶板岩石离层现象，受到冲击震动或频繁放矿的影响，顶板围岩便自行脱落。深部开采的难度大，导致回采强度、采矿成本和采矿损失贫化率增大，再加上矿岩的稳定性和安全方面的问题，出现了某些矿体被迫停采的现象。

玲珑金矿的深部探矿已在 -800m 水平发现了有开采价值的矿体，因而玲珑金矿未来的开采深度将超过 1000m，成为我国黄金矿山，甚至整个金属矿山开采深度较深的矿山之一。岩金矿山开采深度超过 700 ~ 800m 后，岩爆也将成为威胁安全开采的一个突出问题，而国内还没有人进行过这方面系统且具有实用价值的研究。为了解决深部开采的难题，保证深部开采的安全，对深部岩爆发生的可能性进行预测并提出防治措施，降低损失贫化率，提高矿山的产量和效益，必须进行矿床深部岩石力学的综合调查、研究，从而为确定符合深部矿体赋存条件的高效、安全、可靠的开采设计提供可靠依据。

第二节　研究思路

根据原冶金部黄金管理局冶黄发〔1995〕81号文件下达的科技计划和1996年4月原玲珑黄金矿业公司与北京科技大学签订的合同规定的任务，本项目完成了下列主要试验研究工作。

（1）采用实现完全温度补偿并考虑岩体非线性的地应力测量技术，进行了矿区地应力现场测量。通过测量，获得了矿区5个水平、12个测点的三维地应力状态，根据实测结果，得到了矿区地应力的分布规律，分析了地应力状态对深部开采的影响，建立了矿区地应力场分布模型。测量技术和测量结果均达到国际领先水平。

（2）矿区工程地质、水文地质的调查，主要是结构面、节理、裂隙的调查、统计和分析，运用连续序列重要性重采样法进行了矿区岩体的质量分级评价，为分析工程地质条件对开采稳定性影响和进行深部采矿设计提供了依据。

（3）进行了矿区有代表性的10种岩组160块岩石试件的物理力学性质试验，包括三轴试验、循环加载压缩试验，确定了矿区岩体的物理力学参数，如单轴和三轴抗压强度、抗拉强度、容重、弹性模量、泊松比、内聚力和内摩擦角。同时，还进行了深部分布最广的两种岩性的刚性试验，获得全应力－应变曲线，为全面评价岩体的力学性质和进行岩爆分析提供了可靠依据。

（4）根据实测的地应力和工程地质条件，以及深部矿体赋存状况，采用大型非线性三维有限元程序和能量准则对深部开采的地压活动规律和开采方法进行了系统分析、研究。通过研究，对深部采场和巷道的稳定性及地压活动规律进行定量分析、预测和预报，为选择合理的开采方法和支护措施提供了依据。

（5）通过三维有限元计算确定了由于开采引起的应变能分布，确定了主应变能聚集区，并采用多种评价和判断准则，分析和预测了玲珑金矿深部岩体发生岩爆的可能性，为防止深部开采岩爆的发生提供了重要依据。

第三节　研究内容

一、采用实现完全温度补偿并考虑岩体非线性的地应力测量技术，进行矿区地应力现场测量

1. 玲珑金矿概况

玲珑金矿位于招掖金矿带。该金矿带位于沂沭断裂带东侧，胶东隆起区西部、

胶北隆起的西北端、栖霞复背斜北翼，受阜山复背斜控制；东西长 60km、南北宽 30km，总面积约 1800km^2。

在漫长的地质历史过程中，本矿区经历了多次构造运动。区域内构造格架的主要特点表现为断裂构造的发育。按照走向的不同，可将区域内的主要断裂构造划分为四组，即北北东向断裂、北东向断裂、北东东向断裂、近东西向断裂。黄县－掖县弧形断裂是区域内规模较大的断裂构造，位于区域的北侧，走向近东西，总体倾向北，倾角为 30°～45°，显示出张性特征。东西向的基底构造虽然受到后期多次地质作用的改造，变得支离破碎或面目全非，但它控制了招掖金矿带的展布方向；而呈北北东、北东及北东东向展布的断裂构造则控制着区内的主要金矿床。玲珑金矿床则明显地受北北东向玲珑断裂和北东东向破头青断裂带的控制。

2. 测量方法和测点布置

1）测量方法

矿区地应力测量采用应力解除法和实现完全温度补偿的空心包体应变计测量技术。为了提高地应力测量结果的精度，在现场测量和结果计算、分析过程中，本项目还采用了新的温度影响修正技术、自动应变测量和记录系统，用双迭代法求测点岩石弹性模量、泊松比、测点 K 系数、地应力的新方法。根据空心包体应变计应力解除法的基本原理，具体现场测量试验步骤如下。

（1）在所选测点的巷道壁上打直径为 130mm 的水平钻孔至巷道跨度的 3～5 倍深处，以保证应变计安装位置位于原岩应力区，即未受工程开挖扰动的部位。钻孔上倾 1°～3°，以便冷却水流出，并易于清洗钻孔。

（2）用平钻头将孔底磨平，并用锥形钻头打出喇叭口，然后从孔底打直径为 36mm 的同心小孔，小孔深 35～40cm。

（3）用带有定向器的安装杆将空心包体应变计送入小孔中预定位置，并通过专门的胶结系统将其和小孔壁胶结在一起。

（4）待胶结剂固化后（一般需要 20h 左右）即可进行应力解除试验。应力解除就是用直径为 130mm 的薄壁钻头继续延深大孔使应变计周围的岩石逐渐与围岩脱离，从而实现套孔岩芯的应力解除。由应力解除引起的小孔变形值由空心包体应变计探测并通过电桥转换装置和数据采集器自动记录。根据应力解除过程中由空心包体应变计测得的小孔变形值即可通过有关公式计算出测点的三维原岩应力状态。

2）测点布置

为了能够较准确地反映矿区地应力场随深度和水平两个方向的三维变化规律，经过详细的现场勘查，决定地应力测量在 5 个水平进行，共测 12 个点，其中，+50m 水平 2 个测点、+10m 水平 5 个测点、−70m 水平 2 个测点、−110m 水平 2 个测点、−270m 水平 1

个测点，并使每个水平的测点在不影响正常生产、施工的情况下，均匀地布置在该水平上，这样可较准确地控制整个水平的地应力状态。各测点位置和钻孔概况见表 8.1。

表 8.1　玲珑金矿各测点位置和钻孔情况描述

测点号	位置	孔深 / m	RQD/%
1	九曲 +50m 中段 29 号北穿	8.40	90
2	九曲 +50m 中段 46 号南穿	7.93	87
3	九曲 +10m 中段 29 号南穿	6.46	52
4	九曲 +10m 中段 46 号南穿	7.71	64
5	九曲 +10m 中段 58 号南穿	7.97	67
6	大开头 +10m 中段 96 号南穿	8.40	70
7	大开头 +10m 中段 96 号南穿	8.87	56
8	九曲 −70m 中段主运巷	8.30	78
9	九曲 −70m 中段	9.35	78
10	大开头 −110m 中段	8.40	87
11	大开头 −110m 中段	8.45	48
12	大开头 −270m 中段	7.85	80

3. 测量和试验结果

1）应力解除试验结果

应力解除完成后，通过计算机将数据采集器储存的应变数据打印出来，并据此绘制应力解除曲线，即各应变片的应变值随应力解除深度变化的曲线。

应力解除曲线有助于判断测量结果是否受到除应力解除以外其他因素的影响。如应变计工作状态正常、岩石条件良好，则应力解除曲线应呈现有规则的、可预测的形状。在套孔解除深度未达到测量断面（即应变片所在断面）前，各应变片所测得的应变值一般很小。某些应变片甚至测得负的应变值，这是套孔引起应力转移的结果，相当于“开挖效应”。当套孔解除深度接近测量断面时，许多曲线向相反的方向变化。最大的应变值发生在套孔钻头通过测量断面附近时。当套孔深度超过测量断面一定距离后，应变值逐渐稳定。最终的稳定值将作为计算地应力的原始数据。

矿区 12 个测点所获得的应力解除曲线绝大多数是规律变化的，说明绝大多数应变片的工作状态是正常的。由于篇幅所限现只将 4 个测点的应力解除曲线示于图 8.1 中。全部 12 个测点各 12 个应变片的稳定应变值如表 8.2 所示。

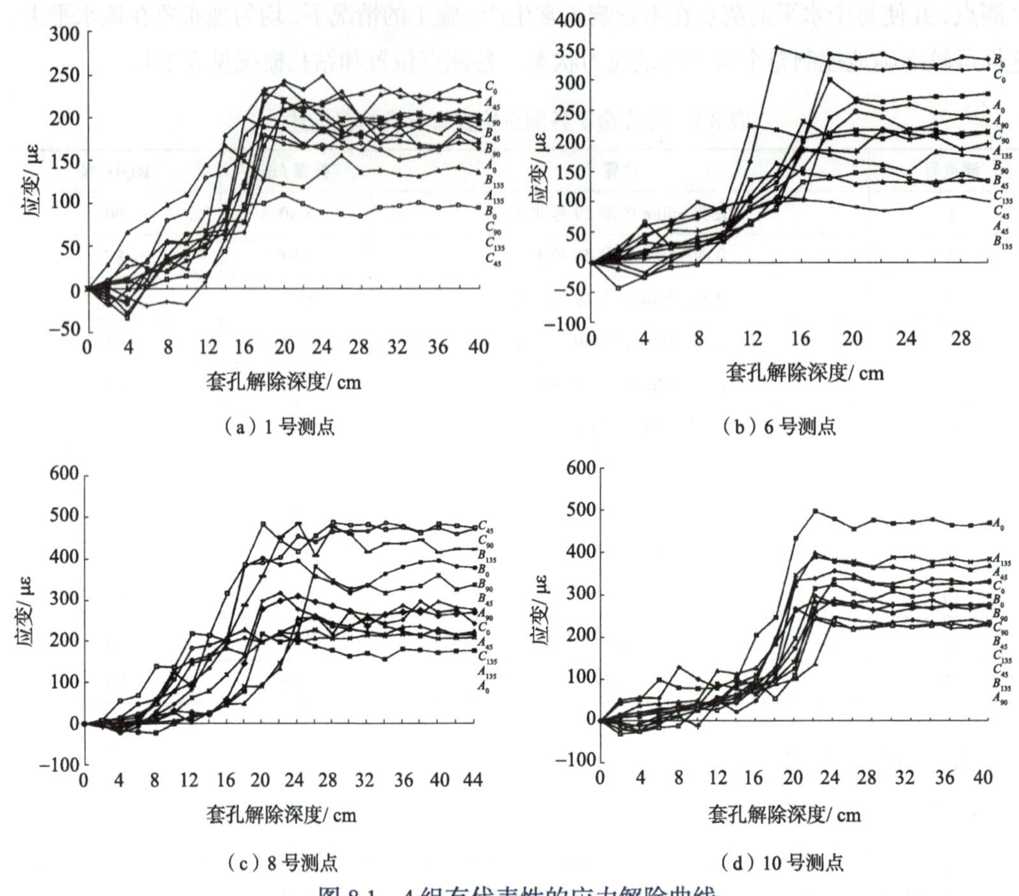

(a) 1 号测点　　(b) 6 号测点

(c) 8 号测点　　(d) 10 号测点

图 8.1　4 组有代表性的应力解除曲线

表 8.2　各测点应变计测得的最终稳定应变值

测点号	应变值 /με											
	A_{90}	A_0	A_{45}	A_{135}	B_{90}	B_0	B_{45}	B_{135}	C_{90}	C_0	C_{45}	C_{135}
1	205	195	228	176	202	172	202	188	166	2232	96	138
2	298	166	197	86	245	111	190	144	162	247	70	283
3	198	97	184	−14	134	151	25	187	161	21	87	146
4	163	186	95	180	292	476	235	206	206	212	318	219
5	353	192	121	314	278	144	570	128	133	53	323	323
6	250	279	136	218	217	36	198	102	236	320	136	176
7	242	214	190	206	320	227	210	357	264	247	106	300
8	274	181	228	213	342	383	281	428	477	247	480	221
9	195	338	169	−4	279	261	268	106	308	143	80	75
10	232	472	372	387	300	333	279	237	281	337	238	275

续表

测点号	应变值 /με											
	A_{90}	A_0	A_{45}	A_{135}	B_{90}	B_0	B_{45}	B_{135}	C_{90}	C_0	C_{45}	C_{135}
11	114	348	150	254	363	296	308	318	221	322	267	338
12	331	393	303	160	372	480	307	424	459	500	279	499

2）围压试验结果

当用应力解除试验获得的应变值计算地应力时，需要知道岩石的弹性模量和泊松比，用套孔岩芯做围压试验来确定岩石的弹性模量和泊松比是最科学和最经济的方法。因为在应力解除试验完成后，空心包体应变计仍然胶结在套孔岩芯中心小孔内，通过对套孔岩芯施加等向围压，由空心包体应变计测量因围压引起的应变值，即可根据厚壁筒理论计算出岩石的弹性模量和泊松比。岩石具有非线性，其弹性模量与应力水平有关，因而计算时还需用迭代法求解。12 个测点的岩石弹性模量和泊松比的计算结果如表 8.3 所示。

表 8.3　12 个测点的岩石弹性模量和泊松比的计算结果

测量点	1	2	3	4	5	6	7	8	9	10	11	12
弹性模量 / GPa	65.4	46.0	71.5	51.5	50.0	55.0	53.4	52.0	73.0	54.5	54.5	59.2
泊松比	0.29	0.29	0.30	0.29	0.25	0.28	0.30	0.25	0.25	0.29	0.28	0.27

3）温度标定试验结果

温度标定试验是为了采用蔡美峰发明的完全温度补偿技术在应力解除法测量中新增加的一个试验环节。由于空心包体应变计采用电阻应变片作为测量元件，而电阻应变片对温度变化很敏感，即温度变化会引起电阻应变片应变值的变化。根据这部分应变值计算出来的应力值将是虚假的，会给测量结果带来很大误差。因而，采取正确的方法消除应力解除过程中测点温度变化所产生的虚假应变值，对保证测量结果的精度是至关重要的。完全温度补偿技术就是为解决这一问题而提出的。温度标定试验时，将套孔岩芯置于一个可调温的恒温箱中，通过试验获得每一应变片的温度应变率，即温度每变化 1℃在应变片中产生的附加温度应变值。由于在应力解除过程中已经连续监测了应变片部位的温度变化，将温度标定试验所得的温度应变率乘以应力解除过程中应变片部位的温度变化值，即可获得应力解除过程中各应变片由于测点温度变化所引起的附加应变值。将这部分附加应变值从应力解除过程中测得的最终稳定应变值中清除出去，即可获得真正由于应力解除引起的应变值。12 个测点套孔岩芯的温度标定试验结果如表 8.4 所示。

表 8.4　12 个测点各应变片的温度应变率标定结果

测点号	各通道应变片温度应变率（με/℃）											
	A_{90}	A_0	A_{45}	A_{135}	B_{90}	B_0	B_{45}	B_{135}	C_{90}	C_0	C_{45}	C_{135}
1	47	41	48	34	46	52	42	40	60	64	62	54
2	35	4	30	33	68	48	62	58	64	66	64	54
3	27	39	44	31	56	48	50	63	46	68	30	53
4	44	42	41	40	50	40	34	28	38	40	42	44
5	55	56	51	54	58	44	66	64	67	55	65	53
6	24	30	40	41	26	32	39	41	24	32	40	40
7	22	10	12	18	12	16	12	14	18	16	18	20
8	40	60	50	52	40	58	49	48	41	62	50	52
9	30	34	28	36	33	42	40	34	36	48	40	44
10	20	12	12	18	14	18	10	16	16	18	20	22
11	34	21	39	19	28	35	10	39	42	16	28	24
12	38	22	35	26	30	27	21	34	32	40	32	22

应力解除过程中测点的温度变化为 1 ~ 3℃，乘以表 8.4 中的温度应变率，将得到很多应变片由于测点温度变化引起的虚假应变值，可达 100με，与表 8.2 中的数值几乎处于同一数量级，可见测点温度变化对测量结果的影响是不容忽视的。表 8.2 所示的应力解除过程中测得的稳定应变值在经过温度影响修正后，即可获得真正由于应力解除引起的空心包体应变计在各方向的应变值，可以用于最终计算地应力。

4）各测点主应力计算结果

由应力解除试验结果、围压试验结果和温度标定试验结果，即可根据有关公式并采用双迭代法程序，计算出各测点的三维应力状态（表 8.5）。

表 8.5　玲珑金矿各测点主应力计算结果

测点号	深度 /m	最大主应力 σ_1			中间主应力 σ_2			最小主应力 σ_3		
		数值 / MPa	方向 /（°）	倾角 /（°）	数值 / MPa	方向 /（°）	倾角 /（°）	数值 / MPa	方向 /（°）	倾角 /（°）
1	250	17.63	52.6	4.7	8.62	321.9	7.7	7.58	353.6	−81.0
2	250	14.06	287.7	−14.4	7.63	19.4	−6.6	6.63	133.5	−74.1
3	290	15.58	141.4	−3.0	8.28	24.5	−83.3	6.84	51.8	5.9
4	290	17.51	294.8	−0.1	9.37	26.3	−84.3	7.26	24.8	5.7
5	290	17.68	280.3	−13.5	9.25	322.8	72.0	6.61	193.2	11.7
6	290	20.45	343.5	−6.4	8.36	75.3	−15.1	7.75	51.2	73.5
7	290	19.74	91.3	−2.1	10.09	171.9	77.1	8.58	1.8	12.7
8	370	23.43	138.2	−9.3	12.69	12.7	−74.2	10.13	50.3	12.6
9	370	21.32	103.6	−12.0	10.68	237.4	−72.9	8.20	103.6	−12.0
10	410	25.77	255.7	2.6	10.73	155.4	75.6	10.18	166.4	−14.1

续表

测点号	深度 /m	最大主应力 σ_1			中间主应力 σ_2			最小主应力 σ_3		
		数值 / MPa	方向 / (°)	倾角 / (°)	数值 / MPa	方向 / (°)	倾角 / (°)	数值 / MPa	方向 / (°)	倾角 / (°)
11	410	25.55	218.0	2.1	11.51	118.8	77.1	8.64	128.5	−12.7
12	570	32.53	92.2	−3.8	15.54	199.0	−77.0	13.21	181.4	12.4

4. 矿区地应力场分布规律及其与地质构造关系的研究

1）矿区地应力场分布规律

从表8.5中12个测点的地应力数据可以发现，玲珑金矿地应力场分布存在如下规律。

（1）每个测点均有两个主应力接近于水平方向，其与水平面的夹角平均为 8.5°，最大为 15.1°；另有一个主应力接近于垂直方向，其与垂直方向夹角平均为 13.1°，最大为 18°。

（2）最大主应力位于近水平方向。12 个测点的最大主应力有 7 个与水平面的夹角小于 5°，最小为 0.1°，即几乎完全是水平的；另有 2 个位于 5° ~ 10°，3 个位于 10° ~ 15°。因而也都是非常接近于水平的。最大水平主应力值与自重应力相比，只有一个点为 1.99 倍，其他 11 个测点均超过 2 倍，有 2 个点达到 2.61 倍，平均为 2.30 倍。

（3）最大水平主应力走向，有 9 个位于北西向，3 个位于北东向，基本与区域构造应力场最大主应力的方向一致。

（4）在 12 个测点中，有 8 个测点的最小主应力也位于近水平方向，说明水平方向两个主应力的差值很大。对于最大水平主应力与最小水平主应力之比，只有 1 个测点小于 2 倍，其他 11 个测点均大于 2 倍，最大为 2.96 倍，平均为 2.42 倍。

（5）垂直应力值基本上等于或略大于上覆岩层重量。在 12 个测点中，有 7 个测点的垂直应力值与自重应力很接近，其与自重应力的比值为 0.97 ~ 1.07；另外 5 个测点的比值超过 1.10，最大 1 个点为 1.29，12 个测点的平均比值为 1.10。

最大水平主应力（$\sigma_{h,max}$）、最小水平主应力（$\sigma_{h,min}$）和垂直主应力（σ_v）均随深度呈近似线性增长的关系。线性回归方程如下：

$$\sigma_{h,max}=0.72+0.0559H$$

$$\sigma_{h,min}=0.80+0.0234H$$

$$\sigma_v=0.32+0.0280H$$

式中，回归系数 0.0280 与岩层的平均容重（0.026 ~ 0.027）$\times 10^3 kN/m^3$ 的系数是非常接近的，反映了垂直应力基本上等于或略大于自重应力的事实。$\sigma_{h,max}$、$\sigma_{h,min}$ 和 σ_v 值随深度的线性回归关系如图 8.2 所示。

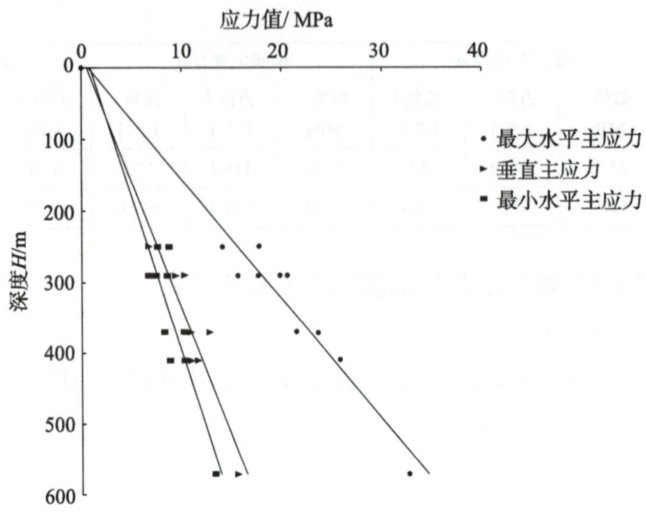

图 8.2　矿区主应力随深度变化曲线

2）矿区地应力场与地质构造的关系

本矿区的主要构造形式是褶皱构造和断裂构造，并以断裂构造为主，可分为东西向构造、早新华夏系构造和新华夏系构造。东西向构造是在太古、元古代生成发育并基本定型的，其主要表现形式是在老基底上的褶皱断裂带。栖霞复式褶皱是东西向构造的主体，与褶皱伴生的断裂多被后期的新华夏系断裂复合、牵引和改造，这表明东西向构造早于新华夏系，与其对应时期的构造主压应力为南北方向。早新华夏系断裂是产生于侏罗纪的北东向构造，是在北西—南东向侧压力的作用下形成的。黄－掖弧形断裂和招－平断裂倾向相反，在其生成阶段，显然是侧向压应力作用于玲珑花岗岩上的结果，使得形成剖面上的共轭剪切系统。新华夏系构造是矿区的主要控矿构造，按其生成时间可分为早、晚两期。新华夏系构造是生成于白垩纪以来的北北东向断裂，常叠加于早新华夏系断裂之上，属同一压力作用下不同时期主应力轴转换所形成的产物，表明最大主应力进一步向东西方向偏转。

近年来的测量和研究结果表明，水平构造应力在现今的地应力场中起着主导和控制作用。现今地应力场的最大水平主应力的方向主要取决于现今构造应力场，它和地质历史上曾经出现过的构造应力场之间并不存在必然联系。只有在现今应力场继承先前应力场而发展或与历史上某一次构造应力场的方向偶合时，现今水平主应力的方向才可能与历史上的地质构造要素之间发生联系。我国新老构造体系往往有着密切的联系，新构造体系对于较老的构造体系具有继承性，同时又表现出新生的作用，出现新的构造形迹。例如，控制我国东部地区的新华夏系，其早晚二期之间就表现了明显的继承性。但新华夏系又产生了不同于早期新华夏系的构造形迹，如北北东向断裂构造。

调查和研究表明新华夏系仍然是当今的活动构造体系，因此玲珑金矿所在区域主要受新华夏系构造应力场的控制。表 8.5 已给出了 12 个测点主应力的大小和方向，其中有 9 个测点的最大主应力方向位于北西方向，这与上面分析的新华夏系构造应力场的方向是一致的。

二、矿区工程地质调查及岩体质量分级评价

1. 矿区工程地质调查的目的、意义

玲珑矿区工程地质调查研究属于“玲珑金矿深部岩石力学与采矿方法综合研究”课题内容的一部分。工程地质调查研究包括矿区岩体节理裂隙统计分析和矿区断裂构造发育规律调查，是进行后期地应力场分析、矿体围岩稳定性分析计算及采矿方法研究等的最基础的工作之一。本次节理裂隙调查主要侧重在九曲—大开头坑口附近，集中于 -110 ~ -30m 中段范围及 10 号脉上、下盘 150m 范围内的深部巷道及其穿脉巷道中，目的是对玲珑矿区深部范围的工程地质问题进行详细的调查研究，为建立矿区深部地压活动规律和岩石力学模型提供参数，为后期的采矿方法设计提供依据，因此矿区工程地质及节理裂隙调查是深部岩石力学与开采方法综合研究课题中不可缺少的基础资料。

节理是断裂构造的一种，是岩体内没有位移或位移极小的裂隙，虽然延长不远，纵深发展不大，但数目很多，它们把岩体切割成形状不一、大小不等的块体，从而导致岩体失去其原有的连续性和坚固完整性，并改变了其渗透性能。随着岩性不同，构造部位不同，岩体变形也不同。另外，岩层埋深及分布高程不同，其岩体内节理裂隙和断裂构造的发育数量、程度及性质也大不相同，因此节理的方位、数量、大小及形态的不同，岩体的破坏程度产生明显差别，从而就有了岩体结构类型的划分和岩体质量的分级。另外，节理裂隙大多与构造应力保持着一定的内在联系，研究矿区深部地应力及围岩体的稳定性，掌握节理裂隙的发育规律和分布状况，并结合工程地质及断裂构造的研究，可以推断节理裂隙形成时的构造应力场和构造运动方式，并为区域构造应力场及构造体系的地质力学分析提供基础资料。

节理裂隙是岩体在应力作用下形成的结构面，尽管它无论是沿走向延展，还是沿纵深发展的范围都很有限。然而岩体中裂隙发育程度差别很大，导致了岩体中工程地质特性差异的分段性和复杂性。同时，节理裂隙形成的力学机制比较复杂，并且与该地区主体构造的发育程度和形成机理密不可分，对岩体的力学性质和应力、应变状态有不可忽视的影响。因此，对矿区深部进行工程岩体节理裂隙发育程度的调查统计，研究节理裂隙的分布状况及矿区工程地质条件是十分必要的。

根据课题的总体研究规划要求，本次节理裂隙调查研究工作主要从以下几个方面进行：①矿区工程地质与水文地质调查；②深部巷道围岩节理裂隙调查统计分析；

③矿区构造应力场方向的确定及其与节理裂隙发育规律关系的研究；④矿区深部岩体质量分级及其对巷道稳定性的影响研究。

2. 矿区节理裂隙调查统计的方法

矿区工程地质条件和岩体不连续面的产状、规模、密度、形态及其组合关系，控制了矿区周围岩体的稳定性以及破坏模式和破坏程度。因此本项目通过对矿区工程地质条件和围岩体中的节理裂隙参数进行实地测量与统计分析，研究了矿区范围内各种地质构造的发育特征及其组合分布规律，这是进行矿区围岩稳定性分析和深部岩石力学行为研究的前提。节理裂隙的发育程度和发育方式不仅影响矿区围岩稳定性，而且直接反映了矿区的构造应力场的方向，因此本项目研究在进行大量节理裂隙调查统计工作的同时，采用地质力学方法对矿区的工程地质条件及构造发育规律进行了系统的分析研究。同时，通过对矿区内各种地质构造、断裂和节理裂隙的实地测量与调查，根据地质力学理论，对不同时期、不同级别、不同序次的构造体系进行了配套分析，并综合各种影响因素，对玲珑金矿区的岩体质量进行了综合评价。

另外，节理裂隙等的产状组合关系及组合特征控制了工程岩体的稳定性和破坏机制，因此在研究深部岩体节理裂隙的发育规律时，除对单个节理裂隙发育状态进行描述外，还对它们的组合关系进行了统计研究。节理裂隙虽小，节理裂隙的组合特性却往往是决定工程岩体稳定性的必备条件。围岩的稳定与否不是孤立存在的，通过对节理裂隙与构造关系等的共生组合规律、发生发展过程及其所处环境的研究，可以推测其与区域构造的关系。

3. 矿区地质构造概述

1）玲珑金矿区域地质构造

矿区内构造复杂，具有多期多次活动特点，可分为东西（EW）向、北东东—北东（NEE—NE）向、北北东（NNE）向和北西（NW）向 4 组主要断裂构造。其中 EW 向构造规模最大，形成于元古代，包括一系列褶皱和断裂，是本矿区内最古老的基底构造，如郭家岭复背斜、栖霞复背斜、阜山复背斜及黄县 EW 向断裂等；NEE—NE 向断裂为东西向构造所派生，在复背斜的两翼形成许多规模较小的断裂，在力学成因上属于EW 向一级构造下的低序次构造，其主应力场方向应为近NW 向，属于华夏系构造；NNE 向构造为中生代时期形成，主要表现为断裂形成较晚，使 NEE—NE 向断裂发生错位，对本矿区金矿体起破坏作用，在构造体系中属于新华夏系构造。

2）玲珑金矿区工程地质条件

矿区构造以充填的各类岩脉或矿脉断裂、裂隙为其基本特征，按其展布方向可分为 NNE 向断裂、NE 向断裂、NEE 向断裂和近 EW 向断裂 4 组。

（1）NNE 向断裂：走向 NE25°~30°，局部 NE35°，多倾向 NW，倾角陡，多大于 70°，分布密集。主断面具波状形态，表面光滑，有斜冲擦痕。常见构造为透镜体、糜棱岩及断层泥。局部 NE35°，主断面平直，发育有近垂直、斜冲及水平擦痕。断裂多被闪长（玢）岩脉充填，平面上表现为东盘北移，剖面上多表现为上盘上冲，总体上看该断裂属于压扭性断裂，局部地段（NE35°）先期尚有水平扭动。玲珑断裂是该组断裂的主干断裂，纵贯矿区中部，全长 65km，断裂带宽 60~120m。

（2）NE 向断裂：以 NE40°~50° 方向为主，是矿区内发育较多的一组断裂构造，靠近破头青断裂多倾向 SE，远离破头青断裂则多倾向 NW，倾角多为 55°~70°，个别较缓或较陡。主断面大多平直，局部地段呈波状，表面光滑，常见两组叠加擦痕，其一为水平擦痕，其二为近垂直斜冲擦痕，并且前者常被后者切割或掩盖。该组断裂含矿脉时，常表现为一脉壁平直、光滑，水平擦痕发育，并且脉壁常贴附一层较薄的断层泥，而另一脉则明显呈波状，常见斜冲擦痕，旁侧可见构造透镜体。因此，该组断裂前期为扭性断裂，后期为压扭性断裂。

（3）NEE 向断裂：走向 NE60°~75°，倾向变化相似于 NE 向断裂，倾角多为 65°~75°，个别较缓或较陡。主断面较平直、光滑，断裂破碎带内发育有碎裂岩化带及厚度不大的断层泥，多被矿脉充填，常被 NNE 向断裂切割，为扭性－压扭性断裂。破头青断裂是该组断裂的主干断裂，也是矿区内规模最大的断裂构造，断裂带一般宽 100~200m，最宽可达 800m。

（4）近 EW 向断裂：走向 NE80°~90°，倾向不定，倾角 65°~85°。主断面具波状，但有时被平直的同方位裂面切割，表面光滑，常见垂直上冲擦痕被水平擦痕切割或掩盖。断裂带内常见构造透镜体、薄层断层泥，多被矿脉充填形成工业矿体。该组断裂早期属压性断裂，后期为扭性断裂。

上述 4 组不同方向断裂的应力场经历了初始期 NWW—SEE 向近水平挤压、成矿期 NNW—SSE 向近水平拉张、成矿期后 NW—SE 向近水平挤压的复杂演化过程。因此，矿区内主要断裂构造形迹复杂，除部分断裂力学性质较简单外，大多数断裂力学性质复杂，运动方式多变，经历了 2 次或 2 次以上的构造活动。

3）岩体组成及工程地质岩组分类

矿区内主要有玲珑混合花岗岩和郭家岭混合花岗闪长岩。玲珑混合花岗岩的分布面积约占矿区总面积的 90%。郭家岭混合花岗闪长岩零星分布于玲珑混合花岗岩中。除此外尚有一些规模较小的岩体分布在胶东群地层及玲珑岩体内，脉岩较为发育。

（1）玲珑混合花岗岩（γm_5^1）。

玲珑混合花岗岩，根据岩石的结构、构造、矿物成分又可分为斑状黑云母混合花岗岩、片麻状混合花岗岩、中粗粒混合花岗岩及钾长变斑混合花岗岩。

① 斑状黑云母混合花岗岩：浅肉红色，似斑状变晶结构，块状构造。

② 片麻状混合花岗岩：灰白色，粒状变晶结构，片麻状构造。

③ 中粗粒混合花岗岩：浅肉红色，中粗粒结构及各种交代结构，块状构造。

④ 钾长变斑混合花岗岩：浅肉红色，肉红色，中粗粒变晶结构，花岗变晶结构，块状构造。

玲珑混合花岗岩在结构、构造及矿物成分的分布上显示出不均一性，这在很大程度上取决于原岩的结构、构造及矿物成分的不同，同时还取决于变质程度的不同。

（2）郭家岭混合花岗闪长岩（$\gamma\delta_5^2$）。

郭家岭混合花岗闪长岩呈EW向零星分布，灰白色，斑状结构，块状结构，由斜长石、角闪石组成斑晶。

矿区各种岩组的岩性描述如表8.6所示。

表8.6 矿区各种岩组的岩性描述

序号	名称	岩性描述
1	混合花岗岩	灰白－浅肉红色，半粗粒花岗变晶结构，交代蚕蚀结构，块状构造。主要矿物成分：斜长石、钾长石、石英、少量黑云母、方解石
2	闪长岩	灰黑色，半自形粒状结构，块状构造。主要矿物成分：角闪石、斜长石、普通辉石、石英、钾长石等
3	煌斑岩	灰黑色，球状结构，基质全晶质自形粒状结构，块状构造。主要矿物成分：橄榄石、斜长石、普通辉石、黑云母等
4	绢英岩化混合花岗岩	灰白－浅肉红色，粒状变晶结构，细脉浸染状构造。主要矿物成分：斜长石、石英、绢云母、少量辉石、黄铁矿

另外，根据矿区岩脉物理力学性质试验统计资料：矿体围岩平均普氏硬度为11.8，平均抗压强度为109.4MPa，平均容重为26.75kN/m^3，平均抗剪强度为13.7MPa，平均内摩擦角为33°，平均内聚力为6.55MPa，平均弹性模量为10.5GPa。部分岩脉的物理力学性质指标如表8.7所示。

表8.7 矿区部分岩脉物理力学性质指标统计表

岩石名称	密度/（kg/m^3）	抗压强度/MPa	内摩擦角/（°）	内聚力 C/MPa	泊松比 μ	弹性模量 E/GPa	普氏硬度
混合花岗岩	2.60	137.1	32	6.8	0.23	73.9	12.6
闪长岩	2.65	390.9	29	8.8	0.27	71.6	13.2
煌斑岩	2.76	85.4	34	5.8	0.29	81.0	8.7
绢英岩化混合花岗岩	2.61	240.1	34	4.8	0.22	75.1	11.6

4）岩体水文地质条件

（1）矿区内混合花岗岩风化壳一般厚 10 ~ 20m。风化壳内裂隙发育，岩石破碎，含裂隙潜水，赋水性微而不均。山脊坡麓处透水而不含水，沟谷低洼部位含水性相对较强，并且常有泉水出露，流量一般小于 0.1L/s。

混合花岗岩风化裂隙水主要受大气降水补给。裂隙水绝大部分以泉水形式排出地表，只有少量通过金矿脉构造含水带进入坑道，成为坑道充水间接因素。

闪长（玢）岩及煌斑岩分布广、数量多、规模大小不一，多沿 NE20° ~ 40° 断裂充填，一般宽度为 2 ~ 25m，长度为 200 ~ 1000m。其结构致密，裂隙不发育，本身不含水且具阻水性质，据坑道揭露多干燥，不含水；只在其与围岩接触部位才有微弱地下水活动，多潮湿、少滴水。

（2）金矿脉断裂含水带由金矿脉断裂带及上下两盘影响带组成。其规模大小、赋水性强弱与断裂带、金矿脉规模大小相一致。体现了断裂带、金矿脉及含水带三位一体的特征。带宽一般为 13 ~ 22m，最宽为 50m。金矿脉断裂含水带在平面、剖面上与金矿脉群相一致。同一带群因矿脉相互穿插交汇，各断裂含水带具有一定的水力联系，不同含水带群之间一般无水力联系。

金矿脉构造含水带的地下水的浅部为潜水，深部以承压水形式存在。矿脉本身是由蚀变岩、断层泥等构成，吸水性差，因此含水微弱，而矿脉两侧上下盘构造影响带裂隙发育且充填程度较差，是地下水运动的主要场所。

（3）玲珑断裂带由碎裂花岗岩、糜棱岩化花岗岩及糜棱岩组成。断层泥断续发育，厚 0.5 ~ 1.0m。断裂带宽为 60 ~ 120m，主断面一般不含水并具阻水作用。其两侧影响带岩石破碎，含水性、导水性极不均匀，出露地表部位含水微弱或不含水。

破头青断裂由数条破碎花岗岩带组成，局部发育有断层泥、糜棱岩和构造透镜体。断裂带宽一般为 10 ~ 200m。带内裂隙发育，岩石破碎。常见下降泉流量一般小于 0.01L/s，但基本上常年不干。破碎带底盘一般不漏水，而上盘钻孔漏水量一般为 5 ~ 15t/d，个别钻孔漏水量为 8t/d，主断面不含水。

4. 矿区巷道围岩节理裂隙调查统计

矿区节理统计工作是在 –30m、–70m 和 –110m 中段及 10 号脉上盘 150m 范围内进行的，目的是有效掌握该矿区节理分布和发育规律。节理是岩体中普遍存在的一种构造行迹，因此对节理的研究和统计是十分必要的。同时由于岩体中节理裂隙分散性往往较高，在进行节理统计时，需要有一定的数量，过少没有代表性。依据不同深度和岩组，将本矿区内各处节理裂隙分布状态及资料综合起来，掌握整个矿区总体的节理发育情况。这是进行岩体质量评价的最基础的工作之一。

将所搜集到的和实地测量所获得的节理裂隙原始资料系统整理，辅以节理间距分析（表 8.8）。它们可以将节理发育特征有机地反映出来，一般采用的方式有节理走向或倾向玫瑰花图，从中可以较为简单而清楚地看出该矿区的节理组数、方向及发育特点。其倾向与倾角在节理走向玫瑰花图的基础上加一半圆，再按图中每组节理的尖端在半径方向上向圆外作延伸线，并标上刻度，表示倾角大小。

表 8.8　矿区节理裂隙统计结果表

调查位置	条数	统计巷道长度 / m	平均间距 / (条 /m)
−30m 中段	41	150	0.27
−70 m 中段	15	100	0.15
−110 m 中段	21	150	0.14
10 号脉	21	150	0.14

另外，根据岩组学的研究，采取等面积极点投影来表示节理面的产状，即将所统计的节理裂隙的走向、倾向与倾角都投影到吴氏网图上（称节理极点等密度图）。等密度图的制作虽较烦琐，但可以定量地反映节理发育的密集程度及其优势方位，这是其他图示方法所不及的，故本次节理裂隙的统计研究采用这种方法来表示节理优势方位和不同密集程度。

从以上两种不同的节理裂隙表示图中可以看出，节理在这几个中段的分布存在以下规律。

（1）总体上看，节理的走向集中于北东 20° ~ 30° 方向，并且埋深越浅节理密度越大、越发育。

（2）10 号脉上下盘岩体 150m 范围内的节理方向主要集中于北东 15° ~ 20° 和北东 35° ~ 40° 方向，其分布近似正态函数。

（3）除 −30m 中段节理倾角相对较缓外，其他各中段和 10 号脉岩体中的节理倾角均较陡，多在 70° 以上，个别在 55° 左右，这对于巷道围岩的稳定性是有利的。

从上述节理统计结果可以看出，节理裂隙的总体走向与玲珑矿区主要断裂构造展布方向基本一致。从节理等密度图也可看出，其优势面倾向多集中于北北东和南西两个方向，与主干断裂的产状基本吻合，说明玲珑矿区的节理裂隙成因与区内断裂构造的活动规律密不可分。

从统计的节理裂隙数量与调查长度计算，该矿区各中段的节理平均间距为 0.14 ~ 0.27 条 /m，在现场调查时也发现，主断面附近节理相对较密集。节理的密集度还与埋深有关，即埋藏越浅，节理发育越密集。总体来看，节理裂隙的空间分布靠近断裂面时集中，而远离断裂面时则较分散。

另外，节理裂隙的张开度一般较小，延展性较差，一般无充填物，局部裂隙有薄膜状方解石、绿泥石及黄铁矿充填，节理性质以扭性为主，局部为压扭性，属Ⅳ～Ⅴ级结构面，以整体结构、块状结构为主。

总体看来，玲珑矿区岩体中节理裂隙较为发育，但节理张开度和延展性均较差，大部分断裂有脉岩充填。因此节理裂隙对岩体的影响与断裂构造对矿岩稳定性的影响规律基本一致，当远离断裂面时其影响相对来说较弱。

5. 玲珑矿区岩体质量分级评价

1）岩体质量分级因素确定

基于前面各节对玲珑金矿区区域地质构造，矿区工程地质、水文地质条件，以及矿体赋存条件、节理裂隙发育规律调查、矿区地应力测量研究报告、矿区岩石力学性质试验报告等，对于玲珑矿区岩体质量分级评价，根据南非科学与工业研究理事会（Council for Scientific and Industrial Research，CSIR）提出的岩体质量分级（rock mass rating，RMR）分类方法，对玲珑金矿区分布的主要岩组进行岩体质量分级，本次岩体质量评价主要考虑以下几个因素。

（1）完整岩石材料的强度：采用完整岩石的单轴抗压强度。

（2）RQD（%）：RQD=［100×100mm（或以上完整岩芯的累计长度）］钻孔长度。

（3）节理间距：所有的不连续结构面的间距。

（4）节理状况：考虑节理宽度或开口宽度、表面粗糙度、所含充填物等。

（5）地下水状况：根据观察到的坑道涌水量等评估。

2）玲珑矿区主要岩组岩体质量分级

参照上述几个指标根据RMR分类指标将玲珑金矿区围岩分类，分类评分结果如表8.9所示。从表8.9所列矿区岩体的RMR分类指标中可以发现，混合花岗岩、闪长岩在岩体质量总评分中的级别属于Ⅱ级，岩体质量好；绢英岩化混合花岗岩属于Ⅲ级，即岩体质量一般或中等。

表8.9　玲珑金矿岩组RMR分类指标

指标	混合花岗岩	闪长岩	煌斑岩	绢英岩化混合花岗岩
强度分值	12	15	7	12
RQD分值	20	17	17	17
节理间距分值	20	20	20	20
节理状况分值	6	6	6	6
地下水分值	4	7	7	4
总分	72	65	57	59
分类级别	Ⅱ	Ⅱ	Ⅲ	Ⅲ

续表

指标	混合花岗岩	闪长岩	煌斑岩	绢英岩化混合花岗岩
质量描述	好	好	一般	一般

三、深部开采岩爆预测研究

1. 矿山岩爆基本情况

玲珑金矿属于石英脉型金矿，矿脉主要赋存于玲珑混合花岗岩低次序断裂构造带内，由于构造的多期活动和成矿期次的多阶段化，矿体形态和赋存条件较为复杂，给开采带来不利的影响。特别是，随着开采深度不断增加，矿体赋存状况、工程地质条件和围岩稳定性状态显著恶化，地应力增大，地压显现加剧。对此类矿床赋存条件的地下矿山深部开采将涉及一系列深部岩石力学问题，其中最突出的是冲击地压和岩爆等动力学问题。因为在地层深部，高地应力的存在使岩体内储存大量的弹性应变能，开采过程中，若围岩破坏后弹性应变能突然释放，将有可能导致岩爆等突发的动力学现象，造成严重的人员伤亡和财产损失。

目前，玲珑金矿的深部探矿已在 –1200m 以下水平发现了有开采价值的矿体，因而玲珑金矿未来的开采深度将超过 1500m，成为我国黄金矿山，甚至整个金属矿山开采深度较深的矿山之一。现在玲珑金矿的采矿开拓工程已到 –670m 水平，接近 1000m 的深度；主力生产中段位于 –620m 水平，已超过 900m 的深度。前期的岩石力学研究表明，玲珑金矿属于高地应力地区，地应力随着开采深度的增加而增加。在高地应力的作用下，开采地压活动将不断加剧。在 –670m 水平（深度 1000m）的开拓过程中，已有多处出现了显著的岩爆现象。岩爆是由地应力主导的深部开采动力灾害，是深部地压的一种剧烈表现形式，对深部开采的安全威胁很大。历史上，南非金矿最大一次岩爆引发的矿震达到 5.1 级地震的规模，部分矿山因为岩爆而关闭。因此，刻不容缓地开展岩爆的预测、监测、预报和防治研究，已成为保证该矿深部安全、高效开采的关键问题。为此，在深部地应力测量和岩石力学综合研究的基础上，对玲珑金矿深部开采岩爆进行预测研究。

2. 基于岩石动力学特性的岩爆危险性评价与分级

岩石动力学特性主要包括岩石（岩体）在受力作用过程中发生变形时储存应变能的能力和岩石（岩体）在发生破坏时引起能量释放产生冲击的强弱程度（冲击性倾向）。

1）应变能储存系数判据

岩石在压缩过程中，将聚集变形能并产生弹性和塑性变形。如果在岩石受压达到峰值强度前对试件进行卸载，弹性变形可以得到恢复，而塑性变形则永久性保存。因此，通过岩石循环压缩试验可以检测岩石内部积聚能量的性质和特征。

如图 8.3 所示，岩石加载至 σ_A（峰值前）卸载，W_{tot} 为卸载前聚集在岩石内部的总应变能，W_{sp} 为岩石产生塑性变形和内部产生微破裂而消耗的能量，W_{st} 为卸载后仍然储存在岩石内部的应变能。将 W_{st} 与 W_{sp} 之比记为 $F(W_{st}/W_{sp})$，则有以下情况：当 $F>5.0$ 时，岩石破坏时产生中等到强烈冲击；当 $2.0<F\leqslant 5.0$ 时，岩石破坏时产生弱到中等冲击；当 $F\leqslant 2.0$ 时，岩石破坏时不产生冲击。

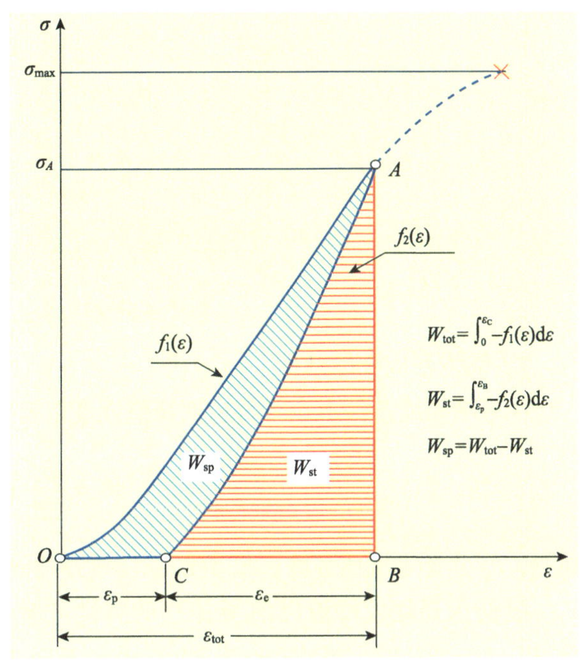

图 8.3　应变能储存示意图

玲珑金矿深部围岩主要是各种类型的花岗岩，在实验室完成的大量力学试验表明，花岗岩在循环加卸载过程中，加卸载曲线基本上重合，直至岩石破坏，岩石的塑性变形几乎为零。这说明，W_{sp} 很小，W_{st} 很大，在极端情况下可能出现 $F\to\infty$。因此，可以推论，玲珑金矿深部围岩在发生破坏时，可能产生很大的冲击作用。

2）基于岩石刚性试验的全应力－应变曲线冲击能系数判据

为研究岩石从受压至破坏后全过程中，其内部能量积聚与释放的特征，对玲珑金矿深部花岗岩进行单轴与三轴刚性试验。试验获得的典型的花岗岩单轴全应力－应变曲线如图 8.4 所示。定义评价指标 R 的计算公式如下：

$$R = W_E/W_P$$

式中，W_E 为岩石在破坏前积聚的变形能；W_P 为破坏过程中消耗的能量。

由评判指标可知，当 $R\geqslant 1$ 时，将产生冲击现象。R 值越大，冲击能量越大。

根据刚性试验结果计算得出，玲珑金矿深部花岗岩的 R=1.04～1.90。据此认为，玲珑金矿深部花岗岩具有潜在的冲击和岩爆的可能性。

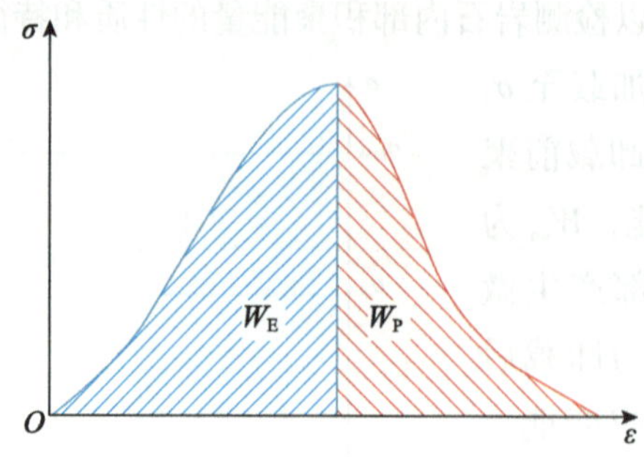

图 8.4　刚性试验全应力－应变曲线示意图

3）线弹性应变能判据

在单轴压缩条件下，岩石达到峰值强度以前所储存的弹性应变能计算如下：

$$W_e = \frac{\sigma_C^2}{2E_S}$$

式中，σ_C 为单轴抗压强度；E_S 为卸载切线弹性模量。

根据达到强度峰值以前所储存的弹性应变能的大小，岩爆预测划分为 4 个等级：当 $W_e < 40\text{kJ/m}^3$ 时，弱冲击；当 $40\text{kJ/m}^3 \leqslant W_e < 100\text{kJ/m}^3$ 时，中等冲击；当 $100\text{kJ/m}^3 \leqslant W_e < 200\text{kJ/m}^3$ 时，强烈冲击；当 $W_e \geqslant 200\text{kJ/m}^3$ 时，极强烈冲击。

根据岩石力学性质试验结果，可计算出玲珑金矿深部岩石在达到强度峰值以前所储存的弹性应变能的大小（表 8.10）。

表 8.10　玲珑金矿深部岩石储存弹性应变能计算结果

岩石编号	取样深度 / m	抗压强度 / MPa	弹性模量 /（10^4MPa）	储存弹性应变能 /（kJ/m^3）
185-2	430	141.4	70.5	141.8
269-1	590	138.4	46.8	204.6
278-4	665	197.5	58.1	335.6

根据表 8.10 中结果，玲珑金矿深部岩石易产生强烈岩爆或极强烈岩爆。

4）岩石脆性系数判据

定义岩石的单轴抗压强度与抗拉强度的比值为岩石脆性系数 B，则有

$$B = \frac{\sigma_C}{\sigma_t}$$

式中，σ_C 和 σ_t 分别为岩石的单轴抗压强度和单轴抗拉强度。

由评判指标可知，当 $B > 40$ 时，无岩爆冲击性；当 B 为 26.7 ~ 40 时，弱岩爆冲击性；当 B 为 14.5 ~ 26.7 时，中等岩爆冲击性；当 $B < 14.5$ 时，强岩爆冲击性。

根据岩石力学试验结果，玲珑金矿深部岩石的脆性系数 B 计算结果如表 8.11 所示。

表 8.11　玲珑金矿深部岩石的脆性系数 ***B*** 计算结果

岩石编号	取样深度 / m	抗拉强度 / MPa	抗压强度 / MPa	脆性系数
CK35-12	490	10.1	151.6	15.0
269-1	590	7.7	138.4	17.9
267-5	595	10.5	127.4	12.1

根据表 8.11 计算结果，玲珑金矿深部岩石具有强或中等岩爆倾向。

5）切向应力判据

切向应力判据准则同时考虑了岩体的应力状态和岩石的力学性质。将围岩中的切向应力（σ_θ）和岩石单轴抗压强度（σ_C）之比定义为 T（σ_θ/σ_C）。

由评价判据可知，当 T<0.3 时，无岩爆倾向；当 T 为 0.3 ~ 0.5 时，有弱岩爆倾向；当 T 为 0.5 ~ 0.7 时，有中等岩爆倾向；当 T>0.7 时，有强烈岩爆倾向。

根据三维有限元数值模拟结果，玲珑金矿深部围岩的 T 参数值如表 8.12 所示。根据表 8.12 结果，玲珑金矿深部围岩具有强烈或中等岩爆倾向。

表 8.12　玲珑金矿深部围岩 ***T*** 参数计算结果

位置	深度 / m	σ_θ / MPa	σ_C / MPa	T
-270m 水平 29 线	570	108.37	138.4	0.783
-270m 水平 47 线	570	114.31	138.4	0.826
-110m 水平	410	82.07	138.4	0.593
-270m 水平	570	108.37	138.4	0.783

6）岩体 RQD 指标判据

一般情况下，裂隙发育的岩体完整性较差，因此，岩体裂隙的发育程度，从一个侧面反映了岩体产生岩爆的倾向。RQD 是描述岩体完整性的一个简单而实用的指标，根据岩体的 RQD 值可以近似分析和掌握岩体的岩爆倾向。

RQD 值反映岩体的完整性程度，岩体越完整，RQD 值越大，越易引起高应力集中和能量聚积，发生岩爆的倾向性越大。

根据现场调查，发现玲珑金矿浅部岩体的平均 RQD 为 25% ~ 50%，而在深部（>400m），岩体的平均 RQD 为 70% ~ 90%，预示玲珑金矿深部岩体有中等到强烈岩爆倾向。

3. 基于采场围岩能量聚集分析的岩爆危险性评价

岩爆发生的充分必要条件，除了岩石本身具备储存大量弹性应变能的性质外，还必须具备产生高应力或造成能量聚集的环境。

根据现场地应力实测数据和工程地质调查、矿岩物理力学性质试验结果，采用大型非线性三维有限元程序对玲珑金矿深部开采过程中围岩的应力、位移状态进行了定量计算。根据有限元计算结果，可获得深部开采后，围岩内弹性应变能的分布特征和大小。

玲珑金矿存在较高的地应力场。在 1000m 深度，最大主应力可达到 50 ~ 60MPa。

数值模拟计算结果表明，在玲珑金矿深部矿房周围，岩体内积聚有很高的弹性应变能，具体如下。

（1）–270m 水平 23 线垂直剖面上的 18# 脉，最大弹性应变能 $W_{e,max}=1.16\times10^5\text{J/m}^3$。

（2）–270m 水平 29 线垂直剖面上的 18# 脉和 47# 脉，最大弹性应变能 $W_{e,max}=1.14\times10^5\text{J/m}^3$。

（3）–270m 水平 47 线垂直剖面上的 18# 脉和 47# 脉，最大弹性应变能 $W_{e,max}=1.25\times10^5\text{J/m}^3$。

（4）–110m 水平剖面上，10# 脉、18# 脉和 47# 脉矿房围岩中，最大弹性应变能 $W_{e,max}=0.25\times10^5\text{J/m}^3$。

（5）–270m 水平剖面上，10# 脉、18# 脉和 47# 脉矿房围岩中，最大弹性应变能 $W_{e,max}=1.48\times10^5\text{J/m}^3$（图 8.5）。

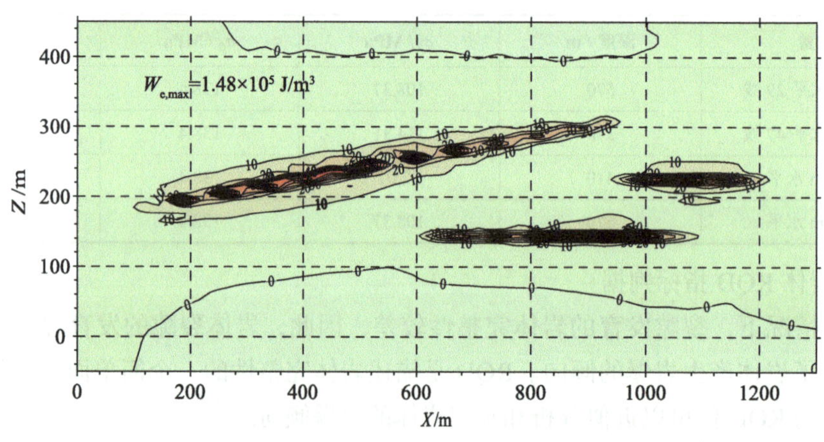

图 8.5　–270m 水平矿房围岩弹性应变能分布

上述 5 处围岩中，除 –110m 水平一处外，位于 –270m 水平的 4 处的最大弹性应变能均超过了临界指标值。因而，玲珑金矿 –270m 水平以下深部开采时，有发生岩爆的很大可能性。

4. 结论

玲珑金矿深部在开采过程中具有形成高应变能聚集的环境条件，同时多数岩石（岩体）具有储存较高弹性应变能的能力，并且这些弹性应变能释放具有很强的冲击特性。因此，综合评价的结论是，玲珑金矿深部开采具有潜在的强岩爆可能性。

建议现场在深部开采过程中，采取必要的防治岩爆的技术措施。

（1）建议在开采深度超过 -190m 水平后，采用充填法开采，且充填体必须具有一定的强度，其弹性模量值不应小于 1GPa。对采空区实施及时有效的充填，可以减小围岩应力集中，减少空区的空顶面积和体积，减少岩爆可能发生的空间和冲击性。

（2）进行合理的开采设计，确定优化的开采顺序和开挖步骤，采用卸压开采技术，避免围岩局部应力集中和应变能聚集。

（3）对关键部位的硐室和围岩采用喷锚网、可塑性锚杆等柔性或先柔后刚的支护措施，保证支护系统既有良好的柔性，又有较高的初始刚度，允许围岩的适量位移和应变能的逐步释放。

（4）进行合理的爆破设计，尽量减少爆破振动的影响，避免引起岩爆的各种诱发因素的发生。

（5）在开采过程中，通过安装微震监测系统和地压观测网络加强岩体稳定性和岩爆的监测和预报工作，制定预防岩爆的措施，建立完善的安全生产体系。

四、深部开采有限元数值模拟研究

在矿区地质构造、工程地质、水文地质调查、分析、研究，原位地应力测量和分析研究及矿区岩石力学综合试验研究的基础上，采用大型三维有限元对玲珑金矿的开采设计优化进行了数值模拟研究，得出如下结论。

（1）在最终开采平面上，在矿体及附近围岩中产生较大的应力集中，并且矿体沿走向方向开采范围越大，产生的应力集中程度和应力集中区的范围越大。特别是，随着开采深度的不断增大，应力集中系数和集中区的范围也同时不断扩大，对下一步的开采产生较为不利的影响。

（2）在最终开采平面上，在靠近矿体的应力集中区部位和较远处存在一个应力降低区，此应力降低区的范围随开采深度的增加而增大，局部出现拉应力区，最大拉应力的值也随着开采深度的增加而增加。

（3）在垂直矿脉走向的纵剖面上，在已开采矿体上部均形成应力集中区，在中间部分形成应力释放区，靠近采空区的围岩中出现拉应力，并且随开采深度的增加，应力释放区的范围也不断向下延伸。

（4）在已开采矿体的下部及围岩中形成应力集中区。这一区域随开采平面的下降也逐渐下降，受其影响较大的范围集中于最终开采平面的以下一个中段。

（5）两条矿脉的应力集中区之间没有明显的相互影响。

（6）随着开采深度的增加，围岩中塑性区的范围也不断增大。

（7）在矿山的整个开采过程中，地表呈不断下降趋势，位于矿脉上盘的岩体出现较大的位移，而位于矿脉下盘的岩体位移值则相对较小，在位于走向长度最大的矿脉

（18# 脉）上盘出现最大的沉降值。

（8）-110m以下中段充填后，各剖面上的应力分布仍然可以分为上部的应力集中区、中间的应力降低区和下部的应力集中区，但是充填体的存在将中间的应力降低区和下部的应力集中区分割开来。这样大大减小了这两个区的范围，同时也降低了拉应力区和拉应力的最大值，对改善围岩的稳定性起到重要的作用。

（9）-110m以下中段充填后，虽然塑性区的范围随开采中段的下降仍呈增大的趋势，但与不充填时相比，各个开采阶段的塑性区范围都有较大幅度减少。

（10）-110m 以下中段充填后，以下各中段开采过程所产生的地表垂直位移值要比不采用充填时小，随着开采深度的增加，充填区起到的作用也越来越明显。

因此，在以后的深部开采过程中，应加强对采空区应力位移的监测，并对位于高应力区、拉应力区和塑性区的采场和巷道进行合理支护，在 -150m 或 -190m 以下中段，应尽可能采用充填法回采，并且充填料应有一定的强度，其弹性模量值不应小于 1GPa，这样才能保证开采的安全。

第四节　与国内外同类研究的比较和创新点

1. 与国内外同类研究的比较

（1）本项目研究基础工作扎实，基础资料丰富，研究内容全面，研究手段先进，研究成果具有很强的实用性。将岩石力学和采矿方法紧密结合在一起，进行如此全方位的研究是当时国内外同类研究所不及的。

（2）采用实现完全温度补偿并考虑岩体非线性的地应力测量技术进行矿区 5 个水平、12 个测点的地应力现场实测，获得了矿区地应力分布规律，建立了矿区地应力场模型。在同一矿山进行如此多水平、多测点的地应力现场实测为国内外同类研究所罕见。测量技术和成果均达到国际领先水平。

（3）进行了系统的工程地质调查和矿岩物理力学性质试验研究，试验包含了玲珑金矿全部有代表性的岩组，试验岩块总数达到 160 多块。除常规物理力学性质试验外，还进行了压缩加载循环试验、单轴和三轴刚性压缩试验，获得了全应力 - 应变曲线。如此全面的工程地质调查和物理力学性质试验是国内外同类研究所不多见的。丰富的、系统的基础资料为理论研究和数值模拟提供了可靠数据和充分保证。

（4）采用大型非线性三维有限元进行了采矿过程中的能量聚集分析，预测了地压活动规律，进行了开采设计的优化。国内已完成的采矿有限元数值模拟多数为二维或三维线性的。能考虑能量聚集和分布开挖的非线性三维有限元模拟成果国内外尚未见报道。

（5）根据有限元计算和单轴压缩循环加载试验、单轴和三轴刚性试验结果，综合采用线弹性准则、岩石脆性准则、切向应力准则、RQD 准则等进行了玲珑金矿深部开采的岩爆预测，提出了岩爆防治措施。在国内外已见岩爆研究中，只有单项指标的研究，如此综合系统研究尚属首次，研究理论和成果达到国际领先水平。

2. 创新点

（1）玲珑矿区地应力场测量采用了应力解除法和实现完全温度补偿的空心包体应变测量技术，其中包括了一系列新的理论和技术，包括完全温度补偿技术，实现完全温度补偿的空心包体应变计、自动化应变测量和记录系统，求解岩石弹性模量、K 系数和原岩应力的迭代程序等，大幅度提高了测量结果的可靠性和准确性。这种测量理论和技术在国际上处于领先水平。

（2）通过岩石的循环加卸载试验、单轴和三轴刚性试验及三维数值模拟计算等多种手段，运用线弹性准则、岩石脆性准则、切向应力准则和 RQD 准则等多种判断准则，基于能量和岩石动力学准则的岩爆预测技术综合研究，具有创新性。研究技术和成果处于国际领先水平。

（3）采用刚性试验与全应力－应变曲线和三维非线性有限元与能量法则相结合对采矿稳定性进行研究，未发现国内外在公开发表的文献中有相关报道，具有国内外创新性。

3. 应用效果

本项目进行了大量的现场基础资料的勘探、试验、采集和整理工作，包括工程地质、水文地质调查，结构面、节理、裂隙的调查、统计和分析，进行了矿区岩体的质量分级评价；采用具有国际领先水平的实现完全温度补偿并考虑岩体非线性的地应力测量技术，进行了地应力现场测量，获得了地应力分布规律，建立了矿区地应力场分布模型；进行了矿岩物理力学性质试验，获得岩石全应力－应变曲线。通过扎实的基础工作，全面掌握了玲珑金矿深部的岩石力学条件和深部开采的突出问题。采用大型非线性三维有限元数值模拟和岩爆综合分析，对玲珑金矿深部开采发生岩爆的可能性进行了预测，提出了防治岩爆发生的措施；通过多方案的计算分析，对玲珑金矿的深部开采方案进行了优化。研究成果在理论上、技术上和实践上均有重大创新和突破，为玲珑金矿深部安全高效开采及围岩的稳定性控制提供了科学依据。在矿山应用后取得了重大的经济效益和社会效益。

本项目研究成果获1999年度国家经济贸易委员会黄金科学技术进步奖一等奖（蔡美峰排名第一，图8.6）。

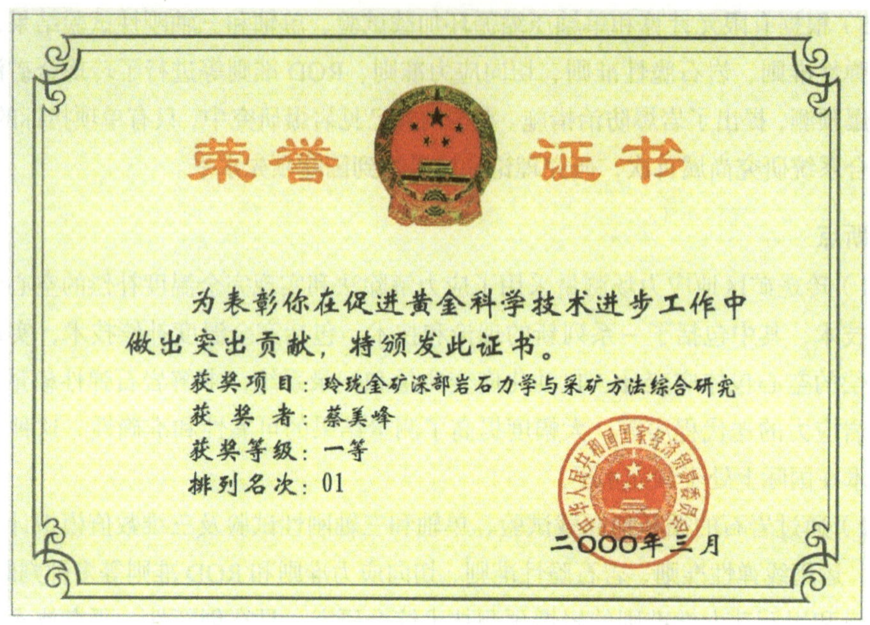
荣誉证书

为表彰你在促进黄金科学技术进步工作中做出突出贡献，特颁发此证书。

获奖项目：玲珑金矿深部岩石力学与采矿方法综合研究
获 奖 者：蔡美峰
获奖等级：一等
排列名次：01

中华人民共和国国家经济贸易委员会

二〇〇〇年三月

图8.6　研究成果获1999年度国家经济贸易委员会黄金科学技术进步奖一等奖

第九章　地下采矿与岩石开挖工程岩层控制理论与技术研究

第一节　地下采矿与岩石开挖工程岩层控制的关键问题

1. 地下巷道、隧道变形与支护

采矿开挖引起的岩体变形和岩层移动主要受地应力场所控制。

地应力是存在于地层中的天然应力，以大陆板块边界挤压为主的水平构造应力和以地心引力为主的垂直自重应力是地应力的两个主要组成部分。实测结果表明，地应力值随地层深度增加呈近似线性增长的关系。随着开采深度的增加，地应力逐渐增大。在高应力作用下，深部岩体结构及其力学特性会发生重大变化，硬岩可能变成软岩，弹性体变成潜塑性体，从而引起岩层更大变形和移动。因此，深部巷道和采场维护原理与浅部有十分明显区别。浅部支护和岩层控制理论用于深部可能出现严重问题。

深部高应力条件下的巷道支护，应十分重视巷道所处的应力环境的测量与分析，强调峰值强度后已破坏岩体残余强度的利用。支护设计应更多地建立在能量（开采扰动能量在岩体中聚集）分析的基础上，而不是简单地以应力和强度作为设计准则。

2. 矿山深部地压显现规律与特征

按表现形式，地压可分为4类，即散体地压、变形地压、冲击地压、膨胀地压。其中，深部地压主要有变形地压和冲击地压两种表现形式。

1）变形地压

变形地压是采矿在围岩中产生的位移引起的压力，这是地压的最基本形式。在岩体条件较好的情况下，围岩的位移和变形发展到一定程度就停止了，可能不需要支护，围岩自身就能维持稳定。但在多数情况下，围岩必须支护才能防止过量位移引起的破坏。深部高应力条件下，围岩具有产生大变形的内外部条件，围岩必须通过支护才能防止过量的变形而引起的岩层移动和破坏。

围岩和支护（支架）之间不是荷载和支撑物的关系，而是一个相互作用、相互影响、共同承载的关系。支架的作用是改变或改善围岩的应力和位移状态，充分发挥围岩自身的控制作用（地下岩层的稳定）；而在充分发挥了围岩自身的作用，有效改善了其应力和位移状态后，支架所受到的压力也会显著降低。

2）冲击地压

冲击地压是一种由采矿引发的岩石动力学现象形成的动力灾害。采矿开挖引起围岩中的应力重分布，在围岩中产生高应力集中和较大变形（开采扰动），应力乘变形就是能量（1N×1m=1J）。大量聚集的应变能（开采扰动能量）在岩体由于高应力作用出现破裂等一定的诱因下突然释放，就形成动力冲击破坏，即冲击地压。岩爆和矿震是矿山冲击地压的两种主要形式。岩爆是应变能型的冲击地压，主要发生在硬岩矿山，如金属矿山；大的矿震基本上是断层错动型冲击地压，主要发生在煤矿。天然地震都是断层错动型，因而矿震更接近天然地震。

金属矿山岩石比较坚硬，在高应力条件下，岩体中容易出现高应力集中，产生较大变形，形成高应变能在岩体中的聚集。大量聚集的高应变能（开采扰动能量）在一定诱因下突然释放，就形成岩爆。所以岩爆是一种应变能型的冲击地压。深部高应力为岩爆发生创造了条件。

煤矿在接近断层开采时，断层附近的应力集中以断层为核心呈非对称分布，并由此引起能量聚集的不对称分布。在新的开采扰动下，不对称的能量分布将导致断层较大规模的错动并伴随能量的释放，产生冲击破坏，形成矿震。因此，煤矿矿震基本上是断层错动型冲击地压。

冲击地压防控是采矿岩层控制的核心问题，应主要从优化采矿方法、开采布局和开采顺序方面着手，并采取适当的支护措施，避免采矿岩体中的应力集中和过量位移，从而减小和控制开采扰动能量的聚集，减轻和控制冲击地压的发生。

第二节　地应力对金属矿采矿岩层控制的主导作用

1. 地应力对采矿工程优化设计和岩层控制的重要性

地应力是在采矿开挖前就已存在于地层中的天然应力，所有的采矿开挖活动，包括采矿开挖引起的围岩应力集中、岩体变形和位移、岩层移动，都是在地应力场的影响和控制下进行的。为了进行岩层的可靠控制，保证采矿工程的安全与高效，就必须对采矿开挖全过程的工程稳定性进行定量的计算和分析。这样才能作出科学合理的采矿设计，用于指导工程施工。地应力是进行定量设计计算必需的力学前提条件（边界条件）。

由于采矿开挖工程结构和形状的复杂性与多样性，传统的力学解析解的计算方法不适用于这样的计算。因为解析解的方法只能计算和分析圆形，或通过函数变换计算椭圆等简单和单一的开挖断面形状。现代的数值模拟方法使采矿的定量设计计算成为可能，但一切计算都必须在已知地应力条件下才能进行。

2. 采矿工程力学研究与其他力学研究的根本区别

从大的学科分类来讲，采矿是力学问题，岩层控制当然也是力学问题。采矿力学研究的对象是采矿工程岩体（地层），荷载条件是地应力。不能把岩体看成固体力学中的一种材料，它是一种天然地质体，具有非常复杂的地质结构，是典型的不连续介质。地应力是存在于地层中的原始应力，在采矿开挖活动之前，地层处于自然平衡状态。采矿开挖打破了这种平衡状态，引起地应力向采矿开挖形成的自由空间释放。这种等效释放荷载正是引起采矿工程围岩变形和破坏的根本作用力。

由于地应力是一种内应力，而不是外加荷载。因此，采矿工程是“先有荷载，后挖洞”。一般力学研究中，工程结构上的荷载是外加的，是“先挖洞，后有荷载”。所以，采矿工程力学研究的思路和方法与以研究“外荷载作用”为特征的固体力学、材料力学、结构力学的研究思路和方法有根本的不同。

3. 采矿力学研究中的施工因素

一般力学分析与研究主要关心两个因素：一是材料因素，二是荷载因素。采矿力学研究必须还要考虑施工因素。地下采矿是一个非常复杂的开挖过程，其开挖不是一次完成的，而是分多次完成的。每次开挖都是一次地应力的局部释放过程，也就是一次形成地应力等效释放荷载的加载过程。由于采矿岩体的非线性，不同的巷道和采场布置，不同的开挖过程、开采顺序，不同的支护结构和施工时间等，这种等效释放荷载的加载过程和路径就不同，就会产生不同的应力－应变路径和最终力学效应，出现最终不同的工程稳定性状态。

所以，施工因素对地下采矿工程的稳定性和地下岩层控制具有重大影响。这也是采矿设计优化的主要内容。

第三节　地下采矿工程稳定性与岩层控制基本原理

一、基本原理和方法

（1）选择合理的工程开挖走向、断面形状和几何尺寸。

在生产许可条件下，工程开挖走向尽可能与最大主应力 σ_1 方向一致；断面形状向椭圆状接近，即椭圆轴比与主应力比相接近（$a/b = \sigma_h/\sigma_v$，图 9.1）。

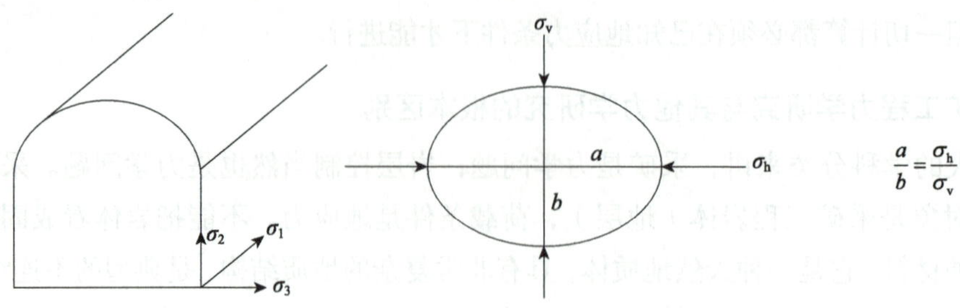

图 9.1　工程实例：金川镍矿井巷工程设计

金川巷道最早采用传统的三心拱的形状，高度大于宽度。巷道变形破坏严重，建矿 10 多年，因巷道问题而不能正常投产。

20 世纪 70 年代中后期，金川镍矿在国内最早开展实用性地应力测量，测量结果表明金川矿区水平应力明显大于垂直应力；据此将巷道断面形状由直墙三心拱改为矮墙半圆拱（宽度明显大于高度）（图 9.2），并改进了喷锚支护技术，解决了巷道稳定性问题。

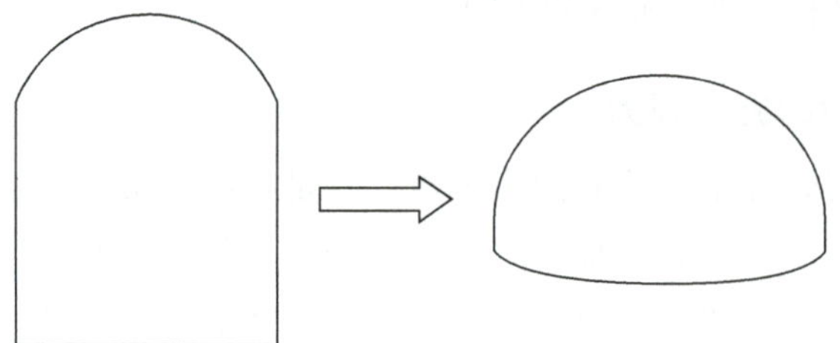

图 9.2　改进前后巷道断面形状

（2）改善应力分布状态，在岩体强度不变的条件下（即图 9.3 中红色直线位置不变），使不稳定应力状态（图 9.3 中左起第 1、3 个莫尔圆）变为稳定应力状态。

选择合理的巷道断面形状、轴比，采取合理的支护措施是改善应力分布状态的重要手段。参照莫尔强度理论，使莫尔圆缩小或右移，使其位于强度曲线下方（图 9.3 中左起第 2、4 个莫尔圆），代表稳定性力学状态。

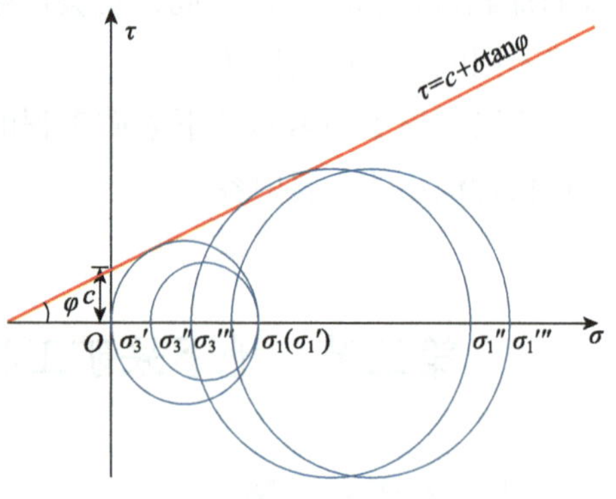

图 9.3　应力分布状态

（3）提高岩石强度，改善围岩力学性质。

按照莫尔强度理论，岩石破坏是一种剪切破坏。破坏时剪切面上能承受的最大剪应力［即剪切强度（τ）］取决于岩石的 2 个力学参数：黏结力（c）和内摩擦角（φ）。根据这 2 个力学参数，可以在 σ-τ 坐标系中绘制出该岩石简化的直线型莫尔强度曲线（$\tau=c+\sigma\tan\varphi$），如图 9.3 所示。黏结力（c）和内摩擦角（φ）就是岩石剪切强度的 2 个基本指标。在一定的围岩受力条件下，如果应力莫尔圆超出了强度曲线，处于不稳定应力状态，岩石就会产生破坏。通过提高岩石强度指标、改善围岩力学性质，岩石的 c、φ 值提高，就可以使岩石的强度曲线上升，从而使原来超出强度曲线的莫尔圆，落在升高后的强度曲线下方，表明岩体从不稳定的受力状态变成稳定的受力状态。因此，改善围岩力学性质、提高岩石强度，是防止岩石破坏的重要手段。喷锚支护的主要作用就是提高岩石强度，所以比传统支护更有效。

（4）保护岩石强度，防止岩性恶化。

在一定的受力条件下，如果岩体是稳定的，说明岩体的受力状态莫尔圆位于岩石的强度曲线之下。若在采矿工程开挖和运营过程中，产生各种不利的物理、化学作用，致使岩石的力学性质恶化，强度指标 c、φ 值减小，则强度曲线下降，导致原来位于强度曲线之下的莫尔圆超出下降后的强度曲线，使原来处于稳定状态的岩体，变成不稳定状态，出现破坏。“保护岩石强度，防止岩性恶化”就是要避免这种情况的发生。

采矿过程中采取的各种支护措施，是“保护岩石强度，防止岩性恶化”的重要手段。支护要特别重视以下两点。

① 围岩开挖暴露后，由于风化、水的作用，裂隙扩展等，围岩表层强度会迅速恶化，在围岩开挖后以最快的速度封闭围岩是极其重要的，其中喷射混凝土是最有效的手段。

② 传统的支护，如木支护、钢圈支护、砌块支护等，都是点接触式的支护，不能封闭围岩；浇筑混凝土支护虽然能封闭围岩，但需要较长时间，可能表层围岩已经显著恶化才完成支护，大大减小作用或失去支护的作用。

（5）改变围岩受力条件，抑制围岩变形。

释放荷载带动围岩向开挖自由空间变形。当变形超过一定限度后，就会引起岩层失稳和破坏。

① 必须采取适当措施抑制围岩变形，特别是对于具有滑移倾向的软弱结构面，必须给予阻力，防止其滑动。

② 充填采矿法中充填体的主要作用也是抑制围岩变形，而不是提供支承压力。

（6）全段面支护。

片帮、冒顶、塌方、底鼓等是地下巷道中较为常见的围岩局部失稳、破坏现象。这些现象的发生，与巷道围岩局部的力学性质、强度有关，包括剪切强度、拉伸强度、压缩强度和 c、φ 值的下降等。如前所述，喷锚支护的较大作用就是改善岩体的力学性质，提高岩体的强度，所以大量矿山采用喷锚支护控制和防治上述的失稳、破坏现象。但是，很多矿山控制和防治的效果并不好。一个很重要的原因是没有进行全断面支护，即只支护加固了巷道顶部和两帮周边的围岩，没有加固底部的围岩。这样在巷道围岩中就形成不了一个完整的周边围岩承载圈，极大地降低了承载的能力。为了实现全断面支护，巷道底部要打底拱和适当的向下锚杆，巷道周边锚杆和底拱用钢筋网连成一体，成为一个完整的喷锚网支护圈。这对于围岩力学、强度条件不太好的矿山而言，是十分必要的。

（7）结论。

采矿工程岩层失稳和破坏主要是岩体强度的损伤、下降所造成的。支护的根本目的就是保护、改善和提高岩体的强度，因此不能把围岩当成一种被动的荷载加以支撑。充分发挥围岩自身强度达到采矿工程的稳定，是岩石力学最基本的原理。在深部高应力条件下，为了改善围岩应力分布状态，控制岩层变形和移动，维持采矿工程的稳定，上述原理的指导尤其重要。

二、玲珑金矿主运输巷道“拱桥法”塌陷加固治理工程

1）工程简介

玲珑金矿位于山东省招远市，是我国较大的黄金矿山之一。该矿主运输巷道（简称主运巷）的下方有 2 条矿脉。20 世纪 80 年代初，2 条矿脉回采时，为了保护主运巷的安全，采场上部留了 12m 厚的保安矿柱未采，采空区进行了废石充填。但是，80 年代后期，非法“民采”在主运巷的下方进行了大规模的盗采、盗挖，12m 厚的保安矿柱被盗采后剩下不到 1m 的厚度。从 1990 年开始，主运巷就发现有异常变形，到 1995 年发生急剧的下沉和变形破坏，最大下沉 0.6m，并伴随大面积片帮垮落、冒顶、四周围岩严重松动等现象（图 9.4）。塌陷后的巷道断面收缩到不足原设计断面的 1/2，电机车不能正常通行。为了维持正常生产，矿方采取了灌浆、钢支架、木支架、铁轨钢板铺底等一系列支护加固措施，均不见效（图 9.5）。事实表明，常规技术已无法解决该巷道的修复治理问题。1996 年年底，蔡美峰团队接手该项目后打破常规、另辟蹊径，提出了先不直接修复治理巷道，而先加固四周围岩，然后重新掘支成巷的方案。

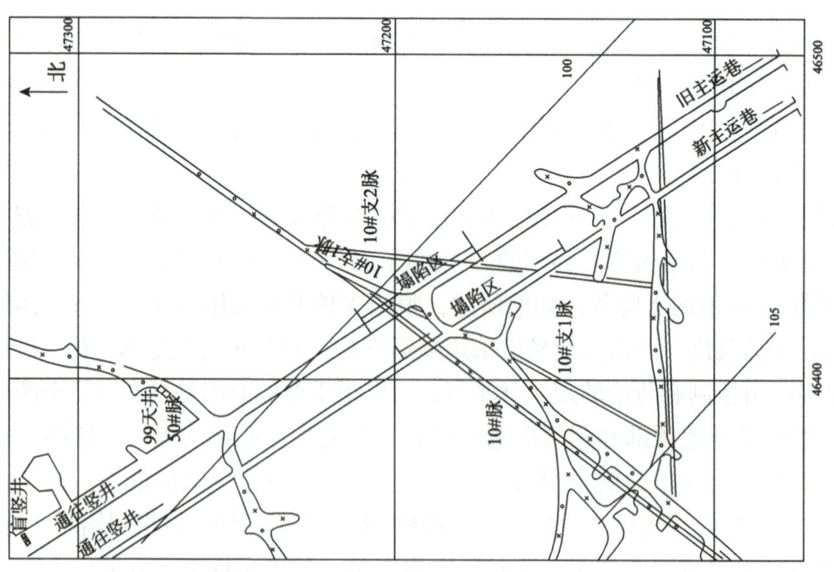

图 9.4　玲珑金矿主运巷位置

图 9.5 巷道破坏情况

2）加固治理难点

（1）巷道严重变形收缩，需先拆除临时支架，将断面扩至原设计大小后再进行加固，以满足运输要求。但由于巷道顶部和两帮围岩严重松动破坏，一旦拆除支架，围岩将立即塌落而无法进行施工。

（2）围岩严重破裂松散，无法直接实施注浆：一是无法打注浆孔；二是该巷道没有原始混凝土砌碹等衬砌层，即使直接注浆也会发生大面积跑浆现象，达不到加固目的。

3）“拱桥法”锚注加固治理方案

首先，将塌陷段用废石渣土填实，两端砌止浆墙封堵。通过预埋管向填渣段注浆使其固结，防止围岩注浆时朝巷道内部跑浆。

然后，从两端止浆墙朝巷道四周围岩打两圈注浆孔，两端打入的钻孔在封堵段中部围岩体内交叉搭接；每孔插入两根 φ22～25mm 的螺纹钢筋后封孔，并实施高压注浆，28d 后注浆体固结。

最后，按原设计断面尺寸将巷道重新掘开，并进行喷锚支护（图 9.6 和图 9.7）。

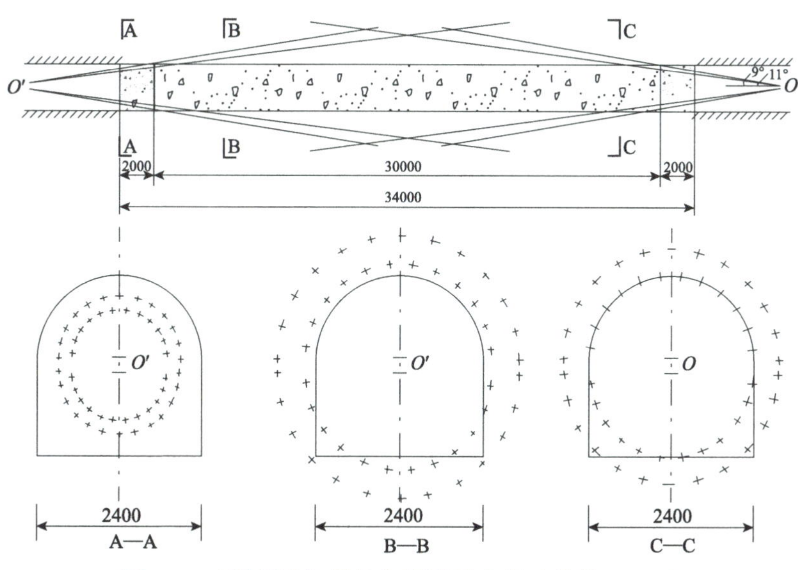

图 9.6 “拱桥法”锚注加固设计方案（单位：mm）

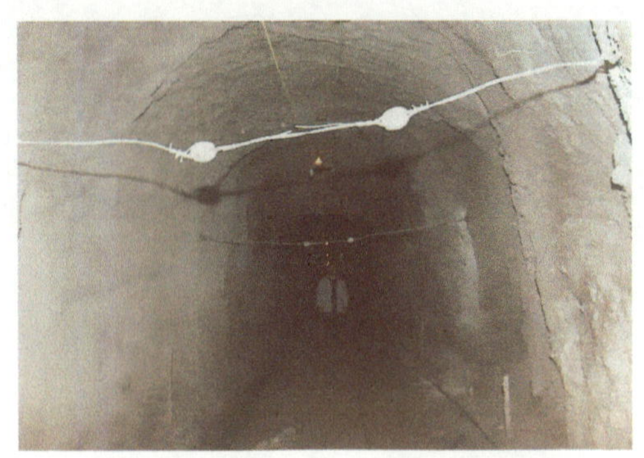

图 9.7　巷道重开、支护后情况

4）关键加固效果及力学机理

（1）高压注浆每孔浆液均可获得 10m 左右的有效扩散，并且每孔均有两根钢筋插入，其本身就是一个微型灌注桩，全部锚注孔连成一片，形成一个整体的灌注桩群，可有效保持巷道周边稳定。

（2）巷道顶部的左右钻孔在中间部位搭接，在向上 10m 范围内形成一个拱形加固带；下部的左右钻孔同样在中间部位搭接，20 多 m 厚的加固层相当于在整个巷道塌陷段架起一座桥梁，这就是“拱桥法”的含义。从上下左右整体上看，加固段在破碎带中形成了一个安全管状通道。

（3）当下部钻孔注浆时，对浆液流动速度和凝固时间加以控制，使其不致从空区盲目流失，而是停留在巷道下 20m 以内的充填物内，使充填物固化，从而再次形成一个人工保安矿柱。

（4）在巷道周边形成的管状加固带，相当于一道隔水帷幕，起到防水渗漏的作用，阻止围岩被风化、侵蚀，保持围岩强度。

该工程成为充分发挥围岩自身强度达到岩土工程稳定的范例，研究成果获 1999 年度国家经济贸易委员会黄金科学技术进步奖二等奖（蔡美峰排名第一，图 9.8）。

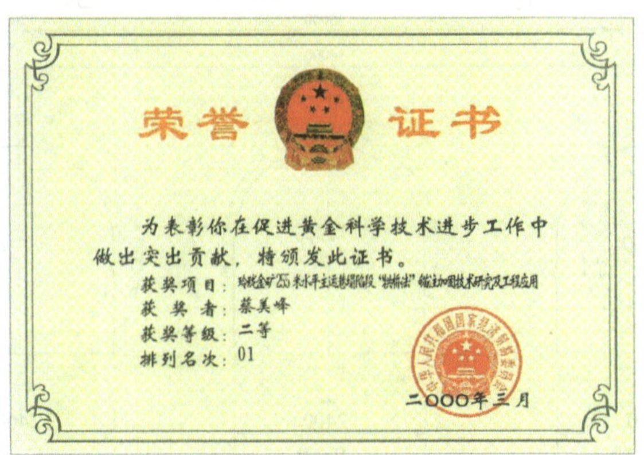

荣誉证书

为表彰你在促进黄金科学技术进步工作中做出突出贡献，特颁发此证书。

获奖项目：玲珑金矿255米水平主运巷塌陷段“拱桥法”锚注加固技术研究及工程应用

获 奖 者：蔡美峰

获奖等级：二等

排列名次：01

二〇〇〇年三月

图 9.8　研究成果获 1999 年度国家经济贸易委员会黄金科学技术进步奖二等奖

三、新城金矿主溜井特大塌方区加固技术研究与工程实施

1. 工程简介

新城金矿矿区位于山东省莱州市，是我国较大的黄金矿山之一。该矿于 20 世纪 70 年代初被发现，1976 年开始建矿，1980 年正式投产。该矿从地质勘探、采矿、选矿、冶炼到资源综合利用产能达到 1250t/d，1998 年年产黄金 4.32t，完成产值 22542.9 万元，实现利润 5093.5 万元，当年年产黄金和综合实力在全国同行业中排名第一。

新城金矿主矿石溜井位于 –383 ~ –283m 处，是该矿二期改扩建工程后矿石的主要通道，其生产能力达到全矿生产任务的 64%，是全矿生产的“咽喉”工程。原设计溜井直径为 3m，下部与 –409m 破碎硐室相通，并承担扩建后大部分矿石的运输与溜矿任务。由于种种不利因素的共同作用，在正式启用不到两年时间，主溜井自 –383m 水平向上至 –313m 水平范围内，井内发生了严重的破坏。破坏段长度达 70 多 m，直径由原来的 3m 破坏至 15m，最大直径达 19m；最大断面面积已达 220m^2，平均面积也达到 70m^2，超过原设计断面 6 ~ 15 倍，最大处已达 30 倍。其破坏程度在国内外都是罕见的。主竖井矿石提升系统被迫停产，生产受到了严重影响，造成巨大的经济损失。为了尽快恢复生产，把损失降低到最小，必须弄清溜井破坏的原因，对症下药，尽快恢复溜井的运输溜矿功能。因此，在技术上必须打破常规，另辟蹊径，研究应用工程量小、施工快捷的松散体注浆技术和松散体非套管水平成孔技术，力争迅速恢复 –383m 水平卸矿溜矿功能。

2. 主体研究思路

主溜井是全矿生产的“咽喉”工程，由于各种原因主溜井发生了特大塌方，并且破坏程度在国内外都是罕见的，导致主竖井矿石提升系统被迫停产，放矿溜矿功能的丧失，对全矿生产任务的完成产生巨大影响，造成巨大的经济损失，因此急需恢复 –383m 水平卸矿硐室的放矿溜矿功能。这就需要将科学研究、工程设计与施工有机地结合。为此，针对新城金矿的生产形式和所担负的重任以及主溜井围岩破坏情况，蔡美峰提出了恢复 –383m 水平卸矿硐室的放矿溜矿功能的特大塌方区加固工程设计方案，并为此开展了新城金矿主溜井破坏成因分析及相关问题的研究、主溜井围岩物理力学性质试验研究、CS（cement-silicate，水泥 – 水玻璃）浆液基本性能试验研究、主溜井加固工程稳定性三维有限元数值模拟分析和加固工程的稳定性监测，具体安排如下。

（1）新城金矿构造应力场的水平应力为最大主应力，并且两个水平应力之差相差较大。在构造应力的作用下，断层不稳固，并且井壁漏水侵蚀，使高岭土膨胀，造成井壁破坏。上述原因是新城金矿主溜井破坏的根本原因。另外，放矿溜矿过程中矿石

重力势能转化为动能的冲击，诱导了井壁塌落破坏。

（2）针对新城金矿的生产形式和主溜井围岩破坏情况，提出了恢复 –383m 水平卸矿硐室的放矿溜矿功能的特大塌方区加固工程设计方案，并开展了主溜井加固工程稳定性三维有限元数值模拟分析和加固工程的稳定性监测。

（3）提出了用水泥 – 水玻璃作为注浆加固材料。CS 浆液的特点是抗压强度较高，特别是早期强度较高且增长速度较快。水泥浆浓度对浆液结石体强度影响最为显著，对结石体强度起到决定性的作用。

（4）三维有限元数值模拟计算研究结果表明，围岩应力从加固中心向周围逐渐增大，逐渐将荷载传递给周围岩体。只是在局部较小范围内出现拉应力，这正好发挥了钢筋锚杆的抗拉作用，以及网棚锚注加固体既有一定的强度传递荷载，又有一定的柔韧性达到让位减载的作用。

① 网棚锚注加固工程设计要点具体如下。

i. 在 –383m 水平卸矿硐室及联络巷内各布置一个凿岩回转中心，分别向溜井周围破碎岩体中打扇形注浆孔和锚杆孔，即锚注孔。

ii. 通过每个锚注孔，向松散岩体中注入双浆液（水泥 – 水玻璃浆液），并通过浆液配比来调节浆液凝结速度，以达到使浆液既不能随处乱流，又能把松散体凝结的目的。

iii. 注浆孔和锚杆孔合二为一，联合施工，既加快了施工进度，减少了工程量；又提高了施工质量，起到事半功倍的效果。

iv. 全部工艺完成后形成了一个 3~5m 的有效加固段。

② 网棚锚注加固工程设计关键技术具体如下。

i. 钻孔区域为井壁塌落松散岩体，钻孔成孔十分困难，必须把注浆和钻孔有机结合，使钻孔是为了注浆存在，注浆有利于钻孔。

ii. 此次注浆必须严防浆液沿溜井下流将下面溜井和矿仓堵死。严格控制凝结时间，在注浆前调节好配比。

3. 主要研究内容

1）主溜井塌落破坏成因分析

（1）主溜井 –383 ~ –313m 井壁围岩破碎，节理裂隙发育，完整性极差，塌落块度大多分布在 50 ~ 500mm。节理裂隙中含有水，井壁有严重漏水、淋水，且井壁围岩中含有的绿泥石、高岭土、黑云母等遇水极易软化、潮解、膨胀。此外，在 –363m 处有 30°∠54° 的断层破碎带斜截主溜井。

（2）新城金矿构造应力场的水平应力为最大主应力，并且两个水平应力之差相差较大。在构造应力的作用下，断层不稳固，并且井壁漏水侵蚀，使高岭土膨胀，造成井壁破坏。上述原因是新城金矿主溜井破坏的根本原因。另外，放矿溜矿过程中矿石重力势能转化为动能的冲击，诱导了井壁塌落破坏。

2）岩石力学试验研究成果

（1）岩体中各类地质结构面和不同程度的蚀变是影响岩体稳定性的重要因素，导致试件的强度仅为正常值的 1/10 ~ 1/3。

（2）岩石的抗拉强度 σ_t 仅为抗压强度 σ_c 的 1/13 ~ 1/7。岩体抗拉能力很差。

（3）内摩擦角为 41° ~49° 。

（4）饱水后的岩石单轴抗压强度和抗拉强度的平均软化系数分别为 0.61 和 0.67。裂隙充水和各类地质结构面对岩体强度的影响起到了控制作用。

3）浆液基本性能试验研究成果

（1）C∶S 值、水泥浆浓度和水玻璃浓度对浆液凝胶时间影响的试验研究结果。

① 在其他条件相同的情况下，C∶S 值为 1∶0.3 ~ 1∶1，水玻璃用量减少，浆液凝胶越快，反之凝胶越慢。

② 在其他条件相同的情况下，水泥浆浓度越高，凝胶时间越短，反之凝胶时间越长。

③ 在只改变水玻璃浓度（波美度）的情况下，波美度越小，凝胶越快，反之凝胶越慢。

（2）浆液结石率及其影响因素具体如下。

① CS 浆液结石率较高，在 C∶S 为 1∶0.3 ~ 1∶0.7，W∶C（水灰比）为 0.7∶1 ~ 1∶1 的范围内，结石率高达 98.17% ~ 99.97%，此类浆液用于封堵地下工程涌水和岩体裂隙渗水有很好的作用。

② 水灰比对结石率的影响是，在只改变水灰比的情况下，水灰比越大，结石率越低；水灰比越小，结石率越高。

③ C∶S 值对结石率的影响是，C∶S 值越大，浆液结石率越高；C∶S 值越小，浆液结石率越低。改变浆液的浓度和配比，能够改变浆液的结石率，从而改变结石体的强度。

（3）CS 浆液的特点是抗压强度较高，特别是早期强度较高，并且早期强度增长速度很快。影响 CS 浆液的抗压强度的因素有水泥浆浓度、水玻璃浓度、水泥与水玻璃体积比等。其中，水泥浆浓度对浆液结石体强度影响最为显著，对结石体强度起到决定性的作用。试验研究结果表明，随水灰比增大，水泥浆浓度降低，结石体强度降低较多。对于以加固为目的的工程，其所采用的水灰比不能过小，以保证注浆体的强度。

4）三维有限元数值模拟计算研究结果

（1）网棚锚注加固体应力分布合理。从加固中心向周围应力逐渐增大，逐渐将荷载传递给周围岩体。只在局部较小范围内出现拉应力，这正好发挥了钢筋锚杆的抗拉作用，证明了锚注加固的合理性和科学性。

（2）网棚锚注加固体垂直下沉位移分布规律的合理性和正确性。网棚锚注加固体的纵剖面上的位移规律如下：一是从下到上下沉逐渐减小；二是从加固体中心到周围下沉位移逐渐减少，且近似一条抛物线。这表明，承载加固体既有一定的强度传递荷载，又有一定的柔韧性达到让位减载的作用。加固体刚柔相济、变形协调达到较理想的加固效果。另外，加固体的变形与实际观测结果一致，相互验证。

5）网棚锚注加固工程设计及实施

（1）设计要点。

① 在 –383m 水平卸矿硐室及联络巷内各布置一个凿岩回转中心，在每个凿岩回转中心，设两个垂距 1m 的凿岩水平，分别向溜井周围破碎岩体中打扇形注浆孔和锚杆孔，即锚注孔。

② 通过每个锚注孔，向松散岩体中注入双液浆，即 CS 浆液，并通过浆液配比来调节浆液凝结速度，以达到浆液既不能随处乱流，又能把松散体凝结的目的。

③ 注浆孔和锚杆孔合二为一，联合施工，既加快了施工进度，减少了工程量；又提高了施工质量，起到事半功倍之效果。

④ 全部工艺完成后形成了一个厚 3 ~ 5m 的有效加固段。

（2）关键技术。

① 钻孔区域为井壁塌落松散岩体，钻孔成孔十分困难，必须把注浆和钻孔有机结合，使钻孔是为了注浆存在，而注浆有利于钻孔。这就要求合理安排注浆顺序，严格控制钻孔间距和每次成孔长度，严防塌孔、卡钻，提高工作效率。

② 此次注浆必须严防浆液沿溜井下流将下面溜井和矿仓堵死。严格控制凝结时间，在注浆前调节好配比。

（3）施工工艺。

① 按照设计钻锚注孔。钻至 1m 后停钻，然后注浆，待 CS 浆液凝固后再复钻，循环往复直至设计孔深。

② 每孔成孔后，插入螺纹钢筋锚杆，然后打入长度为 1 ~ 1.2m、直径为 108mm 的孔口管，最后按注浆要求注浆加固。

③ 上述①和②步在具体施工中，每隔一孔进行。这样可以减少复钻工作量，提高工作效率。

6）加固效果稳定性监测

通过完全松散岩体网棚锚注加固体承载下的位移监测，获得了注浆层下沉位移的分布规律以及注浆下沉位移随承载时间延长的变化规律。监测结果表明，注浆加固体完全达到了工程设计的要求，其加固效果得到了工程验证。

4. 与当时国内外同类研究的综合比较及创新点

（1）网棚法锚注加固技术为国内外首创。使用高压注浆和锚固相结合的方法，将溜井塌落形成的完全松散体加固成达到设计要求的稳定加固段，既可在完全松散的溜井塌落体中形成一个厚 3 ~ 5m 的封隔段，又不能让浆液自由下流，造成溜井口和矿仓堵死，这是本项目的最大难点，同时也是创新点。

（2）散体成孔技术。该技术为高压注浆和锚固技术的实施创造了条件。

（3）双泵双液高压控制注浆技术。该技术能有效控制浆液的流动速度和时间，使浆液不致从巷道周围空区盲目流失。

（4）在完全松散塌落岩体中非套管水平成孔、网棚锚注与双泵双液高压控制注浆加固综合技术以及该项目工程加固设计等在治理新城金矿主溜井特大塌方区工程中取得了完全成功的应用。工程质量现场检验、加固体变形监测和工程施工验证均表明，在完全松散塌落岩体中使用网棚锚注加固，其非套管水平成孔率高，浆液流动控制理想，完全松散塌落岩体的加固质量可靠，完全达到了工程设计的目的，使矿山迅速恢复了生产。

（5）经联机检索查新证明，本项目采用的网棚法锚注加固技术和实施过程中采用的散体成孔、双泵双液高压控制注浆等专有技术，是国内外无人使用过的，具有国内外创新性。

（6）本项目提出并采用的网棚法锚注加固技术已在新城金矿主溜井特大塌方区的加固治理中得到成功应用，使矿山提前一年恢复生产，创造了极其显著的经济效益和社会效益。

（7）本项目研发的完全塌落松散体内非套管水平成孔技术、网棚法锚注与双泵双液高压控制注浆等综合技术等对采矿工程、岩土工程、水利水电工程、隧道工程等领域松散破碎岩体工程的加固具有广阔的推广应用前景。

5. 应用效果

新城金矿主溜井塌陷区塌陷范围大，工程地质条件复杂，加固治理技术难度大。本项目采用网棚法锚注加固技术，同时采用散体成孔、双泵双液高压控制注浆等专有技术很好地解决了主溜井的塌陷区治理。处理方法具有很强的新颖性和科学性，在理论上、技术上和实践上均有重大创新和突破。加固治理结果使该矿提前一年恢复生产，创造了非常显著的经济效益和社会效益。本项目采用的技术方案为国内外首创，为地下工程塌陷治理提供了一个新的途径。

本项目研究成果获 1999 年度国家经济贸易委员会黄金科学技术进步奖二等奖和 2000 年度山东省科学技术进步奖二等奖（蔡美峰均排名第一，图 9.9 和图 9.10）。

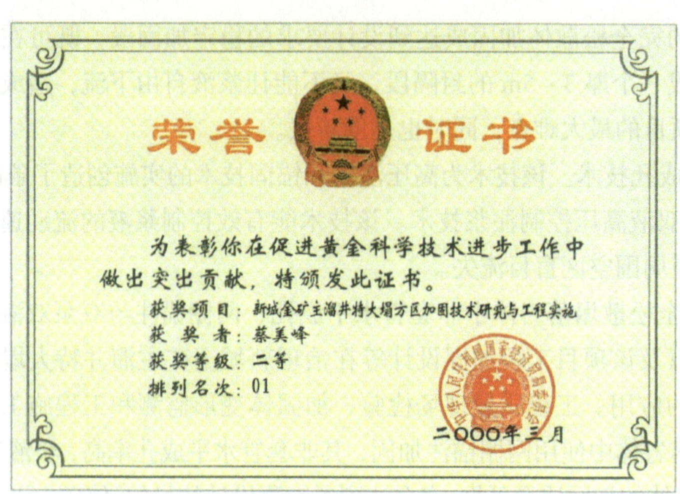
荣誉证书

为表彰你在促进黄金科学技术进步工作中做出突出贡献，特颁发此证书。

获奖项目：新城金矿主溜井特大塌方区加固技术研究与工程实施

获 奖 者：蔡美峰

获奖等级：二等

排列名次：01

二〇〇〇年三月

图 9.9　研究成果获 1999 年度国家经济贸易委员会黄金科学技术进步奖二等奖

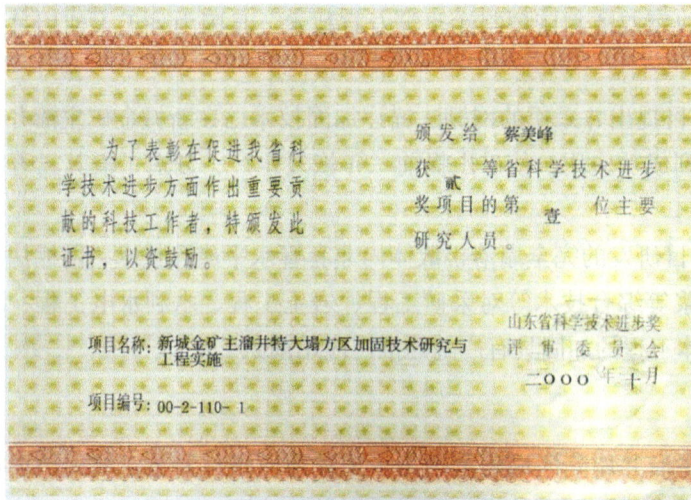

为了表彰在促进我省科学技术进步方面作出重要贡献的科技工作者，特颁发此证书，以资鼓励。

项目名称：新城金矿主溜井特大塌方区加固技术研究与工程实施

项目编号：00-2-110-1

颁发给 蔡美峰

获 贰 等省科学技术进步奖项目的第 壹 位主要研究人员。

山东省科学技术进步奖评审委员会

二〇〇〇年十月

图 9.10　研究成果获 2000 年度山东省科学技术进步奖二等奖

第十章　我国金属矿深部开采创新技术体系的战略研究

第一节　研究背景

2000年前，我国只有两座金属矿开采深度达到1000m，进入21世纪以来，吉林桦甸市夹皮沟金矿发展很快。截至2018年，我国已有16座金属矿开采深度达到或超过1000m，其中吉林夹皮沟金矿、河南灵宝崟鑫金矿、云南会泽铅锌矿和六苴铜矿均超过1500m。

近几年，正在兴建的或拟建的一批大中型金属矿山，基本上全部为深部地下开采，如鞍山－本溪地区的大台沟铁矿、思山岭铁矿、西鞍山铁矿等，单个矿的矿石储量20亿～50亿t，矿体埋深1000～2000m，设计开采规模（矿石）1500万～3000万t/a，将成为未来世界上开采规模最大的几个地下金属矿山。近期在三山岛金矿西岭矿区1600～2600m深度，探明一个金属储量550t的大型金矿床，为我国在胶东半岛深部等类似矿集区找到更大规模金矿床指明了方向。

未来10年内，我国将有1/3以上的金属矿山开采深度达到和超过1000m。深部开采是我国金属矿产资源开发面临的迫切问题，也是保证我国金属矿产资源供给的最主要途径。

影响金属矿深部安全高效开采的主要问题如下。

（1）深部高应力场条件及其引起的岩爆等开采动力灾害对开采安全的严重威胁。

（2）深部高温环境对人员设备工作效率和采矿生产率的严重影响。

（3）深井采矿提升高度急剧增加造成的提升困难和提升安全问题。

（4）传统的浅部采矿模式和开采方法不适合深部高应力场、高井温、岩体结构变化和复杂的地质条件，必须进行重大变革。

（5）为了从根本上保证深部开采安全，提高采矿效率，必须发展高度自动化的遥控智能无人采矿技术。

第二节　研究内容

本项目的主要研究内容如下。

（1）通过调研、考察等方式，对我国大中型地下金属矿山的数量、类型、分布、开采现状及深部开采技术难题进行调查、统计和分析。

（2）对国外有代表性国家金属矿深部开采的现状和解决深部开采难题使用的技术、方法进行调研、统计和分析。

（3）深部高地应力场条件下开采动力灾害的预测与防控研究。

（4）深井高温环境降温和热害控制研究。

（5）金属矿深井提升和深部地压控制及非传统采矿技术与工艺开发研究。

（6）发展自动化智能采矿新技术，最大限度地提高深部采矿效率和矿石回收率、保证开采安全的研究。

（7）开发采选新技术、新工艺，回收深部低品位难选资源研究。

第三节　研究成果、结论和建议

一、矿产资源储量与分布

采用问卷、电话、电子邮件、查阅下载资料和现场调研、考察等方式，对我国铁、铜、铝土、铅、锌、镍、钨、金 8 种主要金属矿产资源储量及分布，以及我国大中型地下金属矿山（铜矿包括大型露天矿）的数量、类型、分布、开采现状等进行了调查、统计和分析，比较系统地掌握了我国主要金属矿产资源储量及分布和大中型地下金属矿山数量及分布的准确资料（表 10.1 ~ 表 10.5）。

表 10.1　金属矿产资源全国各省（区、市）（不包括港澳台地区）分布概况

序号	矿种	主要分布省（区、市）及占全国资源储量的比例（单位：%）
1	铁矿	辽宁（20.1）　四川（16.6）　河北（11.8）　安徽（6.4）　山西（6.2）　云南（5.8）　山东（4.7）　内蒙古（4.6）　湖北（4.4）　其他（19.4）
2	铜矿	西藏（22.61）　江西（14.03）　云南（13.97）　内蒙古（7.27）　新疆（5.94）　安徽（5.04）　黑龙江（4.7）　甘肃（3.93）　广东（2.73）　湖北（2.61）　其他（17.17）
3	铝土矿	山西（41.6）　贵州（17.1）　河南（16.7）　广西（15.5）　山东（3）　其他（6.1）
4	铅矿	云南（16.99）　广东（11.5）　内蒙古（9.34）　甘肃（7.65）　江西（7.33）　湖南（6.88）　四川（5.59）　广西（5.05）　陕西（4.9）　青海（4.77）　其他（20）
5	锌矿	云南（21.9）　内蒙古（13.59）　甘肃（9.04）　广西（7.44）　广东（7.09）　湖南（6.85）　四川（5.48）　河北（4.09）　江西（3.92）　陕西（3.14）　青海（2.56）　浙江（2.54）　福建（2.37）　其他（9.99）
6	镍矿	甘肃（63.9）　新疆（11.6）　云南（8.9）　吉林（4.4）　湖北（3.4）　四川（3.3）　其他（4.5）

续表

序号	矿种	主要分布省（区、市）及占全国资源储量的比例（单位：%）
7	钨矿	湖南（34.96）　江西（17.53）　河南（8.92）　甘肃（7.13）　广东（6.35）　广西（5.77）　福建（5.51）　云南（4.17）　黑龙江（3.53）　内蒙古（3.3）　其他（2.83）
8	金矿	山东（21.8）　甘肃（8.58）　内蒙古（6.72）　河南（6.38）　新疆（5.87）　江西（5.24）　云南（4.67）　安徽（3.93）　四川（3.2）　陕西（3.65）　黑龙江（3.49）　湖南（3.2）　西藏（3.11）　其他（20.16）

表 10.2　我国年产黄金 1t 以上金矿（开发公司）分布统计（48 个）

序号	矿山（开发公司）名称	所在地区	简介
1	紫金山金铜矿	福建龙岩	年产黄金 10.55t
2	三山岛金矿	山东莱州	年产黄金 7.83t
3	焦家金矿	山东莱州	年产黄金 7.04t
4	烂泥沟金矿	贵州黔西南	年产黄金 5.24t
5	北衙金矿	云南鹤庆	年产黄金 5.04t
6	灵宝黄金股份有限公司	河南灵宝	黄金金属储量 145.57t，年产黄金 4.5t
7	新城金矿	山东莱州	年产黄金 4.27t
8	玲珑金矿	山东招远	年产黄金 3.81t
9	夏甸金矿	山东招远	黄金金属储量 63.32t，年产黄金 3.78t
10	金曦黄金矿业有限公司	内蒙古锡林郭勒	黄金金属储量 22t，年产黄金 3.4t
11	大柴旦矿业有限公司	青海海西	年产黄金 3.35t
12	北东矿业	甘肃肃北	年产黄金 3.06t
13	板庙子矿业有限公司	吉林白山	露天、地下联合开采，年产黄金 2.65t
14	腊子沟金矿	山东烟台	年产黄金 2.61t
15	早子沟金矿	甘肃合作	年产黄金 2.54t
16	山东金洲矿业集团有限公司	山东威海	年产黄金 2.5t
17	归来庄矿业	山东平邑	年产黄金 2.15t
18	珲春紫金矿业有限公司	吉林延边	年产黄金 2.08t
19	黄金洞矿业公司	湖南岳阳	年产黄金 2.05t
20	夹皮沟金矿	吉林桦甸	年产黄金 2t
21	大尹格庄金矿	山东招远	年产黄金 1.98t
22	斗月矿业有限公司	云南文山	年产黄金 1.87t
23	都兰金辉矿业有限公司	青海格尔木	年产黄金 1.76t
24	金陶股份有限公司	内蒙古赤峰	年产黄金 1.74t
25	黑岚沟金矿	山东烟台	年产黄金 1.68t
26	文峪金矿	河南灵宝	年产黄金 1.5t
27	洛阳坤宇矿业有限公司	河南洛宁	年产黄金 1.49t
28	排山楼黄金矿业公司	辽宁阜新	年产黄金 1.46t
29	三鑫金铜股份有限公司	湖北大冶	年产黄金 1.45t

续表

序号	矿山（开发公司）名称	所在地区	简介
30	湘西金矿	湖南怀化	品位 7～8g/t，年产黄金 1.4t
31	金中矿业有限公司	内蒙古锡林郭勒	年产黄金 1.38t
32	鑫达黄金矿业有限公司	内蒙古包头	年产黄金 1.37t
33	太洲矿业公司	陕西渭南	年产黄金 1.35t
34	金翅岭金矿	山东招远	年产黄金 1.25t
35	金山金矿	江西德兴	年产黄金 1.24t
36	吉隆矿业有限责任公司	内蒙古赤峰	年产黄金 1.23t
37	潼关中金矿业	陕西渭南	年产黄金 1.2t
38	金源公司	河南洛阳	年产黄金 1.17t
39	太白矿业公司	陕西宝鸡	年产黄金 1.17t
40	峪耳崖黄金矿业有限公司	河北承德	年产黄金 1.15t
41	轩瑞矿产公司	甘肃甘南	年产黄金 1.12t
42	金鹰黄金	甘肃肃北	年产黄金 1.11t
43	海子万人洞金矿	贵州安龙	年产黄金 1.1t
44	海南山金	海南乐东	年产黄金 1.04t
45	招金北疆矿业	新疆托里	年产黄金 1.03t
46	四方金矿	陕西凤县	年产黄金 1.02t
47	华金矿业有限责任公司	安徽铜陵	年产黄金 1.02t
48	金燕矿业有限公司	河北张家口	年产黄金 1.01t

表 10.3　我国大中型铁矿分布统计（开采规模 100 万 t/a 以上，35 个）

序号	矿山名称	所在地区	矿山简介
1	杏山铁矿	河北迁安	矿石储量 5891 万 t，设计采矿规模 320 万 t/a
2	司家营铁矿	河北滦南	矿石储量 2.29 亿 t，开采规模 110 万 t/a
3	石人沟铁矿	河北唐山	矿石储量 2.5 亿 t，设计采矿规模 200 万 t/a
4	黑山铁矿	河北承德	露天地下联合开采矿山，2014 年地下开采原矿产量 102 万 t
5	西石门铁矿	河北邯郸	矿石储量 1.06 亿 t，品位 43.26%，采矿规模 187 万 t/a
6	北洺河铁矿	河北邯郸	矿石储量 7909.71 万 t，品位 49.78%，采矿规模 255 万 t/a
7	霍邱铁矿	安徽霍邱	矿石储量 3.5 亿 t，品位 28.8%，采矿规模 750 万 t/a
8	金日盛铁矿	安徽霍邱	采矿规模 450 万 t/a
9	吴集铁矿	安徽六安	矿石储量 1.05 亿 t，品位 29.20%，采矿规模 200 万 t/a
10	刘塘坊铁矿	安徽六安	矿石储量 4490.55 万 t，品位 20%～30%，采矿规模 122 万 t/a
11	富凯铁矿	安徽六安	矿石储量 6000 万 t，采矿规模 200 万 t/a
12	罗河铁矿	安徽庐江	矿石储量 5.46 亿 t，品位 34.8%，采矿规模 300 万 t/a
13	龙桥铁矿	安徽庐江	矿石储量 1.04 亿 t，品位 44%，采矿规模 300 万 t/a
14	苍山矿业	山东苍山	设计采矿规模 200 万 t/a，2014 年原矿产量 242 万 t

续表

序号	矿山名称	所在地区	矿山简介
15	李官集铁矿	山东济宁	矿石储量 4662.47 万 t，品位 30.38%，采矿规模 116 万 t/a
16	张家洼铁矿	山东莱芜	采矿规模 195 万 t/a
17	小官庄铁矿	山东莱芜	采矿规模 161 万 t/a
18	马庄铁矿	山东莱芜	矿石储量 635.6 万 t，品位 43.94%，采矿规模 55 万 t/a
19	谷家台铁矿	山东莱芜	矿石储量 4679.8 万 t，品位 46.71%，采矿规模 200 万 t/a
20	眼前山铁矿	辽宁鞍山	矿石储量 3.4 亿 t，品位 30.49%，采矿规模 150 万 t/a
21	弓长岭铁矿	辽宁辽阳	采矿规模 220 万 t/a
22	程潮铁矿	湖北鄂州	矿石储量 1.28 亿 t，品位 44.22%，采矿规模 218 万 t/a
23	金山店铁矿	湖北大冶	矿石储量 6656 万 t，品位 41.12%，采矿规模 243 万 t/a
24	大冶铁矿	湖北黄石	矿石储量 2900 万 t，品位 44.8%，采矿规模 135 万 t/a
25	镜铁山铁矿	甘肃酒泉	采矿规模 500 万 t/a
26	梅山铁矿	江苏南京	矿石储量 2.68 亿 t，采矿规模 392 万 t/a
27	大红山铁矿	云南玉溪	矿石储量 4.58 亿 t，采矿规模 1100 万 t/a
28	板石铁矿	吉林白山	矿石储量 6700 万 t，品位 33.28%，采矿规模 345 万 t/a
29	马城铁矿	河北唐山	矿石储量 10.44 亿 t，品位 35%，设计采矿规模 2200 万 t/a
30	凤凰山铁矿	山东苍山	矿石储量 6000 万 t，设计采矿规模 400 万 t/a
31	思山岭铁矿	辽宁本溪	矿石储量 25 亿 t，设计采矿规模 1500 万 t/a
32	大台沟铁矿	辽宁本溪	矿石储量 50.7 亿 t，品位 31.1%，设计采矿规模 3000 万 t/a
33	西鞍山铁矿	辽宁鞍山	矿石储量 17 亿 t，设计采矿规模 3000 万 t/a
34	陈台沟铁矿	辽宁鞍山	矿石储量 12.16 亿 t，品位 31% ~ 32%，采矿规模 1100 万 t/a
35	济宁铁矿	山东济宁	矿石储量 20 亿 t，品位 30%，设计采矿规模 2000 万 t/a

表 10.4　我国大中型铜矿分布统计（33 个）

序号	矿山名称	所在地区	矿山简介
1	冬瓜山铜矿	安徽铜陵	采矿规模 300 万 t/a
2	沙溪铜矿	安徽庐江	金属储量 150 万 t，采矿规模 330 万 t/a
3	安庆铜矿	安徽安庆	采矿规模 115.5 万 t/a，年产铜量 9350t
4	六苴铜矿	云南大姚	采矿规模 49.5 万 t/a
5	普朗铜矿	云南香格里拉	采矿规模 1250 万 t/a
6	狮凤山铜矿	云南玉溪	采矿规模 153 万 t/a
7	大红山铜矿	云南玉溪	采矿规模 150 万 t/a
8	红牛铜矿	云南迪庆	金属储量 35.47 万 t，品位 1.72%，设计生产规模 120 万 t/a
9	铜绿山铜铁矿	湖北大冶	采矿规模 120 万 t/a
10	丰山铜矿	湖北黄石	采矿规模 100 万 t/a
11	武山铜矿	江西瑞昌	采矿规模 100 万 t/a
12	城门山铜矿	江西九江	矿石储量 2.2 亿 t，采矿规模 210 万 t/a

续表

序号	矿山名称	所在地区	矿山简介
13	永平铜矿	江西上饶	采矿规模 300 万 t/a
14	德兴铜矿	江西德兴	矿石储量 16.3 亿 t，采矿规模 3000 万 t/a（露采）
15	红透山铜矿	辽宁抚顺	采矿规模 55 万 t/a
16	铜矿峪铜矿	山西运城	金属储量为 267 万 t，品位 0.683%，采矿规模 400 万 t/a
17	珲春铜金矿	吉林延边	采矿规模 450 万 t/a
18	多宝山铜矿	黑龙江黑河	矿石储量 5.07 亿 t（露采）
19	金川铜镍矿	甘肃金昌	铜金属储量 300 多万 t，铜镍矿采矿规模 560 万 t/a
20	霍各乞铜矿	内蒙古巴彦淖尔	采矿规模 300 万 t/a
21	紫金山金铜矿	福建龙岩	铜金属储量 200 万 t 以上（露采）
22	拉拉铜矿	四川凉山	铜金属产量 1.5 万 t/a（露采）
23	德尔尼铜矿	青海玛沁	精炼铜产量 0.65 万 t/a（露采）
24	呼的合铜矿	新疆托里	铜精矿产量 1.5 万 t/a（露采）
25	阿舍勒铜矿	新疆阿勒泰	采矿规模 132 万 t/a
26	黄山铜镍矿	新疆哈密	精炼铜产量 0.7 万 t/a
27	土屋铜矿	新疆哈密	铜精矿产量 0.8 万 t/a（露采）
28	玉龙铜矿	西藏昌都	湿法铜产量 2.0 万 t/a（露采）
29	谢通门铜矿	西藏日喀则	铜精矿产量 5.6 万 t/a（露采）
30	甲玛铜多金属矿	西藏拉萨	品位 0.699%，采矿规模 660 万 t/a
31	尼木铜矿	西藏拉萨	精炼铜产量 0.65 万 t/a（露采）
32	邦铺钼（铜）矿	西藏拉萨	铜精矿产量 2.0 万 t/a（露采）
33	驱龙铜矿	西藏拉萨	铜精矿产量 6.0 万 t/a（露采）

表 10.5　我国大中型铅锌矿分布统计（42 个）

序号	矿山名称	所在地区	矿山简介
1	蔡家营锌金矿	河北张家口	锌金属储量 195 万 t
2	铅硐山铅锌矿	陕西宝鸡	金属储量 10 万 t，采矿规模 45 万 t/a
3	二里河铅锌矿	陕西凤县	矿石储量 500 万 t，采矿规模 10.5 万 t/a
4	康家湾铅锌矿	湖南衡阳	矿石储量 1600 万 t，采矿规模 60 万 t/a
5	黄沙坪铅锌矿	湖南郴州	矿石储量 400 万 t，采矿规模 38 万 t/a
6	会东铅锌矿	四川凉山	矿石储量 1700 万 t，采矿规模 60 万 t/a
7	赤普铅锌矿	四川甘洛	矿石储量 343 万 t，采矿规模 10 万 t/a
8	大梁子铅锌矿	四川会东	矿石储量 1718.6 万 t，生产能力为 8.25 万 t/a
9	龙头岗铅锌矿	江西铅山	矿石储量为 317 万 t，采矿规模 30 万 t/a
10	冷水坑铅锌矿	江西贵溪	矿石储量铅 152 万 t、锌 218 万 t，采矿规模 15 万 t/a
11	七宝山钴铅锌矿	江西宜春	矿石储量 447.58 万 t，采矿规模 18 万 t/a
12	栖霞山铅锌矿	江苏南京	矿石储量 1600 万 t，采矿规模 200 万 t/a

续表

序号	矿山名称	所在地区	矿山简介
13	小茅山铜铅锌矿	江苏苏州	金属储量铅 2.6 万 t、锌 4.7 万 t，采矿规模 10 万 t/a
14	厂坝铅锌矿	甘肃陇南	采矿规模 154 万 t/a
15	洛坝铅锌矿	甘肃陇南	矿石储量 135 万 t，采矿规模 18 万 t/a
16	小铁山多金属矿	甘肃白银	矿石储量 600 万 t，采矿规模 30 万 t/a
17	青城子铅锌矿	辽宁凤城	矿石储量 1988 万 t
18	甲乌拉银铅锌矿	内蒙古呼伦贝尔	矿石储量 306.73 万 t，采矿规模 20 万 t/a
19	东升庙矿业	内蒙古巴彦淖尔	采矿规模 145 万 t/a
20	三贵口铅锌矿	内蒙古巴彦淖尔	矿石储量 8700 万 t，采矿规模 330 万 t/a
21	十地银铅锌矿	内蒙古赤峰	金属储量铅 12.87 万 t、锌 12.93 万 t，采矿规模 30 万 t/a
22	硐子铅锌矿	内蒙古赤峰	矿石储量 462.58 万 t，采矿规模 30 万 t/a
23	白音诺尔铅锌矿	内蒙古赤峰	矿石储量 1088 万 t，采矿规模 60 万 t/a
24	大座子山铅锌矿	内蒙古赤峰	矿石储量 4.62 亿 t，采矿规模 30 万 t/a
25	大尖山铅锌矿	广东连平	矿石储量 394.09 万 t，采矿规模 7.5 万 t/a
26	上仓铅锌矿	广东龙门	矿石储量 110.29 万 t，采矿规模 4.5 万 t/a
27	凡口铅锌矿	广东韶关	矿石储量 1500 万 t，采矿规模 130 万 t/a
28	盘龙铅锌矿	广西武宣	铅锌金属储量 200 万 t，设计采矿规模 90 万 t/a
29	弄屯铅锌矿	广西大新	矿石储量 1065.35 万 t，采矿规模 60 万 t/a
30	张公岭铅锌银矿	广西贺州	矿石储量 672.13 万 t，采矿规模 30 万 t/a
31	北山铅锌矿	广西河池	矿石储量 234.9 万 t，采矿规模 24 万 t/a
32	芦茅林铅锌矿	贵州普定	矿石储量 1081.02 万 t，采矿规模 50 万 t/a
33	金坡铅锌矿	贵州普定	矿石储量 930.69 万 t，采矿规模 70 万 t/a
34	会泽铅锌矿	云南曲靖	矿石储量 300 万 t，采矿规模 10.5 万 ~ 12 万 t/a
35	兰坪铅锌矿	云南怒江	矿石储量 1100 万 t，采矿规模 70 万 t/a
36	毛坪铅锌矿	云南昭通	矿石储量 459 万 t，采矿规模 60 万 t/a
37	金顶铅锌矿	云南兰坪	矿石储量 1433 万 t，采矿规模 130 万 t/a
38	永昌铅锌矿	云南施甸	矿石储量为 1680 万 t，采矿规模 30 万 t/a
39	澜沧老厂铅锌矿	云南澜沧	金属储量：铅锌 120 万 t
40	富宁铅锌矿	云南文山	矿石储量 670 万 t，采矿规模 30 万 t/a
41	大排铅锌矿	福建龙岩	矿石储量 2115 万 t
42	锡铁山铅锌矿	青海海西	矿石储量 2000 万 t 以上，采矿规模 150 万 t/a

二、查询相关资料

对我国地下金属矿山深部开采现状和深部开采中已经出现的和将要出现的具有共性的关键技术难题和各自特殊的技术难题进行系统的调查、统计和分析；同时，对国外代表性国家（如加拿大、美国、俄罗斯等）金属矿深部开采的现状和解决深部开采难题应用的技术、方法进行了系统的调查、统计和分析，为本项目研究提供参考和依据。

通过相关调研、查询得到，我国采深 1000m 以上地下金属矿山统计表（16 座），如表 10.6 所示。国外采深 1000m 以上地下金属矿山大约有（112 座）。

表 10.6　我国采深 1000m 以上地下金属矿山统计表（16 座）

序号	矿山名称	所在地区	开采深度 /m
1	崟鑫金矿	河南省灵宝市	1600
2	会泽铅锌矿	云南省曲靖市会泽县	1500
3	六苴铜矿	云南省大姚县六苴镇	1500
4	夹皮沟金矿	吉林省桦甸市	1500
5	秦岭金矿	河南省灵宝市	1400
6	红透山铜矿	辽宁省抚顺市红透山镇	1300
7	文峪金矿	河南省灵宝市	1300
8	潼关金矿	陕西省潼关县	1200
9	玲珑金矿	山东省烟台招远市玲珑镇	1150
10	冬瓜山铜矿	安徽省铜陵市	1100
11	湘西金矿	湖南省怀化市沅陵县	1100
12	阿舍勒铜矿	新疆维吾尔自治区阿勒泰地区	1100
13	三山岛金矿	山东省莱州市	1050
14	金川二矿区	甘肃省金昌市	1000
15	乳山金矿	山东省威海乳山市	1000
16	弓长岭铁矿	辽宁省辽阳市弓长岭区	1000

三、金属矿深部开采关键工程科技问题研究结论和建议

根据项目调研、考察、分析、总结出的深部采矿中具有共性的关键难题，参考国外解决相关难题应用的技术和方法，从科学问题和工程技术两个层面，本项目提出我国金属矿深部开采的5个关键工程科技问题。将所有关键科技问题与相关学科的新理论、新技术相对接，通过具有创新性、可行性和实用性相结合的多学科系统研究，从战略性和前瞻性的高度提出应对和解决这些关键工程科技问题的研究方法和对策建议，最终形成金属矿深部开采的创新技术体系。

1. 深部开采动力灾害（岩爆）预测与防控

1）岩爆诱发机理

（1）金属矿山深部开采动力灾害包括岩爆、塌方、冒顶、突水等，以岩爆为重点。

（2）岩爆是在地应力的主导下完成的采矿动力灾害，是采矿开挖形成的扰动能量在围岩中聚集、演化和在围岩出现破裂等情况下突然释放的过程。

（3）地应力是地层中的天然应力。采矿开挖前地层处于自然平衡状态，采矿开挖引起地应力向开挖空间释放，形成等效释放荷载，导致围岩变形和应力集中，产生扰

动能量。当岩体中聚集的扰动能量达到很高水平，并且在围岩出现破裂等情况下突然释放，产生冲击破坏，即岩爆。这是对岩爆机理的准确认识。

2）岩爆预测与防控

（1）基于上述岩爆诱发机理可知，岩爆发生必须具备两个必要条件：一是采矿岩体必须具有储存高应变能的能力并且在发生破坏时具有冲击性；二是采场围岩必须有形成高应力集中和高应变能聚集的应力环境。这也是进行金属矿山岩爆预测的基本准则。

（2）岩爆预测应与采矿过程紧密结合。根据未来开采计划，定量计算出未来开采诱发扰动能量的大小和在岩体中的分布及其随开采过程的变化规律，借助天然地震能量 E 与震级 M 的关系式（$\lg E=4.8+1.5M$），并基于开采扰动能量分析，对未来开采诱发岩爆的趋势和震级作出预测。

（3）岩爆防控主要从优化采矿方法入手，减小开采过程中扰动能量的聚集，控制岩爆的发生或降低岩爆等级。同时，采取能吸收能量、防冲击的支护措施，阻止和减弱岩爆的冲击破坏作用。

3）进一步的研究目标

（1）如上所述，根据对未来开采诱发扰动能量在岩体中聚集状况的计算和分析，已经能够实现对岩爆发生时间—空间—强度规律的理论上的预测。

（2）当前的主要问题是岩爆的实时监测和预报还缺少成熟的技术，准确的岩爆实时预报，特别是短期和临震预报还做不到。

（3）必须加强对开采扰动能量聚集和释放过程，特别是释放过程，进行监测的技术水平。除已有的应力、位移、三维数字图像扫描、声波监测、微震监测等手段外，还要研发创新的技术和手段。

（4）在基于开采扰动能量对岩爆进行超前理论预测的基础上，通过精准监测开采过程中能量聚集、演化、岩体破裂、损伤和能量动力释放的全过程，为岩爆的实时预测预报提供可靠依据。

2. 深井降温与热害控制

地下岩层温度随深度以 (1.7～3.0℃)/100m 的梯度提升。通常千米以上深井的岩层温度将超过人体温度，如南非西部矿井在深部 3000m 处，岩层温度最高可达 80℃。本项目调查我国超过 700m 深的金属矿有 100 多座，超过 700m 后岩温普遍超过 35℃，如安徽罗河铁矿 700m 深度，岩温达到 42℃。温度异常的矿山，热源主要来自设备放热、开采工艺放热，如爆破、充填凝固放热，以及岩温异常放热、矿物氧化放热、热水地热异常放热等，为热害控制提供了依据。深井高温条件将使个人工作效率和设备作业效率下降，并可造成严重灾害事故。据统计，矿内作业环境温度超标 1℃，工人的劳动生产率将降低 7%～10%。

国内外常用的矿井降温技术包括非人工制冷和人工制冷两大类。矿井通风是主要的非人工制冷降温技术。井深超过 1000m 后，单靠常规通风不能达到降温要求。预冷风流后再送井下效果会好些，但因无用降温空间太大，通风效率低、成本高而不可取。人工制冷降温包括水冷和冰冷两种：水冷系统是在地面或地下制出冷水送到井下工作站，通过高低压换热器和空冷器使风流冷却，冷风送到工作面降温；冰冷系统和水冷系统类似，在地面制出泥状冰或粒状冰送到井下融冰池形成冷水。南非姆波尼格金矿（采深 4350m），地下岩温 65.6℃。该矿建成 9 座制冰厂，制出冰浆送入地下 3 个巨大冰坝，冰浆被加入水中，一起在管道中循环，为整座矿井降温，温度可降至 29.5℃。这种降温系统比上述冰冷和水冷系统降温效果好。

建议进一步发展的方向：人工制冷和非人工制冷都是被动式降温技术，为了高效解决深井降温问题，必须发展主动式降温技术，本项目重点推荐以下 3 个方向。

（1）深井高温岩层隔热技术。深井高温环境主要是由深井高温岩层热辐射所造成的。研发新型高效隔热新材料、新技术、新工艺，对岩层高温热源进行隔离，在此基础上再采用人工制冷降温技术等，会使井下巷道和采矿工作面取得良好降温效果。

（2）深井热交换技术。利用井下较上水平涌水提取冷量，与下水平的高温空气进行热交换，降低工作面的温度，同时置换出的热量为其他用暖提供热源。

（3）地热储能转化技术。地热是一种天然能源，增强型地热系统（enhanced geothermal system，EGS）是一种地热储能转化技术，通过介质（水或二氧化碳）循环来提取高温岩体中的地热资源，用于发电等。近年来，国际上对 EGS 开展了大量研究。如果将深部地热开发和深井采矿结合，就为采矿深井降温找到了一条经济有效的途径。

3. 深井提升技术

将开采的矿石从井下提升到地面是采矿的一个重要环节。我国金属矿山广泛使用多绳摩擦式提升机。进入深部开采后钢丝绳不断加长，不仅加大提升负荷，而且尾绳长度变化大，造成提升钢丝绳张力变化过大，断丝发生破坏，这成为制约摩擦式提升安全的主要因素。据国内外统计，摩擦式提升机的最大提升高度为 1800～2000m。

英国布雷尔（Blair）研制出多绳缠绕式提升机，解决了多绳摩擦式提升机在深井提升中存在的尾绳问题，在南非金矿得到广泛应用。但缠绕式提升机到更大深度后，同样存在钢丝绳加长、加粗带来的一系列问题。同时，制动过程中出现很大的不平衡转矩，系统运行稳定性也会出现问题。因此，缠绕式提升机在大型地下矿山应用时，单级最大提升高度可能只有 3000m 左右。更大的提升高度必须多级提升，设备成本大大增加，提升效率大大降低。

在单级提升高度超过 3000m 或 4000m 后，有绳提升技术由于钢丝绳造成的大负荷、大惯量、大扭矩将是无法解决的问题。为此，必须研发无绳垂直提升技术，如直线电机驱动、磁悬浮驱动提升技术等。无线直线电机驱动等无绳垂直提升技术，设备小、运动灵活、效率高、无提升高度的限制，是适合超深井提升的技术。目前，这方面的技术和装备都还在初步设想阶段，需要今后更深入的创新研究和科学试验，才能研制出实用的技术和产品。总之，本项目建议我国今后要重点开展这类提升技术和装备的研发。

4. 传统采矿模式、开采方法与工艺变革

为了适应深部应力环境、地质条件的变化和无人采矿作业的需要，对传统的采矿模式、方法与工艺进行根本变革是必要的。

1）非传统爆破连续破岩切割采矿方法

（1）机械连续切割掘进、采矿技术。

从长远目标出发，以机械连续切割设备取代传统爆破采矿工艺进行开采是一个重要方向。具有如下优点。

① 切割空间无须实施爆破而明显提高围岩稳固性。

② 机械切割能准确地开采目标矿石，使矿石贫化率降到最低。

③ 可实现切割落矿、装载、运输工艺平行连续进行，为实现连续采矿创造了条件。

（2）高压水射流破岩掘进与采矿技术。

经增压器或高压泵加压形成的高速高压水射流具有很大的动能，在目标靶上可产生巨大的冲击力，用来切割、破碎岩石等，目前已用于软岩和中等硬破岩。但在切割坚硬矿岩时，需使用更高的水射流压力，这样会降低水射流发射装置系统的可靠性和寿命，破岩比能增大。对此需要进行深入研究，为在金属矿硬岩中应用创造条件。

（3）激光破岩掘进与采矿技术。

激光破岩是利用高能激光束的热量对岩石局部快速加热，使其迅速受热膨胀，导致局部热应力升高。当热应力高于岩石极限强度时，岩石就会发生热破碎，实现局部切割。岩石表面的微裂缝和孔隙等使其极限强度降低，会加剧这种热破碎切割作用。

（4）等离子爆破破岩采矿技术。

该技术利用电能将炮孔中的电解液转变成高压、高温等离子气体，通过等离子气体快速膨胀形成冲击波，产生类似于炸药的爆破效果。爆破产生的压力可超过 2GPa，这样高的压力足以破裂坚硬岩石，如图 10.1 所示。

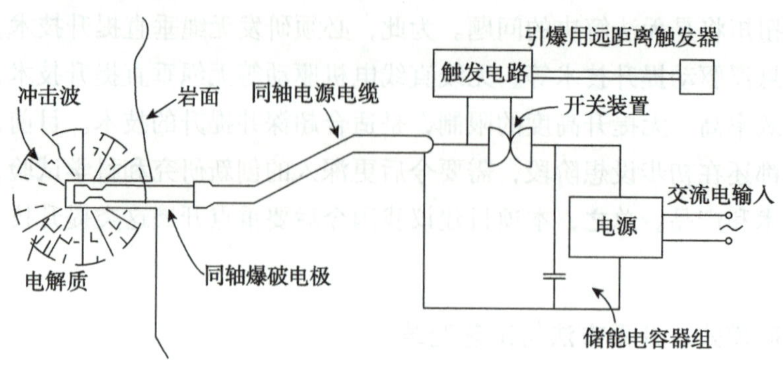

图 10.1　等离子爆破破岩采矿技术原理图

2）支护变革—— 深部充填采矿技术

随着采矿深度不断增加，为了有效控制深部开采的地压活动，保证开采安全，充填采矿法将是多数矿山包括铁矿不得不选择的方法。这是采矿模式的一个重要变革。

降低充填成本是在深部广泛推广应用充填工艺的关键问题。例如，全尾砂膏体充填可在低水泥耗量下获得高质量的充填体，能有效维护空区、控制岩爆，代表了这种技术的发展方向。

我国金川集团股份有限公司采用该技术，用戈壁碎石集料、全尾砂与水泥制备成浓度为 81% ~ 83% 的膏体，充填体抗压强度达到 40MPa 以上。我国地下金属矿山应对这种充填工艺进行更进一步研究，使成本更低、效果更好，为深部开采广泛推广应用创造条件。

3）深井遥控智能化无人采矿技术

遥控智能化无人采矿技术是为应对不断恶化的深部开采条件和环境条件，最大限度地提高劳动生产率和采矿效率，保证开采安全的最根本、最有效、最可靠的方法。

5. 国内外现状和我国的奋斗目标

1）国内外现状

（1）目前，国内外仍处于建设无人矿山的初级阶段。在此阶段，无人采矿的核心技术仍然是传统采矿工艺和生产组织管理的自动化与智能化。进入高级阶段的无人采矿，必将涉及采矿工艺及生产过程自身的变革。

（2）20 世纪 80 年代，西方矿业发达国家就开始试验推广井下工作面无人采矿作业方式，而目前我国不少矿山就连全盘机械化作业都做不到。目前，在我国全面开展遥控智能化采矿作业的条件还不成熟，因此必须结合我国国情，研究加速提高我国矿山遥控智能化采矿作业水平的技术和路线。

（3）进入 21 世纪以来，我国采矿工程科技在追踪世界科技进步方面有了很大突破。以杏山铁矿为代表的几个矿山，在采矿全过程自动化控制和遥控智能采矿作业方面已取得重要进展和突破。

（4）从总体上来看，我国的采矿技术在许多方面已接近或达到了国际先进水平。矿山整体差距主要体现在大量矿山的采矿设备比较落后方面，这不仅导致生产效率低，还使资源浪费严重。先进的采矿设备主要从国外进口，价格昂贵，这也是制约我国采矿进步的关键问题。

2）我国的奋斗目标

（1）为了解决上述问题，我国必须加大科技投入，以引进－消化吸收－再创新为基础，立足自主创新，充分利用后发优势，首先在自动化采矿装备的研制方面取得突破，在较短时间内实现大型自动化采矿设备的国产化。这就为加速我国自动化、智能化采矿技术的推广应用创造了可靠的条件。

（2）对一批新建的大型地下金属矿山，从设计开始就高起点投入、投产，以实现自动化遥控、智能化采矿作业。这批矿山建成后，产量会占我国地下金属矿山产量很大一部分，可以从整体上带动我国自动化、遥控智能化采矿水平上一个台阶。

（3）由于我国从事采矿科技研究的人数多、力量强，只要集中力量，就可以在采矿新技术、新工艺的研究方面取得突破，为无人采矿从初级阶段向高级阶段过渡创造条件。所以，相对西方矿业发达国家，我国的采矿工程科技在不远的将来实现“弯道超车”是大有希望的。

综上所述，可得出如下结论：上述具有前瞻性关键创新技术的集成，形成了我国金属矿深部开采创新技术体系的整体框架和奋斗目标。

第十一章　深部矿产和地热资源共采战略研究

第一节　研 究 背 景

矿产资源是人类赖以生存、社会得以发展的重要物质基础，对国民经济的可持续发展起着举足轻重的作用。我国矿产资源总量较丰富，已探明的矿产资源储量的潜在价值约占世界矿产资源总价值的 14.6%，居世界第 3 位，而我国人均占有量远远低于世界平均水平。45 种主要矿产资源人均储量居世界第 80 位，为世界平均水平的 58%。

经过多年开采，我国浅部资源，特别是金属矿产资源逐年减少和枯竭。正在兴建或计划兴建的一大批大中型金属矿山，基本上全部为地下深部开采（开采深度超过 1000m）。深部开采是我国金属矿产资源开发面临的最迫切问题，也是今后保证我国金属矿产资源可持续开发与供给的最主要途径。

2016 年 5 月 30 日，习近平在全国科技创新大会、两院院士大会、中国科协第九次全国代表大会上指出："从理论上讲，地球内部可利用的成矿空间分布在从地表到地下 1 万米，目前世界先进水平勘探开采深度已达 2500 米至 4000 米，而我国大多小于 500 米，向地球深部进军是我们必须解决的战略科技问题。"这是总书记向我国采矿界下达的重大科技使命。

我国已经在山东三山岛莱州湾海底 1600～2600m 深度，探明了一个金属储量 550t 的大型金矿床。随着勘探技术和装备的进步，以及勘探深度的增加，我国未来在 3000～5000m 深部找到一批大型金属矿床是完全可能的，因此必须把 5000m 开采深度作为金属矿深部开采战略研究的目标。

金属矿进入深部开采后会遇到一系列关键难题，最突出的就是高温环境条件。地下岩层温度随深度以 3.0℃/100m 左右的梯度增加。千米以上深井内的温度可超过人体温度，人员健康和工作能力将受很大损伤。我国金属矿山安全生产规程规定，井下工作面标准温度为 28℃。据统计，工作面环境温度超标 1℃，工人的劳动生产率将降低 7%～10%，并且设备作业效率也同时下降，还可能造成严重灾害事故。为了维持正常生产，必须进行降温。

国内外常用的降温技术包括非人工制冷和人工制冷两大类。矿井通风是主要的非人工制冷降温技术。但井深超过 1000m 后，常规通风不能达到需要的降温要求，必须同时采用人工制冷降温，人工制冷降温包括水冷和冰冷两种，其中水冷却系统实际上就是地面空调系统在井下矿山降温中的应用。20 世纪 60 年代初，南非便开始使用大型矿井集中空调。从 20 世纪 70 年代开始，空调式水冷却技术的使用越来越广泛。20 世纪 80 年代初期，随着矿井深度的增加，由于水冷却系统不可避免存在过高的静水压力和难以解决的冷凝热排放困难，南非等国家开始进行冰冷却降温系统的研究与应用。

南非姆波尼格金矿采深 4350m，是当时世界上开采深度最大的矿山，开采工作面环境温度 65.56℃。井下工作面和附近巷道周围通过布设冷水循环管道来进行降温。在循环水中加入冰浆，使水温降到 0℃左右，使周围环境降温至 29.5℃，基本满足要求。为此姆波尼格金矿在地表建成 9 座巨型制冰厂，每座冰厂每小时制造 33t 冰浆，冰浆采用风力送至井下，并加入循环管道的水中，与水一起在管道中循环，成本极高。

我国大量地下矿山将进入深部开采，深井降温是一个量大面广的普遍问题。井深超过 2000 ~ 3000m 后，人工制冷降温成本会很高，一般矿山无法承受，如姆波尼格金矿那样高成本的人工降温技术，在我国大规模推广应用是根本不可能的，而且如此高的降温成本将使深井采矿由于经济性问题而无法进行。

为了从源头上解决这一难题，必须重视一个重要的事实，即现有的降温技术都是被动式降温技术。为了从根本上解决深井降温问题，必须发展主动式降温技术，才能解决传统的被动式降温造成的不可克服的采矿高成本问题。其中，最具发展前途的是深部地热开发技术。

深井高温环境主要是由高温岩层热辐射所造成的，是地热产生的效应。地热是一种天然能源，如果在深部开采过程中，采用热交换技术，对地层中地热资源开发利用，将深井采矿和深部地热开发相结合，那么就能大幅度抵消被动式的降温成本，从而为采矿深井降温找到一条具有颠覆性的、经济有效的技术途径。

我国地热资源赋存较为丰富：浅层低温（<200m，<90℃）地热资源遍布全国，浅部地热能量折合标准煤 95 亿 t，年可利用资源量 7 亿 t；中、深层中温（200 ~ 3000m，90 ~ 150℃）地热资源主要集中在大型沉积盆地区，其中水热型地热的能量相当于 1.25 万亿 t 标准煤。我国已经和正在开发利用的主要是 200m 以内的水热型地热资源。

98% 的地热能赋存在 3000 ~ 10000m 深的高温干热岩层（很低渗透性，没有水或蒸汽的热岩石，温度范围为 150 ~ 650℃）中。据 2012 年 863 计划项目“干热岩热能开发与综合利用关键技术研究”的估算，我国深部高温干热岩层（3000 ~ 10000m 深部高温岩层）地热能资源量相当于 860 万亿 t 标准煤。按 2% 的可开采资源量计算，相当于我国 2015 年能源消耗总量的 4000 倍。全球地热能资源量约合 4900 万亿 t 标准煤，中国约占全球的六分之一。

21 世纪以来，我国中浅部地热能开发利用得到快速发展，但在我国一次能源消费中的占比仍然很低，只有 0.5% 左右，为此必须大幅度加强深部高温岩层地热的开采。

美国、英国、法国等国家 50 年前就开始研究 EGS，采用石油勘探钻孔的方法向深部地层打钻孔，从钻孔底部通过水压致裂在干热岩体中形成人工地热储层（热储），从中采取出热能。我国从20世纪初开始相关勘查研究，2017年在贵德发现了一处干热岩，但是没有进行过 EGS 现场试验。

EGS 能够有效开发地热的关键在于经济有效的多重热储建造，保证有足够体积的热储满足长期开发地热能的要求。建造人造热储的难点主要有两个：一是深钻，二是水压致裂。深部高地应力给通过水压致裂建造热储带来不可克服的困难，因为在高地应力作用下，水压致裂造成的裂隙往往又闭合，裂隙间不连通或形成短路，无法充分吸收周围岩体中的热量，也无法建成并保持足够体积的热储。这是采用 EGS 技术有效开发深部地热的重大技术瓶颈问题。

所以，西方国家虽然经过 50 年的研究和试验，但在地热开发的实用化技术方面，没有取得突破性进展，至今仍处于研究和试验阶段，距离工业化开发还很远。

深部矿产和地热资源共采的战略构想是，将采矿技术用于地热开采可解决 EGS 技术的关键难题。采用采矿方法，从地表向深部高温岩层打竖井，在竖井下部打多水平分布的水平巷道，再加上爆破在矿体中形成的破裂网络，与 EGS 的小口径钻孔和孔底水压致裂形成热储相比，可有效地大规模提高热储建造的能力、成百上千倍地增加热交换面积和地热能获取的能力，为大规模地热开发创造条件。

深部采矿本身就需要向深部打竖井和一系列巷道，它们就为地热开采提供了必需的通道，省去了为采地热打专用竖井、巷道的费用，从而大大降低地热开发的成本。地热的开发，将从地下采矿空间获取的热能转变成其他的能量形式输出利用，为地下采矿环境降温创造条件，大大降低专门为采矿降温采取一系列措施的成本。

如果实现深部矿产与地热资源共采，那么就为两者的经济有效开发、实现资源与能源开发双赢创造了条件。

第二节　研究目标

深部矿产资源与深部地热共采由我国首次提出，国际上没有先例。其研究与实施涉及多领域、多学科的理论和知识，是一个需要进行开创性研究的系统工程。

如何在矿产区精准勘探与预测地热的赋存位置、赋集程度、分布状况，以及如何利用现有的或开发创新的地热开发理论和技术进行采矿空间的地热开采？如何安全有效地在深地高温坚硬岩层中开掘竖井、巷道、硐室？如何在深地高地应力岩层中建造矿产资源开采系统和地热开发系统，实现两者的共建、共存、共用？采用什么样的热交换系统和技术将赋存在深部高温岩层中的地热能资源置换出来，并安全经济地输送到地表及其他适合利用的地方？对不同类型、不同特点的地热源采用何种不同的交换系统和技术？等等。

为了研究和解决这一系列的关键问题，中国工程院拟通过重点咨询研究构建起“深部矿产资源与深部地热共采系统工程”的框架，并为国家有关部门落实框架建议，制定从事进一步相关研究的计划、项目等，提供科学依据。

第三节　研究任务与课题设置

一、项目研究总体任务

（1）在广泛调研基础上，总结我国深部高温岩层地热资源赋存情况，分析矿产与地热资源两者共同赋存的区域类型和地质特征，以及我国深部矿产与地热资源共同开发利用的前景。

（2）调研国内外深部地热的开发利用现状，分析深部矿产与地热共同开发利用可能出现的关键问题。

（3）研究在深部高温坚硬岩层中开掘竖井、巷道和硐室，解决特殊地质与环境条件下的工程建造难题。

（4）研究在深部高温岩层中建造矿产开采系统和地热开发系统，实现两者共建、共存、共用的关键理论和技术框架。

（5）提出深部高温岩层热能交换、提取和输出的基本理论和关键技术。

（6）研究技术经济可行的矿产与地热共同开发利用技术路线和共采双赢战略，并提出推进深部矿产与地热共采的政策建议。

二、课题设置

本项目相关课题设置如表 11.1 所示。

表 11.1　相关课题设置

序号	课题名称	课题任务	课题负责人
课题 1	深部高温地热资源战略研究、深部矿产资源与深部地热共同开发利用前景分析	调查我国深部高温岩层地热资源赋存及开发利用情况；分析深部矿产资源与深部地热共同开发利用前景，为研发技术方法的实施奠定基础	多吉院士、毛景文院士

续表

序号	课题名称	课题任务	课题负责人
课题 2	高温坚硬岩层地下巷道与硐室掘进与建造技术	依据我国可开发深部高温坚硬岩层的赋存深度和温度特点，研究在深部高温坚硬岩层中开掘竖井、巷道和硐室的关键技术	陈湘生院士
课题 3	深部矿产资源开采系统和地热开发系统共建、共存、共用关键理论与技术	研究在深部高温岩层中建造深地矿产资源开采系统和深地地热开发系统（如热储）的关键理论和技术，实现两者的共建、共存、共用	蔡美峰院士
课题 4	深地高温岩层热能交换和输送理论与技术	研究深地高温岩层地热资源开发面临的主要问题，提出深地高温岩层热能交换、提取和输出的基本理论和关键技术	唐春安教授
课题 5	深部矿产资源与深部地热共采利用工程科技战略	构建“深部矿产资源与地热共采系统工程”框架，提出我国深部矿产资源与地热开发共采利用工程科技战略	蔡美峰院士

第四节　开展的研究工作和取得的重要成果

课题 1：深部高温地热资源战略研究、深部矿产资源与深部地热共同开发利用前景分析

（1）通过调查研究，总结出我国处于全球成矿相关的大地构造有利位置，成矿条件优越，矿种齐全，具有明显的分带、分群有规律的展布；我国位于欧亚板块、印度板块和太平洋板块交会地带，由于三大板块与中国板块的俯冲和碰撞，形成了一系列大型、超大型矿床。

（2）提出了我国深部地热资源勘探摸底的 4 种地质类型：高放射性产热型（我国东南沿海地区）、沉积盆地型（咸阳、贵德、共和等白垩系形成的盆地下部）、近代火山型（腾冲、长白山、五大连池等）和板内活动构造带型（青藏高原）。

（3）通过对我国大型 - 超大型金属矿床与地热资源分布的研究，认为胶东、长江中下游、秦岭东部和滇西北地区是地热与矿产资源的共同赋存区。但考虑到地形、开发成本和实际需求等因素，建议首先在胶东地区试行能源与资源共采，并遴选出三山岛、新城、金青顶、玲珑金矿等作为可试采区。

课题 2：高温坚硬岩层地下巷道与硐室掘进与建造技术

（1）研究了高温条件下的岩石特性、围岩变形机理与控制技术、工作面降温技术、地层改性材料与技术、掘进装备的适用性与发展方向以及地热 - 矿产资源共采的井巷建造模式，提出了地下矿产与地热资源共采的开发途径；研究了高温岩石特性及其可

钻性，提出了机械破岩钻进井巷的可行性和高温地层隔热、岩体改性工艺及材料。

（2）形成了“基础理论 - 关键技术 - 掘进装备 - 工程材料 - 建造工艺”的地下高温坚硬岩层井巷与硐室掘进与建造的技术体系；提出机械破岩的井巷施工装备体系，以及无人化“机器人”建造模式；提出了深井高温地层井巷围岩支护工艺、结构及材料和深井工程“围岩支护 - 地层改性 - 应力调控 - 断面优化”稳定控制技术；构建了竖井 + 斜井提升、竖井 U 形结构流体提升、斜坡螺旋分级提升 3 种工程开拓与提升模式，以及 U 形 /L 形 /Q 形 +360° 钻孔式的“井 - 巷 - 孔”联合布置的地热开采模式。

课题 3：深部矿产资源开采系统和地热开发系统共建、共存、共用关键理论与技术

（1）提出了适用于矿产和地热资源共采的崩落法、充填法、原位溶浸开采和废弃矿井热源长期利用 4 种共建 - 共存 - 共用的开采设施、工程布置和开发顺序；开展了温度和化学场变化对花岗岩力学特性影响的试验研究，总结了矿产和地热共采过程中，热提取诱发的热损伤和化学损伤力学特性。

（2）调查了煤矿、金属矿、盐矿、油气等开发对地热资源的开发利用现状，通过案例分析梳理了现阶段矿产与地热共采实践中采用的方法、技术；针对共采靶区环境识别问题，分析了矿产和地热一体化勘探技术，以及高温环境矿产开发与传统应力、渗流、化学等多场耦合的影响机制。

课题 4：深地高温岩层热能交换和输送理论与技术

（1）提出了一种深部矿产与地热资源共采的高 - 中 - 低多温度层级热能提取系统；研发了适用于不同温度层级的冷热工质热能交换、提取和输送系统和中温区矿热共采工艺流程；提出了使用隔热层和施工优化参数延长有效通风距离、防治井下热害、降低热储能量损耗的措施。

（2）提出了适用于矿产与地热资源共采的高温、高压热能输送理论与技术；建立了高温、高压裂隙流与管道流的热能输送机理及配套技术体系，分析了不同输送技术的输送能力和效率，提出了通过增强技术在热储中生成随机裂隙是提升热能提取效率的有效方法；通过模拟试验得到在裂隙换热区内采用裂隙换热方式优于管道流换热方式的重要结论。

课题 5：深部矿产资源与深部地热共采利用工程科技战略

（1）提出了深部矿产资源与地热资源共采系统工程框架：即深部矿产资源和深部地热共采涉及多领域、多学科的理论和知识，是一个需要进行开创性研究的系统工程，涉及地热与矿产资源勘探技术、掘进与建造技术、开发技术和利用技术（图 11.1）。

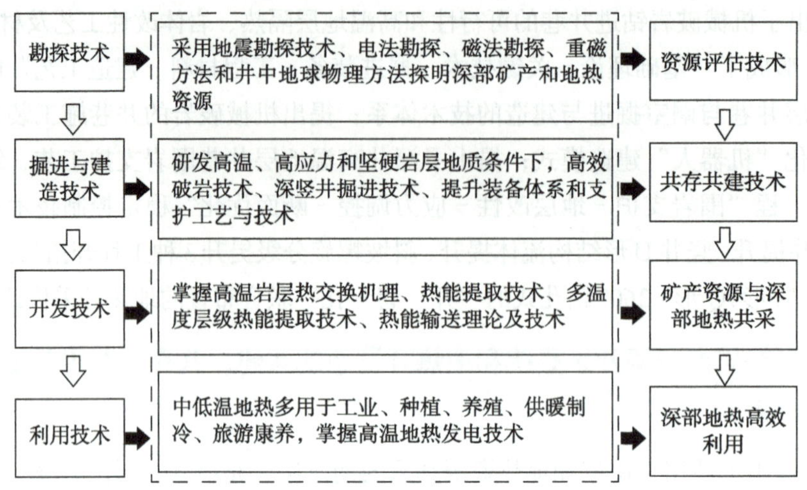

图 11.1　深部矿产资源与地热资源共采系统工程框架

（2）提出了深部矿产与地热资源开发共采利用工程科技战略。

① 加大基础研究，提升深部高温岩层地热地质成因、分布、勘探、评价、选区、开发、综合利用等方面的系统理论研究。

② 升级勘探技术，形成成熟可靠的资源评价技术和方法体系；建立一套针对不同深度“多位一体”的勘查评价体系和行业规范。

③ 地热越深，资源量越大，开发难度越大，高温钻井技术是关键。必须解决工具和材料耐温能力不足和岩体可钻性差难题，实现高效成井。

④ 传统的深部地热开采采用石油钻孔的方法向深部地层打钻孔，从钻孔底部通过水压致裂制造热储，热交换面积小，地热开发能力很有限，而且深部高地应力对热储建造带来不可克服的困难；采用采矿的方法，从地表向深部高温岩层打竖井，在竖井下部打水平巷道，再加上通过爆破在矿体中形成的破裂网络，可大规模增加热交换面积和地热开发的能力。所以，用采矿的方法开采深部地热是最有效的方法。

第五节　结论和建议

一、主要结论

（1）经过多年的开采，我国的矿产资源，特别是金属矿产资源，逐年减少和枯竭，深部开采是我国金属矿产资源开发面临的最迫切问题，也是今后保证我国金属矿产资源可持续开发与供给的最主要途径。

（2）金属矿进入深部开采后会遇到一系列关键难题，其中最突出的就是高温环境条件。深部高温环境主要由深部高温岩层热辐射所造成的，是地热产生的效应。地热是一种天然能源，而现有降温技术都是被动式降温技术，把地热当成灾害防治，而且成本极高，井深超过 2000 ~ 3000m 后，一般矿山无法承受。如果在深部采矿过程中，对地层中的地热资源开发利用，那么就能自然降低环境温度，大幅度抵消被动式降温成本。

（3）如果实施深部矿产与地热资源共采，那么采矿本身就需要向深部打竖井和一系列巷道，它们为地热开采提供了必需的通道，省去了为采地热打专用竖井和巷道的费用，从而大大降低地热开发成本；而地热的开发，将从地下采矿空间换取的热能输出利用，为采矿空间环境自然降温创造条件，大大降低了专门为采矿降温花费的成本。将深部采矿和地热开发相结合，为两者的经济有效开发，实现资源和能源开发双赢，开辟了最佳途径。

（4）地热能的绝大部分赋存在深部高温岩层中。美国、英国等国家针对深部地热开采，20 世纪 70 年代就开始研究 EGS，采用石油勘探钻孔的方法向深部地层打钻孔，从钻孔底部通过水压致裂在干热岩体中形成人工地热储层（热储）。深部高地应力对此带来不可克服的困难，因为在高地应力作用下，水压致裂形成的裂缝往往又闭合，无法建成并长时间保持足够体积的热储。这是采用 EGS 技术开发深部地热的重大技术瓶颈问题，西方国家 50 年的试验研究没有取得突破性进展。采用采矿的方法，从地表向深部高温岩层打竖井，在竖井下部打多水平分布的水平巷道，再加上通过爆破在矿体中形成的破裂网络，可大规模提高热储建造能力，增加热交换容量和地热能开发的量级，为大规模地热开发创造条件。所以，用采矿模式进行深部地热开发是最有效的方法。

（5）用现有技术开采 3000m 以下矿产资源，由于降温成本太高，经济上并不可行。深部矿产与地热共采，大大增加了开采效益（既有采矿效益，也有开发地热效益）。这样就解决了用传统采矿模式进行深部采矿“成本太高、效益太低”的经济性问题，为实现深部采矿的可持续大规模开展创造了条件。由于浅部矿产资源的逐年减少和枯竭，深部开采将是全世界面临的普遍问题。哪个国家解决了深部开采的经济性问题，就将在深部开采方面抢得先机，成为未来的采矿强国。深部采矿和深部地热开发的有机结合，将为我国成为未来的世界采矿强国提供保障。

（6）本项目通过广泛深入的调查、分析和研究，取得以下 5 个方面具有代表性的研究成果，为深部矿产与地热资源共采的进一步深入研究和组织实施奠定了良好的基础。

① 通过调查研究，总结出我国处于全球成矿相关的大地构造有利位置，成矿条件优越，矿种齐全，具有明显的分带、分群有规律的展布；提出了我国深部地热集中赋存的 4 种地质类型：高放射性产热型（我国东南沿海地区）、沉积盆地型（咸阳、贵

德、共和等白垩系形成的盆地下部）、近代火山型（腾冲、长白山、五大连池等）和板内活动构造带型（青藏高原）；提出了确定矿产与地热共采可行性矿山的地质特征，遴选出胶东地区“焦家式”（蚀变岩型）和“玲珑式”（石英脉型）两种类型金矿床的三山岛、新城、金青顶、玲珑金矿 4 个金矿作为可试采区。

② 提出了深部高温坚硬地层中井巷工程建设模式、钻凿装备和相应关键技术工艺，包括深部地质条件探测与透明构建技术、深部矿井围岩稳定控制技术、深部矿山井巷智能掘进技术与装备、深部矿井全寿命安全风险监控模式等。

③ 提出了矿产资源和地热共采的开发模式和方案，包括崩落法、充填法、原位溶浸等几种共采模式；开展了温度和化学场变化对花岗岩力学特性影响的试验研究，总结了矿产和地热共采热提取可能带来的岩石力学问题，包括热损伤、化学损伤等问题。

④ 提出了一种深部矿产与地热资源共采的高－中－低多温度层级热能提取系统和适用于不同温度层级的冷热工质热能交换、提取和输送系统及中温区矿热共采工艺流程；提出了适用于矿产与地热资源共采的高温、高压热能输送理论与技术；建立了高温、高压裂隙流与管道流热能输送机理及配套技术体系；建议通过增强技术在热储中生成随机裂隙可有效提升热能提取效率，在裂隙换热区内，采用裂隙换热比采用管道换热方式效果更好。

⑤ 提出了“深部矿产资源与地热资源共采系统工程框架”和“深部矿产与地热资源开发共采利用工程科技战略”。

（7）深部矿产资源和地热资源是推动世界能源与资源供给格局深刻变革的重要因素；推进国民经济向高效、环保、清洁、低碳化方向发展，是实现人类对美丽生态环境和美好生活目标需求的重要基础保障。深部资源、能源开发与大数据、5G 技术、高性能计算技术、物联网、万物智能等新兴技术的深度融合是重要的。

二、相关建议

（1）深部矿产与地热共采由我国首次提出，国内外没有可借鉴的先例。首先要从扎实的基础工作做起，地质勘探是最基础的起步工作。要开展全国性的深部矿产与地热资源调查评价，查明资源分布及类型，评价资源储量和开采潜力，为矿产与地热资源共采合理开发利用提供资源保障。

（2）将课题 1 遴选出的胶东地区“焦家式” 和“玲珑式”两种类型金矿床的三山岛、新城、金青顶、玲珑 4 个金矿作为可试采区的建议尽快组织实施。建立典型矿产与地热资源共采的科研示范基地，通过示范带动加快矿产与地热共采开发利用。

（3）对于深部矿山，既要充分勘查矿产资源赋存情况，也要查清地热赋存情况，确定两者实施共采的可行性。若实行共采，则既可以减少工程建设重叠工程量和成本，又可以增加开采效益，使深部开采成为可能。

（4）设立国家重大专项，开展深部矿产与地热共采重大科技攻关创新工程研究，包括深部矿产与地热能资源勘查与共同开发利用的基础研究，深部高温坚硬岩层复杂工程化综合开发建造关键技术与装备，深部高温岩层热能交换、提取和输送技术与设备研究。

（5）国家应加快制定深部矿产与地热共采开发利用技术标准，尽快出台相关管理办法，规范勘探、开发、利用等行为；建立相关的激励机制、产业政策、环保法规、财税政策等，从而促进矿产与地热开发产业的快速、健康、可持续发展。

（6）做好深部矿产资源与地热资源共采战略研究的顶层设计，确立未来很长一段时间内我国化石能源清洁化开发利用与清洁新能源并行发展的路线。为确保矿产资源对国民经济的可持续供给和地热能逐步替代或部分替代化石能源提供保障。

第三部分

教书育人
塑造高尚师德丰碑

第十二章　教书育人　塑造高尚师德丰碑

由于在人才培养和科学研究方面作出的突出贡献，蔡美峰 2008 年 9 月被授予全国高等学校教学名师（国家级教学名师）称号；2009 年 9 月被授予全国模范教师称号；2010 年 12 月被授予全国优秀科技工作者荣誉称号（图 12.1）。

图 12.1　蔡美峰被授予全国高等学校教学名师、全国模范教师、全国优秀科技工作者荣誉称号

图 12.1（续）

第一节　爱党爱国、为国效力

爱党爱国、为国效力，将教育放在立德树人、教育兴邦首要位置。

蔡美峰教授 1967 年毕业于上海交通大学工程力学专业，1978 年考入北京钢铁学院（1988 年更名为北京科技大学）攻读采矿工程专业硕士学位，1981 年研究生毕业后留校任教。1985 年 2 月以访问学者身份公派赴澳大利亚留学，后转攻博士学位；1990 年 10 月获新南威尔士大学采矿岩石力学专业博士学位。当时，澳大利亚政府已决定接受所有中国留学生永久居留申请，而蔡美峰始终牢记祖国和人民的养育之恩，放弃国外优越的工作和生活条件，怀着强烈的报国献身精神，毅然带头回国效力，立志报效国家，仍然回到北京科技大学当一名普通教师。《光明日报》曾于 1990 年 11 月 8 日在头版头条，用整版篇幅发表该报驻堪培拉记者专访：《问渠哪得清如许——记留澳博士研究生蔡美峰》，并配发该报短评——《新一代知识分子的风范》，介绍了蔡美峰教授的先进事迹。

作为一名人民教师，蔡美峰教授怀着对党的教育事业的忠诚，高尚的职业道德和勇往直前的拼搏精神，以他扎实的理论基础，宽广的专业知识，丰富的实际经验，严谨的治学态度，强烈的社会责任感和勤奋的工作精神，教育、感染和影响着学生。在课堂，在实验室，在实习和科研现场，他总是给学生讲教育和科技工作者应具备的责任和涵养，谆谆教导学生要学风严谨，谦虚谨慎，鼓励学生要有勤奋和吃苦的精神，提醒学生在市场经济的大潮中要把握好方向，避免人生走弯路。他和学生在一起，言传身教，以自身的模范行动教学生如何做人。在科研现场，他都是亲临第一线，身体力行。尽管已经超过五十岁，下井、爬山他仍然跑在最前面，他和他率领的弟子们的表现总是受到现场领导和工人们的高度评价。他特别教育学生要热爱党，热爱祖国，现在好好学习，掌握真才实学，将来为国家作出贡献。蔡美峰教授在各种场合，都会告诉学生，今天有这么好的学习机会、学习条件、学习环境，都是党和国家领导人民干出来的，创造出来的。没有共产党、没有祖国、没有人民，就没有今天这么好的学习机会。所以今天的每一个学生，都要有报恩的思想，报党的恩、祖国的恩和人民的恩。现在好好学习、掌握本领，毕业后才能很好地报效国家。他当年怀着一颗赤子之心，从澳大利亚回国效力，就是学生们最好的榜样。这些年来，蔡美峰教授没有节假日，没有休息天，全部精力都投入教学和科研工作中。他勤奋的工作精神，广博的学识和卓越的学术成就，深深地感动了每一个学生。学生们都以他为榜样，自觉严格要求自己，因此他指导的学生绝大多数是非常勤奋的，成绩是突出的。

第二节 爱岗敬业、言传身教

爱岗敬业、言传身教，培养每一个学生成为国家建设有用之才。

蔡美峰始终清醒地认为：国运兴衰，系于教育；教育兴衰系于教师。从 1981 年研究生毕业留校任教以来，蔡美峰先后开设“现代力学与方法”、“岩石力学”、“岩石与岩体力学性质”、“地应力测量与技术”、“采矿设计优化与地压控制”、“岩土边坡与地下工程”、“地下工程稳定维护原理”、“采矿和岩土工程监测与测试技术”及“数值分析与人工智能在采矿和岩土工程中的应用”等 10 多门本科生、硕士研究生和博士研究生课程。他用严谨的治学态度、生动的教学风格上好每一门课、每一堂课。在教学中，在注重基础理论教育，把课程的理论精髓系统准确地传授给学生的同时，更注重理论联系实际的教育，始终注意根据国民经济发展对人才知识结构要求和培养目标的变化，以及本学科科学技术的发展情况，不断更新所讲授的每一门课程的教学大纲和授课内容，并及时补充和更新工程实例，加强本学科领域新理论、新方法和工程实用技术的传授，努力培养学生创新思维和解决实际工程问题的能力，引领他们走向本学科的前沿。对每一门课程、每一堂课，蔡美峰教授都查阅大量的资料，对授课的材料、内容、课件进行认真的推敲和准备。在突出本科生基础理论、基础知识和基本技能教育和训练的同时，对本科生、硕士研究生和博士研究生按不同的水平和程度，力争把本学科的最新知识和成果，包括国际的先进理论和技术传授给每一个学生。在教学中还采用投影、实物、演示多媒体、实验室和现场教学等多种手段，使讲课形式多样，生动活泼，增强教学效果；以大量的工程实例和研究成果，使学生受到理论联系实际的教育，增强了学生运用本学科先进理论解决实际问题的能力，并使学生的视野和思路大大开阔。由于教学效果好，授课质量高，蔡美峰的课程深受学生的好评。

已经毕业十几年的学生如今谈起蔡美峰教授多年前的授课内容时还记忆犹新。在传授知识的同时，他始终注意以强烈的社会责任感和勤奋刻苦的工作态度、身体力行的模范行动教育学生、影响学生，用真诚的心与学生们交流。近年来，他花费很多精力研究如何全面推进素质教育，为国家培养急需的创新型工程科技人才。他在使学生获得知识、将学生引领到本学科前沿的同时，努力提高学生的学习能力、实践能力和创新能力，培养学生终身学习、终生探索的科学精神。他始终注意根据国民经济发展对人才知识结构要求和培养目标的变化，以及本学科科学技术的发展情况，更新所讲授的每一门课程的教学大纲和授课内容。教学过程中，在注重基础理论教育，把课程的理论精髓系统准确地传授给学生的同时，更注重理论联系实际的教育，不断补充和更新工程实例，加强工程实用技术的传授，努力培养学生创新思维和解决实际工程问题的能力。为了做好科研项目，将先进的理论和技术付诸实践，他经常深入现场，言传身教，身体力行，受到了现场领导和工人的高度赞扬，给周围的工作人员和学生作出了学习榜样。蔡美峰培养的博士研究生——现北京科技大学教授、博士生导师，北京市教学名师李长洪讲述过这样一件事：有一年，山东新城金矿主溜井垮了，井边上围满了工程技术人员，但谁也不敢靠前。蔡美峰到达现场后，穿上工作服，戴上安全帽，拿起手电筒，伏在井沿，仔细观察，为制定加固方案做准备，全然不顾自己的安危，令现场的同志们非常感动。时隔几十年后的今天，李长洪提起这件事时，动情地说“蔡老师用自己的行动乃至安危教给我们如何对待科研，如何对待工作”。

40多年来，蔡美峰除培养了一代又一代的本科毕业生外，还指导了近300名研究生和博士后研究人员，其中115人已获博士学位，120人已获硕士学位，30余名博士后已出站。他对自己指导的每一个学生，包括本科生、硕士研究生、博士研究生和博士后，既严格要求又热情关心。对每位研究生的论文，他都要一审再审，反复修改。在学校每年不足10%的优秀博士学位论文评选标准下，蔡美峰指导的100余篇博士学位论文中，接近30%被评为校优秀论文。如今，他的好多学生已经成长为国家的栋梁，正在为祖国的繁荣和富强贡献着力量。蔡美峰将此视为“引以自傲的终身成就”。

下面是蔡美峰2008年9月被授予全国高等学校教学名师（国家级教学名师）称号时在评审材料上留下的名师心得、名师寄语、名师名言。

名师心得

教师教书育人，教书是手段，育人才是目的。一名优秀的教师，往往是学生心目中的偶像，对学生的思想、道德、知识、素质和能力以及性格和行为规范等诸方面，都会起到潜移默化的传承作用。因此，作为一名教师，首先必须要有高尚的职业道德，忠诚党的教育事业，以高度的责任心和使命感，关心和爱护每一位学生，用自己的辛勤劳动和聪明才智把他们培育成国家建设需要的人才；同时要有扎实的理论基础、渊博的学术知识、丰富的实践经验、严谨的治学态度和高超的授业艺术，用勇于探索的创新精神和实事求是的科学态度，将学生引领到本学科的前沿；在使学生获得知识的同时，培养学生发现问题、解决问题的能力和终身学习、终生探索的科学精神。无论在课堂、实验室，在实习和科研现场，教师都必须坚持不懈地给学生讲教育和科技工作者应具备的责任和涵养，告诫学生要学风严谨，谦虚谨慎，鼓励学生要有勤奋和吃苦的精神。要求学生做到的，教师必须首先自己做到。因此，作为一名教师，还必须真正做到为人师表，言传身教，身体力行，以自身的模范行动教会学生如何做人、做事、做学问；要提醒学生在市场经济的大潮中把握好方向，避免走人生弯路。特别要教育学生热爱党、热爱祖国、热爱人民，现在好好学习，掌握真才实学，将来为国家作出贡献。能为国家培育出一批又一批国家建设需要的合格人才，既是我们教师义不容辞的神圣职责，也是我们教师引以自傲的终身成就。

名师寄语

国运兴衰，系于教育；教育兴衰系于教师。在国家高度重视教育的21世纪，作为人民教师，我们必须爱岗敬业，怀着强烈的责任心和使命感，以广博的学识、丰富的实践经验和高尚的人格魅力，言传身教，为人师表，把我们培养的每一个学生造就成国家建设的有用之才。同时，也希望每一个学生能珍惜大学期间的黄金岁月，志存高远，勤奋学习，锻炼能力，不懈追求，努力培养自己的优秀品格，德识才学全面发展，以肩负起建设祖国、保卫祖国、振兴中华的历史重任。

名师名言

教书育人，如同植树造林，利在当代，功在千秋。为了国家的强盛、民族的复兴，人民教师就要奉献毕生的精力，不怕风吹日晒，当好为国家培育人才之林的辛勤园丁。

第三节　学科建设、改革创新

严把学科专业设置、教学研究与改革创新保证教学质量和人才培养水平。

在担任北京科技大学资源工程学院和土木与环境工程学院院长的10多年中，蔡美峰教授始终把各专业的教学研究与改革创新作为学院的日常工作的重点来抓。资源工程学院原有地质、采矿、选矿和矿山机械4个专业，由于这些专业是在计划经济体制下按照苏联的模式建起来的，专业面太窄，课程设置和授课内容均比较陈旧，已不能适应市场经济发展的需要，学生招生就业都比较困难。为此，蔡美峰教授组织有关人员进行大量的调查研究，反复论证，提出将4个专业合并拓宽成“矿物资源工程”1个专业，被教育部正式列入1998年公布的《普通高等学校本科专业目录》“工程本科引导性专业目录”中。由于对教学大纲和课程内容进行精心的设置，该专业基础深厚，专业面广，适应性强，学生毕业后既能从事地、采、选，也能从事土建、环保等部门的工作，受到学生和家长的欢迎，使老专业焕发出勃勃生机。该专业的设置，受到全国多个大学的欢迎和采纳。2007年该专业首批升格为“矿业工程”一级国家重点学科（全国仅3个），蔡美峰教授作为北京科技大学“矿业工程”首席学科带头人。蔡美峰教授还在老专业的基础上，充分发挥原有的专业优势，实现各专业的交叉渗透，于1996年成立了“土木工程”和“环境工程”两个新本科专业。蔡美峰教授特别注意对两个新专业的教学研究，不断修订教学大纲和课程设置，使培养的学生既符合教育部规定的专业要求，同时又具有自身的特色，保证培养的学生具有高素质、高水平、高质量，在人才市场上具有较强的竞争力。在10年中，这两个专业均已获得3个“一级学科博士学位授权点”。

第四节　教材建设、荣获嘉奖

主编普通高等教育全行业通用国家级规划精品教材，获国家级教学成果奖。

在长期课堂教学和科学研究实践的基础上，蔡美峰教授分别于1994年、1995年和2000年出版了《数值方法和人工智能在岩石工程中的应用》、《地应力测量原理和技术》和《金属矿山设计优化与地压控制》三本专著。特别是，《地应力测量原理和技术》是国内外第一部系统介绍地应力测量方法和实践的专著，被北京科技大学和其他很多矿业、土木和地质类院校用作本科生和研究生岩石力学课程的重要参考教材。由蔡美峰教授主编的普通高等教育“十五”国家级规划教材——《岩石力学与工程》是第一部岩石力学课程的国家级规划教材（图12.2），第一部适用于各类岩石工程领域，包括冶金、有色、煤炭、地质、土木建筑、水利水电、铁路、公路、建材、军事等领域的通用教材，第一部将各岩石力学理论和岩石工程紧密结合，定名为“岩石力学与工程”的教材。

岩石力学是一门理论性、应用性和实践性很强的应用基础学科，应用范围涉及采矿、土木建筑、水利水电、铁道、公路、地质、石油等众多的与岩石工程相关的工程领域。原先的教材，一方面，出版年代已久、内容比较陈旧，理论和现实实践相脱节；另一方面，各专业、各行业各自编写的教材互不相通，知识面和使用范围狭窄。为了适应新形势下国家对人才培养的要求，着力培养基础扎实、知识面宽、能力强和素质高的人才，根据教育部“对发展迅速和应用性强的课程要不断更新教材的内容，积极开发新教材”的要求，蔡美峰教授担任主编，于2002年完成了该教材的出版。该教材是一本涉及岩石力学的不同工程领域、不同专业、不同部门均可以使用的教材，克服了传统教材知识面和适用性过窄的弊端。学生可以通过借鉴比较，在更广阔的岩石工程领域中获得全面的知识和训练。在突出基础理论、基础知识、基本技能教育和训练的同时，以突出篇幅介绍了三大岩石工程，强调岩石力学理论与工程的结合，并努力把国内外岩石力学的新理论、新技术和新的工程实践成果介绍给学生。理论和工程相结合，理论与实践同步发展的教育，使学生从大量的工程范例和新的科学技术与实践成果中，提高分析问题、解决问题的能力，有利于提高大学生的学习能力、实践能力和创新能力，全面推进素质教育。教材内容全面反映了国内外岩石力学的新理论、新技术、新方法和最新工程实践成果。教材编写在贯彻现代化的教学思想和教学理念，推动教学改革，更新教学内容、教学方法和教学手段，全面提高大学生的学习能力、实践能力和创新能力，包括推进素质教育等方面均有重大创新和突破。2002年8月发行第一版，2013年9月发行第二版，截至2021年共印刷25次，发行量7万余册。至今一直被全国几百所高校采用，受到师生普遍欢迎，并且收到的教学效果也很好。该教材2004年被评为北京高等教育精品教材，获2004年北京市教育教学成果（高等教育）一等奖，2005年国家级教学成果奖二等奖（图12.3）。

图12.2　蔡美峰教授主编的“普通高等教育‘十五’国家级规划教材”《岩石力学与工程》

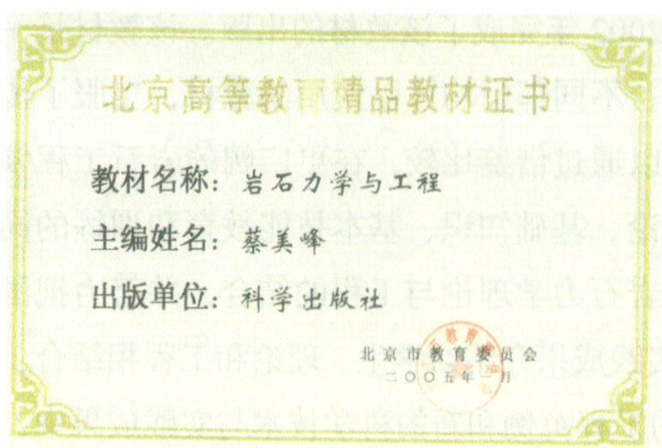

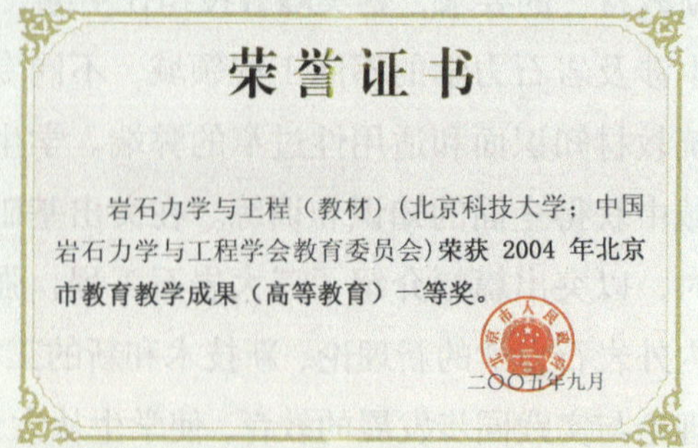

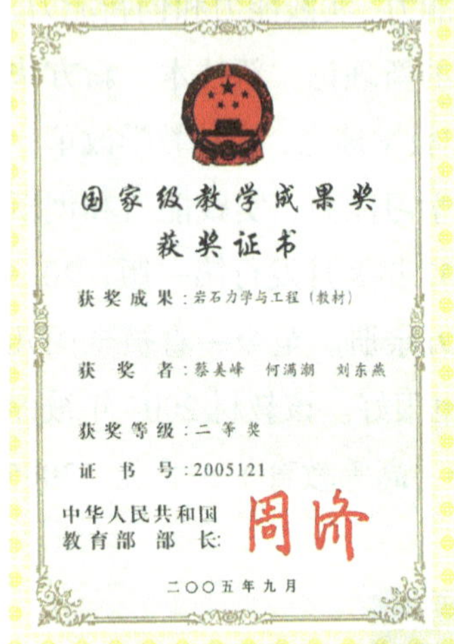

图 12.3 蔡美峰院士主编的《岩石力学与工程》教材获奖情况

上述国家级教学成果奖二等奖的评审申报主要材料具体如下。

《岩石力学与工程》（教材），完成人为蔡美峰、何满潮和刘东燕，完成单位包括北京科技大学、中国岩石力学与工程学会教育委员会。

一、编写背景和目的

岩石力学是近代发展起来的一门理论性、应用性和实践性很强的应用基础学科。应用范围涉及采矿、土木建筑、水利水电、铁道、公路、地质、地震、石油、地下工程、海洋工程等众多的与岩石工程相关的工程领域。岩石力学课程是下列本科专业的必修学科基础课：采矿工程、石油工程、地质工程、土木工程、交通工程、矿物资源工程、水利水电工程。近年来，随着资源、能源开发、水利水电、交通及土木等国家基础建设的蓬勃发展，岩石工程的规模越来越大，涉及的岩石力学问题越来越复杂，经过广大岩石力学工作者的努力，岩石力学与工程学科取得了许多重要进展，出现了许多新理论、新技术和新成果。国内现有的教材出版年代已久，很多内容需要更新。另外，现有教材大多针对本行业需要编写，专业性较强，知识面和适用范围狭窄。为了适应新形势下国家对人才培养的要求，着力培养基础扎实、知识面宽、能力强和素质高的人才，着力提高大学生的学习能力、实践能力和创新能力；同时根据教育部“对发展迅速和应用性强的课程要不断更新教材的内容，积极开发新教材”的要求，非常有必要编写一本新的适用于广阔岩石力学与工程领域的教材。为此，由北京科技大学牵头、中国岩石力学与工程学会教育委员会组织全国十几所著名大学的20多位长期从事不同领域岩石力学与工程教学和研究的教授、学者共同编写了这本教材，是第一部适用于各岩石工程领域的教材，被列为普通高等教育“十五”国家级规划教材。

二、教材特色和创新

本教材的编写遵循如下四个基本原则，这也是本教材的特色和创新所在。

1）理论和实践的统一性

岩石力学是一门应用性很强的工程学科，岩石工程是其特定的应用领域。在很长时间内，岩石力学研究存在理论脱离实际，岩石力学教材存在理论和工程脱节的现象。本教材将理论与工程放在同等重要的位置，并首次将教材定名为“岩石力学与工程”。以突出篇幅介绍了三大岩石工程，强调岩石力学理论与工程的结合，理论和工程实践紧密结合的教育将使大学生从大量的工程范例中提高分析问题、解决问题的能力，有利于提高大学生的学习能力、实践能力和创新能力，全面推进素质教育。同时，由于理论和工程实践紧密结合可以提供丰富的教学资料，有利于采取多媒体等现代化教学手段和现场实例教学等培养学生创新能力的教学方法。

2）通用性

适应社会主义市场经济和高等教育体制改革、学生分配制度改革的需要，拓宽学生毕业后的就业渠道和竞争能力，打破行业界限，海纳百川，编写一本涉及岩石力学的不同工程领域、不同专业、不同部门均可使用的教材，克服传统教材知识面和适用性过窄的弊端，学生可以通过借鉴和比较，在更广阔的岩石工程领域中获得全面的知识和训练，有利于培养基础扎实、知识面宽、能力强、素质高的人才。

3）实用性

突出基础理论、基本知识、基本技能的教育，突出研究方法、试验方法、测试技术和计算分析方法的教学；课堂教学与实验课、工程实例教学有机结合。既使学生在50～60个学时内得到岩石力学理论与工程实践的系统性和完整性教育，又使学生学习和掌握今后工作所必需的实用知识和技能，做到学以致用，走上工作岗位后，很快起到“独当一面”的作用。

4）时代先进性

原有应用较广的几本教材都是一二十年前出版的，与岩石力学理论与工程的发展现状已不相适应。新教材的学术思想、学术内容与岩石力学与工程的发展同步，努力把国内外岩石力学的新理论、新技术和新的工程实践成果介绍给广大学生。本书第九章更是集中介绍了岩石力学与工程的前沿理论与技术，突出现代非线性理论、系统科学理论、不确定性分析理论、现代信息技术和人工智能理论在岩石力学与工程中的应用，为学生今后深入学习和应用提供思路和方向。由于本教材的以上特点，它非常适合用于研究型教学和研究型学习。它既是本科生的必修课教材，也可作为硕士研究生、博士研究生的参考教材或参考书。

三、成果水平

（1）全国第一部岩石力学课程的国家级规划教材；第一部适用于各岩石工程领域的全国通用教材；第一部将岩石力学理论和岩石工程紧密结合，定名为“岩石力学与工程”的教材。

（2）在贯彻现代化的教育思想和教学理念，推动教学改革，更新教学内容、教学方法和教学手段，全面提高大学生的学习能力、实践能力和创新能力，全面推进素质教育等方面均有重大创新和突破。

（3）教材主编是国际岩石力学与岩石工程学会教育委员会主席，很多参编人员既是国内外岩石力学与工程界的著名专家，又是多年从事岩石力学与工程教育的教授。

目前中国岩石力学与工程发展速度快、水平高，“岩石力学与工程在中国”，已成为国际公认的共识；本教材全面反映了国内外岩石力学的新理论、新技术、新方法和最新工程实践成果。因此，本教材具有国际先进水平。目前正着手将部分内容翻译成英文，以国际岩石力学与岩石工程学会教育委员会的名义向全世界推荐发行。

四、专家评审意见（2004 年北京高等教育精品教材评审意见）

钱七虎院士（中国工程院院士、2018 年度国家最高科学技术奖获得者、时任中国岩石力学与工程学会副理事长）的评审意见

本教材是中国岩石力学与工程学会教育委员会组织全国岩石力学领域十几所大学的二十多位著名教授编写的一部普通高等教育“十五”国家级规划教材。

该教材内容丰富、结构严谨、系统性和完整性强；突出基础理论、基本知识和基本技能的学习与教育；强调理论与实践相结合，将理论与实践放在同等重要的位置来介绍；注重素质教育和多种能力的培养，有利于培养复合型人才；全面反映国内外科技最新成果和发展趋势，有利于激发学生的学习兴趣和培养学生的创新能力。该教材出版后已在全国几十所大专院校采用，对推动我国岩石力学的教学水平发挥了积极的作用。

王思敬院士（中国工程院院士、时任中国岩石力学与工程学会理事长）的评审意见

岩石力学是近代发展起来的一门新兴学科，是一门应用性和实践性很强的应用基础学科。其应用范围涉及采矿、土木建筑、水利水电、铁道、公路、地质、地震、石油、地下工程、海洋工程等众多的与岩石工程相关的工程领域。近年来经过广大岩石力学工作者的共同努力，岩石力学与工程这门学科获得了许多重要的进展。为了把岩石力学研究和实践的最新成就反映出来，中国岩石力学与工程学会教育委员会组织全国岩石力学领域的专家编写了这本教材，并被列为普通高等教育“十五”国家级规划教材。

该教材系统性和完整性强，突出基础理论、基本知识和基本技能的学习与教育。强调理论与实践相结合，具有通用性、实用性和时代先进性，是近年来出现的高水平的岩石力学与工程教材。

刘宝琛院士（中国工程院院士、时任中国岩石力学与工程学会副理事长）的评审意见

本教材是第一部全国性的岩石力学与工程学科的统编教材，由来自全国十几所著名大学的 20 多位长期从事岩石力学与工程教学和研究的教授、学者编写而成。

教材内容丰富，结构严谨，学术性、理论性、思想性、逻辑性和实践性强；正确地阐述了本学科的科学理念和概念，注意理论联系实际；全面地反映了本学科的科学研究和工程实践的先进成果；注重素质教育和多种能力的培养，具有启发性，有利于激发学生的兴趣。

本教材被全国几十所大学采用，受到师生的普遍欢迎，教学效果很好。

五、专家组鉴定意见

这是我国第一部全国性的岩石力学与工程学科的普通高等教育“十五”国家级规划教材。

教材内容丰富、结构严谨、系统性和完整性强；突出基础理论、基本知识和基本技能的学习和教育；强调理论与实践相结合，将理论与实践放在同等重要的位置来介绍；注重素质教育和多种能力的培养，有利于复合型人才的培养和训练；全面反映国内外科技最新成果和发展趋势，有利于激发学生的学习兴趣和培养学生的创新能力；具有通用性、实用性和时代先进性；是近年来出现的一部高水平的岩石力学与工程的高等教育教材。

本教材被全国几十所大学所采用，受到师生普遍欢迎，教学效果很好。对推动我国岩石力学的教育、提高岩石力学的教学水平发挥了积极作用。

第五节　重视教育、培养人才

重视教育培养创新型工程科技人才。

2007 年，蔡美峰作为负责人带领北京科技大学课题组参加了由中国工程院和教育部牵头的“创新型工程科技人才培养研究”项目组的研究工作，完成的《黑色冶金矿山行业创新型工程科技人才培养研究》（见附录）报告被列入“创新型工程科技人才培养研究”项目总结报告，上报国务院。

附　　录

中国工程院“创新型工程科技人才培养研究”咨询项目
能源与矿业专业领域组

黑色冶金矿山行业创新型工程科技人才培养研究

（负责人：蔡美峰）

研究报告

（详细摘要）

北京科技大学课题组

2007 年 8 月

1　研究对象、研究目标、研究内容与研究方法

1.1　研究对象

本课题是中国工程院“创新型工程科技人才培养研究”咨询项目“能源与矿业专业领域组”的一个子课题，研究对象为黑色冶金矿山行业创新型工程科技人才。

黑色冶金矿山是钢铁工业的原料基地，主要为铁矿，还有锰矿、铬矿及石灰石、白云石等辅助原料矿山。黑色冶金矿山行业是钢铁行业的一个重要组成部分。

黑色冶金矿山行业工程科技人才是指在钢铁行业从事采矿、选矿、地质、矿山设备、矿山建设、矿山安全技术、矿山环保技术、计算机技术、矿山管理等专业工作的工程科技人才。

1.2　研究目标

通过本课题的研究，对黑色冶金矿山行业创新型工程科技人才的培养现状进行科学分析和研究，根据新型工业化发展特点，为适应全球化竞争、产业升级和可持续发展的要求，对未来如何培养本领域国内创新型工程科技人才，以及改善创新型工程科技人才使用和成长的制度与环境，提出建设性、可操作性的政策建议。

1.3　研究内容

（1）黑色冶金矿山行业工程科技人才培养现状。

（2）国内外工程科技人才现状与发展趋势比较分析。

（3）2020 年中国黑色冶金矿山行业工程科技发展及人才需求预测。

（4）中国黑色冶金矿山行业工程科技人才培养与成长环境研究。

（5）中国创新型工程科技人才培养建议。

1.4 研究方法

采用现场调研、问卷调查、文献调研、数据分析、模型预测等方法。现场调研与问卷调查、文献调研相结合；案例分析与一般分析相结合；定性分析与定量分析相结合，以定性分析为主。

现场和问卷调查单位：

企业：宝钢矿业公司、鞍钢矿业公司、武钢矿业公司、首钢矿业公司、包钢矿业公司、马钢矿业公司、太钢矿业公司、唐钢矿业公司、邯钢矿业公司、济钢矿业公司等。

研究机构：长沙矿冶研究院、马鞍山矿山研究院。

大专院校：北京科技大学、中南大学、东北大学、重庆大学、吉林大学、武汉科技大学、辽宁科技大学、内蒙古科技大学、昆明理工大学、昆明冶金高等专科学校等。

2 黑色冶金矿山行业工程科技人才培养现状

2.1 黑色冶金矿山行业人员总体状况

2.1.1 人员总量计算

中国黑色冶金矿山行业从业人员可以分为三部分：露天开采矿业从业人员、地下开采矿业从业人员和选矿从业人员。根据铁矿石露天开采和地下开采的产量，以及对应的劳动生产率，可以推断出中国黑色冶金矿山行业从业人员总量。

根据铁矿石产量和矿业企业劳动生产率估算中国黑色冶金矿山行业从业人员总量的具体规则为：

露天矿全员劳动生产率：全年采剥总量除以与生产直接相关人员总数。2005 年全国露天矿山平均剥采比为 3.20，因此采剥总量为铁矿石产量的 4.2 倍。

地下矿全员劳动生产率：全年采掘总量除以与生产直接相关人员总数。根据 2005 年的统计数字计算，地下矿的各类掘进量平均约为矿石量的 25%，因此采掘总量为铁矿石产量的 1.25 倍。

选矿厂劳动生产率：全年选矿处理总量除以与生产直接相关人员总数。根据 2005 年的统计数字计算，选矿处理量约为铁矿石原矿产量的 0.87 倍。

（以上原始数据来源于中国冶金矿山企业协会编《重点冶金矿山统计年报》）

矿山从业人员中，有相当一部分与生产无关的人员，如从事生活服务、保卫、物业管理等方面的人员，这部分人是不参加全员劳动生产率计算的。根据对首钢矿业公司、武钢矿业公司、马钢矿业公司等 10 多个采选企业的调查，此比例数在 1.13 ~ 1.59 之间。取平均值，采选企业从业人员总数为参与全员劳动生产率计算人员总数的 1.35 倍。

2.1.2 铁矿石产量和劳动生产率

2002 ~ 2005 年全国铁矿石产量和 2002 ~ 2005 年黑色冶金矿山行业平均劳动生产率分别见表 2-1 和表 2-2。

表 2-1　2002~2005 年全国铁矿石产量（万 t）

分类	2002 年	2003 年	2004 年	2005 年
全国铁矿石原矿量	23261.94	26271.92	31976.09	42049.28
露天矿	18125.18	20876.57	22253.23	32914.10
地下矿	5136.76	5395.35	9722.86	9135.18

资料来源：历年中国钢铁工业年鉴。

表 2-2　2002~2005 年黑色冶金矿山行业平均劳动生产率 [吨 /（人·年）]

分类	2002 年		2003 年		2004 年		2005 年	
	全员	工人	全员	工人	全员	工人	全员	工人
露天矿	9243	9887	10472	12416	10996	17445	13042	25668
地下矿	1109	1385	1222	1744	1087	1838	1091	1838
选矿厂	3480	4601	3973	5052	3917	5841	5114	6081

资料来源：《中国矿业年鉴》（2002 ~ 2005 年），《重点冶金矿山统计年报》（2005 年）。

2.1.3　黑色冶金矿山从业人员总量

采用表 2-1 和表 2-2 提供的铁矿石产量和劳动生产率，以及上述的根据铁矿石产量和矿业企业劳动生产率估算中国黑色冶金矿山行业从业人员总量的具体规则，估算出 2003 ~ 2005 年我国黑色冶金矿山行业从业人员的数量。2003 年以后，铁矿石产量快速增长，矿山从业人员总数也随之大幅增加，2004 年和 2005 年分别达到 37 万人和 38 万人左右（表 2–3）。

表 2-3　2003 ~ 2005 年黑色冶金矿山行业从业人员数量（人）

年份	范围	露天矿	地下矿	选矿厂	从业人员总量
2002	全员	82360	57898	58155	267857
	工人	76994	37088	43986	
2003	全员	83729	55189	59529	267903
	工人	70245	38671	45243	
2004	全员	84997	118085	71021	370039
	工人	53576	66124	47627	
2005	全员	105995	104665	71534	380961
	工人	53857	62127	60160	
2006	全员	149199	143066	100059	529637
	工人	75809	84921	84150	

根据中国钢铁工业协会和中国冶金矿山企业协会统计数字，2006 年我国铁矿石的产量为 58817 万 t。按照 2005 年的劳动生产率和露天与地下的产量比例计算，得到 2006 年全国黑色冶金矿山行业从业人员总量约为 53 万人。

根据中国钢铁工业协会科技环保中心粗略统计的数据，目前我国黑色冶金矿山行业从业人员总量为50多万人。这个数字与上面分析计算所得的数据是非常接近的，说明上面分析计算的方法是可行的。

2.2 中国黑色冶金矿山行业工程科技人员状况

2.2.1 工程科技人员总量

据统计结果，黑色冶金矿山行业的工程科技人员数量约占从业人员总数的16%。因此，根据表2-3列出的黑色冶金矿山行业从业人员的总量，即可推算出工程科技人员的数量。2004年和2005年全国黑色冶金矿山行业从业的工程科技人员总量为6万人左右，2006年增加到8.5万人左右。

女性工程科技人员占工程科技人员总数的比例约为22%～25%。

2.2.2 年龄结构

工程科技人员的年龄结构，研究设计单位的工程科技人员年龄段集中在20～50岁之间，其中30岁以下的人员占据较高的比例；而矿业企业的工程科技人员30～50岁年龄段占60%以上，多数企业30岁以下的工程科技人员的比例明显偏低（表2-4）。这说明黑色冶金矿山行业研究设计单位的工程科技人员队伍呈年轻化趋势，而多数生产企业工程科技人员超龄化的趋势则不容乐观。

表2-4 黑色冶金矿山行业工程科技人员年龄结构(%)

行业分类		20～30岁	30～40岁	40～50岁	50～60岁
研究单位	Ⅰ	25	26	31	18
	Ⅱ	35.3	26.0	26.9	11.5
矿业企业	A	10.3	34.4	37.8	17.5
	B	24.4	30.6	30.8	14.2
	C	16.6	52.6	29.2	1.6
	D	20.0	52.9	25.0	2.1
	E	8.0	24.5	45.0	22.5

注：Ⅰ、Ⅱ分别代表马鞍山矿山研究院和长沙矿冶研究院；A、B、C、D、E分别代表鞍钢矿业公司、首钢矿业公司、武钢矿业公司、包钢矿业公司和马钢矿业公司，以下同。

2.2.3 学历结构

矿业研究设计单位，大学本科及以上学历人员是工程科技人员队伍的主要力量。但在部分研究单位仍存在大专以下学历人员占据较大比重的现象，这主要是由于这些单位办有公司、企业，有一定数量从事经营和生产的人员。大多数矿业企业工程科技人员的学历以大学本科和大专为主，两者数量基本接近（表2-5）。

表2-5 黑色冶金矿山行业工程科技人才学历情况(%)

行业分类		研究生	本科	大专	大专以下
研究单位	Ⅰ	16.0	56.9	17.1	10.0
	Ⅱ	10.0	38.8	22.2	29.0

续表

行业分类		研究生	本科	大专	大专以下
矿业企业	A	1.0	43.5	38.4	17.1
	B	4.2	45.2	37.6	13.0
	C	2.4	42.3	43.7	11.6
	D	2.8	41.2	41.4	14.4
	E	3.4	41.3	37.5	17.8

2.2.4　职称结构

技术职称方面，研究设计单位与矿业企业的区别在于研究单位高级职称人员比例比企业单位明显偏高（表 2-6）。在 2004 年所作的中国钢铁工业人力资源状况研究中发现，技术职称与企业的生产效率之间不存在正相关关系。

表 2-6　黑色冶金矿山行业工程科技人才职称情况（%）

行业分类		高级	中级	初级	无职称
研究单位	Ⅰ	36.5	22.7	32.4	8.4
	Ⅱ	22.9	24.5	21.6	30.9
矿业企业	A	9.4	41.7	36.8	12.1
	B	4.7	25.8	43.5	26.0
	C	10.0	40.9	33.3	15.8
	D	12.7	35.1	46.0	6.2
	E	21.2	50.9	21.9	6.0

2.2.5　人才流失情况与创新型人才培养机制

在所调研的单位中，都存在不同程度的工程科技人才流失现象，流失的主要原因集中在“不满意现有的薪水”“进一步入学深造”“个人家庭原因”等方面，但是大多数单位都认为最近 5 年内的人员流失状况对单位的影响较小，适当进行人员调整即可暂时解决问题，而对有工作经验的工程科技人才的需求则是长期的。

被调研单位普遍认为：重视对工程科技人员的激励与培养，完善各级科技创新激励机制、健全创新用人机制，并采取相应措施，比如加薪、升职、授予荣誉、提供发展空间和培训机会、改善工作和生活条件、解决家庭和个人困难等，对稳定科技人员队伍，培养创新型工程科技人才将发挥重要作用。

2.2.6　黑色冶金矿山行业工程科技人才培养状况

工程教育是培养工程科技人才的首要和重要环节。工程教育的培养渠道包括：普通高校（工科）、职业高校和中专培养；科研院所培养；大中型企业培养和产学联合培养。其中，高校培养是工程科技人才教育的主体与骨干。高校培养分为本科培养、硕士研究生培养和博士研究生培养三个阶段。

➲ 本科生培养

根据教育部 1998 年颁布的《普通高等学校本科专业目录》，黑色冶金矿山行业本科相关专业涵盖工学 2 个一级学科，7 个专业，各专业开设院校情况如表 2-7 所示。

表 2-7　黑色冶金矿山行业本科相关专业设置情况

一级学科名称	专业名称（代码）	开设院校数
地矿类（0801）	采矿工程（080101）	31
	矿物加工工程（080103）	27
	勘查技术与工程（080104）	6
	资源勘查与开发（080105）	8
	地质工程（080106Y）	27
	矿物资源工程（080107Y）	10
环境与安全类（0810）	安全工程（081002）	90

根据教育部 1998 年颁布的《全国普通高等学校本科专业目录和专业介绍》中对黑色冶金矿山行业相关专业的说明，综合与黑色冶金矿山行业工程科技人才培养密切相关的采矿工程、矿物加工工程、勘查技术与工程、资源勘查与开发、地质工程、矿物资源工程、安全工程 7 个专业的业务培养目标和业务培养要求，将我国黑色冶金矿山行业工程科技人才本科阶段的业务培养目标总结如下：培养具备岩体工程力学、金属矿床开采、矿山安全及技术和矿物加工工程的基本理论和方法，具备采矿和选矿工程师的基本能力，能在采矿和选矿领域等方面从事矿区开发规划、矿山（露天、井下）设计、岩层控制技术、矿山安全技术及工程和矿物加工工程设计、监察、生产技术管理、科学研究的各级各类复合型工程技术人才。

经过大学 4 年的培养，毕业生应获得以下几方面的知识和能力：①具有较扎实的自然科学基础，较好的人文社会科学基础和外语语言综合能力；②掌握矿业学科的基本理论和基本知识；③掌握矿区开发、矿井开采、巷道开拓和矿物加工的设计方法；④掌握矿山压力及岩体工程监测、矿井通风与空调、矿山安全以及矿井灾害预防等技术；⑤具有先进的生产组织和技术管理基本能力以及新工艺、新技术研究和开发的初步能力；⑥熟悉国家有关采矿工业的基本方针、政策和法规；⑦掌握文献检索、资料查询的基本方法，具有一定的科学研究和实际工作能力。

在当时，高等工程教育矿业类专业本科生培养存在如下问题：

（1）20 世纪 90 年代矿业类人才培养的断层和萎缩。主要原因：一是 20 世纪 80 ~ 90 年代全球地矿行业的不景气；二是我国高等教育招生分配制度改革（自费上学、自主择业）的影响。

（2）把本科教育与研究生培养相混淆。把要求具有基础知识和综合实践能力的本科工程科技人才等同于要求具有系统的专门知识的高层次研究型工程科技人才。

（3）各校培养层次趋同，从 985 院校到 211 院校，再到地方高校，均以培养“高级工程技术人才”为目标，不能满足社会对不同层次人才的需求。

（4）把工程技术教育等同于理论研究教育。部分院校一方面对课程设计、专业实习、毕业设计等实践环节重视不够；另一方面却要求本科毕业时做研究论文。必须明确，我们的本科工程教育培养的是工程科技人才，而不是学术人才或研究型人才。

（5）培养过程与培养目标相背离。培养目标定位不准，教学实践环节薄弱，与社会需求结合不紧密。

（6）毕业生去向堪忧。据调查统计，黑色冶金矿山行业类本科生毕业去向为：①行业内企业就业：43%；②升学：36%；③行业外企业就业：8%；④科研设计单位：4%；⑤其他去向（含机关、自主创业、灵活就业）：9%。其中，在行业内企业就业的人群中，地方院校比例较大，最多的大学为 81.6%；重点大学则相对较少，最高的仅为 26.3%。升学（考取研究生）的人群中，相当一部分改学其他专业，离开了矿业行业。

硕士研究生培养

硕士研究生培养是在本科教育的基础上进一步提高层次和水平。突出对学生从事科学研究工作能力的培养，对于黑色冶金矿山专业的研究生，把培养学生熟悉矿山工程背景，解决矿山实际工程科技问题的能力放在突出重要的位置。培养目标是本行业复合型、研究型、创新型的高层次工程科技人才。矿业类相关专业硕士点设置情况见表 2-8。

表 2-8　矿业类相关专业硕士点设置情况（截至第九批）

一级学科硕士点名称	二级学科硕士点名称	授权院校数
矿业工程		8
	采矿工程	29
	矿物加工工程	25
	安全技术及工程	44
地质资源与地质工程		9
	矿产普查与勘探	34
	地球探测与信息技术	29
	地质工程	33

博士研究生培养

博士研究生教育培养学生具有坚实的理论基础、系统宽广的专业知识，对本学科的现状、发展趋势及学术前沿有深入的了解，能运用现代科学理论和试验手段独立完成本专业具有重大意义的课题，并有鲜明的创新性。培养目标把培养学生“独立”工作的能力和“创新性”人才放在最突出的位置。工程专业的博士研究生毕业后进入企业或研究、管理部门，经过较短时间的工程实践锻炼，就能成为合格的创新型工程科技人才。已经具有较丰富工程实践经验的工程科技人员，经过博士研究生阶段的训练，就能很快成为高水平的创新型工程科技人才，并在获取高水平创新性工程科技成果方面发挥重大作用。矿业类相关专业博士点设置情况见表 2-9。

表 2-9　矿业类相关专业博士点设置情况（截至第九批）

一级学科博士点名称	二级学科博士点名称	授权院校数
矿业工程		8
	采矿工程	12
	矿物加工工程	10
	安全技术及工程	12
地质资源与地质工程		9
	矿产普查与勘探	18
	地球探测与信息技术	10
	地质工程	15

3 国内外工程科技人才现状与发展趋势比较分析

3.1 国内外工程科技人才培养的宏观环境比较

3.1.1 国家政策、法律环境

矿业作为一国的基础行业，受到各国政府的保护和政策的支持，各国通过政府立法以保障该行业持续稳定的发展和资源的合理开采。同时由于该行业属于危险程度较大的艰苦行业，各国通过各种政策法规的制定，来保障工程技术人员的工作环境安全及各项福利。

近年来，随着我国经济的发展和各项规章制度的不断建立健全，规范了矿业行业的发展。国务院及有关部门采取各种有力措施，加强地质工作和矿产勘查，维护矿产开发秩序，为经济建设的快速发展提供了资源保障。进入 21 世纪以来，我国的地质采矿业逐步苏醒，目前已进入一个快速发展时期。行业的发展带动了对地质矿业类工程技术人员的需求，对工程技术人员的素质也提出了更高的要求。同时，国家也制定了一系列的政策、法规，初步形成了尊重知识、尊重人才的社会氛围。

3.1.2 国家社会经济发展环境

进入新世纪，中国正在形成鼓励创新的社会环境。“十一五”规划和“科技中长期规划”是中国进入新世纪新阶段对科学技术发展进行的第一次全面规划；国家确定未来 15 年科技发展的目标为：到 2020 年建成创新型国家，科技进步对经济增长的贡献率要达到 60% 左右，研发投入占 GDP 的比重要达到 2.5%，科技发展将成为经济社会发展的有力支撑；政府对于科技的支持方式将从过去较多地依靠科研院所转向建设以企业为主体的技术创新体系，使企业成为研究开发投入的主体和创新成果应用的主体。

尽管国内科技创新的形势发生了明显变化，但是与世界先进国家相比，无论是研发投入、研发人员相对比例还是科技发明成果，我们的差距仍很明显。根据瑞士洛桑国际管理学院发布的《国际竞争力年度报告》，2004 年中国的科技创新能力在占世界国内生产总值 92% 的 49 个主要国家中仅排名第 24 位；目前全世界 86% 的研发投入、90% 以上的发明专利都掌握在发达国家手里，中国科技进步对经济增长的贡献率仅为 39%。美国、日本、芬兰等国家把科技创新作为国家战略，大幅增加科技投入，这些“创新型国家”的共同特征是：科技研发投入大、科技进步对经济增长的贡献率都高达 70% 左右。收入对各国科技发展水平的影响见表 3-1。

表 3-1 收入对各国或地区科技发展水平的影响

收入水平	25 ~ 34 岁人口中大专及以上文化程度人口比重 /%	R&D 支出 /GDP/ %	人均 R&D 支出 / 美元	人均企业的支出 / 美元
高收入	12 ~ 50	0.96 ~ 2.98	139 ~ 1119	75 ~ 794
中高收入	11.5 ~ 18	0.41 ~ 0.87	18.9 ~ 44.8	6.44 ~ 16.81
中低收入	5 ~ 28.2	0.08 ~ 1.42	0.7 ~ 41.1	0.28 ~ 24.98
低收入	6 ~ 8	0.04 ~ 0.84	0.3 ~ 5.4	0.1 ~ 1.25

注：数据来源于 *IMD WORLD COMPETITIVENESS YEAR BOOK*（2003）《IMD 国际竞争力年鉴（2003）》。

研究表明，工程科技人才队伍的成长与经济发展水平呈正相关的关系。各国的现代化进程都表现出同样的发展特征。美国 1973 ~ 1991 年的 GDP 平均增长率为 8.7%（注：可比价平均 GDP 增长率为 2.9%），总额从 1.3 万亿美元到接近 6 万亿美元，同期具有博士学位的科学家、工程师几乎以同比增长，呈现明显的正相关关系。20 世纪 70 年代以来，随着经济的发展，主要发达国家、新兴工业化国家和地区的科技人才总量与每万名从业人口中科技人才数量均呈现出递增的发展趋势。实现国内生产总值翻两番和全面建成小康社会的目标，必须确保我国经济增长率年均 7% 以上。一些基础较好的地区，经济的增长速度更高。由此可以预测社会对工程科技人才数量的高需求将会长期持续，并随着经济增长而快速增长。

当前，我国仍处在工业化的中期，要实现到 2020 年 GDP 翻两番的目标，我们迫切需要大量的创新型工程科技人才。世界范围的综合国力竞争，归根到底是人才特别是创新型人才的竞争。谁能够培养、吸引、凝聚、用好人才特别是创新型人才，谁就在激烈的国际竞争中掌握了战略主动。我国人力资源丰富但人才资源不足，高级工程科技人才尤其缺乏。我国目前有工程科技人员 1300 万，已经有了一定的规模，但知识面较窄，平均年龄偏大，数量上也远远不能满足国家经济和社会加速发展的巨大需求，是制约我国经济发展和综合国力增强的一个重要因素，培养和造就千千万万优秀的年轻工程科技人才已经成为事关国家兴旺发达的刻不容缓的重大战略任务。我国近年来工程教育进步很快，2000 年我国高等学校在校学生达 556 万，为 1990 年的 2.5 倍，其中工科学生占 50%，但是在同一年龄段上能受高等教育的人不到 10%，与发达国家相比有很大差距。

3.1.3　文化背景

就工程教育而言，我国传统教育中存在的一个很重要的问题就是“书本教育导向、模式单一”。从小学到中学，我国的教育一直是以书本教育的方式进行的。重视知识的传授，轻视实践环节；而且注重理科教育，轻视工科教育。就理科生而言，从中学过渡到大学，是很自然的事情，没有什么障碍。然而，对工科学生来说，则要在思维方式上发生很大的变化。我国的高等院校并没有帮助学生很好地完成这一转变。

我国的基础教育缺乏对工程科技与创新的兴趣培养。现在，很多青少年只想当科学家，很少想当工程师。目前中小学所进行的“科学教育”只重在知识的传授，而不是从小培养动手和解决问题的能力，导致与高等工程教育无法衔接。我们要努力营造一个尊重工程科技人员的良好社会氛围，今天当孩子们被问到长大想做什么时，很少有孩子说想当工程师。在发达国家，孩子们从小开始，就理解工程的创造性与综合性，学校及家长鼓励他们在解决问题时充分发挥奇思妙想，尽量标新立异。因此，这对他们将来从事工程专业的学习奠定了坚实的基础、培养了浓厚的兴趣。相信随着我国经济迅速发展和市场经济体制不断完善，工程师的价值将得到社会和市场的更多认同。他们将通过自己对祖国现代化建设作出的卓越贡献，获得很高的社会地位和经济收入。工程师将成为受到人们尊重和千千万万优秀青年人才向往的职业。

3.2　国内外工程科技人才的现状比较

3.2.1　国内外工程科技人才的结构比较

改革开放以来，我国的科技人才队伍迅猛发展，拥有大专以上学历的专业技术人员数量已经达到 4571 万人。2002 年，我国从事科技活动的人员达到 322.2 万人，研究与开发全时人员为 103.5 万人，其中科学家与工程师为 81 万人。但是，我国科技人才的相对数量偏少。据来自世界银行的指标分析，2000 年，我国每百万人口中从事 R&D 活动的科学家和工程师人数只有 545 人，而美国（1997 年）有 4099 人，日本（2000 年）有 5095 人，英国（1998 年）有 2666 人，法国（1999 年）有 2718 人，德国（2000 年）有 3161 人。

我国 25 岁至 34 岁的人口中，具有大专及大专以上文化程度的人口比例为 5%，远远低于加拿大（50%）、日本（47%）、韩国（40%）、美国（39%）的水平，同时也低于印度（8%）、巴西（7%）、印度尼西亚（6%）的水平。我国科技人才队伍带头人年龄偏大，大于 55 岁的博士研究生导师人数占总数的 56%。截至 2001 年，全国享受政府特殊津贴的专家共有 14.3 万人，其中，近 11 万人已到退休年龄。一个值得注意的动向是，学术带头人正在集中于 40 岁左右的年龄段，若不能形成动态调整的机制，有可能影响更年轻一代的成长。我国科技人才队伍的结构性矛盾，造成了人才严重短缺和人才大量浪费并存的现象，与我国经济和社会发展的需要极不适应，结构调整已成为人才队伍建设的当务之急。

3.2.2 国内外工程科技人才的能力素质比较

中国有 580 万人的工程技术队伍，有 210 万名工程师，数量居世界之首，但我们相应的工业总产值只是美国的七分之一，日本的四分之一；我们工科每年有 30 万人补充到 3000 万的“高级专门人才”大军中，数量亦居世界之最，但我们的国民经济人均年产值只是发达国家平均值的四十分之一、世界平均值的八分之一。目前我国工程科技人员虽已有一定规模，达 1300 万人，但他们知识面较窄，大多只具备一定的专业知识，缺乏相关的管理能力及研究水平。国外采矿专业的人才通过学校、企业、社会等各种途径所获得的教育，使他们在具备完善的专业技术知识、经济管理知识以及人文社科知识的同时，也具有国际技术前沿知识和全球化观点的国际视野，自主创新意识和能力，以及对市场需求的敏锐性。

3.2.3 国内外工程科技人才的待遇比较

我国重点大学的矿业类专业培养出了很多优秀的专业人才，这些人才毕业后很大一部分不从事矿业领域的工作，包括一部分考研深造的学生，也放弃原来的专业，改学其他专业。这种现象与我国采矿专业人才长期工作待遇低、工作环境艰苦不无关系。同时，也是和我国部分矿山企业对工程科技人才不重视或重视程度不够分不开的。

国外的采矿工业较发达的国家重视专业人才的引进和使用，并提供各项优惠政策，包括：

① 较高的薪水待遇。据澳大利亚矿冶学会的调查数据表明，历年来澳大利亚采矿专业的毕业生收入稳居所有专业前三名。2003 年所有专业本科毕业生的起薪均值为 $37000，而采矿专业的毕业生起薪为 $50000，工科专业排名第一，高出平均值 30%；2004 年采矿工程专业毕业生的起薪均值为 $70003，仅次于牙科医生，排第二位；而且，只经过三年，采矿专业毕业生平均起薪就由 2003 年的 $50000 上升到 2006 年的 $99713，高出大学高级讲师（相当于中国大学的副教授）的薪水。

② 工作环境的不断改善。随着技术水平的不断革新，采矿专业毕业生的工作环境日益得到

改善，越来越多的企业提供给员工飞进飞出（fly-in/fly-out，FIFO）的工作方式，即员工虽然工作在矿区，但是可以有固定假期往返于矿区与居住地之间。

③ 较多的培训机会。为实施终身教育的原则，技术人员在毕业工作两三年后，90% 以上的人会得到与专业相关的短期技术培训，以不断更新其知识结构，来适应专业技术的革新与发展。

3.3　国内外工程科技人才培养的现状比较

3.3.1　国内外工程科技人才培养的目标比较

与国内院校相比，国外院校对采矿工程类专业学生的培养方向较为广泛，注重培养综合性实用人才，人才培养方向主要分为技术、生产及商业三个大类，几乎涵盖了各个行业和领域，包括技术、管理、咨询、顾问、政府立法等行业，学生毕业后，有较多的就业选择，可以从事专业领域内各种工作，包括直接参与生产活动，对生产设备的改良，提供环境安全等方面的咨询，服务于私营企业、国有企业、政府机关、研究机构等。学生可实现所学专业与个人兴趣爱好良好结合的就业选择。

国外矿业工程专业的毕业生毕业后通常可以得到较高的薪水和较多的工作机会，除直接与矿业工程相关外，其工作岗位多是在矿业企业内或与矿业相关的安全、环境治理、矿物资源销售、财务管理等专业。采矿专业和安全、经济、环境治理、销售和矿物资源、财务管理等专业都相关。为了使学生能够从事这些工作，国外高校对采矿工程专业的学生提出了涵盖多学科知识的要求，要求学生掌握地质学、机械工程、冶金、贸易、经济学、管理、法律和信息科技等学科知识。

国外高等学校通过组建团队的形式，培养训练矿业工程专业的学生解决问题、团队合作、创新和领导的能力。学校根据就业领域，对学生的培养目标作出明确、具体的安排，包括：①资源及矿产可开采量的计算；②资源计划和开采设计；③财务分析；④项目管理；⑤生产各环节技术支持与管理；⑥环境和安全评价与管理；⑦营销；⑧ 政府立法；⑨咨询顾问。

综合以上分析，我国传统教育中，各高校的人才培养模式主要是依据我国教育部制定的统一的专业培养目标和体系来制定的，各校基本一致。传统的、计划性的、单一的人才培养模式起着误导作用，使得很多学校没有考虑自己的实际情况，没有考虑到当地经济发展和社会发展的需要，人才培养体系缺乏灵活性和适应性，由此导致培养出来的人才不符合工程实践的发展和市场需求变化的要求。目前虽然部分重点大学已经获得了专业设置的自主权，但由于学校办学方向、目标定位不清晰及传统办学思维定式等方面的惯性影响，我国不同层次学校之间在培养体系上的差异性还应进一步研究和明确。

3.3.2　国内外工程科技人才培养（工程教育）特点比较

国内高等工程教育对工程科技人才的培养，在知识结构、能力结构（特别是创新能力）的训练和培养模式等方面，与国外相比均有较大的差别和差距。

（1）国内高等工程教育人才培养特点如下：

① 中国的高等工程教育明显存在“科学模式”的倾向，侧重科学基础课和专业基础课，过于重视书本知识，课堂教学比重过大；缺少实践课程，包括工程规划、设计和实施，理论与实践脱节。不重视学生研究能力和动手能力的培养，在教学计划和教学实践中均缺少创新教育的内容，毕业生缺乏解决实际问题的能力和经验。

② 缺少大系统观、大工程观的教育，专业课门数多，专业知识划分较细。这主要是由于 20 世纪 50 年代我们的专业设置受苏联的影响，专业划分过细，如采矿工程专业，金属矿、煤炭、石油之间划分得很清楚，截然分开；到 70 年代，采矿工程专业进一步细分为露天开采专业、地下开采专业及矿山安全与通风专业等，更加剧了这种局面，导致学生知识面狭窄，难以成为学科交叉的综合性、创新性人才。

③ 对课程设计、专业实习、毕业设计等专业实践环节、社会实践环节的重视和强化程度不够。即使在实践环节，也存在学生“被动实践”成分多，“主动实践”成分太少的问题。所谓被动实践，就是实践的对象、方法、程序等关键要素由教师制定，学生在教师规定的框架中，沿着教师制定的路线去完成实践任务。我们大多数的试验，均属于“验证性”试验，而非“探索性”试验。

④ 工程教育的师资队伍建设严重落后，具有丰富工程背景和学术水平，同时兼有教学经验的教师在数量和质量上均不能满足需要，导致工程专业教师大多以研究见长，缺乏工程实践经验，难以培养出创新型工程科技人才。

⑤ 过度重视学位学历教育，忽视了对在职人员的知识更新或知识面的拓宽培训和教育。工程科技人员在大学毕业后经过几年的工作实践，带着问题，带着目标再到学校来学习，对将他们培养成高水平的创新型工程科技人才起到至关重要的作用。

（2）相比之下，国外采矿工程专业大学教育具有如下特点：

① 注重学生创新能力的培养。新南威尔士大学采矿工程专业在第一学年开设“工程设计和创新概述”课程，可以使学生从进入本科开始就树立创新的意识，为将创新理念贯穿于整个学习过程提供了有力的保障，是创新型工程技术人才培养的重要手段。

② 注重多学科协调发展。采矿专业和安全、经济、环境治理、销售、矿物资源、财务管理等都相关。为了能够从事这些工作，采矿工程师要有综合的涵盖其他多学科的教育背景，需要掌握地质学、机械工程、冶金、贸易、经济学、管理、法律和信息科技等学科知识。因此在课程设置过程中，学校重视多学科协调发展，特别是在选修课的设置方面涵盖许多学科，为学生掌握多学科知识提供了条件。

③ 关注学科前沿发展和工程特点。国外院校采矿专业的课程设置，结合专业的前沿发展，开设了诸如开采工程发展、全球环境下的采矿、工程师计算等课程。课程的设置强调实践，工程技术特点显著，使学生拓宽了专业视野，丰富了专业前沿知识。

④ 注重紧密联系市场需求和生产实际。在课程设置中，开设开采服务、项目、过程、合同、承包商管理、高级矿产经济学与营销学等与市场需求和生产实际紧密结合的课程，强调服务观念，努力满足市场需求，并通过这些方面加强课程建设。

⑤ 在澳大利亚等国家，重点采矿工程专业院校的院长、系主任、教授等多是出身于采矿专业的技术人员或管理技术人员，他们多年从事一线技术和管理工作（很多人担任过矿长、总工），具有丰富的实践经验，之后又回到校园从事教学和管理工作，这样使得教育更好地与工程实际相结合、与市场相结合，这样才能培养出企业真正需要的创新型工程技术人才。

⑥ 重视培养模式的多样化。譬如，国外采矿专业研究生培养存在三种不同的模式，即硕士研究生、研究生班和进修班。其中硕士研究生分为研究型硕士生（2 年制）和课程硕士生（1 年制）。研究生班是非学历教育，重视学生课程的学习而非强调论文的写作，毕业时有毕业证书而无学

位证书；进修班是更加实用的一种课程学习模式。这两种模式更适合在职工程科技人员的培训和提高。

3.4 国内外工程科技人才培养的机构比较

创新型工程技术人才的培养单靠高等院校的工程教育是不够的，需要教育机构、政府、产业界、工程师协会等多方的合作。产学合作是构建现代工程教育体系的一个重要环节，是提高工程教育质量、提高办学效益、培养创新型工程科技人才的一个战略性措施。国外工程院校面向工业企业，工业企业依靠工程教育，两方面密切合作，互惠互利，共同完成培养高层次工程科技人才的任务。美国工业界具有对进入工业企业的毕业生进行必需的工程师岗位培训系统，德国工程专业毕业生必须参与工程项目的实践训练。

但我国是高等院校与工业企业在培养人才和把科研成果转化为生产力等方面尚未建立起共同合作的基础。近些年来，由于各种原因，工程训练受到不同程度的削弱，工程教育存在远离工程的倾向，突出反映在由于没有足够的工程实践训练，学生缺乏对工程设计在工程及工程教育中的重要地位和作用的认识，缺乏现代工程设计思想、方法的培养和综合运用多方面的知识解决工程问题的能力，缺乏对现代工程所必须具备的有关经济、社会等方面的了解，缺乏参与管理现代工程的领导、决策、协调、控制的初步能力和素质。许多工业企业在较长时期以技术引进为主，导致企业创新能力不足，将工科毕业生从“毛坯工程师”培养成工程师存在困难。同时，对开展工程技术人才的继续工程教育重视不够，这对充分发挥工程技术人才作用、提高企业的技术水平和管理水平，培养创新型工程科技人才极为不利。

工程教育的目标是培养社会需要的多层次技术人才；企业是使用各类人才，使产品和服务在国际市场上具有竞争能力并向学校提出新需求的主要机构。为此，高等工程院校必须面向企业，企业必须依靠工程教育，只有两方面的密切合作，才能共同完成创新型工程科技人才培养的任务。

4 2020 年中国黑色冶金矿山行业工程科技发展及人才需求预测

4.1 2020 年国内外黑色冶金矿山行业工程科技发展展望

进入 21 世纪以来，国内外黑色冶金矿山行业工程科技发展呈现如下的趋势：

以高新技术为基础，以技术创新、管理创新、制度创新为手段，推动矿山科技进步，这是矿山企业持续发展的基础。随着全球工业化和经济一体化的发展，采矿技术的发展不断趋向生产工艺简单化，生产过程连续化，采矿作业集中化，采矿设备大型化，作业过程数字化、智能化与无人化；自控技术、传感技术、计算机技术等高新技术应用于大型设备、成套设备和生产过程的控制、监测和管理已成必然。在矿山资源开发模式方面，需重点加强露天矿采矿技术攻关，提高矿山开采强度；发展完善无底柱崩落法，加强深部矿体开采技术的研究；研究探索露天转地下开采技术，开发深部矿体；加强复杂难采矿床开采技术研究，增加矿石供应量；研究尾矿开采技术，实现资源综合利用；利用信息技术建设数字化和智能化矿山。

围绕上述方面，中国黑色冶金矿山行业 2006 ~ 2010 年发展的重点目标是：

（1）利用新型地质勘查技术确定一批新的铁、锰、铬矿勘查基地，发现并探明有工业价值的新的铁、锰、铬矿床，地质勘查技术装备有重大突破，缓解资源“瓶颈”问题，为扭转基础储量负增长的被动局面提供技术支撑。

（2）提高大型采选设备与工艺技术自主研制比例，提高工艺技术装备的自动化水平和各种降低资源消耗的技术水平，缩小与国外在采选效率、劳动生产率、资源有效利用率方面的差距，利用 5 年左右的时间使重点企业露天铁矿采矿工人劳动生产率达到 1.8 万 t/（人·a），磁铁精矿品位高于 68%，磁性铁回收率超过 95%；赤铁矿精矿品位高于 65%，回收率超过 75%。

（3）实现工业富水矿床、松软破碎等复杂矿床和露天矿转地下的安全高效开采。

（4）高效选别、工业化利用褐铁矿、菱镁矿、含铁硅酸盐型微细粒磁（赤）铁矿。

4.2 2020 年黑色冶金矿山行业工程科技人才需求及特征分析

4.2.1 创新型科技人才的基本特征（要求）

创新型人才首先要具备扎实的基础、宽广的知识面；其次要有丰富的或较丰富的工程实践经验和很强的动手能力；再次必须具备强烈的创新意识和创新精神，也就是创新素质，不仅在知识、能力和素质诸方面协调发展，还需要具有丰富的想象力，敏锐的思维，鲜明的个性，敢于批判、勇于开拓的精神，有强烈的责任感和很强的发现问题和解决问题的能力；最后还要有刻苦精神，创新活动是大量的艰苦的工作，尤其要有实际效果，要有经济效益，必须踏踏实实一步一步把工作做细。这是对创新型人才的特殊要求，也是创新型人才的特征。

在知识和能力结构上，高层次、高素质、多样化的创新型工程科技人才必须具备通识、专识、实践能力、创新能力，总的要求是知识渊博，熟谙工程技术，具有创新意识、经济管理意识和创新精神。因此，创新型工程技术人才（工程师）至少应具有三类能力：①解决工程实际问题所必须具备的核心能力，包括专业知识、解决问题的能力、基本技能、设计开发能力、敬业精神、团队意识和合作能力；②解决工程实际问题所需要的辅助性知识和能力，如获取与应用信息的能力、外语、数学和自然科学知识以及交流沟通能力等；③适应新的工程环境所应具备的能力，如成本和市场意识、环保意识和社会责任、国际合作和交流能力。

4.2.2 中国黑色冶金矿山行业工程科技人才特征

结合创新型工程科技人才应具备的素质，未来黑色冶金矿山行业的一般工程科技人才至少需要具备三项基础能力：系统扎实的专业技术知识、较强的继续学习能力和团队合作能力。高级工程科技人才还需要具备三项较高能力：自主创新能力、商务与管理能力和国际视野。各项能力所包含的主要内容及能力获取途径见表 4-1。

表 4-1 未来中国黑色冶金矿山行业工程科技人才的关键能力

项目		包含内容	获取途径
基础能力	系统扎实的专业技术知识	科学和数学知识、矿业专业知识、经济管理知识、人文社会科学知识	主要通过高等教育获取，但要重视文化教育与社会实践的融合
	较强的继续学习能力	主要是自学能力，包括对所需专业知识、经济管理知识及其他知识和技能的自学	主要通过联系实践的非学校教育的学习方式来获得，但是通过与学校的联合达到目标也是可取的途径之一
	团队合作能力	包括沟通、计划、协同等	培训与自我提升比较有效

续表

项目		包含内容	获取途径
高级能力	自主创新能力	挖掘有关创造、发明和交叉学科提供的一切潜力去开辟矿业系统的新领域，既包括横向和纵向的开发，也包括本领域或边缘领域的延伸	（1）三项基础能力是获取高级能力的基础；（2）关注市场，不断思考而获得较强的实践能力；（3）更为宽泛的学习，包括学习的内容、方式和时空
	商务与管理能力	对非黑色冶金矿山行业（如科学、社会科学、商业）领域的涉猎与合作	
	国际视野	有全球化观点，对国际范围内黑色冶金矿山行业相关领域发展前沿的跟踪与把握，对行业内外部环境变化实时洞察	

4.3　2020 年黑色冶金矿山行业工程科技人才需求预测

4.3.1　人才总量预测

（1）2020 年中国钢产量及铁矿石产量预测。

据当时中国钢铁工业协会的预测，中国的钢产量在 2010 年将达到 6.5 亿 ~ 7.0 亿 t，预计 2020 年的钢产量仍处于高峰值，为 7.4 亿 t 左右。估计这个高峰值从 2012 年以后即开始出现。

表 4-2 是 2003 ~ 2006 年我国每年钢产量、铁矿石总量、铁矿石进口量和铁矿石自给率的统计数据。

表 4-2　2003~2006 年钢产量、铁矿石总量、铁矿石进口量和铁矿石自给率统计数据

年份	钢产量 / 万 t	铁矿石总量 / 万 t	铁矿石用量与钢产量之比	国产铁矿石 / 万 t	进口铁矿石 / 万 t	铁矿石自给率 / %
2003	22011	40958	1.86	26146	14812	64
2004	27470	51939	1.89	31130	20808	60
2005	34936	69595	1.99	42049	27526	60
2006	41914	91440	2.18	58817	32633	64

（2）据报告开展的 2020 年工程科技人才总量预测。

根据表 4-2 的统计数据，2003 ~ 2006 年每年消耗的铁矿石量与钢产量之比为 1.86 ~ 2.18，逐年明显增加，这与近年国内铁矿石产量迅速增加有关。因为进口铁矿石的品位比国产铁矿石高，生产吨钢所需的国产铁矿石的用量比进口铁矿石要多得多。因此，将 2020 年的这个比值取为 2.15，即 2020 年 7.4 亿 t 钢产量消耗铁矿石总量为 15.91 亿 t。2003 ~ 2006 年，国产铁矿石占铁矿石总用量的比值为 60% ~ 64%；考虑国产铁矿石产量增加迅速，2020 年此值取为 65%，因此 2020 年国产铁矿石产量为 10.34 亿 t。铁矿石露天与地下开采的比例和劳动生产率采用 2005 年的数据。行业工程科技人员数量占行业全体从业人员数量的比例仍采用目前的数据，即 16%。

依据以上数据和本报告 2.1.1 节确定的估算规则，根据中国钢铁工业协会预测的 2020 年 7.4 亿 t 的钢产量，预测 2020 年中国黑色冶金矿山行业工程科技人才总量为 149842 人，即约 15 万人。

4.3.2　据当时报告开展的人才结构预测

根据国外黑色冶金矿山行业科技发展趋势，中国黑色冶金矿山行业今后将在资源勘查、安

全高效开采、大型设备更新改造、选矿技术以及矿业数字化、矿山环保技术等领域对创新型工程科技人才有更多的需求。同时需要一批创新型高层次经营管理人才。

创新型工程科技人才的需求结构，根据需求程度的顺序，按岗位和专业两个序列进行排序如下：

岗位排序：高层次经营管理、研究开发、技术管理（专业技术）、生产管理、设备管理、资源管理、环境和安全评价与管理、营销、国际经营开发等。

专业排序：采矿工程、选矿工程、矿山机械、地质测量、造矿工程（烧结、球团）、土建工程、电气工程、自动化、计算机、环境保护、人力资源、财务等。

5 中国黑色冶金矿山行业工程科技人才培养与成长环境研究

5.1 人才培养的特点及成长规律

根据前面的分析，为了满足黑色冶金矿山行业对创新型工程科技人员的需要，结合当前我国的现状，认为我国黑色冶金矿山行业创新型工程科技人员的培养具有长期性、复杂性、创新性的特点。

（1）长期性。即使不考虑学校教育所需年限，黑色冶金矿山行业的一名工程科技人员从参加工作到技术成熟、能够在工作中独当一面至少需要 5 年甚至更长的时间，科技人员在工作中思维最活跃、最具有创造性的年龄阶段是 30 ~ 45 岁，一名大学毕业生（按 22 ~ 24 岁计算）参加工作至少需要 3 年时间成为技术员，至少还需要 5 年时间成为工程师，即在步入 30 岁以后真正成长起来。

（2）复杂性。黑色冶金矿山行业工程科技人才的培养过程是复杂的，培养内容具有复杂性和多样性。高层次、高素质、多样化的创新型工程科技人才必须具备通识、专识、实践能力、创新能力，具有社会责任感，总的要求是知识渊博、熟谙工程技术、具有创新意识、经济管理意识和创业精神。因此，对黑色冶金矿山行业工程科技人员的培养不仅要有理论教育，更要注重实践训练；不仅要培养专业型人才，还要兼顾复合型人才的培养；不仅关注学术造诣，更要注重品质和情操的修炼。

（3）创新性。黑色冶金矿山行业工程科技人员的培养过程是一个动态过程，培养对象千差万别，培养内容需要不断调整，培养方式需要不断摸索，培养目标需要适应时代的要求。近年来，受科技进步的影响，世界范围内黑色冶金矿山行业领域生产装备、生产技术和生产工艺的进步改造步伐在不断加快，这对我国该领域工程科技人员的培养提出了更高的挑战。培养模式、方法本身就必须有创新性。

创新型工程科技人才的培养是一项复杂工程，但也具有一定的成长规律。不妨把工程科技人才的成长分为三个阶段：预备阶段、适应阶段、迅速发展和稳定阶段。

（1）预备阶段：是科技人才素质积累期，是大学初始培养及其之前的阶段，是人才成长的重要基础和前提。该阶段人才获得的教育以基础理论教育为主，人生观、世界观、价值观逐渐形成，是个性发展最关键、最活跃的时期。

（2）适应阶段：从本科教育后期至走上工作岗位初始 2 年阶段，是了解社会环境、学习工作技能和技巧、理论与实践的磨合、结合期。在此阶段，企业环境发挥着非常重要的作用。在企业的文化和制度影响下，让新员工尽快了解需要做什么工作、该做什么工作、怎样去做，而且要帮助个体找到成长的目标、确定成长条件以及抓住成长机遇，培养员工的责任感和团队意识。

（3）迅速发展和稳定阶段：是工程科技人才通过各种渠道广泛学习各种专业知识，积累丰富实践经验后，进入相对稳定的创造性角色的阶段。在此阶段，人才更为关注的内容包括：个人目标与企业目标的一致性、进一步深造的机会以及个人科技能力的提高、研发环境和条件、团队合作，以及公平合理、客观的评价和晋升机制及其相应的激励政策等。

5.2　学校教育阶段的人才培养研究

5.2.1　工程教育培养创新型工程技术人才的教学模式

工程教育为相关产业培养所需的创新型人才，是人才培养的重要基础阶段。同时工程教育对人才的培养既要以社会需求为本，又要高于社会需求，要具有前瞻性。

创新型人才的成长有个过程，其中教育是基础阶段。工程教育（包括职业技术教育）的重要任务就是要在教育阶段为创新打好基础，因而在人才的培养过程中要遵循几项原则：①在指导思想上，明确继承和发展的关系，传授知识是继承，在继承基础上的发展就是创新。②在内容上，应包括理论和实践两个方面，在培养创新型人才的过程中，实践能力至少与理论知识同样重要，要克服目前重理论轻实践的倾向；在内容的知识和方法两个方面，要更重视方法的培养和训练。③注重课程的专业体系设置。目前的课程体系按照学科体系或专业体系来划分，前者以学科分类学为基础，后者以研究对象领域为基础。在高等工程教育中，应较快、较自然地从学科体系转到专业体系。④强调综合思维的培养。⑤教育方法上应将灌输与启发、讲授与讨论并用。⑥注重品德教育与学习氛围的营造。

需要强调的是，学科结构、实践体系、研究性教学、管理制度是创新型人才培养的四个基本要素，其中至为关键的一点就是必须重视实践教育的意义和作用。创新之根在实践，工程扮演着创新技术与运用技术的角色。在教学中要重视学生解决问题的能力以及综合素质的培养，更直接地培养学生的专业技能，注重推广理论与实践相融合的课程教育方式，如以项目为基础的教学；要加强实验室建设，配合专业课开设试验，使课堂试验与“社会实验室”相结合，利用“社会实验室”为学生提供更多的试验机会。

5.2.2　黑色冶金矿山行业工程专业发展影响因素分析

（1）黑色冶金矿山行业相关专业的现状。

在计划经济时代，黑色冶金矿山行业与地质等其他艰苦专业一样曾有过非常辉煌的经历，国家在这方面投入了巨大的人力及资金。经过几十年的发展，已形成了相当规模。20 世纪八九十年代，由于体制和历史的原因，原有的国有大型钢铁矿山大都面临着资源匮乏、人员众多、包袱沉重的局面。加之黑色冶金矿山大多地理位置偏僻，条件艰苦，黑色冶金矿山行业相关专业生源变得日趋紧张。在新兴产业高速发展及市场经济浪潮的影响下，到 90 年代，我国高校黑色冶金矿山行业的有关专业均陷入困境。尤其是 1994 年开始试点，到 1997 年全面实施的“招生收费并轨制”使得这种局面进一步恶化。作为应对措施，我国大多数设有黑色冶金矿山行业相关专业的高等院校，或停止招生（如辽宁科技大学等），或隔年轮流招生（如东北大学等），使得国内采矿专业坚持正常招生的学校屈指可数（如北京科技大学等），与采矿专业人才的需求存在着很大差距，同时也造成了人才断层。

进入21世纪，随着国家建设的持续发展和科学发展观的确立，资源、能源短缺成为制约经济发展的因素，矿山地质环境灾害、安全问题、环境问题日益突出，特别是钢铁市场需求的增长拉动了钢铁工业的高速发展，使得黑色冶金矿山行业类专业的毕业生重新成为人才市场上很受欢迎的人才，一些院校的黑色冶金矿山行业相关专业或扩大招生规模，或开始重新招生。如北京科技大学矿物资源工程专业1997~2004年每年只招一个班，2005年增至2个班，2007年又增招安全工程专业本科生2个班。辽宁科技大学采矿专业在1995年取消招生后，也于2004年恢复招生。

（2）影响专业发展的因素。

① 科技进步。影响专业发展的基本因素是学科自身演化的规律，或更宽泛地说是科学技术本身发展的结果。科技进步推动企业的技术、管理和生产经营不断升级，从而对专业的发展不断提出新的要求，这是专业发展的基本动力。

② 行业需求。黑色冶金矿山企业是否满足专业人才的要求，为他们提供良好的工作环境和良好的职业发展前景，是专业人才能否安心工作的前提，从而影响高校专业人才的招生、培养和毕业去向，最终影响专业发展。

③ 政策导向。黑色冶金矿山行业属于艰苦行业，国家是否为相关专业制定倾斜性的政策、措施和办法也很大程度上影响着人才培养质量和人才的流向，影响着专业的发展规模。

5.3 企业工作阶段的培养研究

（1）培养目标。

当代工程教育的基本特点是在校期间学习的知识可能会很快过时，以往学生时代所接受的教育及培养的能力，已不足以应对工作的挑战。因此，终身学习、持续学习、全面学习就成为企业对员工的基本要求。作为工程科技人才，学习的空间随着无国界的扩展而变得更大，不仅要向本国的企业学习，也要向先进国家的企业学习；学习的内容也无限扩展，不仅包含技术的，也包含管理的、贸易的、经济的、法律的、文化的等等；学习的对象不仅包括行业内企业，也包括行业外企业，这就是全面学习的含义。

（2）培养体制。

要适应未来发展的需要，企业需要构建完善的、适应时代发展的人才培养体制。要成立独立的培训或教育机构，建立健全各项人才管理制度，包括从人才招聘、人才培养、人才测评、人才考核、人才选拔到人才激励、人才职业生涯规划的系统方案，在企业内部形成分层次、分类别、多渠道、多形式、重实践、重实效的教育培训格局。切实把人才培养特别是创新型工程科技人才的培养纳入企业发展规划，营造具有企业特色的良好人才培养环境。要形成多种形式的培训模式和手段，如内部培训、外部培训（以高校为主）、校企联合培训、国内外考察、挂职实践锻炼等。

产学研一体化的人才培养格局也是一种可提倡的模式。产学研一体化是指将生产企业、科研机构、高等学校结合成一个整体，集科学研究与科技开发、人才培养及培训、技术推广及开发应用、生产与销售为一体，充分发挥各自的优势、推动科技与经济的结合，发展生产、发展科技的过程。产学研的相互结合和相互推动能为企业培养适应性更强的人才，锻炼和培训企业的技术骨干，提升企业的科技创新能力。

5.4　典型案例分析

行业工程创新成果的推荐与分析——“大型深凹露天矿安全高效开采关键技术研究”成果的创新性及其创新人才的关系。

5.4.1　成果简介

“大型深凹露天矿安全高效开采关键技术研究”是“十五”国家科技攻关计划重大项目课题，通过研究解决了我国大中型深凹露天矿深部开采带有共性的关键技术难题，实现了安全高效开采，将水厂铁矿建成我国具有国际同期先进水平的大型露天矿示范矿山，并从整体上提高了我国露天矿开采的技术水平。主要创新成果如下：

（1）克服传统的经验类比或二维极限平衡分析边坡设计方法的缺陷和不足，在国内外首次采用基于现代三维数值模拟与三维极限平衡分析相结合的优化设计方法（其中，基于GIS的动态三维极限平衡分析法是该方法的核心技术，为国内外首次提出），为深凹露天矿边坡设计提供了科学的方法，使水厂铁矿边坡角平均提高3°～4°，减少剥岩量数千万吨，减少剥岩成本数亿元，边坡设计和管理达到并超过世界先进国家水平。同时，采用目前国际上最先进的GPS监测技术和其他监控手段，对边坡稳定性进行实时监控，保证了高陡边坡开采的安全。科学地解决了露天矿边坡陡不安全，边坡缓剥岩量大、生产成本高的“双刃剑”难题。

（2）采用近20年来西方国家发展起来的一种高效运输技术，即汽车－胶带半连续运输技术，解决了深凹金属露天矿建胶带运输线一系列技术难题，提出了深凹金属露天矿汽车－胶带半连续运输系统各环节之间的最佳衔接与配合技术，胶带系统计算机控制技术、可控驱动技术和高效运行保障技术，以及单线陡坡联络道技术等；在不减产、不停产的前提下，将水厂铁矿的运输系统由原有的汽车－铁路运输整体改建为汽车－胶带半连续运输，并达到同期国际先进水平。水厂铁矿的运输成本下降30%以上。

对系统的主要设备通过引进、消化、吸收，针对矿山实际需要，进行了重大的改造，部分设备已实现国产化，部分设备委托国外厂家按首钢矿业公司的设计思想进行制造。

（3）研制开发了具有自主知识产权的露天矿自动化调度模型和软件，提出了基于实时最优流率的车流规划模型和基于目标流率饱和度的实时调度准则；在水厂铁矿建立了基于GPS定位的自动化实时生产调度和管理信息系统，使生产和管理的各个环节实现最优化或合理化，生产效率提高10%。自主研发的自动化生产调度软件系统超过著名的美国模块公司的DISPATCH软件系统的性能。

研究成果在水厂铁矿的应用，使该厂的生产成本大幅度下降，劳动生产率大幅度提高，集中表现在：

（1）2004年、2005年，在冶金矿山同行业9项可对比采矿技术经济指标中，水厂铁矿7项排名第一，其余两项排名第二和第三名。

（2）2001～2004年，在开采深度、提升高度和矿车运距不断增加的情况下，矿石成本不但没有上升，反而逐年下降，下降幅度达到 32%。2005 年和 2006 年矿石成本仍保持略呈下降的平稳走势。

（3）2001～2004 年，水厂铁矿全员劳动生产率和工人劳动生产率均增长了 2.3 倍。2004 年和 2005 年，水厂铁矿的全员劳动生产率和工人劳动生产率均为全国冶金重点矿山平均水平的 5 倍以上，位居全国第一。

该项目成果获 2006 年度冶金科学技术奖特等奖，这是冶金科学技术奖设奖以来，采矿行业获得的第一个特等奖，并获 2007 年度国家科学技术进步奖二等奖。

5.4.2 成果创新性及其与创新型人才的关系

上述研究成果具有很强的创新性，其创新性可作如下分类：

成果 1：边坡优化设计方法为集成创新，基于 GIS 的三维极限平衡分析方法为原始创新；

成果 2：是集成创新和引进、消化、吸收、改造再创新的结合，其中单线陡坡联络道技术是原始创新；

成果 3：自主研发的自动化生产调度软件系统为原始创新，基于 GPS 定位的自动化实时生产调度系统为集中创新。

上述技术成果已申请国家发明专利 5 项。

本项目由北京科技大学、首钢矿业公司和清华大学共同完成。

项目负责人蔡美峰为北京科技大学矿业学科首席带头人，他 20 世纪 80 年代末从澳大利亚回国，是国内外著名的岩石力学和采矿工程专家；在地应力测量和采矿工程优化研究及其工程实践方面完成了许多开拓性工作，取得了一系列创新性成果，获国家技术发明奖和国家科学技术进步奖 5 项。他所领导的科研团队有教授 8 人，副教授 2 人，高级工程师 2 人，讲师 3 人，并有博士后 3 人、博士研究生 30 余人、硕士研究生 40 余人。8 名教授均具有博士学位（其中 4 人有 4 年以上国外留学经历，4 人获 3 项以上国家科技奖励），在采矿岩石力学、采矿工艺理论、矿井设计与建设、工程地质与水文地质、采矿数值模拟、GIS 技术及其工程应用、岩石动力学与工程爆破等方面各有专长，均具有突出的或较强的创新能力，并有丰富的工程实践经验。

自动化生产调度软件系统的研制主要由清华大学自动化研究所负责，该所所长 20 世纪 80 年代从美国学成回国，亲自主持研制。他带领的科研团队的学术水平和创新能力在国内名列前茅。

工程依托单位首钢矿业公司是我国实力最强的黑色冶金矿山企业。该公司一直重视科研开发和科技创新工作，“十五”末与“十五”初相比，每年投入科技研发的经费增加了 2.7 倍。2001～2006 年共投入资金 27063 万元，实施重点国家“十五”科技攻关等项目 177 个，22 项获得国家级、省部级和总公司奖励，科技效益在增收节支中的贡献率由 2000 年的 25% 左右提高到 40%。公司制定了各种政策、措施和奖励激励机制，鼓励和调动各单位和个人（包括工人）科技创新的主动性、积极性和创造性。该公司特别注重科技人才的培养，建立了创新人才工作机制。公司每两年评选一次公司和厂级专家及专业技术带头人，除进行表彰外，还按月发放津贴；选择具有潜力的优秀技术人员到相关院校进一步深造，近 10 年来，先后选送 3 人到高校攻读博士学位，7 人攻读硕士学位，2003 年以来和北京科技大学合办工程硕士学位研究生班 2 个，培养工程硕士研究生 60 余人；组织科技人员在国内外考察交流，改建大学生公寓楼，为他们提供良好的生活条件；组织大学生在实践中设计自身发展规划，不断提高专业理论和技能，为发展积累能量；科技项目实施与人才培养相结合，一个项目培养一批人才。通过几年努力，已经初步形成了有利于创新型科技人才成长的良好环境，一批科技人才脱颖而出。

特别要介绍首钢矿业公司的总经理，他是一名高水平的内行领导和管理专家，不但专业知识渊博，而且由于长期深入生产一线，对全公司的科技、生产、管理情况了如指掌，有极其丰富的实践经验，有很强的科技创新意识和创新能力，曾被评为全国“作出突出贡献的工程硕士学位获得者”。他作为本项目第二负责人，全过程参与并组织了项目的实施。水厂铁矿高效运输系统和自动化调度系统的总体构思和陡坡联络道技术都是他提出来的。

5.4.3 获取工程创新成果的关键因素

综合上述介绍可以看出，要取得一项高水平的工程科技创新成果，必须有一批具有创新精神和创新能力的高水平科技人才，并且要形成一个强有力的团队，团队知识结构与年龄结构应均衡、合理。其带头人最好是行业内的知名专家，不但有很高的学术水平和业务水平，有丰富的工程实践经验，而且要有较出色的组织领导和协调能力，有很强的凝聚力。参与研究的各研究单位必须都有一支能出色完成各自承担任务的创新队伍，并且要通力合作，充分发挥各自优势，实现强强联合。大专院校和科研院所的科研人员必须与工程依托单位（企业）的专业技术人员和管理人员紧密合作，实现理论和实践的紧密结合。被选作工程依托单位的企业必须有重视科研开发、科技创新和科技人才培养的传统和氛围，必须有自身的创新型工程技术人才，如果企业负责人本身就是高水平的创新型科技人才，并且亲自参与项目的组织和实施，那么企业就能真正发挥在创新性工程科技研究中的主体作用。

6 中国创新型工程科技人才培养建议

6.1 国家角度

（1）召开“全国高等工程教育工作会议”。

建议尽快由教育部负责筹备，国务院组织召开“全国高等工程教育工作会议”。通过一次全国性的会议，引起全党、全民，特别是各级政府对高等工程教育长期存在问题的重视，讨论并制定中国高等工程教育改革、调整、振兴的政策、措施，在全国范围内贯彻执行。

（2）根据行业对人才的需求，不同院校要有不同定位。国家应该严格要求各高校正确定位其承担的培养目标，在各自的层面上办出个性和特色。国家要建立不同的评价体系和评价标准，分类评价。

（3）通过立法，建立工程科技人员“定期带薪离岗培训”制度，确保工程技术人员定期得到知识更新和理论水平提高的权利。既有利于创新型工程科技人才的成长，也有利于高等工程教育的繁荣，为高等工程教育增加一个新的“品种”。

（4）建立全国统一的能与国际接轨的工程专业认证和注册工程师制度。

（5）对于矿业、能源等特殊领域人才培养和分配，应该加大“计划”性培养，不能过分强调“市场”调节。在这一类行业人才的培养、选拔和使用中，充分考虑其特殊性，制定倾斜性的政策、措施和办法。对这一类专业的大学生，应和师范生同等待遇，免费上学并提供生活费。

（6）国家对矿业类专业人才提供政策和制度支持，保持工程技术人员队伍的稳定。

对与黑色冶金矿山行业及类似的地质、矿业、石油等相对艰苦同时又关系到国家经济安全的行业，国家宜采取适当措施保证人才培养和人才的流向。提高矿业工程科技人才待遇，提供专门的社会保障体系，改善他们的工作和生活环境。

6.2 社会角度

（1）应该充分理解矿业、能源行业的特殊性，积极倡导对特殊行业从业人员的尊重和支持。

（2）充分认识人才培养并不仅仅是学校的事情，努力为工程技术人员的就业、培训创造适宜的环境。

企业要为学校建设稳定的校外实习、实训、就业基地作出努力，切实把它作为自己的社会责任对待。相关部门也要尽快组织制定有关文件，指导和规范基地建设工作，创建高水平的实践教学基地。

6.3 企业角度

（1）建立工程技术人员吸收、培养、使用方面的长效机制，实现技术人才资源的可持续发展。

大力开展订单式培养，从专业设置与调整、教学计划制定与修改、教学实施、实习实训直至学生就业等方面，充分发挥企业和用人单位的作用。

（2）关注科技人才使用中的知识更新。

国家及企业应建立和完善企业工程科技人员的使用和知识更新的管理与激励办法，鼓励工程科技人员通过进修学习、专业技术培训、专题培训以及自学等途径，积极主动地完成和实现知识的实时更新。

（3）建立长效机制，努力为学校的人才培养提供支持和帮助，包括学生的现场实践、实习，也包括专业教师的生产实践、科学研究和劳动锻炼等。

（4）提高人才待遇，改善工作环境，特别是特殊人才应提供特殊待遇。

6.4 学校角度

（1）加强专业定位，对专业课程体系进行整体优化和重组，将大工程观贯彻到培养目标中。

（2）工程技术教育要更注重科技开发和生产实践，培养学生的创新意识，提高学生的实践能力。

（3）加强学校培养过程与培养目标的一致性管理。

（4）营造专业课双语教学环境。

（5）加强母语表达能力的培养。

（6）适量、逐步地统一、规范研究生课程设置。

（7）建立和完善就业指导工作的长效机制。

（8）做好毕业生质量反馈工作。

（9）加强师资队伍建设，特别要注重将具有工程实践经验的高水平工程科技人才引进到师资队伍中来。

第四部分

国际国内影响

第十三章　积极组织和参加各种活动

积极组织和参加各种活动并获高度评价。

第一节　部分学术活动——2004～2019 年担任国际岩石力学与岩石工程学会教育委员会主席期间所做的工作与贡献

国际岩石力学与岩石工程学会教育委员会（ISRM Commission on Education）成立于 1990 年。第一任教育委员会主席是来自加拿大的富兰克林（Franklin）教授，他是第七任国际岩石力学与岩石工程学会主席，于 1990 年卸任学会主席后，担任成立的教育委员会第一任主席，至 1995 年卸任。1995～2004 年，来自波兰的科瓦思涅斯基（Kwasniewski）博士担任第二任教育委员会主席（蔡美峰于 1997 年成为委员）。2004 年，蔡美峰接任第三任教育委员会主席，直至 2019 年。

在国际岩石力学与岩石工程学会教育委员会工作期间，除安排教育委员会在国际上开展的各项活动外，蔡美峰特地在中国安排或组织了 3 次国际岩石力学与岩石工程学会巡回讲学，邀请国际顶尖的岩石力学与工程学者、专家来我国多地、多校讲学和交流，还安排了 3 次国际岩石力学与岩石工程学会青年学者研讨会，邀请国际青年同行来我国考察、学习与交流，对提高我国岩石力学与工程的水平和在国际上的地位，发挥了很大作用。

下面介绍 3 次 ISRM 国际巡回讲学和 3 次 ISRM 青年学者研讨会的具体情况。6 次活动，除第一次巡回讲学是 Kwasniewski 博士发起、蔡美峰具体组织外，其他各次活动全部是蔡美峰主持完成的。

一、第一次 ISRM 国际巡回讲学，中国，2001 年 9 月

➲ 三位讲学学者

斯潘塞（Stepansson）教授（瑞典，国际岩石力学与岩石工程学会原副主席）、巴拉（Barla）教授（意大利，国际岩石力学与岩石工程学会原副主席）、哈里森（Harrison）博士（英国，帝国理工学院高级讲师）

讲学地点：北京科技大学（北京）、中国矿业大学（徐州）、重庆大学（重庆），见图 13.1 和图 13.2。

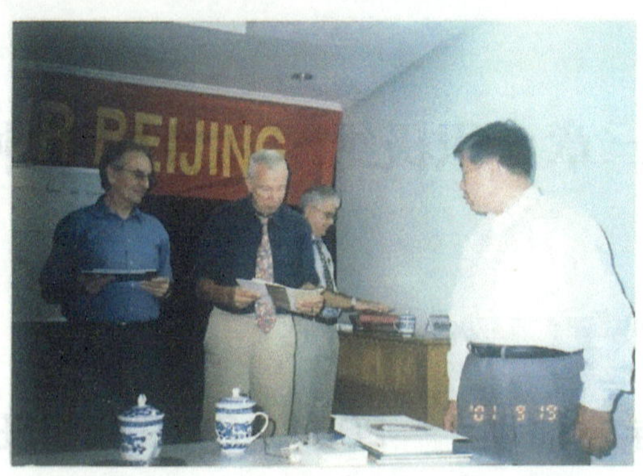

图 13.1　左起：Barla 教授，Stepansson 教授，Harrison 博士，蔡美峰教授

图 13.2　巡回讲学开幕式：中国岩石力学与工程学会
左一 Kwasniewski，学会主席王思敬院士致开幕词

二、第二次 ISRM 国际巡回讲学，中国，2006 年 10 月 20 日至 11 月 5 日

➲ 6 位讲学学者

赫德森（Hudson）教授（英国，皇家工程院院士，曾任《国际岩石力学与采矿科学学报》主编，第 11 任国际岩石力学与岩石工程学会主席），西梅尔曼（Zimmerman）教授（瑞典，曾任《国际岩石力学与采矿科学学报》主编），格罗斯曼（Grossman）教授（葡萄牙，CSIR 总工程师），奥兹贝伊（Ozbay）教授（美国，科罗拉多大学教授），Kwasniewski 博士（波兰，西里西亚工业大学），佩莱（Pellet）教授（法国，巴黎高等矿业学院教授）。6 位教授的讲学主题分别如下。

Hudson 教授：

（1）岩石力学的过去、现在和未来。

（2）岩石力学的主要原理。

（3）大规模现场调查。

Zimmerman 教授：

（1）多孔弹性的基本原理。

（2）岩石裂缝中的流体流动。

Grossman 教授：

（1）节理统计－最新技术和实际应用。

（2）岩体变形能力－理论方面和原位测定。

Ozbay 教授：

（1）地下采矿岩石力学。

（2）露天采矿岩石力学。

Kwasniewski 博士：

（1）一般三轴压缩条件下岩石的行为。

（2）由扩容导致岩石发生脆性破坏的前期现象。

Pellet 教授：

地下建设过程中岩石的时变特征。

共在 7 个城市的 11 所大学和 2 个研究所举办了 48 场讲座，包括：北京科技大学，中国矿业大学，清华大学，山东大学，西安科技大学，西安理工大学，长安大学，河南理工大学，华北水利水电大学，四川大学，成都理工大学，成都市水利电力勘测设计研究院，武汉岩土力学研究所。

参加人员约 2500 人次。他们大多是岩石力学、土木、采矿、水电、地质工程等专业的研究生和青年教师。

这次巡回讲学得到了很高的评价。

巡回演讲中的一些照片如图 13.3和图 13.4 所示。

图 13.3　第二次巡回讲学开幕式，从左至右：傅冰骏（中国岩石力学与工程学会顾问），Ozbay，Kwasniewski，钱七虎（中国工程院院士，中国岩石力学与工程学会理事长），徐金梧（北京科技大学校长），Zimmerman，Grossman，蔡美峰

蔡美峰教授致开幕词

钱七虎院士致欢迎词

北京科技大学徐金梧校长致欢迎词

Hudson 教授在河南理工大学讲学

Hudson 教授讲学

Grossman 教授讲学

Kwasniewski 博士讲学

Zimmerman 教授讲学

图 13.4　专家巡回讲学

Ozbay 教授在武汉岩土力学研究所讲学

Pellet 教授讲学

图 13.4（续）

三、第三次 ISRM 国际巡回讲学，中国，2009 年 5 月 9 日至 15 日

➲ 巡回讲学的主题

讲学以 Hudson 和 Harrison 的著作《工程岩石力学》为基础，涵盖了岩石力学原理以及岩石工程中的岩石表征、建模和设计过程。

➲ 讲学地点

北京：北京科技大学；中国矿业大学；清华大学

南京：河海大学

武汉：武汉岩土力学研究所

香港：香港大学

➲ 讲学学者和主题

Hudson 教授，国际岩石力学与岩石工程学会主席：

第 1 讲：了解岩石应力性质、测量方法和变化特征

第 2 讲：岩石力学相互作用和岩石工程系统

第 3 讲：如何在国际期刊上发表论文

迈尔斯（Meyers）博士，国际岩石力学与岩石工程学会副主席：

第 1 讲：岩石裂缝的重要性和特征

第 2 讲：大型岩石边坡设计时面临的挑战

乌卢萨伊（Ulusay）教授，国际岩石力学与岩石工程学会测试方法委员会主席：

第 1 讲：岩石特性及其在岩石表征、建模和设计中的作用

第 2 讲：ISRM 的“蓝皮书”包含了所有 ISRM 建议的方法

Harrison 博士，英国帝国理工学院：

第 1 讲：工程岩石力学的综合方法

第 2 讲：渐进破坏在完整岩石行为中的作用

专家巡回讲学情况如图 13.5 所示。

蔡美峰教授致开幕词

Meyers 博士致贺词

Hudson 教授在北京科技大学讲学

Ulusay 教授在北京科技大学讲学

Harrison 博士在北京科技大学讲学

Hudson 教授在中国矿业大学讲学

Harrison 博士在中国矿业大学讲学

Meyers 博士在中国矿业大学讲学

图 13.5　专家巡回讲学情况

Ulusay 教授在中国矿业大学讲学

Hudson 教授在河海大学讲学

Meyers 博士在河海大学讲学

Ulusay 教授在河海大学讲学

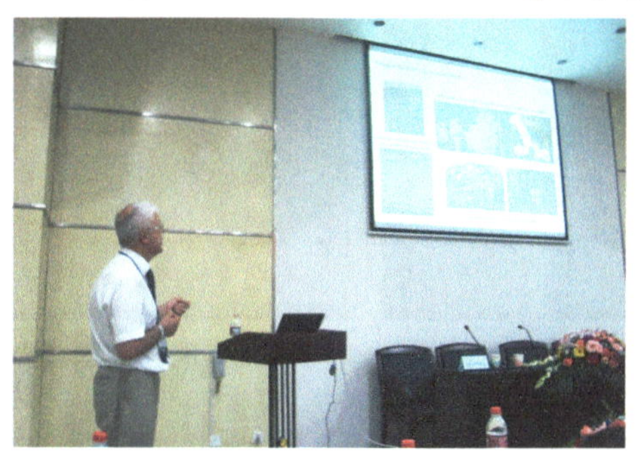

Harrison 博士在河海大学讲学

图 13.5（续）

四、第一次 ISRM 青年学者研讨会，中国，2008 年 4 月 28 日至 5 月 1 日

第一次 ISRM 青年学者研讨会于 2008 年 4 月 28 日至 5 月 1 日在北京召开，来自 11 个国家的约 280 人出席了研讨会。

（1）研讨会由 Hudson 教授、费尔赫斯特（Fairhurst）教授（美国科学院院士，明尼苏达大学教授，第 5 任国际岩石力学与岩石工程学会主席）、樱井（Sakurai）教授（日本大阪神户大学教授，第 6 任国际岩石力学与岩石工程学会主席）、蔡美峰教授和井兰如博士（瑞典）作了 5 次主题演讲、2 次专题报告和 50 篇论文口头报告。

（2）会议论文集名为“*Boundaries of Rock Mechanics: Recent Advances and Challenges for the 21st Century*”，收录了 183 篇论文，这些论文已被 EI (Engineering Index) 和 ISTP (Index to Science & Technical Proceedings) 数据库收录。会议情况如图 13.6 ~ 图 13.12 所示。

图 13.6　开幕式: 从左到右依次为蔡美峰（讲话者）、伍法权（中国岩石力学与工程学会秘书长）、徐金梧（北京科技大学校长）、杨仁树（中国矿业大学校长）、Fairhurst、冯长根（中国科协书记处书记）、Hudson、钱七虎、Sakurai、顾金才

图 13.7　蔡美峰教授致开幕词

图 13.8　现任中国岩石力学与工程学会主席钱七虎院士致欢迎词

图 13.9　现任国际岩石力学与岩石工程学会主席 Hudson 致欢迎词

图 13.10　第 5 任国际岩石力学与岩石工程学会主席 Fairhurst 教授致欢迎词

图 13.11　第 6 任国际岩石力学与岩石工程学会主席 Sakurai 教授致欢迎词

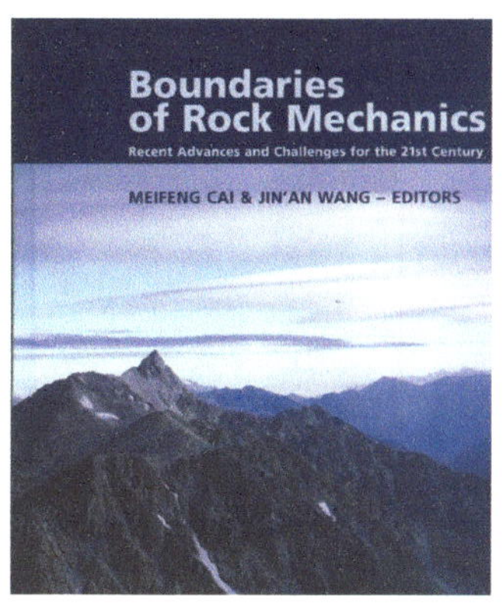

图 13.12　第一届 ISRM 青年学者研讨会论文集（主编：蔡美峰，王金安）

五、第二次 ISRM 青年学者研讨会，中国，2011 年 10 月 14 日至 16 日

研讨会主题

①实地调查观察；

②岩石本构关系及性能测试；

③岩石工程数值与物理建模；

④信息技术、人工智能等先进技术；

⑤地下及地表开挖加固技术；

⑥动态岩石力学和爆破；

⑦地质环境灾害的预测与防治；

⑧典型岩石工程案例研究。

研讨会纪要

会议论文集包括 193 篇论文，名为“*Rock Mechanics:Achievements and Ambitions*”，由泰勒 - 费朗西斯出版集团（Taylor & Francis Group）、巴克尔马（Balkema）出版。193 篇论文全部被 EI 和 ISTP 数据库收录。

开幕式

研讨会开幕式于 10 月 15 日上午在北京国际会议中心举行。国际岩石力学与岩石工程学会主席 Hudson、下届（2011~2015 年）国际岩石力学与岩石工程学会主席冯夏庭教授和来自加拿大的凯泽（Kaiser）教授出席了开幕式。研讨会组委会主席蔡美峰教授致开幕词。Hudson 教授和冯夏庭教授分别代表国际岩石力学与岩石工程学会和中国岩石力学与工程学会致欢迎词。来自阿富汗、巴布亚新几内亚、贝宁、巴西、加拿大、乍得、中国、科特迪瓦、东帝汶、英国、刚果共和国、刚果民主共和国、哈萨克斯坦、蒙古国、葡萄牙、卢旺达、乌干达 17 个国家的约 250 名青年学者和专家参加了研讨会。

研讨会共进行了 3 次主题演讲和 50 次专题报告，如图 13.13 ~ 图13.15 所示。

图 13.13　大会开幕式，从左至右，何满潮教授（讲话者）、蔡美峰、孙冬柏（北京科技大学副校长）、Kaiser 、Hudson、冯夏庭、傅冰骏（中国岩石力学与工程学会顾问）、姜耀东（中国矿业大学副校长）、井兰如（瑞典皇家理工学院）

图 13.14　蔡美峰教授致开幕词

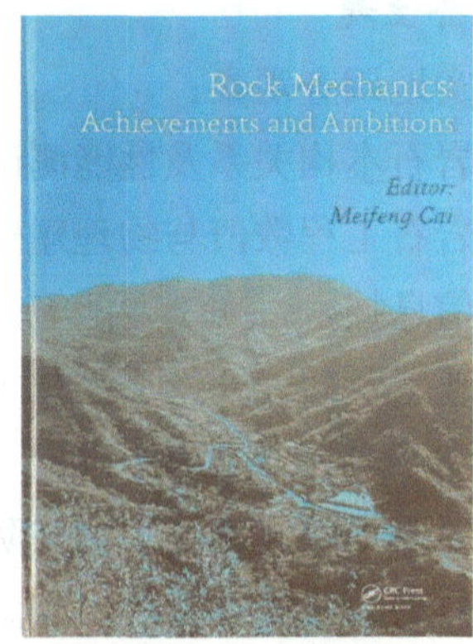

图 13.15　第二届 ISRM 青年学者研讨会论文集（主编：蔡美峰）

六、第三次 ISRM 青年学者研讨会，中国，2014 年 11 月 8 日至 10 日

第三次 ISRM 青年学者研讨会于 2014 年 11 月 8 日至 10 日在西安召开，来自 6 个国家的约 160 人出席了研讨会。

会议由马卡罗夫（Makarov）教授、周晓平教授、埃尔斯沃西（Elsworth）教授、戴峰教授和赵健教授分别作了 5 次主题演讲和 40 次口头报告。

会议论文集名为“*Transit Development in Rock Mechanics: Recognition, Thinking and Innovation*”，收录了 139 篇论文，全部收录在 EI 和 ISTP 数据库中，如图 13.16~图 13.18 所示。

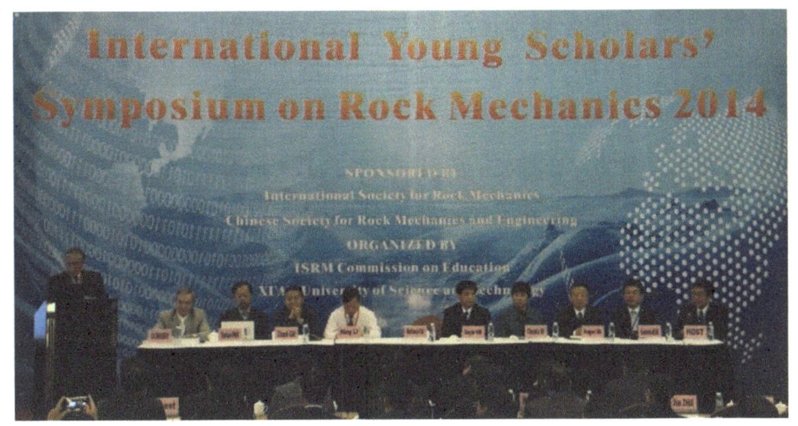

图 13.16　开幕式：从左到右蔡美峰（讲话者）、Makarov（俄罗斯）、潘一山（辽宁工程技术大学校长）、蔡钊利（陕西省教育厅副厅长）、李宁（中国岩石力学与工程学会副理事长）、杨更社（西安科技大学校长）、许春霞（陕西省科技厅副厅长）、马宏伟、全哲远（Jeon Seokwon）（韩国）、王金安（国际岩石力学与岩石工程学会教育委员会秘书长）

图 13.17　蔡美峰教授致开幕词

图 13.18　第三届 ISRM 青年学者研讨会论文集
（主编：蔡美峰，杨更社，王金安）

第二节　部分社会活动——参加上海交通大学“院士回母校”暨砺远学术讲坛并被授予“杰出校友卓越成就奖”

一、出席上海交通大学 121 周年校庆和 1967 届校友毕业 50 周年返校日活动

2017 年 4 月 8 日是上海交通大学 121 周年华诞，也是蔡院士 1967 届校友毕业 50 周年的喜庆日子。1967 年，他们的毕业之年，由于“文化大革命”的影响，他们在学校

多待一年多，没有机会给母校、老师留下感恩的话语和惜别的表情，只是毕业离校走了。在毕业 50 周年之际参加校庆，表达了蔡院士他们报恩母校、报恩培养和教育他们的老师们的情怀。

2017 年 4 月 8 日，上海交通大学隆重举行了 121 周年校庆和 1967 届校友毕业 50 周年返校日活动。蔡院士非常荣幸代表出席大会的全体校友，特别是1967届毕业的校友，做了大会发言，表达了对母校培养的衷心感谢和终身为国效力的坚定决心。下面是蔡院士的大会发言内容。

上海交通大学 121 周年校庆大会发言稿

尊敬的姜书记、林校长及各位领导，敬爱的各位老师，亲爱的校友、同学们：

大家上午好！

非常高兴有机会代表出席今天大会的全体校友，在母校 121 周年校庆大会上发言。首先请允许我代表出席今天大会的全体校友，尤其是 67 届、77 届、87 届校友，恭祝母校生日快乐！

我是机械系 67 届的毕业生，对于我们 67 届的学生来说，今年是毕业 50 周年。好几年前我们中的不少人就相约要在今年回母校参加校庆，在祝贺母校生日快乐的同时，庆祝我们这一届学子毕业 50 周年。所以在今天的校庆大会现场，我们 67 届校友的人数特别多。感谢母校为我们提供了这个盼望半个世纪相逢的好机会，深深地感谢母校对我们的培育之恩！

每一位“交大人”的成功都离不开母校打下的坚实基础。交大建校之初就提出“求实学、务实业”的办学理念，把培养“第一等学生”作为自己的使命。经过长期的办学实践，形成了“起点高、基础厚，要求严、重实践”的交大办学特色。我是 62 年从苏北一个偏僻的乡村中学考入交大的，从入学第一天起，就把刻苦学习放在第一位。上学期间，除了参加体育锻炼和集体活动外，课外时间几乎全部用在学习上。整天待在学习教室或图书馆，每天学习 10 小时以上，星期天也不例外。那时候学校条件有限，夏天炎热、冬天寒冷，有时还要忍受饥饿，每天坚持长时间地学习是需要一定的毅力的。67 届有个特殊情况，还没有毕业就赶上了“文化大革命”，在校后期和进入工作单位后的一段时间，学习和工作都受到严重干扰。但在当时的情况下，我没有放松对自己的要求，一直坚持学习，不断地充实自己。后来，我抓住了 78 年国家恢复研究生招生的机遇，考取了“文化大革命”后的第一届研究生。我在交大学的是以工程力学为主的“火箭发射装置”专业，到北京钢铁学院（现北京科技大学）读研究生和工作后，转入了“采矿工程”专业，从“上天”变为“入地”。但我发现采矿工程的专业基础也是力学。我充分发挥在交大建立的力学基础比较深厚的优势，将采矿与力学研究有机结合起来，通过殚精竭虑地不懈奋斗，在采矿工程领域取得了一系列创新性的成就，当选为中国工程院能源与矿业工程学部的院士。我想，我和成千上万的交大人一样，我们的成功都离不开母校的培养。

每一位交大校友，都时时以交大人为荣，处处以交大人鞭策自己。一百多年来，交大为国家和社会培养了 30 多万各类优秀人才。其中包括杰出政治家江泽民、陆定一、丁关根；著名科学家钱学森、茅以升、吴文俊、张光斗等。一代又一代交大人怀着“为国为民、勇于奉献，求真务实、追求卓越”的志向和信仰，要把从母校学习开始积累的知识、掌握的本领，出色地用于国家的建设和发展上。交大人创造了中国现代发展史上的许多“第一”：中国最早的内燃机、最早的电机；新中国第一艘万吨轮、第一艘核潜艇、第一代战斗机、第一枚运载火箭、第一颗人造卫星、第一艘航空母舰等。改革开放以来，一批批交大校友又在创新创业领域建功立业，在中国的创业版图占据重要的地位。这也是交大的光荣和骄傲。无论在什么时候，什么环境和条件下，从事什么工作，交大人都脚踏实地、一丝不苟地用创造性的劳动把工作做好，做出成绩，取得成就。为国家作贡献，为母校增光。

每一位交大校友都感恩母校，关心母校，祝福母校。和我们 67 届的毕业生一样，出席今天校庆大会的所有校友都是带着一颗感恩的心回到母校的。因为没有交大数年的寒窗攻读，没有母校辛勤的培养，就不会有我们无愧于母校的今天。回母校，除了汇报，就是谢恩。回到母校，我们还欣喜地看到，近年来母校通过一系列的改革和建设，学校的各项办学指标和国际排名大幅度上升，实现了跨越式发展，整体实力显著增强。我们每一位校友都十分愿意参与到母校的蓬勃发展中来，为母校建言献策、添砖加瓦。让我们全体校友和母校师生一起，为母校早日进入世界一流大学的前列而共同努力，为在新中国成立百年之际使我国成为世界科技强国，作出我们交大人的贡献。

最后，再一次祝母校生日快乐！祝母校百尺竿头更进一步！祝母校和交大人的明天更辉煌！谢谢大家！

（蔡美峰）

二、在上海交通大学 121 周年校庆大会上蔡美峰被授予 2017 年杰出校友卓越成就奖（本年度唯一获奖人）

在上海交通大学 121 周年校庆大会上，蔡美峰被授予 2017 年杰出校友卓越成就奖，是本年度该奖的唯一获奖人。颁奖导词如下：

蔡美峰是我国矿山地应力测量的主要开拓者之一，首次开发出我国具有自主知识产权的地应力测量技术，提出了以地应力为基础的采矿设计优化的技术体系、安全高效开采技术和矿山动力灾害预测与防控技术。历任北京科技大学采矿系讲师、教授、博士研究生导师、系副主任、资源工程学院院长、学术委员会主席、矿业工程国家一级重点学科首席学科带头人。先后获 1999 年国家技术发明奖三等奖、国家科学技术进步奖三等奖，2000 年、2003 年、2007 年、2015 年国家科学技术进步奖二等奖，2005 年国家级教学成果二等奖，2008 年、2009 年、2010 年分别被授予国家级教学名师、全国模范教师和全国优秀科技工作者荣誉称号。

上海交通大学原党委书记王宗光和原校长谢绳武向蔡美峰院士颁发了获奖证书和奖牌（图 13.19）。

图 13.19　颁奖现场

2017 年，上海交通大学建校 121 周年校庆大会上，蔡美峰被授予 2017 年杰出校友卓越成就奖（图 13.20）。

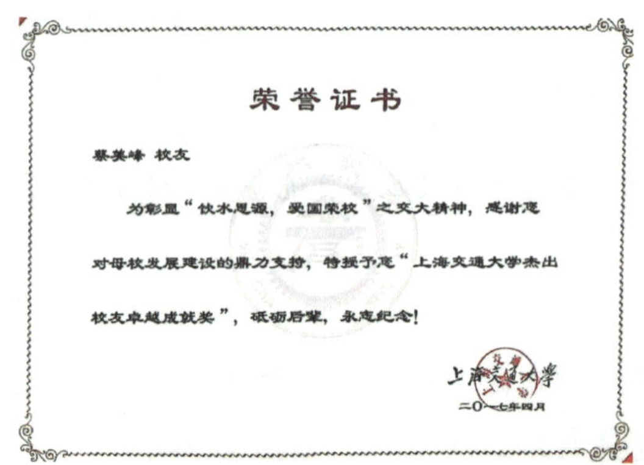

荣誉证书

蔡美峰 校友

为彰显“饮水思源，爱国荣校”之交大精神，感谢您对母校发展建设的鼎力支持，特授予您“上海交通大学杰出校友卓越成就奖”，砥砺后辈，永志纪念！

上海交通大学

二〇一七年四月

图 13.20　蔡美峰获颁“上海交通大学杰出校友卓越成就奖”证书及现场

三、出席上海交通大学“院士回母校”系列活动第三期暨砺远学术讲坛第四期活动

上海交通大学121周年校庆活动期间，学校还举办了由上海交通大学关心下一代工作委员会、上海交通大学学生工作指导委员会、上海交通大学机械与动力工程学院、上海交通大学校友会共同主办的上海交通大学“院士回母校”系列活动第三期暨砺远学术讲坛第四期活动，蔡美峰院士作为唯一演讲嘉宾作了“瞄准目标，坚持不懈 在为国效力中实现人生的梦想和价值”的报告。

上海交通大学121周年校庆“院士回母校”系列活动第三期暨砺远学术讲坛第四期活动

瞄准目标，坚持不懈
在为国效力中实现人生的梦想和价值

报告人　蔡美峰

提　要

1. 早年的艰苦历程奠定了我人生观、价值观的基础
2. 从一名交大学子到院士的奋斗历程与体会
3. 对母校同学的几点希望

1. 早年的艰苦历程奠定了我人生观、价值观的基础

- 我1943年出生在江苏苏北黄海边的一个小乡村，祖祖辈辈以种地和打鱼为生。我刚出生三个月，父亲在一次出海捕鱼中不幸遇难。从此，母亲孤身一人带着几个未成年的孩子艰难度日。在那样的条件下，能活下来就不错了，哪谈得上读书。
- 但是，到了我入学的年龄，正好赶上全中国的解放。如果不是新中国成立，我一个偏僻乡村的穷孩子怎么可能有机会上学，又如何能从小学、中学一直读到大学。因此我对共产党、毛主席和共产党领导的新中国，一直充满感激之情，是他们给了我上学的机会，从此改变了我一生的命运。
- 当然，由于家境贫寒，我小学和中学阶段的求学之路还是充满了艰辛的。上中学的时候，特别是上高中以后，星期天和寒暑假都要参加生产队的正常劳动，要挣工分，凭工分才能分到口粮。因此，农村所有艰苦的活儿我都干过。由于白天要干农活，学习只能靠晚上开夜车，在昏暗的煤油灯下看书。初中毕业时，母亲要

我考师范。当时，念师范吃饭不要钱，毕业后可以当小学讲师，有工作。但上了师范就不能参加高考，我那时已决心三年后要考上大学，朦胧地期望将来能成为一名力学家或数学家。因此，违背母亲的意愿，偷偷报考了高中。

- 在我参加高考前的三个月，母亲不幸离世。母亲临终前嘱咐我，不要再上学了，回家干活，自己养活自己。在那样的条件下我坚持了下来，1962 年从一个偏僻的乡镇中学，以优异成绩考取上海交大，靠国家的全额助学金助我念完了大学。
- 1967 年大学毕业，当时“文化大革命”已开始一年多，在学校待分配一年后，1968 年被分配到国防科委第七研究院。在部队农场劳动锻炼一年半后进入 710 研究所工作。当时 “文化大革命”尚未结束，多数人处于“逍遥”状态。我想，人生的时间是短暂的，不能白白浪费，与其闲着，不如抓紧时间学习，丰富自己的知识，等形势恢复正常了就可尽快投入工作，为国家做事。
- 1978 年“文化大革命”结束，很快国家恢复大学招生和研究生招生。机会永远是属于有准备的人的。由于我一直没有放松过学习，所以 1978 年报考“文化大革命”后的第一届研究生时就比较有底气。
- 报考时地处山沟见不到全国的招生简章，托人找到北京钢铁学院（现北京科技大学）的招生简章，发现该校采矿专业考试课程适合我。当年该校招 108 名研究生，报考者近千人，本人以总分全校第三、采矿专业第一的成绩被录取。1981 年 1 月，研究生毕业留校任教。
- 1985 年初以访问学者身份公派赴澳大利亚留学，第二年开始兼攻采矿岩石力学专业博士学位，1990 年获博士研究生学位回国。
- 当时澳大利亚政府已经宣布接受所有中国留学生永久居留申请，CSIRO 的一个研究所也希望我到他们那儿工作。但是我想，国家在不富裕的情况下花很大的代价让我们出国留学，就是为了学到国外先进的东西，用于我们自己国家的建设。在国家需要的时候回国服务，是天经地义的、义不容辞的责任。
- 正如上面所介绍的，我早年的时候，包括小学和中学阶段，生活和学习的环境一直是比较艰难的。艰难的、处于底层的环境，培养和锤炼了我淳朴的人品、吃苦耐劳的精神和坚忍不拔的毅力。做学问需要这样的精神和毅力。
- 我学习的机会，包括上小学、中学、大学，读研究生，出国留学，都是来之不易的。没有党、祖国和人民的培养，就没有我的一切。知恩图报，始终牢记要以辛勤的奉献报答他们对自己的培育之恩，是我一生刻苦学习、勤奋工作的根本动力。
- 在这里我还要特别感谢我国改革开放总设计师邓小平同志。没有改革开放，我就没有念研究生和出国留学的机会，我的学术水平和学术成就不可能达到今天这样的高度，也不可能当选院士。

- 为国效力是一个公民应尽的义务，更是一个由国家和人民培养出来的知识分子的职责；要把为国家的强盛和民族的振兴作出实实在在的贡献作为自己的责任和奋斗的目标。

2. 从一名交大学子到院士的奋斗历程与体会

➢ 交大的本科学习经历为一生的专业研究和学术发展打下了坚实的基础

- 1962 年我能考入交大是很荣幸的，交大录取新生历来是“宁缺毋滥”，非常严格。当年就没有招满，全校只招了 1200 多人。
- 交大“起点高、基础厚、要求严、重实践”的办学特色，教学中重视数理化及工科基础理论；强调实践环节，学以致用；对学生严格要求；使我们得到全面的严格熏陶和培养，为我们 50 年来从事具有挑战性的工作，承担重要责任发挥了重要作用。
- 我学的是以工程力学为主的“火箭发射装置”专业，对力学、数学知识要求很高，开设有理论力学、材料力学、结构力学、流体力学、空气动力学等多门力学课程。“文化大革命”开始前我们这一届学生差不多学完了所有的基础课和专业基础课。交大的本科高水平培养，为我下一步的学术研究和专业发展，包括转入采矿工程专业，打下了坚实的基础，特别是数学、力学的基础。

➢ 1978 年考研究生后从事的专业领域从工程力学转入采矿工程，是我一生的重要转折点

- 1978 年考入北京钢铁学院（现北京科技大学）读研究生，是我一生的重要转折点。因为，从此我从事的专业领域就从工程力学转入采矿工程。
- 入学面试时导师问：以前你是搞上天（火箭发射）的，现在要入地，行吗？我坚定地回答：行！我能吃苦，肯学习，干什么都行。
- 采矿就是把地下的矿藏开挖出来。以前很多人看不起采矿，认为它只是一门工艺，而不是一门科学。当我走进这一领域，看到矿产资源的开采和利用在国民经济的发展中起着举足轻重的作用，而我国采矿工程和技术的科学水平与国外相比，还比较落后。
- 同时看到，采矿是一门复杂的系统工程，涉及多学科的理论知识，其理论基础就是力学。因而本人深感在采矿这一领域大有用武之地，自己有责任为采用现代科学理论、高新技术提升传统采矿产业，提高我国采矿工程和技术的科学水平作出自己的努力和贡献。
- 进入采矿工程领域近 40 年来，我的主要研究领域就是岩石力学和采矿工程，主要研究方向是地应力测量与科学采矿。岩石力学是包括采矿工程、土木工程、水利

水电工程等在内的一切与岩土开挖有关的工程领域的基础学科，没有岩石力学的指导，采矿就不能成为一门科学，而地应力是岩石力学研究的力学基础条件。

- 作为项目负责人，30多年来主持采矿工程领域的国家级和省部级科研项目50多项；在地应力测量、采矿基础理论和采矿工程优化、安全高效开采技术研究与应用、开采动力灾害预测与防治等方面取得了突出的成就。成为我国矿山地应力测量和以地应力指导的科学采矿的主要开拓者和代表人物。
- 首次开发出我国具有自主知识产权的地应力测量技术，引领和推进我国地应力测量达到国际领先水平，为科学采矿创造了条件。
- 提出了以地应力为基础的采矿设计优化技术体系、安全高效开采技术和矿山动力灾害预测与防控技术，为提升我国采矿工程和技术的科学水平、实现安全高效开采作出了重要贡献。

➢ **以开拓性的工作推进我国矿山地应力测量的开展、普及与提高，使采矿成为一门真正的科学**

- 地应力是存在于地层中的天然应力，主要由地球水平方向的构造运动（构造应力）和垂直方向地心引力（自重应力）两部分构成，其中，水平构造应力起主导作用。由于地应力是在采矿开挖活动之前就存在于地层中的，所以一切的采矿开挖活动都在地应力的影响和控制之下进行。
- 太平洋板块和印度板块的推挤，形成了中国大陆的高应力场。在高应力场条件下采矿，面临许多世界性的难题。
- 如图1所示，在没有进行采矿开挖活动前，地层处于自然平衡状态。采矿开挖活动打破了这种平衡状态，引起地应力向采矿开挖形成的自由空间的释放，形成等效释放荷载。正是这种等效释放荷载，引起空区周围岩体的变形和应力重分布、应力集中，导致岩体的变形和破坏。这是采矿工程和岩石力学研究有别于其他力学研究的根本区别。

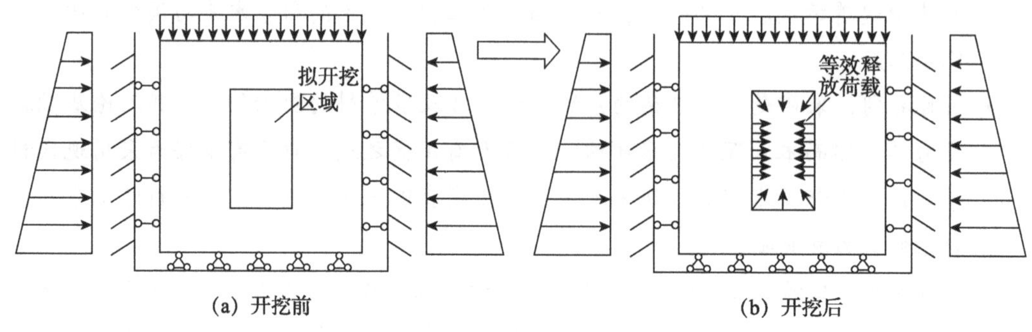

图1　开挖等效释放荷载示意图

- 为了维持采矿工程的稳定，保证开采的安全高效，就必须进行采矿开挖设计的定量计算和分析，而地应力是进行正确计算和分析必需的力学前提条件。
- 如前所述，地应力主要由地球的水平构造应力和垂直自重应力两部分构成，其中水平构造应力起主导作用。由于亿万年来，地球经历了无数次大大小小的构造运动，造成了地应力状态的复杂性和多变性。因此，地应力的大小和方向不可能通过数学计算或模型分析的方法来获得。要了解一个地区的地应力状态，唯一的方法就是进行实地地应力测量
- 地应力测量难度大、成本高，20 世纪 80 年代前我国矿山地应力测量几乎是空白。地应力资料的缺乏，严重制约了我国采矿技术水平的提高，有些矿井因为摸不清地应力分布规律，建设了十多年都不能投产。如金川镍矿早期建设巷道问题就是一个突出例子。
- 如图 2 所示，根据弹性力学理论，地下巷道的理想断面形状是椭圆，椭圆水平和垂直两个方向的直径之比与两个方向的应力之比相等时，巷道才是最稳定的，因为此时巷道周边处于等压应力状态。

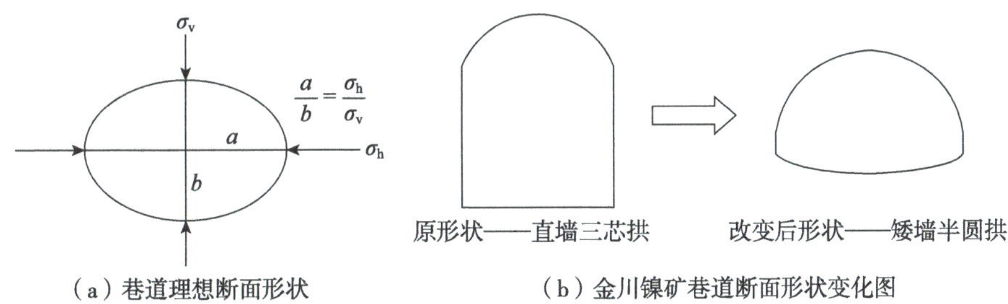

（a）巷道理想断面形状　　（b）金川镍矿巷道断面形状变化图

图 2 巷道断面优化

- 经测量，金川镍矿水平方向的地应力值明显大于垂直方向，巷道宽度大于高度才是稳定的，而初期巷道设计与此相反。
- 1985 年年初本人留学澳大利亚时，原本要去悉尼附近的伍伦贡大学从事坑道支护技术研究，那个项目经费充足，也比较容易出成果。正在此时，本人了解到悉尼新南威尔士大学有一个外国博士研究生准备了一年半后，认为没法搞而放弃了的一个有关地应力测量的课题。本人决定从国家需要出发，去啃这块硬骨头。
- 经过 5 年多的系统试验和深入研究，以及现场实测，终于在地应力测量理论和技术方面取得了具有突破性的重要成果，首次开发出我国具有自主知识产权的地应力测量技术，引领我国矿山地应力测量的开展并达到国际领先水平，为采矿设计的定量计算和分析，实现科学采矿创造了必要条件。
- 从大的方面讲，任何一门学科，只有实现了工程设计的定量计算和分析，才能称得上是一门科学。准确的地应力资料是进行采矿设计计算必需的力学前提条

件，地应力测量技术的突破，为矿山地应力测量的广泛开展、准确确定矿区的地应力状态成为可能。因此地应力测量在采矿上升为一门科学中发挥了关键的作用。

➢ **建立以地应力为基础的采矿优化理论和安全高效开采的技术体系，推动我国采矿水平的提高，实现科学采矿**

- 采矿方法主要分三大类：①地下开采——通过打井进入地下，在地下把矿石开挖出来并运送到地面；②露天开采——通过剥离地表的土石，把地下的矿石暴露出来，在露天进行矿石开挖；③露天转地下开采——矿体向下延伸大，上部矿石露天开采，然后转入地下，开采下部矿石。
- 三类采矿方法均有共同的问题和共同的目标。即：如何用最少的开挖工程和开挖量，以最有效的开挖方式，最稳定的采场结构和最少的矿石损失，把地下的矿石开采出来。就是要在保证安全的前提下，用最小的成本把矿石尽可能多地开采出来，从而最大限度增加采矿的效益，实现安全高效的开采目标。
- 为了解决上述采矿方法的共同问题，就必须进行采矿开挖设计的定量计算和分析，实现开挖过程和采矿结果的优化。
- 地下矿体的形状和赋存条件极其复杂，导致采矿开挖结构的复杂性和形状多样性。经典力学的解析解计算方法只能用于简单开挖形状（如圆形）开挖体的力学分析，不适用于采矿工程的力学计算。
- 现代数值模拟等计算技术使采矿工程设计的定量计算和分析成为可能。但计算必须有力学边界条件。在没有实测地应力时，假设自重应力场为条件，自重应力场垂直应力是水平应力的 2 倍。如此计算，一个宽度为 2 倍高度才安全的巷道会设计成高度是宽度的 2 倍，这样的设计会导致巷道坍塌破坏，造成灾害事故。
- 科学的采矿设计，以实测地应力作为力学计算的边界条件，根据实际矿体赋存状况，通过定量计算和分析，确定最佳采矿开挖总体布置、开挖采场结构参数、稳定性监控和支护加固措施，最终实现安全高回收的开采目标。这就是采矿优化的系统理论。
- 地下岩层地质结构和力学特性极其复杂，未知因素很多，采矿工程的力学研究必须综合运用现代非线性科学、人工智能、不确定性分析等多学科的理论知识，才能得到符合工程实际的创新成果。

➢ **揭示了基于开采扰动能量的岩爆诱发机理，建立了岩爆预测与防控的技术体系，为保证采矿安全发挥重要作用**

- 岩爆是采矿开挖形成的扰动能量在采场周围岩体中聚集、演化和突然释放的动力过程，是采矿诱发的动力灾害，在威胁采矿安全事故中处于第一位。1984 ~ 1993 年，南非金矿 3275 名矿工在井下丧生，根本原因是未能研究和采用控制岩爆的采矿方法。

- 岩爆研究历史已有大半个世纪，国内外学者提出了各种岩爆的理论和学说，由于缺乏对岩爆机理的准确认识，至今没有形成具有实用性的岩爆预测与防控技术。我们提出的基于开采扰动能量的岩爆诱发机理，为岩爆的预测与防控提供了重要的理论依据。
- 岩爆同样是在地应力主导下形成的。地应力向采矿开挖空间释放，形成“释放荷载”，导致围岩变形和应力集中，产生扰动能量。当岩体中聚集的扰动能量达到很高水平，并且在围岩出现破裂等情况下突然释放，就产生岩爆。这是对岩爆机理的准确认识。
- 根据未来开采方案，采用数值模拟等方法，可以计算出未来开采过程中围岩应力和位移的分布情况，开采扰动能量的大小和在岩体中的分布状况及其随开采过程的变化规律，就可定量计算出来。
- 岩爆是人工诱发的地震，从能量角度分析，人工地震和天然地震具有相同的规律性。借助地震学中能量与震级的关系式，可以通过开采扰动能量分析对未来开采诱发岩爆的趋势和震级作出预测。
- 天然地震能量 E 与震级 M 关系式为：$\lg E = 4.8 + 1.5M$，汶川地震的能量 E=1016.7J，计算出来震级为 8 级。
- 根据岩爆预测结果，从选择合理的采矿方法、减少采矿岩体中的高应力集中和高扰动能量的聚集入手，制定控制岩爆的措施。
- 在超前理论预测基础上，采用多种监测技术精准监测开采过程中岩体能量聚集、演化和动力释放的过程，特别是精准捕捉能量释放的前兆和过程，就能为岩爆的实时预测、预报提供可靠依据。
- 岩爆的预测、预报是一项世界级难题。我们在岩爆诱发机理及其预测、预报和防控理论、技术研究方面取得了重要突破，为实现安全高效的开采目标发挥了重要作用，走在了世界的前列。

3. 对母校同学的几点希望

➢ 树立正确的世界观、人生观和价值观，把报答国家和人民的培育之恩作为一生刻苦学习、勤奋工作的根本动力

- 前面我介绍的早年的生活与求学经历，对于今天的你们，可能是难以想象的。我的经历决定了我对国家和人民的感恩之情。你们今天的学习和生活条件和我那时比，已经是有了天壤之别。
- 但是，今天这么好的条件，也是在共产党的领导下，经过几代人的不懈努力和艰

苦奋斗创造出来的。没有国家的进步，没有国家和人民的培养，就没有我们每个人的今天。今天的一切不是靠个人奋斗能得来的。我们大家都要有一颗对国家和人民的感恩之心。

- 要知恩必报。我国现在还处于社会主义初级阶段，为了实现国家富强和民族振兴的中国梦，还需要几代人继续不懈地努力。未来的重担会落到你们肩上。大家要将个人的发展和前途同国家民族的发展、前途结合在一起，将刻苦学习掌握的知识和本领用于国家建设和发展，在为国效力中实现人生的梦想和价值。

➢ **正确认识自我，发挥自身特长和优势，根据国家需要，在可选择条件下确定发展方向和目标，一生刻苦努力实现目标**

- “天生我材必有用”。每个人应正确认识自己的优势和劣势，这样才能明确方向，合理定位期望值，既不好高骛远，也不妄自菲薄，既不盲目追随别人的“成功”，也不轻易放弃自己的追求。
- 在座的大部分同学都已有明确的专业，不可能出于自己的爱好想干什么就干什么。应根据国家对本专业的战略需求和前瞻发展，尽早确定自己的方向和目标。要把主要精力投入到最重要的事情中，学会选择，懂得放弃。“一生只干一件事”往往有较高的成功率。
- 任何的成功都需要付出艰苦的努力。譬如我，在承担大量科研项目的同时，还有繁重的教学和指导研究生任务。我培养出的博士研究生超过100人，硕士研究生60多人。时间哪儿来？只能抓紧一切时间拼命工作。我几乎没有节假日，没有休息天，平均每天工作12小时以上。希望大家德智体全面发展，培养特别能吃苦、特别能战斗的精神和能力，为承担最艰苦的工作，出超人的成果做好准备。

➢ **有了方向和目标，就必须要坚持，特别是在困难时刻或遇到挫折更要坚持。只有坚持不懈才能实现远大理想和目标**

- 古人说，成大器者必有大志。大志就是远大的志向和目标。在确定目标后，就要有恒心、耐心，一步一个脚印往前走。要学会坚持，只有坚持不懈，持之以恒，才能终成正果。对于我们来讲，这个正果不是个人的名利，而是为国家作出重要贡献。
- 做任何事情都不可能一帆风顺，前进的道路上不可能没有挫折和失败。我们要树立正确的挫折观，在挫折中学会思考，把挫折作为走向成功的一种磨砺，从而转化为实现目标的动力。所以，在遇到挫折的时候，更要坚持自己的方向和奋斗目标。
- 在我早年的求学道路上，由于家境贫寒，遇到了很多困难。如果不是坚持，我连高中、大学都上不成。大学阶段赶上“文化大革命”，在校后期和毕业后工作的一段时间，各方面受到严重干扰。但我没有迷失方向，坚持学习和不断充实自己，坚信有实现自己理想和目标的一天。希望我的体会能对大家有所帮助。

➢ **作为交大学子，应时时以交大人为荣，处处以交大人鞭策自己，刻苦学习，将来为国家作贡献，为母校增光**

- 交大建校之初就把培养“第一等学生”作为办学目标，我们每个人都要把成为“第一等学生”作为最起码的要求和努力目标。
- 交大培养出钱学森、茅以升、吴文俊、张光斗等一批顶尖的科学大师；创造了中国现代发展史上的许多“第一”：中国最早的内燃机、最早的电机；新中国第一艘万吨轮、第一艘核潜艇、第一代战斗机、第一枚运载火箭、第一颗人造卫星等。我们要以这些前辈为偶像，为创造更多新的“第一”刻苦学习，打好基础。
- 科学技术是第一生产力，创新是最大的发展动力。希望同学们把具有刻苦精神和扎实基础、创新精神和创造能力、开拓精神和实践能力、协作精神和组织能力的一流创新型工程科技人才，作为大学的成型目标。在去年全国科技创新大会上，习主席发出了在建国百年之际使我国成为世界科技强国的动员令。那时正是你们风华正茂的时候，希望你们取得超过你们学长们的更大成就。

谢谢大家！

蔡美峰院士向原校党委副书记蒋秀明赠送对交大学子的寄语：“乘风破浪，砥砺前行！”，如图 13.21 所示。

图 13.21　蔡美峰院士向原校党委副书记蒋秀明赠送对交大学子的寄语：“乘风破浪，砥砺前行！”

第三节　喜获殊荣——2010年9月获宝钢教育基金会优秀教师特等奖

宝钢教育基金会于2005年获民政部批准设立。该项基金是国有企业出资设立，政府支持指导，专家咨询策划，高校积极参与的全国最具知名度的教育奖项之一。基金会在全国100余所高等院校和中国科学院18所直属研究所设立“宝钢教育奖”，旨在奖励优秀人才，力行尊师重教，推动产学合作，支持教育发展。2010年9月蔡院士获宝钢教育基金会优秀教师特等奖。宝钢教育基金会优秀教师奖特等奖，是钢铁冶金行业对为该行业从事科学研究和培养人才取得突出业绩的最高奖励，每年获奖人数不超过10人。下面是评审过程中对蔡院士相关业绩的如实评价。

第一项：近五年获奖情况

（1）2009年10月被评为全国模范教师；

（2）2008年9月获第四届高等学校教学名师奖；

（3）2009年9月被评为北京市优秀教师；

（4）2008年9月获第四届北京市高等学校教学名师奖；

（5）2005年9月获国家级教学成果奖二等奖（排名第一）；

（6）2005年9月获北京市教育教学成果（高等教育）奖一等奖（排名第一）；

（7）2008年9月“岩石力学与工程”教学团队（团队带头人蔡美峰）被评为北京市优秀教学团队；

（8）2005年1月《岩石力学与工程》被评为北京高等教育精品教材；

（9）2007年12月“大型深凹露天矿安全高效开采关键技术研究”获国家科学技术进步奖二等奖（排名第一）；

（10）2006年12月“首钢水厂铁矿深凹露天高效开采综合技术研究”获冶金科学技术奖特等奖（排名第一）。

第二项：爱岗敬业、教书育人的先进事迹

蔡美峰1967年毕业于上海交通大学工程力学专业，1978年考入北京钢铁学院（现北京科技大学）攻读采矿工程专业岩石力学研究方向硕士学位，1981年毕业留校任教。1985年公派澳大利亚留学，1990年获博士学位后回国，仍然回到北京科技大学当一名普通教师。光明日报曾在头版用整版篇幅，以《问渠哪得清如许——记留澳博士研究生蔡美峰》为题并配发短评《新一代知识分子的风范》介绍了蔡美峰的这段感人经历。

1. 热爱教育事业，教学一丝不苟

留校任教30年来，蔡美峰先后开设“岩石力学与工程”等10多门本科生、硕士研究生和博士研究生课程。怀着对党的教育事业的忠诚和高尚的职业道德，蔡美峰对于承担的每一项教学任务，总是踏踏实实，一丝不苟，力争精益求精。对每一门课程、每一堂课，他都对授课的材料、内容、课件进行认真准备。有的课程虽然已讲授多遍，但他仍以第一次授课的态度认真备课。尽管他是岩石力学的著名专家（国际岩石力学与岩石工程学会教育委员会主席），《岩石力学与工程》教材也是他主编的，但每学期讲岩石力学课他都要从头至尾认真再备一遍课，特别重视将新的技术、成果和工程实例及时引入课堂教学。例如，2008年汶川大地震后，他亲赴现场考察。他在随后上岩石力学课讲地应力时，就通过展示在汶川现场拍摄和收集的大量照片、资料，给学生讲解地应力和能量聚集诱发地震的机理、过程和伴随的各种破坏现象，非常形象和生动，使学生如同亲临地震现场，课堂气氛十分活跃，教学效果很好。由于教学效果好，授课质量高，蔡美峰开设的每一门课均受到学生的普遍欢迎。有些一二十年前毕业的学生谈起蔡老师当年讲的课程及内容，仍记忆犹新。

2. 注重教学改革，全面推进素质教育

为了全面推进素质教育，蔡美峰及其为带头人的教学团队，在教学内容、教材、方法、手段等方面，不断改革和创新，取得了突出的成果。

1）适时更新教学内容

蔡美峰根据国家对人才培养目标的变化和学科科学技术的发展情况，不断更新课程教学大纲和授课内容，及时将本课程领域的新理论、新技术、新成果，包括本人及其领导的教学、科研团队的最新研究进展与成果介绍给每一位学生。

岩石力学是一门理论性、应用性和实践性很强的应用基础学科，应用范围涉及采矿、土木建筑等众多的与岩石工程相关的工程领域。原先教材不但内容陈旧，理论与实践脱节，而且各行业领域各自编写的教材互不相通，知识面和使用范围狭窄。为了适应新形势下国家对人才培养的要求，着力培养基础扎实、知识面宽、能力强和素质高的人才，蔡美峰担任主编于2002年编写出版了一本涉及岩石力学的不同工程领域均可以使用的“普通高等教育‘十五’国家级规划教材”《岩石力学与工程》。该教材克服了传统教材知识面和适用性过窄的弊端，学生可以通过借鉴比较，在更广阔的岩石工程领域中获得全面的知识和训练。在注重基础理论、基本知识、基本技能教育和训练的同时，突出岩石力学理论与工程的结合，并努力把国内外岩石力学的新理论、新技术和新的工程实践成果介绍给学生。理论和工程相结合，理论与实践同步发展的教育，学生从大量的工程范例中和新的科学技术与实践成果中，提高分析问题、解决问题的能力。该教材已被全国近百所大学采用，受到师生普遍欢迎，效果很好。截至2010年6月，已先后9次印刷，印数27500册。

2）不断改革教学方法

①革新教学理念，全面推进素质教育。在使学生获得知识、将学生引领到本学科前沿的同时，努力提高学生的学习能力、实践能力、创新能力和终身学习、终生探索的科学精神，为培养国家急需的创新型工程科技人才打好基础。②采用启发式、互动式教学方法，突出学生的主体地位，充分激发和调动学生学习的主动性和积极性，大大提高了教师的教学效果和学生的学习效率。③针对岩石力学等实用性很强的应用基础学科，大力开展实践教学。采用现场参观、调查、录像、模型、图像等多种手段，介绍大量工程实例。通过实例讲解如何应用学科的基础理论、基本知识和工艺技术进行科学的工程设计和施工，既有利于学生对知识的理解，又增强了学生应用所学知识分析和解决实际问题的能力。④利用蔡美峰本人及其教学团队科研项目多、科研成果丰富的优势，大力提倡研究式教学，以科研促进教学。广泛吸收学生参与科研、专题研究，培养学生的研究能力和创新精神。

3）开发使用新的教学手段

研制了内容全面、形式多样、素材制作精美的多媒体教学课件，以PPT和动画为主要形式，并配合实物和模型，构建了实物、模型、录像、多媒体课件等多位一体的教学平台。多媒体教学可以按教师的讲解，一步步显示教学内容，符合课堂教学讲授规律和学生认识规律，激发学生的学习兴趣，显著提高教学效率。其中，配合蔡美峰主编的《岩石力学与工程》教材，由其本人策划和设计，教学团队制作了岩石力学与工程多媒体教学课件，经过5届教学使用，取得很好的教学效果，受到学生们的欢迎。

4）指导研究生，成绩突出

除给本科生上课外，蔡美峰指导研究生100多人（其中已获博士研究生学位60多人，已获硕士研究生学位50多人），指导博士后18人。他对指导的每一位研究生，既热情关怀，又严格要求。从选题、课题研究到论文写作，他都倾注大量心血。对于每位研究生的论文，他都要一审再审，修改七八遍。已经留校任教的任奋华给记者展示过他的博士论文文稿：导师密密麻麻的修改文字和批语，充满了整个文稿。因此，他指导的研究生很多被评为优秀毕业生，成绩突出。

3. 为人师表，教书育人成果显著

2008年，蔡美峰在获全国高等学校教学名师奖后接受《光明日报》记者采访时说："教师教书育人，教书是手段，育人才是目的。作为一名教师，必须做到为人师表、言传身教、身体力行，以自身的模范行动教会学生如何做人、做事、做学问。"30年来，他始终把"育人"摆在自己教师生涯的首位。他以渊博的学术知识，严谨的治学态度，高超的授业艺术和勤奋的工作精神感染和影响着学生。蔡美峰培养的博士——李长洪，现为北京科技大学教授、博士研究生导师、土木与环境工程学院副院长。李长洪讲述

了这样一件事：有一年，山东新城金矿主溜井垮了，井边上围满了工程技术人员，但谁也不敢靠前。蔡美峰到达现场后，穿上工作服，戴上安全帽，拿起手电筒，伏在井沿，仔细观察，为制定加固方案做准备，全然不顾自己的安危，令现场的同志们非常感动。时隔十多年后的今天，李长洪提起这件事，仍然动情地说："蔡老师用自己的行动乃至安危教给我们如何对待科研，如何对待工作。"他特别教育学生要热爱党，热爱祖国，现在好好学习，掌握真才实学，将来为国家作出贡献。他一年到头，没有节假日，没有休息天，全部精力都投入到教学和科研工作中。学生中流行着这样一条"潜规则"：给蔡老师拜年，一定要赶早，不然就只能到办公室找他了。他勤奋的工作精神，广博的学识和在国内外的学术地位，深深地感动了每一个学生。学生们都以他为榜样，自觉严格要求自己，形成勤奋良好的学习风气。

4. 引领专业改革，使老专业人才培养焕发生机

在担任学院院长的 10 多年中，蔡美峰始终把各专业的教学研究与改革创新作为学院日常工作的重点来抓。资源工程学院原有的地质、采矿、选矿和矿山机械 4 个专业是在计划经济体制下建起来的，专业面太窄，学生招生、就业都很困难。蔡美峰经过充分调查研究，在全国首次组建"矿物资源工程"专业，被教育部正式列入《普通高等学校本科专业目录》。改革和创新使老专业焕发出勃勃生机，不但改变了我校矿业工程专业面临停招的困难局面，而且对全国矿业工程专业的发展和人才培养产生了积极影响。

第三项：近三年承担教学工作情况

<table>
<tr><td rowspan="5">授课情况</td><td>授课名称</td><td>课程性质</td><td>授课对象</td><td>总学时 / 人数</td><td>任课起止日期</td><td>授课角色</td></tr>
<tr><td>岩石力学与工程</td><td>专业基础课</td><td>本科生</td><td>162 学时 /360 人</td><td>2007 年 9 月～2010 年 7 月</td><td>教学团队带头人，主讲</td></tr>
<tr><td>土木工程概论</td><td>专业基础课</td><td>本科生</td><td>54 学时 /360 人</td><td>2007 年 9 月～2010 年 7 月</td><td>主讲</td></tr>
<tr><td>地下工程稳定与维护原理</td><td>专业课</td><td>研究生</td><td>108 学时 /270 人</td><td>2007 年 9 月～2010 年 7 月</td><td>主讲</td></tr>
<tr><td>岩土工程监测与测试技术</td><td>专业课</td><td>研究生</td><td>108 学时 /270 人</td><td>2007 年 9 月～2010 年 7 月</td><td>主讲</td></tr>
<tr><td>其他教学环节情况</td><td colspan="6">指导本科生毕业论文、毕业设计 2 ～ 4 人 / 年；
指导硕士研究生：毕业 3 ～ 4 人 / 年（累计 50 多人已获硕士研究生学位）；
指导博士研究生：毕业 3 ～ 5 人 / 年（累计 60 多人已获博士研究生学位）</td></tr>
</table>

第四项：近五年承担教学改革任务情况

项目名称	项目等级 （校、省部、国家）	担任角色	项目成效
研究型大学本科实验教学平台的构筑模式与实验教学机制研究	中国高等教育学会教育科学“十一五”规划重点研究课题	主持	构建了本科教学—研究生教学—科学研究相连通的本科实验教学平台
岩石力学与工程教学团队建设	北京市教委	主持	被评为北京市优秀教学团队，申报国家级教学团队
岩石力学与工程教材建设	北京市教委	主持	被评为北京高等教育精品教材，获国家级和北京市教学成果奖
黑色冶金矿山行业创新型工程科技人才培养研究	中国工程院	主持	完成的研究报告被列入中国工程院和教育部牵头的“创新型工程科技人才培养研究”项目总结报告，上报国务院

第五项：近五年的主要教学成果

编著出版的教材、专著	（1）《岩石力学与工程》，普通高等教育“十五”国家级规划教材，主编，科学出版社，2002年第一版，截至2010年6月，已印刷9次，每次印刷前均要进行部分内容的修改和更新。 （2）《固体矿物资源开发工程（第二版）》，普通高等教育“十一五”国家级规划教材，副主编，武汉理工大学出版社，2010年。 （3）《信息边坡工程学的理论与实践》，第二著者，科学出版社，2005年。 （4）《边坡工程广义可靠性理论与实践》，第二著者，科学出版社，2010年。 （5）《地应力测量原理和技术》，独著，科学出版社，2000年。 （6）《金属矿山采矿设计优化与地压控制——理论与实践》，独著，科学出版社，2001年。 （7）《数值方法与人工智能在岩土工程中的应用》，第一著者，中国矿业大学出版社，1994年。 （8）《金属矿深部开采创新技术体系战略研究》，第一著者，科学出版社，2018年。
获得的教学成果奖励	2005年9月，《岩石力学与工程》（教材）获国家级教学成果二等奖（排名第一）； 2005年1月，《岩石力学与工程》被评为北京高等教育精品教材（蔡美峰主编）； 2005年9月，《岩石力学与工程》（教材）获北京市教育教学成果（高等教育）一等奖（排名第一）； 2008年9月，岩石力学与工程教学团队（团队带头人蔡美峰）被评为北京市优秀教学团队（排名第一）

第六项：近五年的主要科研成果

（1）大型深凹露天矿高效运输系统及强化开采技术研究，“十五”国家科技攻关计划课题，负责人；

（2）露天转地下相互协调安全高效开采关键技术研究，“十一五”国家科技支撑计划课题，技术负责人；

（3）大型铁矿山固体废弃物减排和综合利用关键技术研究，“十一五”国家科技支撑计划课题，负责人；

（4）露天矿山安全高效爆破数字化设计技术，国家863计划课题，技术负责人；

（5）深井岩爆灾害动态监测与危险性分析技术，国家863计划课题，技术负责人；

（6）大型深凹露天矿安全高效开采关键技术研究，国家科学技术进步奖二等奖（排名第一），2007年；

（7）首钢水厂铁矿深凹露天高效开采综合技术研究，冶金科学技术奖特等奖（排名第一），2006年；

（8）Study of failure mechanisms of rock under compressive-shear loading using real-time laser holography. International Journal of Rock Mechanics and Ming Sciences, 2009；

（9）Evolution of the in situ rock stain observed at Shandan monitoring station during the M8.0 earthquake in Wenchuan, China. International Journal of Rock Mechanics and Mining Sciences, 2009；

（10）岩石力学在金属矿山采矿工程中的应用，《金属矿山》，2006；

（11）万福煤矿深部水压致裂地应力测量，《岩石力学与工程学报》，2006；

（12）玲珑金矿主运巷塌陷治理区稳定性动态综合监测与评价，《岩石力学与工程学报》，2007；

（13）万福煤矿地应力场分布规律及其与地质构造的关系，《煤炭学报》，2008；

（14）玲珑金矿深部地应力测量及矿区地应力场分布规律，《岩石力学与工程学报》，2010。

第七项：佐证材料

（1）《岩石力学与工程》（教材），国家级教学成果二等奖证书复印件；

（2）《岩石力学与工程》，北京高等教育精品教材证书复印件；

（3）《岩石力学与工程》（教材），北京市教育教学成果（高等教育）一等奖证书复印件；

（4）首钢水厂铁矿深凹露天高效开采综合技术研究，冶金科学技术奖特等奖证书复印件；

（5）大型深凹露天矿安全高效开采关键技术研究，国家科学技术进步奖二等奖证书复印件；

（6）岩石力学与工程教学团队获北京市优秀教学团队证书复印件；

（7）第四届高等学校教学名师奖证书复印件；

（8）第四届北京市高等学校教学名师奖证书复印件；

（9）全国模范教师证书复印件；

（10）北京市优秀教师证明材料；

（11）教材《岩石力学与工程》封面、扉页复印件；

（12）教材《固体矿物资源开发工程（第二版）》封面、扉页复印件；

（13）专著《信息边坡工程学的理论与实践》封面、扉页复印件；

（14）专著《边坡工程广义可靠性理论与实践》封面、扉页复印件。

第八项：学校推荐意见

蔡美峰教授从教 30 年来，怀着对党的教育事业的忠诚、高尚的职业道德和勤奋刻苦的拼搏精神，兢兢业业，教书育人，在教学、科研战线上作出了突出的成绩。2008 年获全国高等学校教学名师奖，2010 年被评为全国模范教师。

蔡美峰教授根据国家对人才培养目标的变化和学科科学技术的发展情况，不断更新课程教学大纲和授课内容。由他主编的普通高等教育“十五”国家级规划教材《岩石力学与工程》，克服了原有教材内容陈旧、知识面窄、理论脱离实际等弊端，为贯彻现代化的教学思想，推进素质教育提供了重要手段。蔡美峰教授及其领导的教学团队不断地进行教学方法和教学手段的改革和创新，在使学生获得知识、将学生引领到本学科前沿的同时，努力提高学生的学习能力、实践能力和创新能力，在全面推进素质教育，培养创新型工程科技人才方面发挥了示范作用。他言传身教，为人师表，以自身的模范行动教学生如何做人、做事、做学问，为国家培养了一批又一批高素质的人才。

蔡美峰教授曾担任北京科技大学资源工程学院（后更名为土木与环境工程学院）院长，是学院的主要创办者和领导者之一。在任期间，始终把各专业的教学研究与改革创新作为学院日常工作的重点来抓。以学科建设为龙头，带动学院的全盘工作，使资源工程学院由 90 年代初我校最困难的学院变成了后来发展速度最快、形势最好的学院。

作为我校“矿业工程”国家一级重点学科首席学科带头人，蔡美峰教授在科研方面也取得了突出成绩，先后获国家级科技奖励 5 项，省部级科技奖励 20 多项。鉴于蔡美峰教授在教学、科研等方面作出的突出贡献，特推荐参加宝钢教育基金优秀教师特等奖的评审（图 1）。

图 1　蔡美峰教授获宝钢教育基金优秀教师特等奖

第十四章　蔡美峰主要事迹媒体报道

自工作以来，蔡美峰教授先后多次得到《光明日报》《科学时报》《院士通讯》等媒体的报道，记录了蔡美峰教授回国服务国家的感人事迹和贡献。

统计整理如表 14.1 所示。

表 14.1　蔡美峰事迹报道汇总（1990 年 11 月~2022 年 4 月）

序号	报道题目	报道单位	时间
1	问渠哪得清如许——记留澳博士研究生蔡美峰	光明日报	1990 年 11 月 8 日
2	把青春和奉献写进生命——院长蔡美峰简介	北科大青年报	1996 年 4 月 20 日
3	翘首中华腾飞时 献身科技报国恩——记著名岩石力学与采矿工程专家蔡美峰教授	科学中国人	2006 年 12 月 5 日
4	“名师风采”第四届高等学校教学名师奖获奖教师集锦之蔡美峰	教育部 财政部	2008 年
5	岩石力学在中国的 50 年	科学时报	2008 年 6 月 23 日
6	蔡美峰：“老师的影响令我终身受益”	科学时报	2008 年 9 月 9 日
7	蔡美峰教授荣获第四届高等学校教学名师奖	北京科技大学校报	2008 年 9 月 22 日
8	毕生精力 报效祖国——访全国“第四届高等学校教学名师”蔡美峰	北京科技大学新闻网	2008 年 10 月 8 日
9	“祖国的需要就是我的选择”——记全国第四届高校教学名师、北京科技大学教授蔡美峰	北京教育（高教版）	2009 年 1 月 10 日
10	当代科学家列传·蔡美峰	中央文献出版社	2010 年 4 月
11	为国家培养合格人才是人民教师义不容辞的责任——记 2010 年度宝钢优秀教师特等奖获得者、北京科技大学蔡美峰教授	中国矿业 114 网	2011 年 8 月 4 日
12	蔡美峰教授当选中国工程院院士	北京科技大学宣传部	2013 年 12 月 19 日
13	专访蔡美峰院士：苦孩子长成大院士	北京科技大学宣传部	2013 年 12 月 24 日
14	资深学者亦名师 岩矿科学领军人——记中国工程院如东籍院士蔡美峰	如东新媒体	2013 年 12 月 28 日

续表

序号	报道题目	报道单位	时间
15	中国工程院院士再添南通面孔　如东籍专家蔡美峰入选	江海晚报、南通网	2013 年 12 月 30 日
16	蔡美峰院士主要学术成就和学术贡献	金属世界期刊	2014 年 1 月 15 日
17	南通籍中国工程院院士蔡美峰看望母校栟茶中学老师	江海明珠网	2014 年 2 月 8 日
18	大树参天绝地起——如东籍新任中国工程院院士蔡美峰访谈录	南通日报	2014 年 2 月 11 日
19	蔡美峰院士中学母校作爱国励志专题报告	院士通讯	2014 年 9 月 29 日
20	蔡美峰等赴俄罗斯参加第十届岩石破坏力学与预测研讨会——第六届中俄科学论坛“深埋非线性地质力学前沿研究”	北京科技大学新闻网	2016 年 6 月 21 日
21	以安全高效开采技术振兴金属采矿业——访中国工程院院士、北京科技大学教授蔡美峰	中国矿业报	2016 年 7 月 27 日
22	立足自主创新 资本市场驱动——中国工程院院士蔡美峰谈矿产资源高效开发	中国黄金报	2016 年 11 月 1 日
23	如何实现深部开采技术的“弯道超车”？——访中国工程院院士、北京科技大学教授蔡美峰	中国矿业报	2017 年 1 月 7 日
24	上海交通大学 67 届校友蔡美峰院士做客第四期砺远学术讲坛	上海交通大学	2017 年 4 月 11 日
25	蔡美峰院士获上海交通大学 2017 年杰出校友卓越成就奖	北京科技大学新闻网	2017 年 4 月 19 日
26	我校蔡美峰院士赴高海拔普朗铜矿考察并指导工作	北京科技大学新闻网	2017 年 4 月 25 日
27	访中国工程院院士、著名岩石力学与采矿工程专家蔡美峰	知识产权报	2017 年 5 月 3 日
28	中国工程院院士蔡美峰：中国深井矿山数量将达到世界第一	中国黄金报	2017 年 6 月 30 日
29	蔡美峰院士应邀赴香港大学访问并作特邀报告	北京科技大学新闻网	2017 年 8 月 14 日
30	中国工程院院士蔡美峰：无人采矿是最有效的深部开采技术	中国黄金报	2017 年 9 月 1 日
31	蔡美峰院士出席 2017 中国（招远）国际黄金矿业技术高峰论坛并作《金属矿产资源绿色深部开采关键工程科技战略研究》专题演讲	北京科技大学宣传部	2017 年 9 月 1 日

续表

序号	报道题目	报道单位	时间
32	蔡美峰院士团队赴南非参加国际岩石力学与岩石工程学会年会总结	北京科技大学国际处	2017 年 10 月 6 日
33	蔡美峰率团赴南非威力掘黄金矿业公司考察、调研并指导工作	北京科技大学国际处	2017 年 10 月 9 日
34	中国工程院院士蔡美峰：深部开采应与地热开采相结合	中国黄金报	2017 年 10 月 17 日
35	蔡美峰院士率团赴法国国立巴黎高等矿业学院、国立路桥学院和意大利都灵理工大学讲学交流	北京科技大学国际处	2018 年 2 月 10 日
36	绿色开采铸就绿水青山——院士蔡美峰分享绿色开采四方面技术变革	中国黄金报	2018 年 5 月 15 日
37	蔡美峰院士团队赴挪威科技大学参加第三届岩石动力学和应用国际会议	北京科技大学国际处	2018 年 6 月 24 日
38	中国工程院院士蔡美峰：热交换技术将深刻改变深部采矿	中国黄金报	2018 年 11 月 13 日
39	运用关键技术，实现矿产资源科学开采——蔡美峰谈深部开采现状与未来发展走向	中国冶金报	2018 年 11 月 14 日
40	中国工程院院士蔡美峰：无人采矿是安全生产“治本”方法	中国黄金报	2019 年 7 月 12 日
41	蔡美峰院士等参加首届国际高压岩体地质力学大会“The 1st International Scientific Conference-Problems of Geomechanics of Highly Compressed rock and rock massifs”	北京科技大学国际处	2019 年 7 月
42	中国工程院院士蔡美峰：岩爆预测预警还需进一步研究	中国黄金报	2019 年 8 月 30 日
43	蔡美峰：以赤子之心向岩层深处开掘	光明日报	2019 年 12 月 8 日
44	三大主题指明矿业科技创新方向——中国工程院院士蔡美峰谈如何进行资源高效开发	中国黄金报	2020 年 9 月 11 日
45	以绿色矿业建设和矿山生态修复推进矿业高质量发展——访中国工程院院士、北京科技大学教授蔡美峰	中国矿业报	2021 年 7 月 26 日
46	学校举行“蔡美峰张贵银矿业教育基金”捐赠仪式	北京科技大学宣传部	2022 年 4 月 14 日
47	北京科技大学老教授群体风采——严谨治学 甘为人梯（讲述·弘扬科学家精神）	人民网	2022 年 7 月 6 日

问渠哪得清如许——记留澳博士研究生蔡美峰

光明日报（专访），1990 年 11 月 8 日

采访 / 报道人：驻堪培拉记者　薛福康

成长的道路是人民的汗水铺就

10 月 16 日，悉尼新州大学的一座礼堂里，隆重的博士学位授予仪式正在进行。

蔡美峰手捧着刚拿到的学位证书，思绪万千。他想到了自己的身世：1943 年，他刚来到世上 3 个月，以打鱼为生的父亲便在一次出海时不幸淹死。母亲孤身一人拉扯 4 个未成年的孩子。如果不是新中国成立，他一个江苏如东渔村的穷孩子怎么可能从小学、中学一直读到上海交通大学呢？毕业后又考入北京科技大学读硕士，再后来又被选送到澳大利亚来留学。母亲积劳成疾，已过早地去世了。要是她能看到今天这一切，该有多快慰啊！蔡美峰心里很明白。自己的成长道路是许许多多工人农民用辛勤劳动的汗水铺就的。

我见到蔡美峰的时候，他已订好了 11 月 6 日回国的飞机票，这几天正在忙着为两篇要发表的论文作最后润色。我半开玩笑地问他："不做几年博士后研究吗？"他很爽快地说："做学问没个底。我得赶快回去，把我研究的成果尽快在国内推广应用。"我说："现在有的留学人员觉得国内研究条件不够理想，怕回国后不能发挥专长。你没有顾虑吗？"他说："在这个问题上我们留学人员要向钱学森等老一辈归国科学家学习。当年新中国刚成立，条件比现在差不知多少倍，而他们在海外都已经是很有成就的科学家了，他们并没有因为祖国落后而却步。国家花了很大代价派我们出来，需要人才，我们学成归国效力，不是天经地义的吗？我早想过了，回国后无论工作顺利还是不顺利，重用还是不重用，我绝不后悔。"

采矿系最辛苦的研究生

蔡美峰是搞采矿工程的。大学毕业后曾在金川镍矿工作过，因为摸不准地应力的分布情况，那里有些矿井建了 12 年仍不能投产，使国家遭受很大损失。地应力测量同时也是与土木建筑、水利、铁道等工程密切相关的学科。现在国内外虽然已有了一些地应力的测量方法和设备，但都是建立在经验基础之上的，科学依据不充分，测量误差可达几倍到十几倍。对于一个大型矿井来说，这种误差导致的设计不合理造成的浪费可在亿元之上。

他抵澳后，原本是要去悉尼附近的伍伦贡大学从事坑道支护技术的研究，那个项目经费充足，也比较容易出成果。而当时悉尼新州大学又有一个岩应力课题，是一个外国博士研究生准备了一年半后，认为没法搞而放弃的。这个项目的经费需要逐年申请，

没有保证。蔡美峰从国家需要出发，甘冒风险，选定这个难“啃”的课题来做自己的博士论文。

攻读博士当然得有导师，而原先提出这个课题的教授早就调走搞别的项目去了。蔡美峰只好另找了一位教授“靠挂”，以便向上呈的年度报告有人签字。科研方面的事就只好由他自己一个人琢磨了。

他的研究不光要耗费脑力，还要耗费巨大的体力。试验需要200多块70多公斤重的岩石块，那都是他自己搅拌三合土，一块块脱坯浇制出来的。试验中，他每天要把岩石块从试验台上搬上搬下，要在一尺半高的试验台底部爬进爬出，劳动强度不低于建筑工地上的运料工。他就这样子干了几年。有时候一个人实在不行了，就把爱人拉去顶半边天。

研究有进展了，就想早点出成果。他常常是从早上八点一直干到晚上九点。采矿系有30多个外国研究生，系秘书总是说：“蔡，你是最辛苦的了。”有人劝他，做试验曲线时灵活点，少取几个值，这样可以画出一条漂亮的曲线。可是他从不取巧，始终坚持一板一眼，扎扎实实地干。试验中需要500个空心包体应力计，每个只能用一次，价值30澳元。学校说拿不出这么多钱来买，眼看研究要停顿，他又只好先攻这个关，想办法改进应力计的结构，现在每个可使用6次。今年9月，他在澳大利亚一个隧道工程国际会议上介绍这种应力计，代表们起初都不相信，后来还是细细观察了实物才点头称是。

我问蔡美峰夫妇，在澳5年，游览过哪些地方？贤内助老张未开口先发笑。她说前4年就没有出过悉尼市。去年圣诞节，他们想，也快回国了，到首都堪培拉去参观一下吧。驱车4小时，来到堪培拉，才发现所有的参观点都关着门。没有办法，只好开着车转了转，名副其实的走马观花。老张自嘲地说：“真是做学问做傻了，玩也不会玩。”

然而功夫毕竟不负有心人，失之东隅者收之桑榆。摆在我们面前的这本十万字精装论文在世界上首次对几种主要的地应力测量技术和仪器在不同岩层条件下工作的准确性、可靠性和适用性作出了客观的、定量的评价，运用它所提供的修正系数，可使误差控制在50%以内。与以前的几倍、十几倍误差相比，它对降低工程建设投资，提高安全可靠程度无疑是一个重大贡献！蔡美峰还在试验中设计出一种新的测试仪，工作性能明显优于国际上目前通用的几种主要的测试仪。

一呼百应的联谊会主席

蔡美峰在科研上这样埋头苦干、殚精竭虑，是因为他心中始终搏动着一种绝不辜负人民重托，早日为国报效的冲动。我曾听他无意中说，这些年虽然远离祖国，但他一直坚持阅读人民日报，收听国内新闻。这些既平凡而又不平凡的事情令人信服地感到，祖国和人民始终在他心上。

蔡美峰不仅自己怀着这样一种高尚的目的勤奋地学习和钻研，他还关心更多的留学人员。老蔡的夫人常说他“成天泡在实验室里，回家就是吃饭睡觉”。实际上这5

年来，他为组织留学生的各种活动，没有少花时间。悉尼几所大学有的相距几十公里，但只要提起“老蔡”，几百名公费生几乎没有人不知道的。

他从1985年底到1988年初，当了两年多悉尼地区留学生联谊总会的主席。后来换届，他让贤了。但他仍然像以前一样热心。他说，每搞一次这样的活动，发通知、借场地、租音响、准备饮料食品、组织节目等等，总得忙腾两个星期。他每年约有两个月的时间要把主要精力放在这上面。如果说前几年的联谊会工作还可以用一个“忙”字来概括的话，那么去年“六·四”以后的工作就不是那么单纯了。在形势最紧张的一段时间里，蔡美峰及时在联谊会干部中提出“坚定信念，冷静观察、独立思考、不误学业”的要求稳定了大家的情绪。

后来留学生中又出现了申请“难民居留”的现象。老蔡经常以自己的成长体会对周围的留学生做工作，旗帜鲜明地提出“我们公派留学生绝不应该申请难民居留，应该珍惜来之不易的留学机会，充分利用国外大学资料全、信息快、实验条件好的有利条件刻苦学习，学有成就，回国服务。”

蔡美峰以自己的正派、真诚和热情赢得了大家的信任，团结了联谊会的一班人。现在老蔡要走了，大家很怀念以前的日子。那时候，他这位联谊会前任主席和现任主席老廖团结合作，带动一班人，着实为大家办了不少好事。每回，他们这一班人马忙一阵，就给远离祖国的留学人员带来一次欢聚的机会。回忆往事，真有许多美好的时光。

但是老蔡却说：“其实老廖能力比我强，他一定会干得比我好。”

短评　新一代知识分子的风范

留澳博士研究生蔡美峰的经历和事迹读来感人至深，它使读者从中看到了新一代知识分子的风范。

蔡美峰的成长道路，说来平凡而又不平凡。一个渔村的穷孩子，顺利地读完了小学、中学、大学，拿到了硕士学位，又被选送出国留学，成为一个学有所成的科研人员，这中间洒下了他的多少汗水，又包含着多少人的支持和帮助啊！在他的身后，亲爱的祖国时时刻刻关怀着他。蔡美峰始终牢记着：他的成长道路，是许许多多工人农民用辛勤的劳动铺就的。因此，求学期间，他殚精竭虑、刻苦钻研；一旦学业完成，他便迫不及待地返回祖国，用自己学得的知识报效祖国。

蔡美峰的事迹又一次证明：我国广大知识分子最大的愿望是为祖国富强、民族振兴贡献自己的力量。

中国的知识分子向来有热爱祖国、热爱人民的美德。建国初期，尽管国内条件比较差，不少已在国外取得突出成就的优秀知识分子毅然归国效力。今天，年轻一代的知识分子继承了老一辈知识分子严谨治学的优良学风，也继承了他们热爱祖国、热爱人民的光荣传统。他们不仅在学业和事业上兢兢业业，奋发进取，而且对祖国、对人民始终怀有一颗赤子之心，始终牢记着祖国和人民的重托，把祖国和人民的利益放在第一位，不计名利，默默奉献。这方面的动人事迹，应该向全社会大力宣传，以进一步形成尊重知识、尊重人才的良好风尚。

（资料来源：《光明日报》1990 年 11 月 8 日头版头条）

把青春和奉献写进生命——院长蔡美峰简介

北科大青年报（专访），1996 年 4 月 20 日（第 3 期）

采访 / 报道人：北京科技大学新闻中心

资源工程学院第一任院长蔡美峰教授在繁忙的时候欣然接受了我们的采访。院长专访便在热情洋溢的气氛中展开了。

蔡美峰院长1967年毕业于上海交通大学,之后在研究所工作了近十年,当时正是“文化大革命”如火如荼之时，他并没有浪费光阴，而是默默地钻研和学习。“文化大革命”结束后，国家第一年恢复研究生招生考试时，他以优异的成绩考入我校。获得了硕士学位后，又由于成绩突出而留校任教。1985 年，蔡美峰以访问学者的身份被派赴澳大利亚访问学习。1989 年，祖国大地上发生了少数反动分子利用青年学生盲目爱国热情而煽动起来的动乱。此时，海外的学子更是关心着祖国母亲的前途与命运，作为澳大利亚悉尼地区中国留学生总会主席的蔡美峰及其他总会的留学生干部清楚地认识到了事情发展的本质，他们坚信党是正确的，即使她还有些不足之处，但只有坚持党的领导，我们的社会主义建设事业才有最根本的保证。他们在广大中国留学生中作了大量的思想工作，对错误的思想和言论进行了坚决的还击，及时地纠正了部分留学生中存在的思想混乱，稳定了大家的情绪，从而使动乱期间的悉尼地区的留学生始终保持着稳定的状况。

1990 年，蔡美峰取得了博士学位。此时，西方国家正纷纷以各种优惠的条件极力挽留中国的留学生，美、英、澳大利亚等较发达的国家和地区都表示愿意无条件地为中国留学生提供永久居住权。同时，澳大利亚的好几家大公司向他表示，希望能以高薪聘请他到公司工作。而蔡美峰却放弃了这些，像所有的祖国赤子一样，毅然地回到了生养和培育了他的母亲的怀抱。当时的《光明日报》以头版头条的显著位置报道了这位动乱之后第一位回归祖国的博士的事迹，并给予了高度的评价。归国之后，蔡美峰很快便在科研领域取得了优异的成绩，并被破格提拔为教授、一级教授，得到了大家的赞扬与信任。

当问起蔡美峰院长为什么不留在国外工作时，他说：“很简单，我的一切都是祖国给的，是党和人民培养了我，我应该把我的知识和能力献给我的祖国。在国外工作你是为别人干，可在这儿是为自己的祖国效力，我代表了中国！”

专访结束了，蔡美峰院长的朴实却又深刻的话语仍在耳边回响。我们真诚地希望大家能从这篇小小的访问中感悟出点什么。是的，每一个青年学生都应深深地体会到自己肩上的重担，我们不能只想到自己，我们应常常思索、牢记心底的是：祖国与人民给予了我们这么多，我们何以回报呢？

翘首中华腾飞时 献身科技报国恩——记著名岩石力学与采矿工程专家蔡美峰教授

科学中国人，2006 年 12 月 5 日

采访 / 报道人：苏丹

他朴实谦和，平易近人，脸上时常挂着微笑，尤其那憨厚的气质，不注重修饰的模样，更是一种典型的农家子弟形象，绝无丁点儿专家派头。然而，翻开他的简历，上面着实记载着：蔡美峰，北京科技大学土木与环境工程学院院长，1990 年以来，完成国家和省部级项目 30 余项；发表论文 200 余篇，出版专著 4 部；获国家发明专利 1 项，国家技术发明奖 1 项，国家科学技术进步奖 3 项，省部级科学技术进步奖 10 余项。

蔡美峰教授参加 2004 年国家科学技术奖励大会

挑战命运　谱写绚丽青春华彩

蔡美峰何以屡获如此殊荣，取得如此成绩？

熟悉他的人都知道，蔡教授有着艰苦奋斗的历程。蔡教授自己说：是党和国家的长期培养扶持，他才得以从一个纯朴的农家子弟，成长为一名在岩石力学与采矿工程领域有所建树的专家。

1943年，在那兵荒马乱的岁月里，蔡美峰出生于江苏如东一个贫苦的小渔村。他刚来到世上三个月，不幸降临了，以打鱼为生的父亲在一次出海时不幸淹死，母亲孤身一人意志顽强地拉扯着4个未成年的孩子。往事如烟，如今回望，很多事情仍历历在目。蔡教授不无感慨地说：如果不是新中国成立，他一个小渔村的穷孩子怎么可能有机会上学，又如何能从小学、中学一直读到上海交通大学呢？

渔村的贫苦生活虽然早已成为过去，然而那平凡的几载风尘，与乡亲们朝夕相处的岁月，总令他魂牵梦萦，难以忘怀。因为，这段平凡的岁月，艰苦的历程，正是他成才的起点，也是他树立为人民服务思想的基础。故乡的深情厚谊，抚育了蔡美峰这个憨厚的农家子弟，也锤炼着他的纯朴人品，陶冶他的高尚情操。

1962年，蔡美峰肩负着乡亲们的重托，怀着强烈的求知欲望，步入上海交通大学，成为一名工程力学专业的大学生。1968年，他在“文化大革命”的动乱环境中大学毕业。尽管工作、学习的条件都被“文化大革命”制约着，但蔡美峰从未停止过他那强烈的求知欲，从未放松过学习。“文化大革命”结束，国家恢复研究生招生，终于迎来了科学的春天。带着数十年的准备，蔡美峰作为“文化大革命”后的第一批研究生，踏进了北京钢铁学院（现北京科技大学）攻读硕士学位。在这座科学知识的神圣殿堂里，他又有了鲜活的生命力，这也成为他一生的重要转折点。

研究生期间，他从事的专业领域从工程力学转入采矿工程。以前采矿被很多人所看不起，认为采矿只是一门工艺（skill），而不是一门科学（science）。而当蔡美峰走进这一领域，看到矿产资源的开发和利用在国民经济的发展中起着举足轻重的作用，而且我国的采矿工程和技术的科学水平与国外相比，还比较落后。他同时发现采矿是一门极为复杂的系统工程，其复杂性既在于开采结构的复杂性，也在于开采条件和环境的复杂性，解决采矿问题涉及多学科的理论和知识。采矿的理论基础是力学，经过力学本科学习的蔡美峰深感自己在采矿这一行业大有用武之地，自己有责任为采用现代科学理论、高新技术提升传统采矿产业，提高我国采矿工程和技术的科学水平作出自己的努力和贡献。

他的这次选择，决定了他未来一生的走向。回顾蔡美峰的选择，我们从中可以收获这样一个认识：在一个国家发展的迫切需要中，必蕴藏着人生的远大前途。至于“冷清和荒凉”，那才是最需要创新的地方，拓荒也意味着呼唤创新，这会强烈地挑战和呼唤一个青年胸怀的理想、志向与聪明才智。蔡美峰听到了这样的召唤。我想这里可以写上：没有什么比抉择更能影响人的前程，没有什么比认识更能影响人的一生。认识甚至更加重要，因为认识是抉择的前提，是创造前程真正的出发点。

刻苦钻研　实践壮丽人生价值

1985年，蔡美峰被国家选派作为访问学者赴澳大利亚留学并攻读博士学位。他抵澳后，原本是要去悉尼附近的伍伦贡大学从事坑道支护技术的研究，那个项目经费充足，也比较容易出成果并且他硕士毕业后一直从事这方面的研究。而当时悉尼新州大学又有一个地应力课题，是一个外国博士研究生准备了一年半后，认为没法搞而放弃的。这个项目的经费需要逐年申请，没有保证。蔡美峰在国内的时候，就接触过这方面的工作，当时因为没有摸清地应力的分布规律，有些矿井建了十多年都不能投产。因为地应力测量难度大，成本高，致使我国地应力测量起步较晚，技术不完善，开展也不广泛，地应力资料的缺乏，严重制约了我国采矿工程和技术科学水平的提高。蔡美峰深刻体会着地应力对采矿工程的极端重要性，他从国家需要出发，勇于承担风险，决定从事这方面的课题研究。

其间，他无心观赏悉尼歌剧院旖旎风光，无暇游览堪培拉的名胜古迹。他把时间看得比什么都重要。“留学的时间不属于自己，个人没有任何理由，更没有一点权力浪费这些宝贵的时光，因为它只属于我们的国家，我们的人民。”这是一个坚定不移的信念，这个信念始终激励着他的实际行动。因为选择了一个大家都不愿“啃”的骨头，科研方面只有他一个人孤军奋战。他的研究不光要耗费脑力，还要耗费巨大的体力，试验需要200多块70多公斤重的岩石试块，他每天要把岩石试块从试验台上搬上搬下，要在一尺半高的试验台底部爬进爬出，劳动强度不低于建筑工地上的运料工。为了早点出成果，他常常是从早上八点一直干到晚上九点。他为研究忘记了休息，但他时刻惦记着党和人民的恩情。当时他只有一个念头：没有党组织的信任和培养，没有父老乡亲的哺育，自己不可能有今天这样的机会，冲着这些，自己只有勤奋，只有刻苦，取得成就，才能不负这些重托，才能报答党和人民的恩情。终于经过近五年的努力，他的研究成果得到了国际专家的认可。这为后来他在地应力测量领域取得国内外瞩目的突破性成果，提出以地应力为切入点的金属矿采矿优化理论等奠定了坚实的基础。

1990年，蔡美峰获得博士学位，当时澳大利亚政府已经宣布接受所有中国留学生永久居留申请。蔡美峰却坚持认为，国家在不算富裕的情况下花了很大的代价让他有了出国学习的机会，在国家需要的时候回国服务，这是天经地义的。因此，在拿到博士学位半个月后，他毫不犹豫地选择了回到祖国的怀抱。此时他急于把在国外研究的成果尽快在国内推广应用，他要加快速度，要把“文化大革命”中耽误的时间找回来。在祖国需要的时候，蔡美峰以强烈的爱国热忱积极投身祖国的建设，为社会主义伟大事业贡献着他所学到的知识以及全部的精力和智慧。

回国后的第二个月，他即下到矿山寻找和落实科研项目。10多年的时间里，他先后完成了30多项采矿基础理论和采矿工程科研项目，其中包括：国家“八五”、“九五”、“十五”攻关项目各1项，国家自然科学基金项目3项，高校博士基金项目4项。涉及的采矿工程既有地下矿山，也有露天矿山，既有冶金矿山，也有有色矿山、黄金矿山和煤矿；解决的问题，既包括地应力测量、采矿基础理论、采矿设计优化、采矿工艺技术，也包括矿山地压控制、支护加固和开采动力灾害预测及防治等。在地应力测量和以地应力为切入点的采矿优化理论和安全高效开采技术及其工程应用方面取得了突出的成绩。为解决一批大中型矿山开采中的关键技术难题，提高我国采矿工程和技术的科学水平发挥了重要作用，创造了十分显著的经济效益和社会效益。

严谨治学　攀登采矿科技高峰

凡是与蔡美峰教授一起工作过的人，无不对他一丝不苟、周密思考和谦虚谨慎的治学态度留下深刻的印象。十几年如一日，蔡教授几乎没有节假日和休息天，平均每天工作都在12小时以上。蔡教授长期从事采矿工程领域的教学和科研工作，倾注了全部心血，并高瞻远瞩。他具有采矿学科系统深厚的理论功底，掌握并熟悉与采矿有关的一系列科学理论。特别注重理论联系实际，注重采矿工程关键实用技术，特别是全行业带有共性的、对推动行业进步有重大作用的关键技术的研究。为了做好科研项目，他总是尽可能深入现场，身体力行，经常一天爬两次300m深的斜井，这即使是年轻人也是不容易做到的。这种深入一线、真抓实干、严格要求、一丝不苟的工作作风对于带动课题组成员，密切与矿山领导、技术人员和工人的协作关系，做好每一个科研项目是非常重要和有效的。

数十载的辛勤耕耘和探索，洒下的是一路汗水，收获的却是累累硕果。

建立了考虑岩体非线性、不连续性、不均质性和各向异性的地应力测量分析理论，发明了完全温度补偿的地应力测量方法和装置，使地应力测量的可靠性和精度大幅度提高。

地应力是引起采矿和其他各种地下或露天岩土开挖工程变形和破坏的根本作用力，是确定工程岩体力学属性，进行围岩稳定性分析，实现采矿和岩土工程决策和设计科学化的必要前提条件。

由于地应力测量难度大、成本高，致使我国地应力测量的起步较晚，技术比较落后，开展也很不广泛，特别是矿山地应力测量开展很少。地应力资料的缺乏制约了我国采矿工程技术水平的提高。

1985年初，蔡美峰在澳大利亚留学期间即选择国家迫切需要的这一课题作为主攻方向。在前人的工作基础上，他进行了5年多的系统试验研究，1990年回国后在国家自然科学基金和博士点基金支持下他又继续深入研究并展开工程实践，在提高地应力测量可靠性、实用性、精度和效率方面取得突破性进展，为提高我国地应力测量的水平，推动我国矿山地应力测量的开展发挥了重要作用。

地应力测量及其工程应用成果获国家发明专利 1 项，国家技术发明奖三等奖 1 项；在国外刊物和重要国际学术会议发表论文 20 余篇，其中仅在国际岩石力学和采矿领域的权威刊物《国际岩石力学与采矿科学学报》上就发表论文 5 篇。而该学报能就一个研究方向先后发表同一作者的 5 篇论文是很少见的，这反映了该研究成果在国际上所产生的影响。该学报主编、英国皇家工程院院士、第十一届国际岩石力学与岩石工程学会主席，地应力测量专家 Hudson 教授高度评价了该成果，认为这是对地应力测量的一个非常重要的贡献。国际岩石力学与岩石工程学会原副主席 Stephansson 教授（瑞典）在他和另一地应力测量专家 Amadei 教授（美国）合著的 *Rock stress and its measurement* 一书中，多次援引和介绍蔡教授的成果。在中国岩石力学与工程学会组织撰写的《中国岩石力学与工程的世纪成就》大型专著中，学会特邀蔡美峰教授撰写“地应力及原位地应力测量”一章，重点介绍其本人的成果。

根据金属矿床的赋存状态与开采稳定性均受地应力控制的特点，提出了以地应力为切入点，进行采矿设计与开采工艺优化的系统理论与方法，提高了采矿工程和技术的科学水平。

金属矿床的成因比较复杂，其形态和赋存状况千变万化，其形成过程和开采稳定性均受地应力的控制。据此，蔡美峰教授提出了以地应力为切入点，根据矿山实际工程地质和开采技术条件，通过科学的定量计算和分析，选择最合理的采矿方法，确定最佳的开采总体布置、采场结构参数、开采顺序和地压控制措施的采矿设计与开采工艺优化的系统理论与方法。该方法充分考虑采矿岩体的不确定性和非线性特征及多段性开挖特点，成功地应用数值分析、人工智能等现代计算和分析技术，推动了我国采矿设计从传统的经验类比向科学的定量计算的转变，为实现与环境协调的安全高效开采目标提供了有效手段。从而在保证生产安全的前提下，最大限度地挖掘出矿山的潜力，创造出最大的经济效益和社会效益。

在“新城金矿复杂条件矿床采矿方法研究”（国家“九五”攻关专题项目）中，蔡教授完成了矿区 4 个水平、17 个测点的现场地应力实测，建立了矿区地应力场模型（这样大规模的地应力测量，在国内矿山是首次，国外也不多见）；通过采矿设计优化，首次提出盘区呈“品”字形布置采场进路的“免压拱”开采技术，采场地压得到有效控制，盘区上向高分层连续回采获得成功；采矿技术经济指标达到国际先进水平，创经济效益 1148 万元/年。研究成果为我国一大批蚀变岩型金矿床的开采提供了一套技术上先进、安全高效的采矿方法，大大地推动了我国黄金采矿科学技术的进步。仅在胶东黄金矿山推广该成果，即可产生 10 亿～20 亿元的经济效益。获国家科学技术进步奖二等奖。

在“高陡边坡工程及计算机管理技术研究”（国家“八五”攻关专题项目）中，首次将地应力测量引入深凹露天矿边坡工程，采用应力解除法和水压致裂法两种方法测定了峨口矿区地应力场。改变传统的单目标静态“极限平衡”分析方法，发展了基于系统计算分析的多目标动态分析方法，实现了边坡设计的优化，使峨口铁矿总体边坡角提高 3° ~ 6°，创经济效益 4400 万元 / 年，获国家科学技术进步奖三等奖。该项研究成果不仅可以在大型露天矿山推广应用，而且在其他的岩土边坡工程中也可广泛推广应用。

在“大型深凹露天矿高效运输系统及强化开采技术研究”（国家“十五”攻关重大专项课题）中，通过系统的工程地质和岩石力学研究，蔡美峰教授首次采用基于 GIS 的动态三维极限平衡分析和固 – 流耦合三维数值模拟相结合的方法，完成了我国最大的金属露天矿——首钢水厂铁矿边坡设计与开采工艺优化，建立了基于 GPS 的边坡安全监测系统，使水厂铁矿总体边坡角平均提高了 3° ~ 4°；建立起现代化的汽车 – 胶带半连续运输系统和露天矿自动化生产调度与信息管理系统，实现了强化开采的目标；使水厂铁矿运输成本下降 50%，生产效率提高 15%，全员劳动生产率高出全国平均水平的 3 倍，创经济效益 1.2 亿元 / 年。为在 3 ~ 5 年内将水厂铁矿建成具有同期国际先进水平的我国露天矿示范矿山奠定了基础。研究成果可在全国几十家大型露天矿推广应用。该课题成果获 2004 年冶金矿山科学技术奖特等奖。

以由地应力为主导的能量聚集和演化为主线，开展矿震、岩爆、冲击地压发生机理及其与采矿过程关系的研究，为开采动力灾害的定量化预测和危害性评价与防治开辟了有效途径。

随着浅部资源的逐渐减少和枯竭，我国一大批大中型地下矿山已经或即将转入深部开采。矿震、岩爆、冲击地压等动力灾害是威胁深部开采安全和我国矿业可持续发展的最突出问题之一。矿震、岩爆、冲击地压等开采动力灾害的预测与防治是一项世界级的难题。我国在深部开采方面的经验和对矿震、岩爆、冲击地压等动力灾害的研究则更为欠缺。

蔡美峰教授从系统的地应力测量、工程地质调查、岩石力学试验和现场监测资料的采集入手，以能量聚集和演化为主线，揭示矿震、岩爆、冲击地压的发生机理及其与采矿过程的关系，对矿震、岩爆、冲击地压发生的时间、空间和强度进行定量预测，将预测和防治、地下和地面融为一体进行评价和研究，开辟了深部开采动力灾害预测及防治研究的一条有效途径。

在“抚顺矿震时间—空间—强度预测及其对城市危害性评价研究”中，以长期的矿震观测资料和矿山开采资料为依据，通过三维动力数值模拟，揭示了抚顺矿震断层活动型、顶板断裂冲击型、煤柱崩塌冲击型三种不同的震源机制；在国内外首次建立了开采扰动势模型，揭示了矿震发生及其规模与开采量、开采深度、断层构造和应力环境的关系，为定量预测矿震的时间—空间—强度规律开辟了新的途径。对抚顺矿震的未来发展趋势和最大矿震级别作出了成功的预报（预报结果被随后的矿震事实所证实）。在指导抚顺城市安全规划、建设、改造和老虎台矿调整开采布局、保证安全生产、减震防灾中发挥了重大作用。创造经济效益 1100 万元 / 年，社会效益更为巨大。

在“玲珑金矿深部岩石力学与采矿方法综合研究”中，蔡教授以大规模的现场地应力实测为基础，以储存高应变能的岩石力学特性和聚集高应变能的应力环境研究为核心，采用多种动力学判别准则，对深部开采可能发生岩爆的部位和强度作出了预测，提出了以优化采矿方法为主线的岩爆防治措施。研究成果对保证该矿安全持续开采有重要指导意义，创造经济效益 480 万元 / 年。

在“吉林省海沟金矿地压活动规律与控制方法试验研究”中，蔡教授针对该矿多年开采留下长 400m、高 240m 的超大采空区，对主、副井安全构成严重威胁并致使下部主矿体无法开采的困难局面，制定了控制深部地压活动的技术措施，并采用 6 种位移、应力和声发射监测手段，通过连续三年的监测，对较大的地压活动均成功地进行了预报和处理，避免了冲击地压的发生，保证了深部开采和主、副井的安全；并基于实测资料，首次提出了将应力、位移、声发射信息进行耦合分析，判别岩体稳定性的三种模式，具有重要的理论和实用价值，创造经济效益 490 万元 / 年。

对多个矿山完成的矿震、岩爆和冲击地压的研究，形成了一个系统成果——“深部开采动力灾害预测及其危害性评价与防治研究”，获 2003 年度国家科学技术进步奖二等奖。

开采动力灾害将是我国大量的金属矿山和煤矿深部开采中遇到的最突出的问题之一，本项研究成果具有非常广泛的推广应用前景，并将产生巨大的经济和社会效益。

蔡美峰教授在采矿和岩石力学领域取得了一系列开拓性成果。曾 10 次出国参加国际学术会议，先后应邀在美国、加拿大、韩国、波兰和比利时作学术讲座。2004 年 5 月当选为国际岩石力学与岩石工程学会教育委员会主席（中国人首次），在国际同行中有较大影响。

为了尽早形成较为完善的和成熟的理论体系以及一系列可推广的实用技术，蔡教授目前正积极从事着采矿工程优化和安全高效开采理论与技术的进一步深入研究，重点开展数字矿山建设，开采动力灾害监测、预报和防控关键技术，露天转地下开采关键技术的研究。这些都是对矿山安全高效开采具有决定性意义的最重要、最关键的技术问题。通过这些研究，将使我国采矿的信息化、自动化、智能化，在更高的水平上实现安全高效开采，取得突破。

2005 年蔡美峰在捷克主持国际岩石力学与岩石工程学会教育委员会会议

忠诚事业　塑造高尚师德丰碑

十多年来，当人们对蔡美峰教授所付出的超常努力给予诸多赞誉和肯定的时候，他自己却始终清醒地认为：作为一名人民教师，在平凡的岗位上奉献自己的智慧和力量，把自己的精力投入到祖国的教育事业中去，是一种义不容辞的责任。同时，他始终认为教学一线的努力工作是教师敬业精神的集中体现，教师的道德素质、学术水平和教育教学能力只有在大量的教学实践中才能得到培养、锻炼和提高。这些年来，他身体力行，指导了很多硕士研究生、博士研究生。他始终注意以严谨的治学态度，强烈的社会责任感和勤奋的工作精神感染和影响自己的学生。对他们既严格要求，又热情关心他们的学习和生活。从选题、开题、课题研究到论文撰写，对每个研究生都精心给予指导，倾注大量的心血。他指导的研究生很多被评为优秀毕业生，而在学校每年不足 10% 的博士学位优秀论文评选标准下，蔡教授指导的 30 多篇博士学位论文中有 30% 被评为校优秀论文。

他用严谨的治学态度、生动的教学风格上好每一门课、每一堂课；用刻苦钻研、孜孜以求的工作态度去教育学生、影响学生；用真诚的心与学生们交流，在教学实践中体现出了一名教师高超的业务能力和高尚的人格魅力。以身立教，以身示范，这是蔡教授一贯坚持的为人处世的原则。作为学院院长，蔡美峰教授十分注意自己的道德修养、严谨的学风和工作作风、生活作风。他担任资源工程学院（2001 年更名为土木与环境工程学院）院长 10 年多时间，把学院领导班子和全院教职工紧密团结在一起，增强了学院的凝聚力，使资源工程学院由当初学校最困难的学院变成了今日全校发展速度最快、形势最好的学院之一。在工作中他既注意把握大方向，敢于和善于决策，更注意把决策变为全院教职工的自觉行动。这种抓大放小、调动大家积极性的工作方法，有效地推进了学院的不断发展。

六十多年的人生道路，对于蔡美峰教授来说充满了坎坷和艰辛。作为一名在艰苦环境中成长起来的科研工作者，蔡美峰以自强不息的精神和达观坚韧的人生态度在平凡的科研岗位上作出了不平凡的业绩；作为一名共产党员，蔡美峰忠诚于自己的事业，在工作的各方面都起到了模范带头作用，用实际行动体现着共产党员的先进性；作为一名高校教师，蔡教授多年的工作经历体现了新时代教师甘于奉献的时代精神、率先垂范的师德风尚和乐观进取的人生态度。

他用自己的顽强奋斗燃烧着壮丽的人生，照亮着最光辉的事业！

“名师风采”第四届高等学校教学名师奖获奖教师集锦之蔡美峰

教育部　财政部，2008 年

蔡美峰，男，1943 年出生。现任北京科技大学“矿业工程”一级国家重点学科首席学科带头人、教授、博士研究生导师。兼任国际岩石力学与岩石工程学会教育委员会主席，国务院学位委员会学科评议组成员，中国岩石力学与工程学会副理事长，中国金属学会常务理事等职务。1967 年毕业于上海交通大学工程力学专业，1981 年北京钢铁学院采矿工程专业硕士研究生毕业，留校任教。1985 年至 1990 年赴澳大利亚留学，获博士学位。1994 年至 2005 年担任北京科技大学资源工程学院（后更名土木与环境工程学院）院长。长期从事采矿和岩石力学工程领域的教学与科研工作，先后开设“岩石力学”等 10 多门课程，主编的普通高等教育“十五”国家级规划教材《岩石力学与工程》，获国家级教学成果二等奖。指导研究生 100 多人，指导博士后 15 人。承担国家和省部级科研项目 30 多项。获国家科学技术进步奖二等奖 3 项等奖项。发表学术论文 200 余篇，出版学术专著 4 部。

“名师风采”第四届高等学校教学名师奖获奖教师集锦之蔡美峰

名师心得

教师教书育人，教书是手段，育人才是目的。作为一名教师，首先必须要有高尚的职业道德，忠诚党的教育事业，以高度的责任心和使命感，关心和爱护每一位学生，用自己的辛勤劳动和聪明才智把他们培育成国家建设需要的人才；同时要有扎实的理论基础、渊博的学术知识、丰富的实践经验、严谨的治学态度和高超的授业艺术，用勇于探索的创新精神和实事求是的科学态度，将学生引领到本学科的前沿，在使学生获得知识的同时，培养学生发现问题、解决问题的能力和终身学习、终生探索的科学精神。作为一名教师，还必须真正做到为人师表，言传身教，身体力行，以自身的模范行动教会学生如何做人、做事、做学问。能为国家培育出一批又一批国家建设需要的合格人才，既是我们教师义不容辞的神圣职责，也是我们教师可以自豪的终生成就。

岩石力学在中国的50年

科学时报（专访），2008年6月23日

采访/报道人：孙琛辉

在博得世界工厂美誉的同时，中国似乎同样获得了另外一项称号——世界工地。或许正是由于大量工程实践不断提出的需求驱动，我国岩石力学50年来从无到有、从弱到强，越来越得到国际力学界的重视和好评。

4月29日，国际岩石力学与岩石工程学会教育委员会和中国岩石力学与工程学会在北京联合举办国际岩石力学与岩石工程界盛会——2008年国际岩石力学与岩石工程青年学者论坛。会上有专家指出，我国岩石力学研究和工程建设已走在世界前列。而国际岩石力学与岩石工程学会主席、英国皇家工程院院士、帝国理工学院教授哈德森（Hudson）更坚定地判定："21世纪的岩石力学在中国。"北京科技大学的岩石力学学科50年来一直处于我国的领先或前列位置，目前国际岩石力学与岩石工程学会教育委员会即挂靠北科大，主席由该校教授蔡美峰担任。就岩石力学在中国的发展历程问题，记者采访了蔡美峰。

大型工程催生理论变革

蔡美峰提到，岩石力学之所以在我国发展迅速，最关键的原因是工程的发展、工程的需要。岩石力学是近代发展起来的一门新兴学科和边缘学科，是一门应用性和实践性很强的应用基础学科，其应用范围涉及采矿、土木建筑、水利水电等众多的与岩石工程相关的工程领域。一方面，岩石力学是上述工程领域的理论基础；另一方面，正是上述工程领域的实践促使了岩石力学的诞生和发展。国际上现代岩石力学学科是从第二次世界大战后发展起来的，1962 年成立了国际岩石力学与岩石工程学会，标志着岩石力学成长为世界性的科学分支。我国现代岩石力学与工程的理论研究与工程实践，始于 20 世纪 50 年代，三峡水利枢纽工程从那时候起就成为全国岩石力学研究的基地。

20 世纪七八十年代，岩石力学工作在全国得到普及，金川矿山、葛洲坝工程、成昆铁路及一大批国防地下洞室等重大工程的建设，对我国岩石力学学科的发展起了重要的推动作用。在陈宗基、谷德振等老一辈科学家倡导下，1978 年经国务院批准，成立了国际岩石力学与岩石工程学会中国国家小组，成为国际岩石力学与岩石工程学会理事会成员，1982 年组建了中国岩石力学与工程学会筹备委员会，1985 年正式成立了全国性一级学会。随着我国科学技术的快速发展和经济建设步伐的加快，各类大型的、复杂的岩土工程的不断出现，也对岩石力学提出了更高的要求，并促进了岩石力学的不断发展，许多新理论、新技术和新的工程实践成果不断涌现，有力地推动着我国岩石力学理论与实践的发展。

学科发展经历三个阶段

蔡美峰以北科大为例，将岩石力学在我国的发展划分为如下 3 个阶段：

第一阶段为 1955～1966 年，学科处于初级阶段。这一阶段中国的岩石力学与世界相比还比较落后。学生上课都是老师自己备的讲义，没有统一的教材。学生比较少，尤其研究生更少。本科生学一些一般知识。教师中搞岩石力学研究的人很少。但是北科大自建校起就有个传统，就是理论结合实际比较强，因此科研实力一直比较强。

20 世纪 50 年代，中国岩石力学的领军人物是陈宗基教授，倡导岩石流变力学理论研究，在国际上也很有影响，是我们国家岩石力学研究的先驱人物。北科大的于学馥教授，也是中国岩石力学的奠基人之一，其学术理论包括：岩石的轴变论理论，灰色理论即不确定性理论，岩石记忆理论。

第二阶段为 20 世纪 70 年代末至 90 年代初。1977 年恢复高考、1978 年恢复研究生招生，是很大的突破。科学大会召开后，国家开始重视科技，激发了高校教师投入科研的热情。

恢复研究生招生，尤其是后来博士研究生招生，对科研力量的增强具有重要意义。很多老师搞科研主要是依靠博士研究生。博士研究生年轻有活力，对学科的发展起了很大的促进作用。1982 年，博士研究生导师制度设立，以岩石力学为基础的采矿工程专业的第一批博士点就设在北科大，两个第一批采矿工程博士研究生导师童光煦、于学馥也都在北科大。

真正有岩石力学的教材是在 1980 年后，北科大的教师也参与了编写第一本教材。

随着本科生、研究生规模逐年扩大。师资力量增强，1980年后，国家送一些人出国，并陆续有人回来，对提高研究实力有很大帮助。高校教师纷纷投入科研，并注重理论与实践相结合。

第三阶段为1990年以后。理论的突破主要是在20世纪90年代后。蔡美峰本人回国，中国的地应力测量上了一个新的台阶。之前的研究方法、理论解释有不少错误。蔡美峰回国后推动了全国地应力测量的开展。

自1990年以后，全国岩石工程建设的形势发展很快，岩石力学后续理论研究的发展更快了。大型工程建设都在中国出现。随着大型工程建设，岩石力学的理论、工程建设的成果已经基本达到了国际先进甚至领先的水平。

更进一步遭遇挑战

据蔡美峰介绍，岩石力学在发展的过程中也受到过质疑：岩石力学能否解决实际问题？是否可以计算、如何计算，前提条件是什么？后来，随着岩石力学基础数据研究的深入，方法不断更新，数据集成准确，计算分析能力提高。2000年以后，没有人再怀疑。事实上，蔡美峰及其领导的学术梯队和指导的研究生，参与青藏铁路、南水北调、三峡工程等大型工程的地应力测量、工程咨询等岩石力学研究，为工程的科学设计、顺利完成起到了重要作用。但他同时提到，我国近年来岩石力学理论的发展确实很快，但将研究成果总结提升进而形成技术规范乃至理论，从而向全世界进行推广仍然做得非常不够。这其中一个很大的障碍是语言。当然，这一情况近几年来有了很大的好转。正如哈德森教授所感慨的：20年前，他与中国学生交流还要翻译，现在交谈起来都很顺畅了。

随着社会对人才培养的要求越来越高，如何安排专业的课程，如何编写一本普适性的教材成为一个亟须解决的问题。蔡美峰主编的教材《岩石力学与工程》于2002年8月出版，是全国第一部通用岩石力学教材。目前在全国60多所高校通用。北京科技大学土木与环境工程学院土木工程系主任王金安向记者介绍，20世纪末21世纪初有大批海外留学人员回来，很多与世界接轨的东西在中国的土壤上再次生长，经过中国学者的开发再重新走出去向世界展示。经济的发展体现为基础工程的建设，岩石力学涉及很多领域，是经济建设基础工程中涉及面最广的，从资源开发到架桥、铺路、水利、水电，这样大的工程在世界上都很难找到。世界上其他发达国家在20世纪五六十年代都经历过，当时是基于经验设计，没有很好的理论。但到了中国的岩石力学，这种经验的东西相对少一些，因为地质条件不同。南方的工程实践到北方不行，浅部的工程实践到深部又不能用，所以需要不断发展，中国的岩石力学研究水平在不断与世界同步。

中国的岩石力学就是不断与重大领域的工程相结合，吸引了很多外国专家。王金安说：“三峡工程、南水北调、青藏铁路，我们的很多工程在全球很多学术场合不断展示，这些建设也在世界岩石力学领域拥有了举足轻重的地位。”他认为，“深、长、大”是中国的特色，当然这也引出很多新的问题。但他对此仍显得相当乐观：“当传统经验和研究成果不足以支撑这些大工程时，年轻学者当然要尝试新的理论应用。”

蔡美峰：“老师的影响令我终身受益”

科学时报（事迹报道），2008年9月9日

采访/报道人：孙琛辉

蔡美峰，北京科技大学教授，第四届全国高等学校教学名师。

“从中学到大学、研究生，乃至出国留学，我都遇到了很多很好的指导老师，不仅在学习和生活上给我很大帮助，对我从教风格的形成也影响颇深。”蔡美峰回忆了自己的老师对他的影响。

蔡美峰今年65岁，于1962年从江苏一所乡村中学考入上海交通大学，中学老师尽管都只是大专学历，但他们精益求精的精神给他留下了深刻的印象。由于喜好理工科，蔡美峰读了上海交大的工程力学系，该校门槛高、基础厚、要求严，老师们讲课严谨，这给他也带来了很大的影响。

学习生活言传身教

大学毕业后，蔡美峰分配到国防科工委一个下属部门，在湖北宜昌待了近十年时间。后来于1978年考上了北京科技大学（原北京钢铁学院）的研究生。由于当时信息闭塞，连各高校的研究生招生简章都很难看到，有个同事的同学在钢院，给他寄了一份招生简章，蔡美峰看采矿专业要考的专业课都学过就报考了，并且一考就考上了。

读研期间，导师于学馥教授对蔡美峰的帮助很大。于老是中国岩石力学领域的奠基人之一，早在20世纪60年代就提出了“轴变论”，是中国人最早提出这一理论的专家，后来又提出了岩石记忆理论、不确定性分析理论等。他有个很大的特点就是不断追求新思想。正是他将蔡美峰引入了研究岩石力学工程的大门，使他随后长期致力于岩石力学、采矿和岩土工程领域的教学和科研工作，在岩石力学基础理论、岩土工程数值分析技术、采矿和岩土工程设计优化、矿山地压控制、岩土工程测试技术研究和应用等方面取得了大量具有开拓性和创造性的成果。

蔡美峰回忆：“于先生带学生，第一个特点是以身作则。他自己不断探索、不断形成新的思想，要求学生也有独立思维的能力、有新思想。第二个特点是深入实践，注重通过研究解决实际问题。他主持国家重大科技攻关项目，带领我们去我国的新兴镍都——甘肃金川开展现场科研工作，使我在那里受到了锻炼；后来我主持了很多大项目，但一切都是从金川开始起步的。”

蔡美峰读研两年，其中在教室上课的时间不到一年，在金川待了大概一年，论文

也是在金川写的。他说："我们的毕业论文要过几次关，于先生多次请现场的专家来听我们的研究成果汇报，给我们的论文把关。"

蔡美峰带领团队曾获得过4项国家科学技术进步奖，1项国家技术发明奖和1项国家级教学成果奖，他自认为均得益于于教授的言传身教。他说自己带学生的思路就是跟于老学的，同样要求学生必须把基础打实，然后深入现场搞调查、作研究，用开拓创新的精神和思维解决工作中的实际问题，而不是成天待在办公室里，偶尔走马观花地去现场看看。他也始终注意以严谨的治学态度、强烈的社会责任感和勤奋的工作精神感染和影响自己的学生。

在生活上，于学馥对学生的要求也很严格。蔡美峰回忆，1980年，于学馥带他们在西安出差，当时生活很艰苦，用餐时要求粗粮和细粮按80%：20%的比例搭配，但接待方照顾他们，给了70%的细粮，于学馥很不高兴，谢绝了对方的好意，要蔡美峰马上去把多给的细粮换成粗粮。

老师学生应保持平等

蔡美峰研究生毕业后，于学馥建议他留校任教，蔡美峰也喜欢上了教师这个职业，就欣然同意，并继续跟于先生到工程现场进行实践。1984年，国家鼓励年轻教师出国学习，蔡美峰考取了澳大利亚新南威尔士大学的访问学者（后兼攻博士学位），当时国内也开始恢复学位制度，于先生被评为全国第一批博士研究生导师，尽管于先生希望蔡美峰读他的博士，但还是觉得出国更好一些，非常支持他去澳大利亚。

蔡美峰在国外留学6年后回国。从1981年留校任教至今，蔡美峰已经育人近30年，他总结自己老师的教学方式以及自己与学生多年相处的经验认为，老师应该与学生保持一种平等的亲密关系："你必须靠你的学识水平给学生提供很多值得学习的东西，给他们树立人品等各方面的榜样，这样他们才会尊敬你。"

蔡美峰以自己的表现树立了教书育人的新楷模，时至今日，他已培养出50多名博士研究生、40多名硕士研究生，指导了10多名博士后和一批本科毕业生。他与学生们相处得非常融洽："学生刚开始觉得我很严厉，接触以后才觉得'蔡老师人很好，挺和气，容易接近'。我很关心他们，特别希望让他们学到真东西，进入社会后能站稳脚跟。"

蔡美峰教授荣获第四届高等学校教学名师奖

北京科技大学校报（主编：李伟），2008年9月22日

采访/报道人：裴晶莹

日前，接教育部教高〔2008〕7号文《教育部 财政部关于表彰第四届高等学校教学名师奖获奖教师的决定》，第四届高等学校教学名师奖评选工作共产生了100名获

奖教师。我校“矿业工程”一级国家重点学科首席学科带头人蔡美峰教授获此殊荣。在此，向蔡美峰教授和土木与环境工程学院表示热烈的祝贺！

蔡美峰教授所教授的本科生“岩石力学与工程”课程是我校矿业和土木工程类专业的学科基础课程。课程教学内容跟踪前沿，兼具开放性和研究性，突出基础理论、基本知识和基本技能的培养与训练，理论和实践相结合，工程实例丰富，实验设备先进，运用现代教育技术，教学效果好。

2002 年，蔡美峰教授担任主编，组织编写了一本涉及岩石力学的不同工程领域、不同专业的教材——《岩石力学与工程》。教材克服了传统教材知识面和适用性过窄的弊端，学生可以通过借鉴比较，在更广阔的岩石工程领域中获得全面的知识和训练。教材正式出版后，已有 70 多所大学使用本教材。该教材还荣获了 2004 年北京市教育教学成果（高等教育）一等奖和 2005 年国家级教学成果二等奖。

20 多年来，蔡美峰教授先后承担了国家和省部级科研项目 30 多项。在地应力测量、采矿工程优化、开采动力灾害预测及防治、安全高效开采技术研究与应用等方面取得了突出的成就，为解决一批国家重点矿山的重大工程问题，提高我国采矿工程和技术的科学水平作出了重要贡献。教学方面，蔡美峰教授始终把科研与教学相结合，不断深化研究式教学的探索与实践，逐步完善课程体系和课程内容的整合优化。蔡美峰教授以自己的表现树立了教书育人的新楷模，时至今日，他已培养出 50 多名博士研究生、40 多名硕士研究生，指导了 10 多名博士后和一批本科毕业生。

本次评选旨在大力表彰在教学和人才培养领域作出突出贡献的教师，鼓励各高校培养和造就一支教学经验丰富、学术水平高、乐于奉献的教师队伍，不断提高高等教育质量，为高等学校人才培养工作作出新的贡献。

（责编：李洁）

毕生精力 报效祖国——访全国“第四届高等学校教学名师”蔡美峰

北京科技大学新闻网，2008 年 10 月 8 日

采访 / 报道人：北京科技大学宣传部

蔡美峰，我校“矿业工程”一级国家重点学科的首席学科带头人，教授、博士研究生导师；兼任国际岩石力学与岩石工程学会教育委员会主席，国务院学位委员会学科评议组成员，中国岩石力学与工程学会副理事长兼教育委员会主任委员，中国金属学会常务理事兼采矿分会理事长；我校土木与环境工程学院学术委员会、学位委员会主席，曾任学院院长 10 余年；100 多名博士研究生或硕士研究生出自他门下。

蔡美峰出生在普通的农民家庭，成长在百废待兴的建国初期，改革开放恢复学位

制后，他以优异的成绩考取我校研究生，从一名国防科技工业的技术骨干转而投入矿业的开发与研究；曾经在澳大利亚留学六年，毕业后本可在这矿产富饶之地大展身手，然而他却没有丝毫犹豫地收拾着回国的行囊。回国后，他不遗余力地贡献着自己的智慧与能量。是奋斗的激情，是理想的驱动，更是对国家民族的热爱和使命感，使他紧紧扎根在北京科技大学这片学术土壤上，宁静治学。现在已过花甲之年的他还一如既往地把办公室当作自己的家，把学生当作自己的孩子，一周工作 7 天，一天工作 12 小时以上，继续教书育人，继续做学问。

蔡美峰院士办公室摄影留念

做一个对国家有用的人

行业的发展离不开国家的支持和政策的导向，个人的发展更离不开国家的强大和发展。1943 年，在那兵荒马乱的岁月里，蔡美峰出生于江苏如东一个贫苦的小渔村。他刚来世上三个月，不幸降临了，以打鱼为生的父亲在一次出海时不幸淹死，母亲孤身一人意志顽强地拉扯着 4 个未成年的孩子。在一个硝烟弥漫、战火纷飞的年代，中国老百姓承受着多方凌辱，看不到任何希望。新中国的成立，给广大劳苦大众带来新的希望，同时改变了蔡美峰的命运，也因此使他把报效祖国，做一个对国家有用的人作为他一生的追求。

为实现理想，蔡美峰刻苦学习，1962 年以优异的成绩顺利考入上海交通大学工程力学专业，大学毕业后进入国防科工委从事科学研究。在这期间，“以阶级斗争为纲”，政治压倒一切，研究工作基本处于半停滞状态，当时只有二十几岁的蔡美峰面对现状，也只能感到前途渺茫，无法专心研究。“既然不能改变现状，那就学习吧，国家必将走向光明，学点东西对国家、对个人都没坏处。”就这样，在“文化大革命”十年中，虽然国家的发展停滞了，蔡美峰却依然努力学习着。天道酬勤，“文化大革命”结束，国家恢复学位制，蔡美峰作为第一批研究生被我校录取，转学采矿工程专业。从此他的人生走向了一个稳定的发展期，他在“文化大革命”期间专心研习的力学知识也为他以后所从事的矿业研究工作打下了坚实的基础。

1985 年研究生毕业，蔡美峰以优异的成绩，较强的工作能力，被国家选派作为访问学者赴澳大利亚留学并攻读博士学位。在攻读博士期间，他无心欣赏悉尼歌剧院的优美风光，无暇游览堪培拉的名胜古迹，他把时间看得比什么都重要。“留学的时间不属于自己，个人没有任何理由，更没有一点权力浪费宝贵的时光，因为它只属于我们的国家，我们的人民。”1990 年，蔡美峰获得博士学位，当时澳大利亚政府已经宣布接受所有中国留学生永久居留申请。蔡美峰却坚持回国，他认为，国家在不富裕的情况下花很大的代价让他出国留学，在国家需要的时候他应该回来报效祖国。因此，在拿到博士学位半个月后，他毫不犹豫地选择了回到祖国的怀抱。此时他急于要把在国外研究的成果尽快在国内推广应用。回国后，蔡美峰依靠自己多年的积累和始终刻苦钻研、严谨治学的工作作风，很快就在教学和科研领域取得了突出成就，成为国内外采矿和岩石力学界的知名学者和教育专家，一名深受学生爱戴、桃李满天下的优秀人民教师。在交谈过程中，记者深刻感受到蔡美峰教授渊博、豁达、务实、严谨的性格特征。我想这与他的经历和信念不无联系，具备这种优秀品质的人，我们相信他做任何事都会获得成功。

当好培育人才的园丁

“昨夜西风凋碧树，独上高楼，望尽天涯路。” 如果将这一佳句比喻为做学问、干事业的境界——甘于寂寞、坚韧不拔，那么我们在蔡美峰的身上，可以找到合适的注脚。

“教书育人，如同植树造林，利在当代，功在千秋。人民教师就要奉献毕生的精力，当好为国家培育人才之林的辛勤园丁。” 在教育战线上辛勤耕耘多年的蔡美峰是这么想的，也是这么做的。他认为，一名优秀的教师，往往是学生心目中的偶像，对学生的思想、道德、知识、素质和能力以及性格和行为规范等诸方面，都会起到潜移默化的传承作用。因此，作为一名教师，首先必须要有高尚的职业道德，以高度的责任心和使命感去关心和爱护每一位学生；同时要有扎实的理论基础、渊博的学术知识、丰富的实践经验、严谨的治学态度和高超的授业艺术，用勇于探索的创新精神和实事求是的科学态度，将学生引领到本学科的前沿；在使学生获得知识的同时，培养学生发现问题、解决问题的能力和终身学习、终生探索的科学精神。蔡美峰始终把为国家培育合格的人才当成自己义不容辞的神圣职责，这也是他引以为豪的终生成就。

多年来，蔡美峰先后担任“岩石力学”“岩石与岩体力学性质”“专业英语”“岩土边坡与地下工程”“地下工程稳定维护原理”“采矿和岩土工程监测与测试技术”“数值分析与人工智能在采矿和岩土工程中的应用”等 10 多门本科生、硕士研究生和博士研究生课程的教学任务。对每一门课程、每一堂课，他都查阅大量的资料，对授课的材料、内容、课件进行认真的准备。由于教学效果好，质量高，蔡美峰所上的每一节课均得到学生的好评。已经毕业了十几年的学生如今谈起蔡教授多年前的授课内容时还记忆犹新。他一年到头，没有节假日，没有休息日，全部精力都投入到了教学和科研工作中。他勤奋的工作精神，广博的学识和在国内外的学术地位，深深地感动了每一名学生。

在长期课堂教学和科学研究实践的基础上，蔡美峰先后出版了4部学术专著。其中，《地应力测量原理和技术》是国内外第一部系统介绍地应力测量方法和实践的专著，被我校和其他很多矿业、土木和地质类院校用作岩石力学课程的重要参考教材。特别是由蔡美峰主编的普通高等教育“十五”国家级规划教材《岩石力学与工程》，是第一部岩石力学课程的国家规划教材；是第一部适用于各类岩石工程领域，包括冶金、有色、煤炭、地质、土木建筑、水利水电、铁路、公路、建材、军事等领域的通用教材；是第一部将岩石力学理论和岩石工程紧密结合，定名为“岩石力学与工程”的教材。教材全面反映了国内外岩石力学的新理论、新技术、新方法和最新工程实践成果，在贯彻现代化的教学思想和教学理念，推动教学改革，更新教学内容、教学方法和教学手段，全面提高大学生的学习能力、实践能力和创新能力，推进素质教育等方面均有重大创新和突破。本教材已被全国70多所大学采用，受到师生普遍欢迎，效果很好。该教材2004年被评为北京高等教育精品教材，获2004年北京市教育教学成果（高等教育）一等奖、2005年国家级教学成果二等奖。

20多年来，作为项目负责人，蔡美峰先后承担了国家和省部级科研项目30多项。在地应力测量、采矿工程优化、开采动力灾害预测及防治、安全高效开采技术研究与应用等方面取得了突出成就，为解决一批国家重点矿山的重大工程问题，提高我国采矿工程和技术的科学水平作出了重要贡献。先后获国家科学技术进步奖二等奖3项、三等奖1项，国家技术发明奖三等奖1项（排名第一），省部级科学技术进步奖10多项。发表学术论文200余篇，其中被SCI和EI收录100余篇（包括发表在*International Journal of Rock Mechanics and Mining Sciences*等国际权威刊物上的论文20余篇），出版学术专著4部。

在做一个对国家有用的人这种信念的支持下，蔡美峰走上了矿业开发与研究之路，越走越远。无论是培养人才，还是科研创新、工程实践，他都倾其心智，躬耕不辍，忘我工作，无私奉献，用实际行动为党和人民奉献着青春和才华，体现了一名党员学者的远大抱负和高尚情怀，在国家矿业开发与研究方面作出了巨大贡献，然而他没有停止工作，因为他的信念未变，报国尚在进行中。

“祖国的需要就是我的选择”——记全国第四届高校教学名师、北京科技大学教授蔡美峰

北京教育（高教版），2009 年 1 月 10 日

采访 / 报道人：特约记者　章东辉、张秀云

提起北京科技大学的前身——北京钢铁学院，人们自然会想到钢铁。是的，这是一所以冶金特色著称的高等学府。不仅是校名，矗立在美丽校园中的铁锈红色的楼宇，熠熠闪光的金属雕塑……也同样带有明 显的钢铁标记。然而，这座园里更引人瞩目的是一批学高为师、身正为范的教师，他们有着钢铁般的毅力和品格，堪称民族的脊骨、国家的栋梁。2008 年 9 月当选全国第四届高校教学名师的蔡美峰教授，便是他们的杰出代表。

蔡美峰 1967 年毕业于上海交通大学工程力学专业，1981 年北京钢铁学院采矿工程专业硕士研究生毕业后留校任教，1985 年以访问学者身份赴澳大利亚留学，1990 年获博士学位回国，现任北京科技大学矿业工程一级国家重点学科首席学科带头人、教授、博士研究生导师，兼任国际岩石力学与岩石工程学会教育委员会主席，国务院学位委员会学科评议组成员，中国岩石力学与工程学会副理事长兼教育委员会主任委员，中国金属学会常务理事兼采矿分会理事长等职。

留校任教 27 年来，蔡美峰教授凭着对党的教育事业的忠诚、高尚的职业道德和勇往直前的拼搏精神，在教学、科研岗位上作出了突出的成绩。他长期从事采矿和岩石力学工程领域的教学与科研工作，先后开设“岩石力学”“岩石与岩体力学性质”“采矿设计优化与地压控制”“岩土边坡与地下工程”“地下工程稳定维护原理”“采矿和岩土工程监测与测试技术”“数值分析与人工智能在采矿和岩土工程中的应用”等 10 多门本科生、硕士研究生和博士研究生课程。由他主编的普通高等教育国家“十五”国家级规划教材《岩石力学与工程》，获国家级教学成果二等奖；他指导的 40 多名学生获硕士学位，50 多名学生获博士学位，15 名博士后。他承担国家和省部级科研项目 30 多项，获国家科学技术进步奖二等奖 3 项、三等奖 1 项，国家技术发明奖三等奖 1 项，省部级科学技术进步奖 10 多项，发表学术论文 200 余篇，出版学术专著 4 部。

一

1943 年 5 月，蔡美峰出生在江苏如东的一个贫苦渔民之家。他刚出生 3 个月，不幸降临了——以打鱼为生的父亲在出海时不幸身亡。从此，母亲孤身一人拉扯着 4 个未成年的孩子艰难度日。在那兵荒马乱的岁月里，年幼的蔡美峰饱尝了生活的艰辛。时光荏苒，岁月沧桑，60 多年过去了，可儿时的经历仍历历在目。回首往昔，他不无

感慨地说：如果不是新中国成立，我这个小渔村的穷孩子怎么可能有机会上学？怎么能从小学、中学一直读到博士，成为今天的大学教授呢？因此，他始终把报效祖国，做一个对国家有用的人作为自己的毕生追求。

1962年，蔡美峰以优异的成绩考入上海交通大学工程力学专业，大学毕业后进入国防科工委从事科学研究。一度，“以阶级斗争为纲”，“政治压倒一切”使中国的科学研究基本处于停滞状态，当时只有20多岁的蔡美峰思考着：“既然不能改变现状，那就学习吧。国家必将走向光明，学点东西、长点本领总会有用。”就这样，10年“文化大革命”，他的业务学习一直未停。天道酬勤，“文化大革命”结束，国家恢复了高考制度，他作为第一批硕士研究生被北京科技大学（原北京钢铁学院）采矿工程专业录取。

1981年，蔡美峰研究生毕业后留校任教。1985年，凭借着优异的成绩和出色的科研能力，他被国家选派作为访问学者赴澳大利亚留学并攻读博士学位。抵澳后，他原本是要去悉尼附近的伍伦贡大学继续他硕士毕业后一直从事的坑道支护技术的研究，那个项目经费充足，也比较容易出成果。正在此时，他了解到悉尼新南威尔士大学有一个有关地应力测量的课题，外国博士研究生准备了一年半后，认为没法搞而放弃了。这个项目的经费需要逐年申请，没有保证。蔡美峰在国内的时候，曾接触过这方面的工作。作为一个科技工作者，他深知：地应力测量难度大、成本高，我国地应力测量起步较晚，地应力资料缺乏，严重制约了我国采矿工程和科学技术水平的提高——有些矿井因为摸不清地应力的分布规律，建设了10多年都不能投产。蔡美峰决定从国家需要出发，啃硬骨头，开展这方面的课题研究。

艰苦的地应力测量研究，不光要耗费脑力，还要耗费巨大的体力。蔡美峰每天把试验需要的200多块、每块70多公斤重的岩石从试验台上搬上搬下，一次又一次地从一尺半高的试验台底下爬进爬出，劳动强度不亚于建筑工地上的运料工。为了早出成果，他常常是从早上8点一直干到晚上9点。他无暇欣赏异国的旖旎风光，品味他乡的风土人情，把时间看得比什么都重要。“留学的时间不属于自己，属于我们的国家和人民，我没有理由浪费宝贵的时间。”经过近5年的努力，他的研究成果得到了国际专家的认可。这为后来他在地应力测量领域取得国内外瞩目的突破性成果，提出以地应力为切入点的金属矿采矿优化理论奠定了坚实的基础。

1990年，蔡美峰获得博士学位，当时澳大利亚政府已经宣布接受所有中国留学生永久居留的申请，他却坚持回国。他说：“国家在不富裕的情况下花很大的代价让我出国留学，在国家需要的时候我应该回来报效祖国。”在拿到博士学位半个月后，他就回到了祖国的怀抱。

回国后的第二个月，蔡美峰就下到矿山寻找和落实科研项目，迫不及待地想要把在国外研究的成果尽快在国内推广应用。他依靠自己多年的积累和刻苦钻研、严谨治学的工作作风，很快就在教学和科研领域取得了突出成就，成为国内外采矿和岩石力学界的知名学者和教育专家，成为深受学生爱戴的优秀人民教师。

二

“身教胜于言教，教师用自己的行动教我们如何做人，如何做学问。”已经留校任教的任奋华给我们展示了他的博士论文文稿：密密麻麻的修改符号和批语，布满了整个文稿，由此可以对蔡美峰的严谨、认真窥见一斑。对于每位学生的论文，他都要一审再审，修改七八遍。他指导的研究生很多被评为优秀毕业生。学校每年只有不足10%的博士学位论文被评为优秀，而他指导的50多篇博士学位论文被评为校优秀论文的达到了20%。

“给蔡老师拜年，一定要赶早，不然，就只能到办公室找他了。”学生中流行着这样一条“潜规则”。学生和同事们都知道，蔡美峰一年只休3天，他办公室的灯光常常亮到夜里12点。长期的健康透支，导致他2004年底大病一场，但病魔没有让他停下工作的脚步。中午12点，晚上7点，夫人的电话催来，才是他的下班时间。

多年来，蔡美峰先后担任10多门本科生、硕士研究生和博士研究生课程的教学任务。尽管有的课程他已经讲授过多遍，但他仍以第一次授课的态度去查阅资料，翻阅文献，认真准备。他特别注重将本课程领域的新理论、新方法、新技术和最新研究成果，包括他本人及其领导的教学、科研团队的最新研究进展与成果介绍给每一位学生。由于教学效果好、授课质量高，他的课程深受学生好评。已经毕业十几年的学生如今谈起蔡老师多年前的授课内容还记忆犹新。他勤奋的工作精神、严谨的治学态度，感染和激励着每一名学生。

现为北京科技大学教授、博士研究生导师的李长洪给记者讲述了这样一件事：1998年，山东新城金矿主溜井垮了，井边上围满了工程技术人员，但谁也不敢靠前。蔡美峰到达现场后，穿上工作服，戴上安全帽，拿起手电筒，伏在井沿上仔细观察，全然不顾自己的安危，令现场所有人非常感动。时隔10年，李长洪提起这件事，仍十分动情地说：“蔡老师用自己的行动乃至安危教给我们如何对待科研，如何对待工作。”

在国家“九五”攻关专题项目“新城金矿复杂条件矿床采矿方法研究”中，蔡美峰和他领导的团队完成了矿区4个水平、17个测点的现场地应力实测，建立了矿区地应力场模型。这样大规模的地应力测量，在国内矿山是首次，国外也不多见。他通过采矿设计优化，首次实现了盘区呈“品”字形布置采场进路的“免压拱”开采技术，采场地压得到有效控制，盘区上向高分层连续回采获得成功；采矿技术经济指标达到国际先进水平，仅技术攻关一项，即年增经济效益1148万元。其研究成果为我国一大批蚀变岩型金矿床的开采提供了技术上先进、安全、高效的采矿方法，大大推动了我国黄金采矿科学技术的进步。仅在胶东黄金矿山推广该成果，即可产生10亿元～20亿元的经济效益。

随后他又相继取得“深部开采动力灾害及其危害性评价与防治研究”“大型深凹露天矿安全高效开采关键技术研究”等重大项目研究成果，3 次成为国家科学技术进步奖二等奖的得主。他的一批又一批学生也从中受益，在生产现场得到了锻炼。

如今，他的好多学生已经成长为国家的栋梁，正在为祖国的繁荣和富强贡献着力量。谈起这些，蔡美峰脸上总是洋溢着满意的笑容。

三

蔡美峰有扎实的理论基础、渊博的学术知识、丰富的实践经验、严谨的治学态度和高超的授业艺术，有勇于探索的创新精神和实事求是的科学态度，他将学生引领到本学科的前沿，使学生在获得知识的同时，培养发现问题、解决问题的能力和终身学习、终生探索的科学精神。

蔡美峰从到澳大利亚留学开始，就开展地应力方面的研究。他创立了考虑岩体非线性、不连续性、不均质性和各向异性的地应力测量分析理论，发明了完全温度补偿的地应力测量方法和装置，使地应力测量的可靠性和精度大幅度提高。他在地应力测量及其工程应用成果方面获国家发明专利 1 项、国家技术发明奖三等奖 1 项，在国外刊物和重要国际学术会议发表论文 20 余篇，其中仅在国际岩石力学和采矿领域的权威刊物《国际岩石力学与采矿科学学报》上就发表论文 5 篇。该学报就一个研究方向先后发表同一作者的 5 篇论文是很少见的，这反映了其研究成果在国际上所产生的影响。在中国岩石力学与工程学会组织撰写的《中国岩石力学与工程的世纪成就》大型专著中，学会特邀蔡美峰教授撰写“地应力及原位地应力测量”一章，重点介绍了他的成果。

为了让更多的学生从此项成果中受益，蔡美峰在长期课堂教学和科学研究实践的基础上出版了《地应力测量原理和技术》一书，这是国内外第一部系统介绍地应力测量方法和实践的专著。该书一面世，即被北京科技大学和其他很多矿业、土木和地质类院校用作岩石力学课程的重要参考教材。他还亲自在实验室制作了地应力模拟试验仪器，讲课时给学生演示。

蔡美峰始终注意根据国民经济发展对人才知识结构要求和培养目标的变化，以及本学科科学技术的发展情况，更新所讲授的每一门课程的教学大纲和授课内容。在教学过程中，他注重基础理论教育，在把课程的理论精髓系统准确地传授给学生的同时，注重理论联系实际，不断补充和更新工程实例，加强工程实用技术的传授，努力培养学生创新思维和解决实际工程问题的能力。

岩石力学是一门理论性、应用性和实践性很强的应用基础学科，原有教材出版年代已久，内容陈旧，理论和实践脱节。同时，各专业、各行业各自编写的教材互不相通，知识面和使用范围狭窄。为了适应新形势下国家对人才培养的要求，蔡美峰担任主编，于 2002 年编写出版了一本涉及岩石力学的不同工程领域、不同专业、不同部门的《岩石力学与工程》教材。教材在突出基础理论、基础知识、基本技能教育和训练的同时，介绍了三大岩石工程，强调岩石力学理论与工程的结合，努力把国内外岩石力学的新理论、新技术和新的工程实践成果介绍给学生。理论和工程相结合、理论与实践同步发展的教育，使学生从大量的工程范例中和新的科学技术与实践成果中，提高了分析问题、解决问题的能力。教材于2002年8月出版发行，至2008年11月已印刷7次，印数达2.15万册，被全国70多所高校采用。该教材2004年被评为北京高等教育精品教材，获北京市教育教学成果（高等教育）一等奖，2005年获国家级教学成果二等奖。

在担任资源工程学院院长的10多年中，蔡美峰把各专业的教学研究与改革创新作为学院日常工作的重点来抓。资源工程学院原有地质、采矿、选矿和矿山机械4个专业，这些专业是在计划经济体制下按照苏联的模式建起来的，专业面太窄，课程设置和授课内容均比较陈旧，已不能适应市场经济发展的需要，招生、就业都比较困难。为此，蔡美峰组织有关人员进行了大量的调查研究，反复论证，提出将4个专业合并拓宽成“矿物资源工程”一个专业，被教育部正式列入1998年公布的《普通高等学校本科专业目录》。该专业基础深厚，专业面广，适应性强，深受学生、家长和用人单位的欢迎，老专业焕发出勃勃生机。

20多年来，在教学和科研工作中取得的突出成就，使蔡美峰成为国内外采矿和岩石力学界的知名学 者和教育专家，成为一名深受学生爱戴、桃李满天下的优秀人民教师。回首大半生，蔡美峰说：“教书育人，如同植树造林，利在当代，功在千秋。为了国家的强盛、民族的振兴，人民教师就要奉献毕生的精力，当好为国家培育人才之林的辛勤园丁。”

当代科学家列传·蔡美峰

中央文献出版社，2010年4月

主编：刘长权、李莎

蔡美峰，1943年5月生，江苏如东人，岩石力学与采矿工程专家。1967年上海交通大学工程力学专业毕业后，分配到国防科委第710研究所工作。1978年考取“文化大革命”后恢复招生的第一届研究生，进入北京钢铁学院（现北京科技大学）采矿工程专业攻读硕士学位，1981年毕业留校任教。1985年初以访问学者身份公派赴澳大利亚留学，后攻读博士学位。1990年10月获新南威尔士大学矿山岩石力学专业博士学位后回国。

蔡美峰院士在野外开展地应力测量留影

蔡美峰长期从事岩石力学和采矿工程领域的教学和科

研工作。在地应力测量、采矿基础理论和采矿工程优化、安全高效开采技术研究与应用、开采动力灾害预测与防治等方面取得了突出的成就。作为项目负责人，获国家科学技术进步奖二等奖3项、三等奖1项，国家技术发明奖三等奖1项，国家级教学成果二等奖1项，省部级科学技术进步奖二等奖以上15项。出版学术专著5部，发表学术论文200余篇；培养出博士研究生70多名、硕士研究生50多名。2008年被评为全国高等学校教学名师（国家级教学名师），2009年被评为全国模范教师。

1991年9月~1994年10月担任北京科技大学采矿系副主任、教授、博士研究生导师；1994年11月~2005年5月担任北京科技大学资源工程学院（后更名为土木与环境工程学院）院长；现任北京科技大学“矿业工程”国家一级重点学科首席学科带头人、土木与环境工程学院学术委员会主席；兼任国务院学位委员会矿业工程学科评议组召集人，国际岩石力学与岩石工程学会教育委员会主席，中国金属学会常务理事兼采矿分会理事长，中国岩石力学与工程学会副理事长等职。

刻苦钻研　实践壮丽人生价值

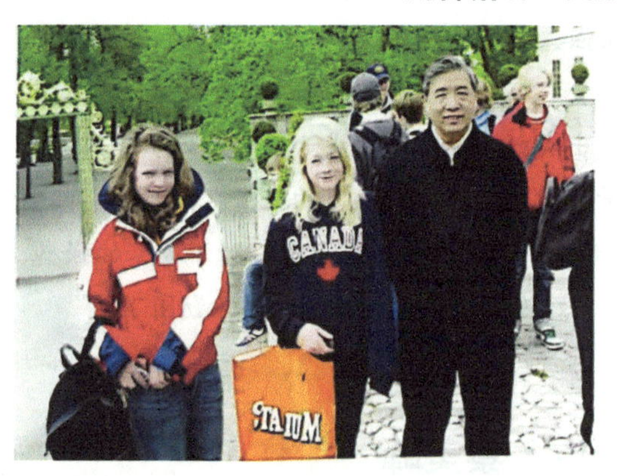

蔡院士在国外学术交流时与当地学生合影

1962年，蔡美峰怀着强烈的求知欲望，步入上海交通大学，成为一名工程力学专业的大学生。1968年大学毕业。“文化大革命”结束，国家恢复研究生招生，蔡美峰作为第一批研究生，考入北京钢铁学院（现北京科技大学）攻读硕士学位。这成为他一生的重要转折点，决定了他未来一生的走向。研究生期间，他从事的专业领域从工程力学转入采矿工程。以前采矿被很多人所看不起，认为采矿只是一门工艺，而不是一门科学。而当蔡美峰走进这一领域，看到矿产资源的开发和利用在国民经济的发展中起着举足轻重的作用，而且我国的采矿工程和技术的科学水平与国外相比，还比较落后。他同时发现采矿是一门极为复杂的系统工程，它的理论基础是力学。经过力学本科学习的蔡美峰深感自己在采矿这一行业大有用武之地，自己有责任为采用现代科学理论、高新技术提升传统采矿产业，提高我国采矿工程和技术的科学水平作出自己的努力和贡献。

1985年，蔡美峰被国家选派作为访问学者赴澳大利亚留学并攻读博士学位。他抵澳后，原本是要去伍伦贡大学从事巷道支护技术的研究，那个项目经费充足，也比较容易出成果。而当时新南威尔士大学又有一个地应力课题，是一个外国博士研究生准备了一年半后，认为没法搞而放弃的。蔡美峰深知地应力对采矿工程的极端重要性，由于没有摸清地应力的分布规律，国内有些矿井建了10多年都不能投产。他从国家需要出发，勇于承担风险，决定从事该课题研究。因为选择了一个大家都不愿“啃”的骨头，他常常在实验室从早上8点一直干到晚上9点。终于经过5年的努力，他的研究成果得到了国际专家的认可。这为后来他在地应力测量领域取得国内外瞩目的突破性成果，提出以地应力为切入点的采矿优化理论等奠定了坚实的基础。

1990年10月，蔡美峰获得博士学位，当时澳大利亚政府已经宣布接受所有中国留学生永久居留申请。蔡美峰却坚持认为，国家在不算富裕的情况下花了很大的代价让他有了出国学习的机会，在国家需要的时候回国服务是天经地义的。因此，在拿到博士学位半个月后，他毫不犹豫地选择了回到祖国的怀抱。1990年11月8日，《光明日报》在头版头条，以“问渠哪得清如许——记留澳博士研究生蔡美峰”为题，并配短评《新一代知识分子的风范》，报道了蔡美峰刻苦攻读、学有所成，怀着一颗赤子之心毅然带头回国效力的感人事迹。

蔡美峰院士澳大利亚留学期间留影

蔡美峰院士获“第四届高等学校教学名师奖”现场留影

回国后的第二个月，他即下到矿山寻找和落实科研项目。近20年的时间里，他先后完成了40多项采矿基础理论和采矿工程科研项目，其中包括：国家科技攻关（支撑）计划、863计划项目10项，国家自然科学基金、高校博士基金项目8项，省部级科研项目20多项。为大幅度提高地应力测量的精度和效率，推动我国矿山地应力测量的开展；解决一批国家重点矿山生产中的关键技术难题，提高我国采矿工程和技术的科学水平作出了重要贡献。

严谨治学　攀登采矿科技高峰

凡是与蔡美峰一起工作过的人，无不对他一丝不苟、周密思考和谦虚谨慎的治学态度留下深刻的印象。几十年如一日，他几乎没有节假日，平均每天工作都在12小时以上。他具有采矿学科系统深厚的理论功底，特别注重理论联系实际，注重采矿工程关键实用技术的研究。为了做好科研项目，他总是尽可能深入现场，身体力行。他的深入一线、真抓实干、严格要求、一丝不苟的工作作风，在他到过的矿山、企业是有口皆碑的。数十载的辛勤耕耘和探索，蔡美峰瞄准采矿科技的如下三个核心问题，取得了具有开拓性的成果。

建立了考虑岩体非线性，不连续性和各向异性的地应力测量分析理论，发明了完全温度补偿的地应力测量方法和装置，使地应力测量的可靠性和精度大幅度提高。

蔡美峰院士介绍地应力测量试验平台

地应力是引起采矿和其他各种岩土开挖工程变形和破坏的根本作用力，是实现采矿和岩土工程决策和设计科学化的必要前提条件。由于地应力测量难度大、成本高，致使我国地应力测量起步较晚，开展也很不广泛。地应力资料的缺乏制约了我国采矿工程技术水平的提高。

20 世纪 80 年代，蔡美峰留学澳大利亚期间选择地应力作为主攻方向。通过在澳 5 年多的系统试验研究以及 1990 年回国后的继续深入研究和工程实践，发现并解决了影响地应力测量结果的两个关键问题，在提高地应力测量可靠性、实用性、精度和效率方面取得突破性进展。相关成果获得国家发明专利和国家技术发明奖三等奖；在国外刊物和重要国际学术会议发表论文 40 余篇，其中在国际权威刊物《国际岩石力学与采矿科学学报》上就发表论文 5 篇，而该学报能就一个研究方向先后发表同一作者的 5 篇论文是很少见的，反映了该研究成果在国际上所产生的重要影响；英国皇家工程院院士、国际岩石力学与岩石工程学会主席、地应力测量专家 Hudson 评价蔡美峰的研究成果是对地应力测量具有方向性的重要贡献。在中国岩石力学与工程学会组织撰写的《中国岩石力学与工程的世纪成就》大型专著中，学会特邀蔡美峰撰写“地应力及原位地应力测量”一章，重点介绍蔡美峰本人的成果。

根据矿床赋存状态与开采稳定性均受地应力场控制的特点，提出了以地应力为切入点的采矿优化理论，提高了我国采矿工程和技术的科学水平。

蔡美峰院士工作照

矿床的形成过程和开采稳定性均受地应力场控制，蔡美峰据此提出了以地应力为切入点的采矿优化理论。该理论根据实测地应力和矿山实际工程地质与开采技术条件，充分考虑采矿岩体的不确定性和非线性特征及多段性开挖特点，应用数值分析、人工智能等现代计算和分析技术，通过科学的定员计算和分析，选择最合理的采矿方法，确定最佳的开采总体布置、采场结构参数、开采顺序和地压控制措施，从而实现安全高效的开采目标。推动了我国采矿设计从传统的经验类比向科学的定量计算的转变。

在“新城金矿复杂条件矿床采矿方法研究”（国家“九五”攻关专题项目）中，在大规模现场地应力实测基础上，首次提出盘区呈“品”字形布置采场进路的“免压拱”开采技术，采场地压得到有效控制，盘区上向高分层连续回采获得成功，采矿技术经济指标达到国际先进水平。研究成果为我国一大批蚀变岩型金矿床的安全高效开采提供了系统的方法，仅在胶东黄金矿山推广该成果，即可产生10亿～20亿元的经济效益。获2000年国家科学技术进步奖二等奖。

在“高陡边坡工程及计算机管理技术研究”（国家“八五”攻关专题项目）中，首次将地应力测量引入深凹露天矿边坡工程。测量结果否定了山坡地构造应力已充分释放的传统假设，改变传统的单目标静态“极限平衡”分析方法，发展了基于系统计算分析的多目标动态分析方法，使峨口铁矿总体边坡角提高3°～6°，创经济效益4400万元/年。获1999年国家科学技术进步奖三等奖。

在“大型深凹露天矿高效运输系统及强化开采技术研究”（国家“十五”攻关重大专项课题）中，在系统的地应力测量、工程地质和岩石力学综合试验研究的基础上，采用多种新的综合分析技术，包括首次提出的基于GIS的动态三维极限平衡分析方法，完成了我国最大的金属露天矿——首钢水厂铁矿的边坡设计与开采工艺优化，实现了安全高效的开采目标，使水厂铁矿的生产和管理技术达到了同期国际先进水平，创经济效益1.4亿元/年。获2007年国家科学技术进步奖二等奖。

提出了以地应力主导的能量聚集和演化为主线，进行矿震、岩爆发生机理及其与采矿过程关系研究的方法，为开采动力灾害的预测和防治开辟了一条有效途径。

矿震、岩爆等动力灾害是威胁深部开采安全和我国矿业可持续发展的最突出问题之一。蔡美峰从系统的地应力测量、工程地质调查、岩石力学试验和现场监测资料的采集入手，以能量聚集和演化为主线，揭示矿震、岩爆的发生机理及其与采矿过程的关系，对矿震、岩爆发生的时间、空间和强度进行定量预测；将预测和防治、地下和地面融为一体进行评价和研究。

在“抚顺矿震时间—空间—强度预测及其对城市危害性评价研究”中，在国内外首次建立了开采扰动势模型，揭示了矿震与煤矿开采量、开采深度、断层构造及应力环境的关系，为定量计算开采扰动能量并根据能量对矿震的“时间—空间—强度”规律进行预测提供了科学的方法；对由老虎台矿开采诱发的抚顺矿震未来发展趋势和最大矿震级别作出了成功的预报。为指导减震防灾，保证安全生产发挥了重大作用。

在“玲珑金矿深部岩石力学与采矿方法综合研究”中，提出了金属矿岩爆发生的两个必要条件：一是岩石必须具备储存高应变能的能力，二是采场必须具有聚集高应变能的应力环境。根据这两个条件的定量计算和分析，对玲珑金矿深部开采可能发生岩爆的部位和强度进行了预测，提出了以优化采矿方法为主线的岩爆防治措施。为该矿安全持续开采提供了保障条件。

“深部开采动力灾害预测及其危害性评价与防治研究”成果，获2003年国家科学技术进步奖二等奖。

教书育人　塑造高尚师德丰碑

蔡美峰始终清醒地认为：作为一名人民教师，在平凡的岗位奉献自己的智慧和力量，把自己的精力投入到祖国的教育事业中去，是一种义不容辞的责任。从教30年来，蔡美峰先后开设“岩石力学与工程”“地应力与采矿设计优化”“地下工程稳定维护原理”等10多门本科生和研究生课程。他用严谨的治学态度、生动的教学风格上好每一门课、每一堂课。在教学中，在注重基础理论教育，把课程的理论精髓系统、准确地传授给学生的同时，更注重理论联系实际的教育，努力培养学生创新思维和解决实际工程问题的能力，将它们引领到本学科的前沿。他主编的普通高等教育“十五”国家级规划教材《岩石力学与工程》，是全国第一部将岩石力学理论和岩石工程紧密结合，定名为“岩石力学与工程”的教材。教材全面反映了国内外岩石力学的新理论、新技术、新方法和最新工程实践成果，在贯彻现代化的教学思想，推动教学改革，更新教学内容、教学方法和教学手段，全面提高大学生的学习能力、实践能力和创新能力，推进素质教育等方面均有重大创新和突破。教材被全国70多所大学采用，受到师生普遍欢迎。在传授知识的同时，蔡美峰始终注意以强烈的社会责任感和刻苦钻研、孜孜以求的工作态度去教育学生、影响学生。他言传身教、身体力行，用真诚的心与学生们交流，在教学实践中体现出了一名教师高超的业务能力和高尚的人格魅力。

20多年来，蔡美峰指导了100多名研究生和博士后研究人员，其中70多人已获博士学位，50多人已获硕士学位，15名博士后已出站。他对指导的研究生和博士后，既严格要求，又热情关心他们的学习和生活。对于每位研究生的论文，他都要一审再审，反复修改。在学校每年不足10%的优秀博士学位论文评选标准下，蔡美峰指导的70多篇博士学位论文中，有接近30%被评为校优秀论文。

60多年的人生道路，对于蔡美峰来说充满了坎坷和艰辛。作为一名在艰苦环境中成长起来的学者和专家，蔡美峰以自强不息的精神和达观坚韧的人生态度在平凡的科研岗位上做出了不平凡的业绩；作为一名全国模范教师和国家级教学名师，蔡美峰多年的工作经历体现了新时代教师甘于奉献的时代精神、率先垂范的师德风尚和乐观进取的人生态度。

蔡美峰院士在山东黄金矿业公司现场考察

为国家培养合格人才是人民教师义不容辞的责任——记 2010 年度宝钢优秀教师特等奖获得者、北京科技大学蔡美峰教授

中国矿业 114 网，2011 年 8 月 4 日

采访 / 报道人：中国矿业 114 网

蔡美峰教授 1967 年毕业于上海交通大学工程力学专业，1978 年作为“文化大革命”后恢复招生的第一届研究生，考入北京钢铁学院（现北京科技大学）攻读采矿工程专业硕士学位，1981 年毕业留校任教。1985 年 2 月以访问学者身份公派澳大利亚留学，后转攻博士学位。1990 年 10 月获博士学位后，放弃国外永久居留的机会，毅然带头回国效力。现任北京科技大学教授、博士研究生导师、“矿业工程”国家一级重点学科首席学科带头人；兼任国务院学位委员会“矿业工程”学科评议组召集人、国际岩石力学与岩石工程学会教育委员会主席、中国岩石力学与工程学会副理事长兼教育委员会主任委员等职。

留校任教 30 年来，蔡美峰教授始终坚持在教学第一线。他对承担的每一项教学任务，总是踏踏实实，一丝不苟，力争精益求精。他说：“国运兴衰，系于教育；教育兴衰，系于教师。作为人民教师，我们必须爱岗敬业，怀着强烈的责任心和使命感，以广博的学识、丰富的实践经验、高超的授业艺术和高尚的人格魅力，言传身教，为人师表，把我们培养的每一个学生造就成国家建设的有用之才”。30 年的教学生涯，蔡美峰教授培养和教育了二十几届的本科毕业生，指导的研究生已有 70 多人获博士学位，50 多人获硕士学位。他主编的“十五”国家级规划教材被评为北京高等教育精品教材，获北京市教育教学成果一等奖，国家级教学成果二等奖；他带领的教学团队被评为北京市优秀教学团队；他本人获第四届（2008 年）高等学校教学名师奖，2009 年被评为全国模范教师。

一、为全面推进素质教育、培养创新型人才倾注自己的心血

30 年来，蔡美峰教授先后开设“岩石力学与工程”等 10 多门本科生、硕士研究生和博士研究生课程。对每一门课程、每一堂课，他都对授课的材料、内容、课件进行认真准备。有的课程虽然已讲授多遍，但他仍以第一次授课的态度认真备课。尽管他是岩石力学的著名专家，《岩石力学与工程》教材也是他主编的，但每学期讲岩石力学课他都要从头至尾认真再备一遍课。他始终注意根据国民经济发展对人才知识结构要求和培养目标的变化，以及本学科科学技术的发展情况，不断更新所讲授的每一门课程的教学大纲和授课内容。特别注重将本课程领域的新理论、新方法、新技术、新成果，包括本人及其领导的教学、科研团队的最新研究进展与成果介绍给每一位学生。比如，2008 年汶川大地震后，他亲赴现场考察。他在随后上岩石力学课讲地应力时，就通过展示在汶川现场拍摄和收集的大量照片、资料，给学生讲解地应力和能量聚集诱发地震的机理、过程和伴随的各种破坏现象，非常形象和生动，使学生如同亲临地震现场，课堂气氛十分活跃，教学效果很好。由于教学效果好，授课质量高，蔡美峰开设的每一门课均受到学生的普遍欢迎。有些一二十年前毕业的学生谈起蔡老师当年讲的课程及内容，一个个仍记忆犹新。

近年来，蔡美峰教授用很大精力研究如何全面推进素质教育，为国家培养急需的创新型工程科技人才。他在教学过程中，不但注重基础理论教育、把课程的理论精髓系统准确地传授给学生；更注重理论联系实际的教育，加强工程实用技术的传授和解决实际工程问题能力的培养；在使学生获得知识、将学生引领到本学科前沿的同时，努力提高学生的学习能力、实践能力和创新能力。在长期课堂教学和科学研究实践的基础上，他主编了国家级规划教材《岩石力学与工程》，这是第一部适用于各类岩石工程领域的全国通用教材，第一部将岩石力学理论和岩石工程紧密结合，定名为“岩石力学与工程”的教材。在贯彻现代化的教学思想和教学理念，推动教学改革，更新教学内容、教学方法和教学手段，全面提高大学生的学习能力、实践能力和创新能力，推进素质教育等方面均有重大创新和突破。本教材已被全国近百所大学采用，受到广泛欢迎。

二、为人师表，身体力行，把育人放在教师工作的首位

2008 年，蔡美峰教授在获全国高等学校教学名师奖后接受记者采访时说：“教师教书育人，教书是手段，育人才是目的。作为一名教师，必须做到为人师表、言传身教、身体力行，以自身的模范行动教会学生如何做人、做事、做学问。” 30 年来，他始终把“育人”摆在自己教师工作的首位。他以渊博的学术知识，严谨的治学态度和勤奋的工作精神感染和影响着学生。在课堂，在实验室，在实习和科研现场，他总是给学

生讲教育和科技工作者应具备的责任和道德；他特别教育学生要热爱党，热爱祖国，现在好好学习，掌握真才实学，将来为国家作出贡献。要求学生做到的事，他保证自己首先做到。他培养的博士研究生，现为北京科技大学教授、博士研究生导师、土木与环境工程学院副院长的李长洪讲述了这样一件事：有一年，山东新城金矿主溜井垮了，井边上围满了工程技术人员，但谁也不敢靠前。蔡美峰教授到达现场后，穿上工作服，戴上安全帽，拿起手电筒，伏在井沿，仔细观察，为制定加固方案做准备，全然不顾自己的安危，令现场的同志们非常感动。时隔十多年后的今天，李长洪提起这件事，仍然动情地说："蔡老师用自己的行动乃至安危教给我们如何对待科研，如何对待工作。"

为了完成繁重的教学和科研工作，他从来没有节假日，没有休息天，平均每天工作12小时以上。即使外出途中，无论在汽车上还是在飞机、火车上也都抓紧时间工作。学生中流行着这样一条"潜规则"：给蔡老师拜年，一定要赶早，不然就只能到办公室找他了。他勤奋的工作精神，广博的学识和在国内外的学术地位，深深地感动了每一个学生。学生们都以他为榜样，自觉严格要求自己，形成勤奋良好的学习风气。

三、在科学研究的道路上奋力拼搏，成果卓著

蔡美峰教授主要从事岩石力学和采矿工程领域的科学研究及其推广应用。他抓住地应力测量这一采矿工程设计和决策科学化的关键环节，创建了符合工程岩体特性的地应力测量与分析理论，发明了高精度的地应力测量方法和装置，将我国矿山地应力测量提升到国际领先水平；建立了以地应力为主导的采矿优化理论与技术体系，为采矿设计和决策科学化，实现安全高效开采提供了理论支撑和实践依据；建立了以能量聚集和演化为主线进行岩爆、矿震等开采动力灾害预测与防治的研究体系，为开采动力灾害的定量化预测与防治开辟了一条有效途径。

蔡美峰教授特别注重理论联系实际，注重采矿工程实用技术，尤其是事关采矿行业进步全局性的关键技术的研究。近30年来，主持完成了40多项国家级、省部级和重点矿山企业委托的科研项目，解决了一批国家重点矿山深部和复杂地质条件下开采的关键技术难题，创造了巨大的经济和社会效益。为提高我国采矿工程和技术的科学水平作出了突出贡献。获国家科学技术进步奖二等奖3项、三等奖1项，国家技术发明奖三等奖1项；省部级特等奖3项、一等奖5项、二等奖10项。2010年，蔡美峰教授被授予"全国优秀科技工作者"的荣誉称号。

在教学和科研工作中取得的突出成就，使蔡美峰教授成为国内外采矿和岩石力学界的知名学者和教育专家，一名深受学生爱戴、桃李满天下的优秀人民教师。

蔡美峰教授当选中国工程院院士

北京科技大学宣传部，2013 年 12 月 19 日

报道单位：北京科技大学宣传部

中国工程院于 12 月 19 日正式公布 2013 年院士增选结果，北京科技大学土木与环境工程学院蔡美峰教授当选能源与矿业工程学部院士。

蔡美峰院士工作照

蔡美峰，1943 年 5 月出生，北京科技大学教授、博士研究生导师。1968 年毕业于上海交通大学工程力学专业，1981 年获北京钢铁学院采矿工程专业硕士学位，1990 年获澳大利亚新南威尔士大学矿山岩石力学专业博士学位。现担任国际岩石力学与岩石工程学会教育委员会主席、国务院学位委员会矿业工程学科评议组召集人、中国金属学会名誉理事兼采矿分会名誉理事长、中国岩石力学与工程学会副理事长兼教育委员会主任委员。长期从事地应力测量与科学采矿方向研究，获国家科学技术进步奖二等奖 3 项、三等奖 1 项，国家技术发明奖三等奖 1 项，省部级特、一、二等奖各 3、6、7 项。以第一作者发表论文 130 多篇，其中 SCI 和 EI 收录 60 余篇，撰写专著 4 部，主编国家级规划教材 1 部、担任副主编教材 1 部；获国家级教学成果二等奖 1 项。2008 年被评为国家级教学名师，2009 年被评为全国模范教师，2010 年被评为全国优秀科技工作者。

（责编：邢华超）

专访蔡美峰院士：苦孩子长成大院士

北京科技大学宣传部，2013年12月24日

采访/报道人：党委宣传部、新闻中心

中国工程院于12月19日正式公布2013年院士增选结果，我校土木与环境工程学院蔡美峰教授当选为能源与矿业工程学部院士。当天下午，党委宣传部、新闻中心采访了蔡美峰。

蔡美峰院士访谈

记者：蔡老师，恭喜您获得中国工程院院士，此时此刻您有什么感想？

蔡美峰：说到感想，我一定要感谢祖国、感谢党、感谢人民与学校的培养，如果不是新中国成立，不是祖国、党的培养，作为一个农村的孩子，我怎么会有机会进入到大学学习？怎么会有机会出国深造？自1990年我从澳洲留学归国，如今回国20余年，我从未后悔过。国家给了我出国留学并攻读博士学位的机会，在当时（1985年）是投入很大的，学成归来我就一定要用所学的知识为国家服务，这个初衷一直没有变过。

记者：能谈谈您的成长之路吗？

蔡美峰：我1943年出生在江苏如东的一个渔村。出生三个月的时候，父亲在一次打鱼的时候出意外过世了，母亲独自拉扯着我们四个孩子长大，非常艰辛。1962年的时候，我到了上海交通大学读书，学习工程力学。作为一个渔村的农家子弟，能有这个机会当初真是想都不敢想。

1967年大学毕业，我被分配到了国防科工委一个下属部门，在湖北宜昌待了近十年时间。“文化大革命”过后，国家恢复研究生招生，我就选择了报考北京钢铁学院，

也就是现在的北科大。研究生毕业后，留校任教，1984 年，国家鼓励年轻教师出国学习，我考取了澳大利亚新南威尔士大学的访问学者（后兼攻博士学位），留学近 6 年之后又回到了北京科技大学，然后一直任教到现在。

记者：在您求学生涯中，哪位老师对您的影响最深?

蔡美峰：对我影响最深的是我的导师于学馥教授。于先生在 80 ~ 90 岁高龄的时候还能够提出很有创新性的想法，对于岩石力学的一些理论依然能娓娓道来。于先生的另一位学生张玉卓上一次也被评为了院士，一位教授能培养出两位院士的情况非常少见，由此也可以看出于先生的学术底蕴深厚。

于先生是把我引入岩石力学和采矿专业的恩师，报考研究生的时候，知道我是学习力学的，改行报考采矿专业，他还特地告诉我采矿专业很苦，能不能坚持? 我很坚定地说能。

于先生带学生，第一个特点是以身作则。他自己不断探索、不断形成新的思想，要求学生也有独立思维的能力、有新思想。第二个特点是深入实践，注重通过研究解决实际问题。于先生对学生在学术、生活方面的要求对我的影响都非常深，我做了老师之后也一直努力学习、传承于先生的为师之道。

后来，我考取澳大利亚访问学者的时候，国内也开始恢复学位制度，于先生被评为全国第一批博士研究生导师，虽然当时于先生很希望我能读他的博士，但还是觉得出国更有利于我的科研学术，就非常支持我去澳大利亚。我想，如果没有于先生的引导，我就没能踏入采矿专业大门的机会，也不会得到澳大利亚留学机会，不会有如今的研究成果。

记者：您能给我们介绍一下您的研究领域和研究成果吗?

蔡美峰：我的专业是采矿，目前采矿的关键问题是深部开采。我的研究主要有四个方面，一是地应力测量理论与技术，二是深凹露天矿边坡稳定性控制与优化设计方法，三是露天转地下开采关键技术，四是深部开采岩爆预测与防控技术。

对于采矿而言，经过几十年的开采，浅层的矿产很快就要采光了，需要向更深层次进行开采，这就是深部开采。采矿其实是力学问题，地层本身存在着地应力，在没有开采活动的时候，地层处于自然平衡状态。采矿开挖活动打破了这种平衡状态，引起地应力的释放。正是这种地应力的释放荷载导致采矿岩体的变形和破坏。如何根据实际的地应力进行合理的采矿开挖设计，保持采矿工程的稳定性，就显得十分重要。传统的采矿研究并没有考虑地应力，也不会在研究过程中计算地应力的影响和作用，因为非常复杂难以计算。直到 60 ~ 70 年代我国才认识到地应力的存在，80 年代我去澳洲留学主要就是研究如何测量地应力，发明了具有自主知识产权的地应力测量技术，在 90 年回国后我就全力推广了这个技术，目前已经得到广泛应用，这是我的一个研究成果。

另外我还研究深凹露天开采的问题，露天采矿场的一个重要构成要素就是边坡问题，采矿必须要注重边坡稳定性。要想降低采矿成本，就需要提高边坡角，但是边坡角过陡稳定性就不好，过缓又要增加挖掘量和采矿成本。所以我领导的课题组研究出了边坡稳定性优化的设计方法，根据优化设计理论来设计边坡角。

我的第三个成果是关于露天转地下开采的研究，当矿产资源埋藏的深度比较大的时候，采用露天开采，无论在技术上还是成本上，困难都比较大。开挖出的大量岩石，也会占据大量土地，造成对生态环境的破坏。那么针对这个问题，我们提出了整套露天转地下开采的优化理论与方法。

地应力会随着深度的增加而呈线性增长，所以深部开采就会面临高地应力的问题，从而会引发岩爆，也就是人为造成的地震。岩爆若发生在采矿过程中会造成巨大的损失。我的第四个研究成果就是关于预测岩爆的，我们提出了预测岩爆趋势的技术，对保证开采安全有重要意义。

记者：您的成就让很多年轻人感到敬佩和向往，您对现在的青年教师有哪些建议和期望呢?

蔡美峰：从教书角度来说，我觉得青年教师应该与学生保持一种平等的亲密关系，你必须靠你的学识水平给学生提供很多值得学习的东西，给他们树立人品等各方面的榜样，这样他们才会尊敬你。我的学生刚开始都觉得我很严厉，接触以后才觉得我挺和气，容易接近。我很关心他们，特别希望让他们学到真东西，进入社会后能站稳脚跟。

做学问方面，青年教师最重要的是做事要有目标，有恒心，有基础。对于青年教师而言，学校应当着重培养，关心青年教师的发展。青年教师自身也应努力做学问，不为名利，有自己的思维。同时还要避免有很多项目却没学术成果的问题，要善于总结和提升，早日取得标志性的成果。青年教师做事要本着有益于国家利益、有益于学校利益、有益于专业的原则，坚持不懈地进行下去。学术研究过程中的挫折与失败是难免的，青年教师要学会不断总结提高，努力提升学术成果的高度。

从一个苦孩子成长为中国工程院院士，蔡美峰付出很多，收获良多。他的新年愿望是：祝国家繁荣昌盛，学校人才辈出，团队成果丰硕。

（摄影：田实）（责编：邢华超）

资深学者亦名师 岩矿科学领军人——记中国工程院如东籍院士蔡美峰

如东新媒体，2013 年 12 月 28 日

报道人：沈伯华

蔡美峰

2004 年在国家科学技术奖励大会会场

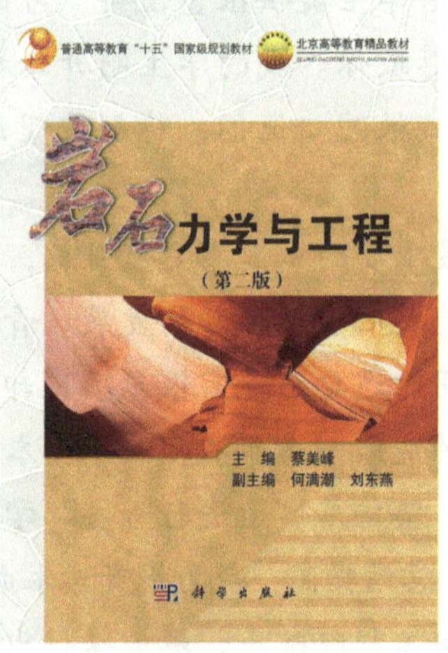

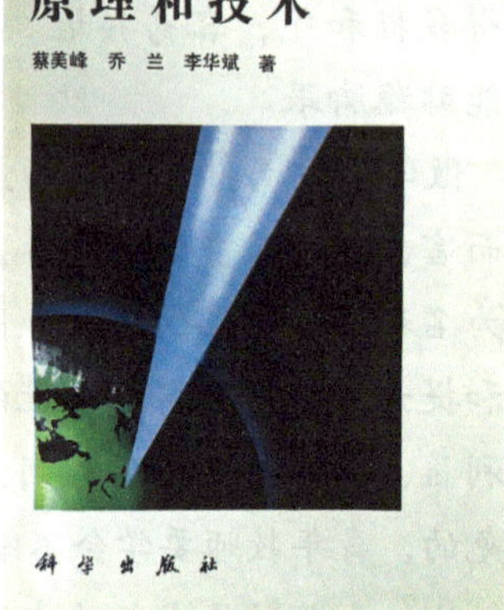

著作颇丰

中国工程院于本月 19 日公布了 2013 年院士增选结果，北京科技大学土木与环境工程学院蔡美峰教授当选能源与矿业工程学部院士。消息传来，熟悉他的如东人奔走相告，大家不仅为这位著名科学家的事迹动容，更为家乡人才辈出而感到欢欣鼓舞。

赤子之心为报国

蔡美峰是如东人，1943 年 5 月出生。1962 年栟茶中学高中毕业后，考入上海交通大学，

1968年毕业分配到国防科工委工作，是中国第一代导弹驱逐舰火箭深弹发射装置的主要研制人，1978年获全国科学大会奖。1978年考入北京科技大学攻读研究生，获硕士学位。1981年毕业留校任教，在校期间获部级科学技术进步奖2项。1985年以访问学者身份赴澳大利亚，留学于新南威尔士大学，兼攻博士学位，学科方向为地应力测量理论和技术的研究，其间发明了完全温度补偿技术、改进型空心包体应变计，留学时的科技成果获发明专利。1990年被授予博士学位，曾任悉尼地区中国留学生及学者联谊总会主席。澳大利亚有关方面想用高薪挽留这位才华横溢的中国人，并许诺给他永久居留的机会。可蔡美峰想到的却是如何把自身所学奉献给亲爱的祖国，毅然带头回国效力。1990年11月8日《光明日报》曾以头版头条刊登长篇通讯并发表评论介绍他的事迹。

岩矿领域频登顶

蔡美峰在国内最早将非线性有限元方法用于采矿设计优化和不良岩层巷道地压活动规律研究，并在岩石软科学基础理论、岩土工程数值分析技术、采矿和岩土工程设计优化、矿山地压控制、岩土工程测试技术等领域相继取得一系列具有开拓性和创造性的重要成果，多项成果达到国际领先或国际先进水平。

蔡美峰的研究领域涉及岩石力学与工程、采矿工程优化和安全高效开采技术的研究与应用等方面。由于我国地应力测量起步较晚，地应力资料缺乏，严重制约采矿工程技术水平提高。地应力测量难度很大，但对采矿工程具有极端重要性。鉴于此，蔡美峰从20世纪80年代留学澳大利亚起，便致力于地应力测量理论和方法的研究。建立了符合工程岩体特性的地应力测量分析理论，发明了一种高精度的地应力测量方法和装置，完成了15个矿山和地下工程的地应力现场测量。相关成果在本领域国际权威刊物发表论文多篇，得到国际科技界的高度评价，并被多次引用和介绍。

针对金属矿床的形成过程和开采稳定性均受地应力控制的特点，蔡美峰提出了以地应力为切入点，根据矿山的实际工程地质和开采技术条件，通过科学的定量计算和分析，选择最合理的采矿方法，确定最佳的开采总体布置、采场结构参数、开采顺序和支护加固措施的金属矿采矿优化理论，并在实际工程中得到成功应用。

献身科研成果丰硕

蔡美峰从事的主要是采矿工程、岩石力学与工程领域的教学与科研工作。1990年起作为项目负责人承担了国家和省部级科研项目20余项。其中包括国家自然科学基金项目2项、国家“八五”和“九五”重点科技攻关项目2项、国家教委高校博士点基金项目3项。研发成果获国家科学技术进步奖二等奖3项，国家技术发明奖三等奖1项，国家科学技术进步奖三等奖1项，部级科学技术进步奖特、一、二、三等奖各3、6、7、4项。以第一作者发表论文130多篇，其中在国际权威刊物发表论文20余篇，被SCI

和EI收录100余篇。主编国家级规划教材1部、担任副主编教材1部。获国家级教学成果二等奖1项。鉴于他在科技领域的杰出贡献，1991年被破格晋升为教授，时年38岁。1993年，蔡美峰获准享受国务院政府特殊津贴，并被国务院学位委员会评为博士研究生导师。2008年，蔡美峰被评为国家级教学名师，2009年被评为全国模范教师，2010年被评为全国优秀科技工作者。

资深专家兼名师

蔡美峰做学问是一个成果颇丰的学者，做教师是一个德艺双馨的名师。他在担任北京科技大学教授期间，为国家培养了二十几届本科毕业生，指导的研究生已有50多人获硕士学位，70多人获博士学位，博士后也有15名。基于他在高教岗位的骄人业绩，2010年获得国家优秀教师特等奖。蔡美峰搞学术研究有一股拼劲，简直到了废寝忘食的地步。功夫不负有心人，他先后出版学术专著4部，发表学术论文100余篇。鉴于其在采矿与岩土工程科研领域的成就，学术界公认他为该领域的资深专家，享有很高的威望，曾多次代表国家出席国际学术会议，并数次担任大会专题执行主席。蔡美峰的名字连同他的事迹成果，数次入选美国和英国传记中心出版的《世界名人录》、《亚太名人录》。蔡美峰还被英国剑桥国际传记中心授予20世纪成就奖，被美国传记研究所评选为1994年杰出人物；同时入选《中国科技名人库》、《中国专家名人辞典》、《中国专家人才库》、《中华科技精英大典》、《中国当代发明家大辞典》、《中国高等教育专家名典》和《中国人物志》等人物典籍。

蔡美峰现任国际岩石力学与岩石工程学会教育委员会主席、国务院学位委员会学科评议组成员、中国金属学会常务理事兼采矿分会会长、中国岩石力学与工程学会副理事长兼教育委员会主任委员。早在2005年，他就被列为中国工程院院士候选人，今年终于跻身院士行列。

中国工程院院士再添南通面孔　如东籍专家蔡美峰入选

江海晚报、南通网，2013年12月28日

作者：叶国

“蔡美峰院士知道吗？是你们村的吗？”“知道啊，他就是我们村18组的，这两天村里大家都在说这事呢。”12月24日晚，我们在如东县委宣传部工作人员的帮助下，辗转找到如东县栟茶镇兴镇村党支部书记蔡正海，他当即热心帮忙联系蔡美峰教授的侄子。这个淳朴的村落里，正因为走出了一名中国工程院院士而充满喜庆氛围。

12月19日，中国工程院发布2013年院士增选结果，出生如东栟茶、现任北京科技大学土木与环境工程学院教授的蔡美峰，当选能源与矿业工程学部院士，成为继黄

先祥之后的第二名如东籍中国工程院院士。为之自豪的家乡人在网上发帖：如东的小孩有奋斗目标了！

一、难忘家乡养育之情，希望有机会回母校报恩

“前些天，看到你们市级媒体上报道海安县出了中科院院士，大家心里还有些不服气呢，我们如东栟茶也有人当选了中国工程院院士，一样都是院士啊！”如东县栟茶镇党委书记张锋得知记者采访意图后，快言快语介绍说，蔡教授虽然离开家乡多年，但对故乡感情依然很深，“前年他回来，我们都与他进行过沟通交流。这次蔡教授当选院士，我们也是第一时间致电向他表示了祝贺。”

张锋介绍说，“电话中，蔡教授一再表达了对家乡人民的感谢，还说要回母校栟茶中学谢恩，感谢母校老师们的培育之恩。”

今年 57 岁的蔡建是蔡美峰大哥的儿子。蔡建告诉我们，他父亲一共兄弟姐妹 4 个，叔叔蔡美峰最小。“这里就是他的家，我们之间关系非常密切。”蔡建说，之前叔叔并没跟他们提候选院士一事，他们一家人也不知道，当天在网上看到当选的消息后，就立即打电话过去祝贺了，“替叔叔感到高兴。他一辈子为祖国、为科研作贡献，也算是对他一个最大的安慰和激励。”他还透露，“叔叔最近可能会回老家。”

昨天，记者登录栟茶中学官网，在知名校友一栏中很快就查到蔡美峰教授的名字。作为学校 62 届校友，蔡美峰在网上留有寄语：母校和老师的培育之恩是激励我不断进取、为国效力的强大动力，希望母校的同学们珍惜光荣历史，发扬优良校风，发奋学习，健康成长，努力成为国家的栋梁之材。

二、家中没灯就在月亮下看书，艰苦环境锤炼意志

1943 年，那是一个兵荒马乱的年代。蔡美峰一出生就命运多舛。才 3 个月大时，打鱼为生的父亲就在一次出海时不幸离世，母亲孤身一人艰难地拉扯大 4 个孩子。

“虽然和叔叔一起生活的时间不长，但父母经常要我以叔叔为榜样。”蔡建说，“听父亲讲，叔叔读小学时就从三年级跳到五年级，学习特别刻苦。当时我们家经济状况差，家中没灯，叔叔就在月亮下看书。初中毕业后，奶奶让他读师范，但他却考了栟茶中学。”

朱维华是蔡美峰在栟茶中学时的同窗。时隔 50 多年，但她对这位老同学的印象依然深刻，“尤其是高二以后，蔡美峰在数理化方面特别突出。那时试卷还是百分制，他每次起码考 90 分以上。”

正是农村艰苦的生活环境，锤炼了蔡美峰的坚强意志。1962 年，蔡美峰带着家乡父老的期望，步入上海交通大学，成为一名工程力学专业的大学生。“从中学到大学、研究生，乃至出国留学，我都遇到了很多很好的指导老师，不仅在学习和生活上给我很大帮助，对我从教风格的形成也影响颇深。”在蔡美峰记忆中，尽管当时中学老师

还都只有大专学历，但他们精益求精的精神给他留下深刻印象，这也成为他一生受用不尽的财富。

1968 年，在“文化大革命”动乱中，蔡美峰大学毕业，被分配到当时的国防科工委下属部门，在湖北宜昌待了近十年。“既然不能改变现状，那就学习吧，国家必将走向光明，学点东西对国家、对个人都没坏处。”就这样，蔡美峰从未停止过他那强烈的求知欲，从未放松过学习。“文化大革命”结束，国家恢复研究生招生。当时由于信息闭塞，连各高校的研究生招生简章都很难看到。蔡美峰有个同事的同学恰好在北京钢铁学院（现北京科技大学），给他寄了一份招生简章，他一考就考上了。

作为“文化大革命”后的第一批研究生，蔡美峰踏进了北京钢铁学院攻读硕士学位。在这座科学知识的殿堂里，他又有了鲜活的生命力，这也成为他一生的重要转折点。而他在“文化大革命”期间专心研习的力学知识也为他以后所从事的矿业研究工作打下了坚实基础。

三、将他引入研究大门的，是中国岩石力学奠基人于学馥

2006 年，如东县组织编撰《如东大观》，将蔡美峰纳入历史人物卷。县老促会副理事长沈伯华参与编写，当年对蔡美峰的采访给沈伯华留下深刻印象，“感觉他做学问、搞科研非常执着。”

正是这种执着精神，带领蔡美峰攀登了岩石力学研究的一个又一个高峰。

于学馥教授是将蔡美峰引入研究岩石力学工程大门的关键人物。于老是中国岩石力学领域的奠基人之一，早在 20 世纪 60 年代就提出了“轴变论”，是中国人最早提出这一理论的专家。

对于恩师，蔡美峰至今难忘，“于先生带学生，以身作则。他自己不断探索、不断形成新的思想，要求学生也有独立思维的能力。先生还注重通过研究解决实际问题。他主持国家重大科技攻关项目，带领我们去甘肃金川开展现场科研工作，使我在那里受到了锻炼。”

蔡美峰坦言，后来主持了很多大项目，但一切都是从金川开始起步的。

朝夕相处、耳濡目染，蔡美峰传承了恩师的一贯风格。与他一起工作过的人，无不对他周密思考、谦虚谨慎的治学态度留下深刻印象。

四、做一个对国家有用的人，是他一生的追求

“如果不是新中国成立，我一个农村穷孩子怎么可能有机会上学？”徘徊于知识的海洋，蔡美峰把“报效祖国、做一个对国家有用的人”作为一生的追求。

1985 年，蔡美峰被国家选派作为访问学者赴澳大利亚留学并攻读博士学位。抵澳后，他原本是从事坑道支护技术的研究，那个项目经费充足，也比较容易出成果。

但是，当时悉尼有一个地应力课题，是一名外国博士研究生准备了一年半后，认为没法完成而放弃的。这个项目的经费需逐年申请，没有保证。在国内时，蔡美峰就接触过这方面工作，当时因没有摸清地应力的分布规律，有些矿井建了10多年都不能投产。

蔡美峰深知地应力对采矿工程的极端重要性。从国家需要出发，他当即决定选择这个高风险课题研究。因为选择了一个大家都不愿“啃”的硬骨头，科研方面只有他一人孤军奋战。其间，他无心观赏国外旖旎风光，无暇游览当地名胜古迹，把时间看得比什么都重。为了早点出成果，他常常从早上八点一直干到晚上九点。

终于，经过近5年的努力，他的研究成果得到了国际专家的认可。这为后来他在地应力测量领域取得国内外瞩目的突破性成果，提出以地应力为切入点的金属矿采矿优化理论等奠定了坚实的基础。

1990年，蔡美峰获得博士学位。当时，澳大利亚政府已经宣布接受所有中国留学生永久居留申请。对于当时发展还相对落后的祖国来说，这是一个很大的诱惑。但蔡美峰在拿到博士学位半个月后，毫不犹豫地收拾起回国的行囊。

那时，他急于把在国外研究的成果尽快在国内推广应用。回国后的第二个月，他即下到矿山寻找和落实科研项目。是奋斗的激情、理想的驱动，更是对国家民族的使命感，让他紧紧扎根在北京科技大学这片学术土壤上，宁静治学。

五、以身立教、教书育人，是他引以为豪的终生岗位

作为北京科技大学“矿业工程”一级国家重点学科首席学科带头人，蔡美峰在专注科学研究的同时坚持教学工作，始终把为国家培育合格的人才当成义不容辞的职责。

无论是在课堂、实验室，还是在实习和科研现场，他总是给学生讲教育和科技工作者应具备的责任和道德。蔡美峰培养的博士研究生李长洪，现已是北京科技大学教授、博士研究生导师、土木与环境工程学院副院长。他回忆：有一年，山东新城金矿主溜井跨了，井边上围满了工程技术人员，但谁也不敢靠前。蔡美峰到现场后，穿上工作服，戴上安全帽，拿起手电筒，伏在井沿，仔细观察，为制定加固方案做准备，全然不顾自己安危。时隔10多年后，李长洪提起这件事，仍然动情地说：“蔡老师用自己的行动乃至安危教给我们如何对待科研，如何对待工作。”

或许早在中学时代就受母校老师影响，蔡美峰任教几十年来，对承担的每一项教学任务，总是力争精益求精。2008年汶川大地震后，他亲赴现场考察。在随后上岩石力学课时，蔡美峰就通过展示在汶川现场拍摄和收集的大量照片、资料，给学生讲解地应力和能量聚集诱发地震的机理、过程和伴随的各种破坏现象，非常生动，课堂气氛活跃。多年来，他培养和教育了20多届本科毕业生，指导的研究生有70多人获博士学位，50多人获硕士学位。他主编的“十五”国家级规划教材被评为北京高等教育

精品教材，获北京市教育教学成果一等奖、国家级教学成果二等奖，其本人也获得第四届高等学校教学名师奖，2009年被评为全国模范教师。

多年从教生涯，蔡美峰悟出心得，“老师应该与学生保持一种平等的亲密关系，你必须靠你的学识水平给学生提供很多值得学习的东西，给他们树立人品等各方面的榜样，这样他们才会尊敬你。”

蔡美峰院士主要学术成就和学术贡献

金属世界期刊，2014年1月15日

采访/报道人：任奋华

发明了一种完全温度补偿的地应力测量方法和装置，提出了符合工程岩体特性的地应力测量分析理论与计算方法，推进了我国矿山地应力测量的开展、普及与提高，为实现科学采矿创造了必要条件。

地应力测量难度大、成本高，致使我国矿山地应力测量开展少、资料缺乏，严重制约了采矿工程技术水平的提高。要改变这种状况，就必须开发低成本、高效率、高精度的测量技术与装置。为此，蔡美峰从20世纪80年代留学澳大利亚起的很长一段时间内，主攻地应力测量技术，并将最适用于矿山的应力解除法作为研究重点。通过在澳大利亚5年多系统试验研究和回国后的继续研究与工程实践，发现了影响其测量精度的两个关键问题：一是测量元件电阻应变片对温度变化非常敏感，变化1℃就可引起测量结果很大误差；二是传统地应力测量理论假设岩石是线弹性、连续和各向同性的，这与实际岩体条件不完全相符，从而造成计算误差。针对这两个问题，蔡美峰发明了完全温度补偿的地应力测量方法和装置，其要点是研制出专用应变—电阻—电压转换装置和通过标定试验消除温度变化产生的虚假应变值；建立了符合工程岩体特性的地应力测量分析理论与计算方法，要点是在由应力解除测量应变计算地应力时，考虑和修正岩体非线弹性、不连续性和各向异性的影响。详细技术见蔡美峰著《地应力测量原理和技术》第七章。在提高应力解除法测量可靠性、实用性和精度方面取得重要突破。

蔡美峰长期致力于我国矿山地应力测量的开拓、普及与提高，撰写了我国第一部系统介绍地应力测量的专著《地应力测量原理和技术》；带领课题组完成了30多个采矿和岩土工程的地应力测量，为应用地应力实测成果指导科学采矿做出了示范；第一次将地应力测量引入深凹露天矿边坡工程，测得峨口露天矿地应力场以水平构造应力为主导，否定了山坡地构造应力已充分释放的传统假设，为改变只考虑自重的边坡设计方法，实现深凹露天矿边坡设计科学化提供了依据；改进传统水压致裂技术，在山东万福煤矿首次采用水压致裂法完成超千米深部地应力场测定，开创了我国矿山在地质勘探阶段就进行地应力场测量的先河。上述成果在国内外权威与重点刊物和重要学术会议发表论文数十篇，得到国内外同行高度关注和评价并被广泛引用和应用。获1999年国家技术发明奖三等奖（排名第一）。

提出了以地应力为基础的采矿设计优化理论，创造性地解决了有代表性矿山开采中的关键技术难题，提高了我国采矿工程和技术的科学水平。

金属矿床多数是无定的脉状矿体，赋存状况极其复杂。经典力学方法无法计算具有复杂结构的采矿工程问题，因此传统采矿设计只能靠经验类比。采矿规模扩大和向深部发展，经验类比法失去了作用。为了保证开采安全和高回收，必须进行采矿设计的准确计算和分析，地应力作为矿体力学边界条件的确定条件使现代数值模拟等计算技术的应用成为可能。在没有实测地应力资料时，假设自重应力场为条件，垂直应力是水平应力的2倍，而实际情况水平应力是垂直应力的2倍左右。如此计算，一个宽度为2倍高度才安全的巷道会设计成高度是宽度的2倍，宽高比失调将导致巷道坍塌破坏，影响正常回采和引起灾害事故。为此，蔡美峰提出以实测地应力为基础，根据实际矿体赋存条件，通过定量计算和分析，确定最佳开采总体布置、采场结构参数、开采顺序、开采工艺、支护加固与安全监控措施，最终实现安全高回收的开采目标，逐步形成了具有自身特色的采矿设计优化理论，并在地下、露天和露天转地下采矿工程中得到成功应用。

在“九五”国家攻关专题“新城金矿复杂条件矿床采矿方法研究”中，针对该矿围岩破碎、稳定性差和原有的两步回采工艺造成的生产能力小、开采难度大、矿石损失率大等问题，首先实测获得矿区地应力状态，然后进行开采顺序和工艺的优化，提出了“品”字形布置采场进路的一步连续回采技术，使采场生产能力和劳动生产率大幅度提高，矿石损失率和贫化率显著下降。获2000年国家科学技术进步奖二等奖（排名第二）。

在“十五”国家攻关课题“大型深凹露天矿高效运输系统及强化开采技术研究”中，针对随着开采深度增加开采难度越来越大、生产效率下降、生产成本急剧上升的难题，在系统的地应力测量和岩石力学研究基础上，首次采用三维数值模拟和三维极限平衡分析相结合的边坡优化设计方法，将首钢水厂铁矿总体边坡角提高3°以上，减少剥岩量近亿吨。同时，在该矿建立了新型高效运输系统和自动化实时生产调度系统。攻关5年中，尽管开采深度不断增加，矿石成本仍然下降31%，劳动生产率提高2.3倍，创经济效益1.39亿元/年。获2007年国家科学技术进步奖二等奖（排名第一）。

在“十一五”国家科技支撑计划课题“露天转地下相互协调安全高效开采关键技术研究”中，为了避免首钢杏山铁矿露天与地下开采相互扰动或脱节，出现减产、停产局面，基于地应力实测结果和矿体赋存条件，制定了露天转地下开采优化设计方案，实现了不停产平稳过渡，产能和效益提高2倍以上。2011年1月科技部验收认定课题成果总体达到国际先进水平，部分处于国际领先水平。

以由地应力主导的能量聚集和演化为主线，揭示矿震、岩爆等诱发规律及其与采矿过程的关系，为开采动力灾害的预测和防控研究提供了一条有效途径。

随着开采深度的增加，地应力越来越大，由此引发矿震、岩爆等一系列灾害事故。蔡美峰提出了以地应力主导的能量聚集和演化为主线，进行矿震、岩爆等开采动力灾害预测和防控研究的方法，取得了重要的实用成果。

在“抚顺矿震时间—空间—强度预测及其对城市危害性评价研究”中，首次提出了开采扰动势模型，建立了矿震与开采量、开采深度、断层构造和应力环境的关系。根据开采扰动势模型计算出抚顺老虎台矿开采扰动诱发的能量，由能量结合地震学知识对抚顺矿震趋势和震级作出了预测，并被随后的事实所证实。研究成果在指导抚顺城市安全规划和老虎台矿减震防灾中发挥了重大作用。

在“玲珑金矿深部岩石力学与采矿方法综合研究”中，提出了金属矿发生岩爆的两个必要条件：岩石具备储存高应变能的能力，采场具有产生高能量的应力环境。以此为指导，根据现场实测地应力，通过定量计算获得深部采场围岩中的应力、应变分布和能量聚集与演化规律（应力乘应变之积为能量）；同时通过试验获得岩石的力学特性参数。在此基础上，对该矿深部开采岩爆趋势做出了预测，提出了以优化采矿方法为主的岩爆防控措施。

“深部开采动力灾害预测及其危害性评价与防治研究”成果获2003年国家科学技术进步奖二等奖（排名第一）。

供稿作者简介：任奋华，副研究员，博士，硕士研究生导师。2005年3月毕业于北京科技大学工程力学专业。先后承担完成“十五”国家重点科技攻关项目1项、“十一五”国家科技支撑计划课题3项和国家863计划2项；目前在研项目“十一五”国家科技支撑计划课题重大项目“井中科学探测”和国家自然科学基金重点项目“深凹露天矿高陡边坡稳定性研究”；参与完成横向科研课题等10余项。获省部级科学技术进步奖2项，发表学术论文30余篇，其中被SCI、EI和ISTP检索15篇。主要研究方向：岩石力学与工程，工程地质灾害分析预测与防治，岩土工程，采矿工程设计优化，矿山压力控制。

南通籍中国工程院院士蔡美峰看望母校栟茶中学老师

江海明珠网，2014年2月8日

采访/报道人：季亚楠（编辑）

【导读】今年春节，中国工程院院士、北京科技大学博士研究生导师蔡美峰，回到母校栟茶高级中学，感谢母校老师对自己的教育和栽培，并寄语栟中学子心怀为国效力的抱负，为国家强盛、民族复兴作出贡献……

今年春节，中国工程院院士、北京科技大学博士研究生导师蔡美峰，回到母校栟茶高级中学，感谢母校老师对自己的教育和栽培，并寄语栟中学子心怀为国效力的抱负，为国家强盛、民族复兴作出贡献。

蔡美峰出生于如东栟茶镇兴镇村，是栟中1962届校友。现年71岁的他是国际著名岩土工程专家，去年12月当选为中国工程院院士。在栟中校史馆，蔡美峰看着自己的毕业照和毕业登记，回忆起20世纪60年代老师们在艰苦条件下培养自己的点点滴滴。

当年教授蔡美峰的徐瑞芬、费朝华、姜鸿藻三位老师都已是耄耋之年，蔡美峰向老师们一一献花、拜年，祝他们健康长寿。他说，老师们把教书育人作为毕生己任，在传承优良校风的同时，也深深影响了自己。

20世纪80年代，已经取得采矿专业硕士学位的蔡美峰，看到我国采矿技术与国外的差距后，已年近不惑的他在三年内背熟了两本英语词典，然后到澳大利亚学习。获得博士学位后回国继续钻研，开发出我国第一个具有自主知识产权的采矿测量技术，这一技术处于国际领先水平。

大树参天绝地起——如东籍新任中国工程院院士蔡美峰访谈录

南通日报，2014年2月11日

采访/报道人：本报记者　施晔、顾璐璐

【小传】蔡美峰，1943年5月出生，如东县栟茶镇兴镇村人，北京科技大学教授、博士研究生导师，国际著名岩石力学与采矿工程专家。1967年毕业于上海交通大学工程力学专业，1981年获北京钢铁学院（现北京科技大学）采矿工程专业硕士学位，1990年获澳大利亚新南威尔士大学矿山岩石力学专业博士学位。2013年11月当选中国工程院能源与矿业工程学部院士。

【对话】

蔡美峰院士在飞赴北京参加中办、国办举行2014年春节团拜会之前，于南通兴东机场贵宾厅接受了我们的采访。

父母双亡，立志成为力学家

记者：从您的名片看，您不仅是院士，还是国际岩石力学与岩石工程学会教育委员会主席、国务院学位委员会矿业工程学科评议组召集人。如今的“参天大树”，当年是怎样“绝地逢生”的？

蔡美峰：胜券总握于哀兵，奇迹每出于绝境。这是历史和人生的规律。我1943年出生在黄海边的一个小乡村，祖祖辈辈以种地和打鱼为生。我刚出生三个月，父亲在一次出海捕鱼中不幸遇难。从此母亲孤身一人拉扯着4个未成年的孩子，艰难度日。

在那样的条件下，能活下来就不错了，哪里谈得上读书。我的哥哥和两个姐姐当了一辈子的文盲和半文盲。

我的求学之路充满艰辛。小学放学回家，就要挖猪草，帮助母亲干地里的农活。上中学，星期天和寒暑假都要参加生产队的正常劳动，要挣工分，凭工分才能分到口粮。在烈日下钻进玉米地里施肥、给棉花喷农药，农村所有苦活计我都干过。由于白天要干农活，学习只能靠晚上开夜车。有一次我白天干活休息时看书，耽误了活儿，母亲气得把我的书放进锅膛里烧，幸亏我抢了出来。初中毕业，母亲要我考师范，吃饭不要钱，毕业后有工作。而我那时已决心考上大学，立志成为力学家、数学家。我违背母亲的意愿，偷偷报考了高中。母亲积劳成疾，在我参加高考前的三个月，因患伤寒无钱到正规医院就诊，不幸离世。临终前嘱咐我，不要再上学了，回家干活。她一辈子没有走出过离家30里的地方，不知道念书有什么用。

栟中老师拎着热水瓶上课，喝水当饱的敬业精神影响巨大

记者：您对栟中哪几位老师印象最深？他们对您今后的成长有怎样的影响？

蔡美峰：我是“全科学生”，人见人爱。姚智老师、汪仕安老师、费朝华老师和姜鸿藻老师，分别教几何、物理、代数和外语，他们虽然没有高学历，但都通过自身的刻苦努力，把每门课都讲得很好。特别是我的高中阶段，正是三年困难时期，老师吃不饱饭，得了浮肿病，但他们拎着热水瓶，饿了喝口水，仍然坚持站在三尺讲台上。这种敬业精神对我的一生有重要影响。教导主任季钧老师的政治课，对我正确的世界观和人生观的形成，也有重要的影响。

我的生活环境一直是比较艰难的。这培养了我淳朴的人品，吃苦耐劳的精神和坚忍不拔的毅力。做学问需要这样的精神和毅力。30多年来，我不但承担了几十项科研项目，而且开设了10多门研究生和本科生课程，培养出90多名博士研究生、50多名硕士研究生和20多名博士后，担任过10多年的学院院长。从研究生毕业留校开始，我每天的工作时间都在12~16小时，几乎没有节假日、休息天。我的学生都知道，正月初一给我拜年，一定要赶早，不然，就只能到办公室找我了。我还有一种特殊的耐力，即使在出差的火车、汽车、飞机上，我也都能抓紧时间工作，不会头晕眼花。没有艰苦环境中磨炼出来的“特别能吃苦、特别能战斗”的本领，我就不可能取得今天这样的成就。

从力学到采矿，放弃澳洲居留权报效祖国

记者：1990年11月8日，《光明日报》头版整版报道您放弃澳洲居留权回国，配发短评《新一代知识分子的风范》，这跟您的研究和选择有关吗？

蔡美峰：1962年，我考取上海交通大学工程力学专业。1968年被分配到国防科委的一个研究所工作。在多数人处于“逍遥”状态时，我抓紧时间看书，不放弃成为学部委员（院士）的梦想。1978 年，“文化大革命”后首届研究生招生，我以总分全校第三、采矿专业第一的成绩，被北京钢铁学院（现北京科技大学）录取。

这成为我一生的重要转折点。我从工程力学转入采矿工程。从研究生学习的后半段到毕业留校任教，我一直跟随导师参加我国最大的镍矿——金川镍矿科技攻关，获得首个部级科学技术进步奖二等奖。

1984 年我被国家选派赴澳大利亚留学。我原来学的是俄语，35 岁才开始学英语，3 年时间背烂了 2 本字典。1985 年 2 月抵澳后，原本是要去悉尼附近的伍伦贡大学从事坑道支护技术的研究，那个项目经费充足，也比较容易出成果。正在此时，本人了解到悉尼新南威尔士大学有一个外国博士研究生准备了一年半后，认为没法搞而放弃了的一个有关地应力测量的课题。这个项目的经费需要逐年申请，没有保证。我在参加金川采矿科技攻关的时候，曾接触过这方面的工作，深知地应力对采矿工程的重要性。而由于地应力测量难度大、成本高，我国矿山地应力测量技术几乎是空白。地应力资料的缺乏，严重制约了我国采矿工程技术水平的提高，有些矿井因为摸不清地应力的分布规律，建设了十多年都不能投产。我决定从国家需要出发，啃硬骨头。经过 5 年多的系统试验和深入研究，终于在地应力测量的理论和技术方面取得了一系列具有突破性的重要成果。为 1990 年回国后结合现场地应力实测，首次开发出我国具有自主知识产权的地应力测量技术，引领我国矿山地应力测量的开展并达到国际先进水平，提出以地应力为切入点的金属矿采矿优化理论和安全高效开采的技术体系等奠定了坚实的基础。

1990 年，我获得新南威尔士大学采矿岩石力学博士学位。当时澳大利亚政府宣布：接受所有中国留学生永久居留申请。所有同学都留下了，就我一个人回国。回国后的第二个月，我就下到矿山落实科研项目，以最快的速度推广国外研究的成果。

推动我国采矿从工艺成为真正的科学

记者：您能通俗介绍一下您的研究领域和成果吗?

蔡美峰：当时北京钢铁学院冶金、材料等专业是强势的，而采矿专业相对弱势。我当时的导师是中国岩石力学教育的奠基人于学馥，他最早在我国开设了岩石力学的课程。

后来我发现，我选择采矿专业是对的。采矿就是要把埋藏在地下的矿产开挖出来，这是一个力学过程。地层中存在天然的地应力，它主要由地球板块的推挤应力和地心引力两部分构成。平时地层处于自然平衡的状态，采矿开挖打破了这种平衡状态，引起地应力的释放和采矿岩体的变形与破坏。为了维持采矿工程的稳定性、保证开采的安全，就必须进行采矿开挖设计的准确计算和分析，而地应力是必要的力学前提条件。但 20 世纪 80 年代以前，我国矿山基本上没有人知道地应力的概念，更没有人懂测量。

当时的矿山工程设计基本上都是靠工程类比、“拍脑袋”定出来的，依据的设计手册也都是根据以前的经验写出来的，缺少实测地应力指导下的精确计算。由于采矿设计缺少定量准确的计算和分析，采矿在很长一段时间内被人们认为只是一门工艺，而称不上是一门科学。

我毕业以后，和导师去甘肃金川镍矿做研究，这个是当时我国采矿业最大的一个项目，当时方毅副总理 8 次去金川指导该项目攻关，可见国家对这个问题的重视。最主要的问题就是矿山巷道开挖后几个月就会变形，二三年就基本没有用了。为什么？就是没有掌握地应力，巷道的形状设计错了，金川矿山的水平应力要比垂直应力大得多，巷道的宽度大于高度才稳定，而原先的巷道高度大于宽度。

20 世纪 70 年代后期，金川开始着手地应力的测量，可是由于缺乏精确测量的仪器和技术，四五年的时间才测了 8 个点，难度很大。当时澳大利亚是地应力测量非常先进的国家，我在澳大利亚留学期间，没日没夜搞试验研究，做了 5 年多，每天从 8 点做到晚上 12 点，把全世界所有关于地应力测量的仪器和技术都研究了一遍，精通了地应力测量技术，在这基础上，我开发了我国第一个具有自主知识产权的地应力测量技术，并且适用于矿山地应力测量。矿山地应力测量的广泛开展，为推动我国采矿从工艺上升为真正的科学发挥了关键性的作用。

回国 20 多年来，我承担了包括国家科技攻关、863 计划、国家自然科学基金等在内的 40 多项采矿理论和工程科研项目。通过力学与采矿的有机结合，抓住地应力测量这一关键环节，瞄准深部地下开采、深凹露天开采、露天转地下开采和开采动力灾害这四个采矿工程的核心问题开展研究，取得了对推动采矿全行业科技进步有显著作用的重要成果。先后获国家科学技术进步奖二等奖 3 项、三等奖 1 项，国家技术发明奖三等奖 1 项，省部级二等奖以上科技奖励 16 项。

为国效力矢志不渝，院士申报水到渠成

记者：您是一个学术型的院士，既不是校长，也不是董事长、总经理。您多次申报，这次能够当选院士，有什么感想？

蔡美峰：我出身于贫苦家庭，没有共产党、毛主席领导穷人翻身，就没有我读书的机会；没有邓小平领导改革开放，我就没有考研和出国留学的机会。所以我一直从内心深处感谢党、国家和人民对自己的培育之恩，发誓要兢兢业业、努力工作，为国家作出自己的一份贡献。1990 年我放弃在澳大利亚永久居留的机会，怀着一颗赤子之心带头回国效力，起支配作用的也是内心深处的这份感情。这是我多年来承担大量科研项目，不懈努力、不断追求，取得一系列重要成果的根本动力。因此，对我来讲，第一位追求的是为国效力，为国家作出自己应有的贡献。我把申报院士看成是顺其自然的事。2001 年开始申报，前几次申报都进入第二轮，但由于各种原因最终落选。但我从没有因院士落选而灰心丧气、影响自己的工作。我按照既定的计划，该干什么干

什么，一步一步向前走。因此每次落选后均有新的高水平成果出现。这次申报成功，可以说是水到渠成。

【故事】

院士陪姐姐北京看病

2月9日，走过石板街，绕过小巷，记者来到位于如东栟茶镇中心的一座老房子里，77岁的老人蔡美芳介绍，这里就是她的弟弟蔡美峰曾经学习和生活过的地方。

“如果不是美峰，我活不到这个年纪。”采访过程中，蔡美芳不停重复着这句话。艰苦的生活环境不仅磨炼了蔡美峰的坚强意志，更造就了他的纯朴品格。

蔡美芳63岁时罹患食道癌，“弟弟一听说，立即打了3000块钱，让我去医院检查，得知家乡医院没有办法治疗，就让我去北京。”在北京，蔡美芳受到蔡美峰一家无微不至的照顾，“前后怎么说花了也有两三万元，我弟媳张贵银为我在医院排队，办理各类手续，都累得晕倒了。”

身材高挑、满头银发、慈眉善目，这是蔡美峰夫人——张贵银给人的第一印象。作为如东老乡、栟茶中学校友，张贵银南京大学毕业后分配到部队工作，直至退休，是一位颇有建树的军队技术专家。蔡美芳不断夸她的弟媳，并指着家里的冰箱、微波炉说：“这些也都是他们买给我的。”

“美峰从小学习刻苦，读小学时从一年级跳到三年级，当时我们家经济条件差，家中没灯，他就在月亮下看书。初中毕业后，妈让他读师范，大哥让他出海捕鱼，但他却考了栟茶中学。”蔡美芳说。

带记者去见蔡美芳的周勤，是蔡美峰在栟茶中学时的同窗，他说：“蔡美峰这个人有个特点，就是手不离书，连走路都像是在思考问题。”他还说，蔡美峰虽然离开家乡多年，但对故乡感情依然很深，“前年正月初四他回来，我们都还一起吃了个饭。这次他当选院士，我也是第一时间向他表示了祝贺。”他还透露：“蔡美峰回家过年，专门来母校感谢老师们的培育之恩。”

蔡美峰院士中学母校作爱国励志专题报告

院士通讯，2014年9月29日

采访/报道人：郭淑琴、吴真勇

观智者之行，可品奋斗之道；听智者之音，能遂成功之境。9月6日，中国工程院院士、北京科技大学蔡美峰教授应母校江苏省栟茶高级中学邀请，在中秋节和第三十个教师节来临之际，为1000多名师生作了题为《树立远大理想 立志成为国家建设栋梁之材》的专题报告。

蔡美峰院士回顾了本人成长起步阶段的经历，讲述了从农家子弟到共和国院士的奋斗历程与人生感悟，对母校学子提出殷切希望：一要高点定位，树立远大理想和目标；二要珍惜中学时代的黄金岁月和来之不易的学习生活条件；三要勤奋学习，锻炼能力，全面发展；四要在艰苦困难时，坚持不懈，直至成功。同时，蔡美峰院士还希望教师们不但要爱岗敬业，有强烈的责任心和使命感，还要具备广博的学识，高超的授课技术，高尚的人格魅力，通过言传身教，为人师表，真正把自己的学生培养成为有用之才、栋梁之材。

蔡美峰院士在报告中回忆了在中学求学的艰辛历程，深情地讲述了在母校的师生情、同窗情，以及母校良好的校风、教风对他一生成长的至关重要的影响。蔡美峰院士朴实的语言、清新的思路、报效祖国的热情、追求真理的激情、永葆拼搏的豪情给师生们留下了深刻的印象，报告会现场出现多次长时间的掌声。

蔡美峰等赴俄罗斯参加第十届岩石破坏力学与预测研讨会——第六届中俄科学论坛“深埋非线性地质力学前沿研究”

北京科学大学新闻网，2016 年 6 月 21 日

报道人：北京科技大学国际处

一、出访基本情况

2016 年 6 月 12 日至 6 月 20 日，应俄罗斯科学院地球科学学部科拉科学中心和喀山联邦大学的邀请，北京科技大学土木与环境工程学院蔡美峰院士、任奋华、李远副教授、郭奇峰赴俄罗斯参加第十届岩石破坏力学与预测研讨会，第六届中俄科学论坛“深埋非线性地质力学前沿研究”。会后前往喀山，与喀山联邦大学同人进行关于地下岩爆、采矿灾害控制技术的相关交流，确立了未来合作的方向。

其中，蔡美峰教授作为特约委员受邀出席，于 14 日会议开幕式上发表题为“In-situ Stress Measurement and Its New Development in China”（中国地应力测量新发展）的大会报告，并主持了 15 日的中俄论坛分会讨论。任奋华、李远副教授在会议研讨过程中与国内外同行一同探讨了目前世界岩石力学发展的主要方向和岩爆灾害控制的技术问题，李远副教授作了题目为“The Analysis and Testing Research of Failure Mode’s Transition in Porous Rock”（多孔岩石破坏模式转化的分析和试验研究）的分会报告，郭奇峰老师作了“Research Progress on the Zonal Disintegration of the Surrounding Rock Mass Around the Deep Tunnel”（深部隧道岩体边帮分区破裂研究进展）的分会报告。

在喀山访问中，访问团一行人与中国岩石力学与工程学会代表团成员一道参观了喀山联邦大学，并与相关科研人员进行友好深入的交流。探讨了岩石力学试验研究的相关技术条件和对现场的指导作用。就 BRIS 合作框架项目进行磋商，达成合作意向，并签署了相关备忘录。

此次出访除学术研讨外还促进了我院深部岩体力学平台建设发展，与俄罗斯科学院相关机构和喀山联邦大学确立建立长期合作的意向，签署了协议性文件。此次出访对岩土工程学科发展和深部岩体相关科研平台建设有重要作用。代表团此访主题鲜明，重点突出，结合未来"十三五"研究方向和技术发展趋势，加强了国际合作和技术交流，成果丰富。在各方面共同努力下，参会达到了预期的目的，取得了圆满成功。

二、访问主要成果

1. 学术交流

在这次国际学术研讨会上，蔡美峰院士于 14 日作为会议委员会委员发表了关于中国地应力新技术发展的相关报告，并于 15 日主持了岩爆技术分会的学术讨论；郭奇峰、李远副教授同时参加并在分会上作深部岩体技术和理论发展的研究报告，同与会的国际同行进行了深入友好的交流，探讨了地应力测试技术、岩爆控制技术、岩石本构理论、岩体探测技术的发展情况和未来趋势，并对我校相关领域的发展做了详尽的介绍。

2. 合作平台建设发展

研讨会结束后，主办方还安排来自中国的学者就中俄两国关于深部岩体力学平台建设发展的合作交流召开了专门的研讨会进行商讨。会上，蔡美峰院士同与会的代表们共同签署了备忘协议。

6 月 16 日，代表团抵达喀山，17 日同喀山联邦大学相关人员进行中俄合作平台建设"BRICS"项目的合作可能性研究，并指定相关合作方向和合作内容。

三、成果转换及落实情况

（1）与科拉科学中心签署合作协议，定期互通深部岩体力学研究成果，建立稳定、长期的合作交流机制。

（2）与喀山联邦大学合作参与中俄"BRICS"项目建设。

（3）建立科研合作平台，申请中俄基金支持。

（4）促进岩石力学学科发展。

蔡美峰院士大会报告

蔡美峰院士分会主持

蔡美峰院士与中国岩石力学与工程学会理事长钱七虎院士在喀山联邦大学进行交流

蔡美峰院士与钱七虎院士会后合影

以安全高效开采技术振兴金属采矿业——访中国工程院院士、北京科技大学教授蔡美峰

中国矿业报，2016 年 7 月 27 日

报道人：王琼杰（记者）

“以安全高效环保开采技术破解金属采矿难题，力争早日建成‘无人矿山’。”在近日由长沙有色冶金设计研究院有限公司和易捷海通（北京）科技有限公司联合举办的 2016 全国有色金属采选冶实用技术与装备大会上，北京科技大学教授、中国工程院院士蔡美峰表示。

蔡美峰是国际著名岩土工程专家，在岩石力学与工程、采矿工程优化和安全高效开采技术的研究与应用等方面取得了突出成绩。他针对地应力对采矿工程的极端重要性和地应力测量难度大、地应力资料缺乏并严重制约采矿工程技术水平提高的状况，建立了符合工程岩体特性的地应力测量分析理论，发明了一种高精度的地应力测量方法和装置，完成了15个矿山和地下工程的地应力现场。针对金属矿床的形成过程和开采稳定性均受地应力控制的特点，提出了以地应力为切入点，根据矿山的实际工程地质和开采技术条件，通过科学的定量计算和分析，选择最合理的采矿方法，确定最佳的开采总体布置、采场结构参数、开采顺序和支护加固措施的金属矿采矿优化理论，并在实际工程中得到成功应用。

记者：我国金属矿山现状如何？为什么必须要开拓新的采矿模式？

蔡美峰：我国金属矿产资源总量较丰富，但人均占有量远低于世界平均水平，并且资源品位、质量和赋存条件较差。为此，我国60%以上的铁精矿、70%以上的铜精矿和50%左右的铝土矿需要从国外进口。主要金属矿产资源如此高的国外依存度，对我国国民经济发展构成了潜在的严重威胁。为了保证我国国民经济安全和可持续发展，必须广泛吸收各学科的高新技术，开拓先进的、非传统的采矿技术，创造更高效率、更低成本、最少环境污染和更加安全的采矿模式，努力提高金属矿产品产量和生产效率。

未来，安全、高效的采矿工程科技将在深部开采、连续化高效开采、信息化、自动化、智能化等方面取得重大突破。

记者：随着矿山开采年限的增加，深部开采将成为金属矿山的一个常态，我国金属矿山开采面临哪些问题？

蔡美峰：随着浅部资源逐步减少和枯竭，矿产资源开采正向深部逐步发展。南非、加拿大、印度、俄罗斯等是世界上金属矿深井最大的国家，南非绝大多数金矿的开采都在2000m以下，其中姆波尼格金矿采深达到4359m，矿体埋深更是超过7500m。

我国金属矿开采正处于向深部全面推进的阶段。20世纪末，我国千米深井金属矿数量很少，但十几年来，一批矿山开采深度达到或超过1000m。其中，辽宁红透山铜矿达到1300m，吉林夹皮沟金矿达到1400m，河南灵宝釜鑫金矿达到1600m。近期，在三山岛金矿西岭矿区1600～2000m深处，探明一个金金属储量达400t的大型金矿床，为我国在胶东半岛深部类似矿集区找到更大规模金矿床指明了方向。

进入深部开采后，高应力作用下的岩爆、地压控制和支护技术，通风、降温、提升技术等都是需要研究的前沿课题。地应力值随开采深度增加而增加，深部高应力可能导致破坏性的地压活动，包括岩爆、冒顶、塌方、突水等由采矿开挖引起的动力灾害。岩性恶化，浅部的硬岩到深部变成软岩，弹性体变成潜塑性体，给支护和采矿安全造成很大的压力，严重影响采矿效率和效益。岩层温度随深度以3℃/100m的速率增加，深井的高温环境条件严重影响工人的劳动生产率，而为了有效降温，又必将大大增加采矿成本。随着开采深度的增加，矿石和各种物料的提升高度显著增加，从而大大增加提升成本，并对安全生产构成威胁。

岩爆的预测、预报是世界性难题。我们在岩爆诱发机理及其预测理论和技术研究方面已取得重大突破，通过开采动力学与地震学的紧密结合，基于开采扰动能量分析，已经能够实现对开采诱发岩爆的趋势做出理论的预测。当前主要问题是，岩爆的监测和预报还缺少成熟的技术，准确的岩爆短期和临震预报还做不到。在这方面，同样要依据岩爆诱发的机理，尽早开发出智能化、可视化的岩爆精准探测与预报技术及设备。

同时，深井开采中的高温环境与控制、深井提升技术、深部充填技术等也取得了一定进展，但仍需进一步加强研究。

记者：连续化高效率采矿是金属矿山今后的开采方向，在这方面我国有什么进展？

蔡美峰：连续化高效采矿主要包括机械连续切割掘进、采矿技术和无间柱连续采矿技术。

从长远目标出发，采用机械掘进、机械凿岩的方法，以连续切割设备取代传统爆破采矿工艺进行开采，是一个重要方向。采用机械切割的优越性在于：切割空间不需要爆破而明显提高其稳定性；扩大开采境界，不受爆破安全境界的限制；连续作业，不受爆破干扰，要求作业场地小；能准确开采目标矿石，根据矿层和矿石不同品级实行分割分运，使矿石贫化率降到最低；连续切割的矿石块度，适于带式运输机连续运输，可实现切割落矿、转载、运输等工艺平行连续进行，从而为实现连续开采创造条件；不需粗碎，切割机在切削矿石时就已将矿石破碎。但实施该技术需要解决的两个关键前沿性问题是，采矿机作业受金属矿床形态多变及复杂地质条件的限制，切割头的寿命及费用。

由于采用机械切割机实行连续掘进、采矿还需要较长研究过程，基于爆破落矿技术的连续采矿工艺和技术，将是近期研究的重点。具有代表性的就是无间柱连续采矿技术。这种连续采矿是以矿段为回采单元，矿段间不留矿柱，采矿工作面在阶段上连续推进，可从根本上解决长期以来因矿柱回采滞后给生产带来的一系列被动，致使国家资源大量损失、矿山经济效益受到严重影响的问题；回采时工作面的连续推进，有利于实现井下采矿作业的合理集中，为提高采矿强度和井下工人劳动生产率创造条件；阶段连续回采时，强采、强出、强充，围岩暴露时间较短，有利于控制采场地压，对于围岩稳固性较差、地压较大的深部矿床开采，将是一种有效的开采方式；阶段连续回采将推动地下金属矿山作业机械化、工艺连续化、生产集中化和管理科学化的进程，促进矿业现代化发展。

记者：信息化、自动化、智能化是未来采矿技术的发展方向，在金属矿山，这“三化”该如何实现？

蔡美峰：进入 21 世纪以来，信息、定位、通信和自动化技术的迅速发展和应用，深刻影响和改变着传统采矿业沿袭百年的生产工艺和管理模式，信息化、自动化、智能化已成为采矿技术的发展方向。这“三化”是现代工程科技的三大核心技术。信息化是自动化的前提，自动化是智能化的前提，数字化则是信息化的前提，只有实现矿山生产和管理的高度自动化和智能化，才能最大限度地提高采矿效率，保证安全开采。早在20世纪80年代，瑞典的基鲁纳铁矿就开始使用全盘遥控的无轨采矿设备，现在采场凿岩和装运已实现遥控自动化作业。加拿大已经制定出一个拟在2050年实现的远景规划，即在其北部的边远地区建成一个无人矿井，从萨得伯里通过卫星遥控操纵矿山的所有设备。

地下采矿自动化的关键技术包括先进传感及检测监控技术、采矿设备遥控及智能化技术、井下无轨导航及控制关键技术、高速数字通信网络技术和地下自动采矿新工艺等。

为了极大地提高采矿效率，保证开采安全，发展高度自动化的遥控智能化采矿技术，建设无人采矿是最佳的选择和目标。目前，国内外仍处于建设无人矿山的初级阶段。在这一阶段，无人采矿的核心技术仍然是传统采矿工艺和生产组织管理的自动化和智能化。新一代高级无人采矿技术必将涉及采矿工艺及生产过程自身的变革，采矿设计和井下设备性能与可靠性等问题都需要进一步探索，井下无人设备维护、事故处理等都需进一步研究。信息及通信技术的进步，必将推动无人采矿从现行的基于传统采矿工艺的自动化采矿和遥控采矿，向以先进传感器及检测监控系统、智能采矿设备、高速数字通信网络、新型采矿工艺等集成化为主要技术特征的高级无人矿山发展。

西方发达国家早在20世纪80年代就开始实施井下工作面的无人采矿，而目前我国不少矿山连全盘机械化作业都做不到。为了极大地提高采矿效率、保证采矿安全，加速我国自动化智能采矿技术与设备的研究与推广应用任重而道远。近几年来，以首钢杏山铁矿为代表的一批矿山，在全面推进数字化矿山建设的同时，矿山生产的自动化和遥控智能化作业的水平也有了长足的进步。目前，杏山铁矿已经实现破碎、装卸、运输、提升、排水、通风、供电系统全过程自动化控制，实现了皮带无人看守、地下运输电机车地面遥控无人驾驶、中深孔凿岩台车遥控自动化作业等，向遥控智能化无人采矿的远大目标迈出了重要一步。

记者：在“十三五”期间，我国金属矿山将围绕哪些国家重大专项开展技术攻关？

蔡美峰：进入21世纪以来，我国采矿工程科技取得很大突破与进展，目前在许多方面已经达到或接近世界领先水平。在当前全球经济疲软、中国经济结构深度调整的形势下，全球和中国矿业进入了新一轮相对萧条的时期。开拓先进的、非传统的采矿新理论、新技术，是振兴我国金属采矿业的必由之路。

我国是发展中国家，目前尚处于工业化和城镇化的发展阶段。因此，对金属矿产资源和金属矿产品的需求还会持续一定时期。“十三五”时期，国家已将“深部矿产资源开采”研究的5个项目列入“深地资源勘查开采”国家研发技术重点专项。其中，“深部岩体力学与开采理论”和“深部矿建井与提升技术”两个项目已于今年启动；其他包括“金属矿安全高效开采”和“无人采矿前沿技术”研究内容的三个项目将在明年启动。

我们必须要集中优势力量，搞好国家重点专项研究，力争“十三五”期间在开拓先进的采矿新理论、新技术、新装备方面取得重大突破。

立足自主创新 资本市场驱动——中国工程院院士蔡美峰谈矿产资源高效开发

中国黄金报，2016年11月1日

采访/报道人：记者　马春红

我国金属矿产资源总量丰富，已发现171种矿产资源，已探明矿产资源储量潜在价值约占世界矿产资源总价值的14.6%，位居世界第三。然而，主要金属矿产资源对外依存度却很高，对我国国民经济发展构成潜在的严重威胁。

“经过建国60多年开采，我国浅部资源逐年减少和枯竭，矿产资源特别是金属矿产资源开采正处于向深部全面推进阶段。进入21世纪以来，已经有16座地下金属矿采矿深度达到或超过1000m。其中，吉林夹皮沟金矿、云南会泽铅锌矿等均超过1500m。”中国工程院院士蔡美峰在由山东黄金集团主办的黄金矿业与金融发展战略研讨会上表示。同时，他对我国矿产资源如何高效开发，进行了全面阐释。

开采现状及面临问题

近期，在三山岛金矿西岭矿区1600m至2600m深度，探明了一个金属储量400t的大型金矿床，为我国在胶东半岛深部等类似矿集区找到更大规模金矿床指明了方向。随着勘探技术和装备的进步，我国在3000m至5000m深部找到一批大型金矿床是完全可能的。

据统计，未来10年内，我国将有三分之一以上金属矿山开采深度达到或超过1000m。深部开采是我国金属矿产资源开发面临的主要问题，黄金矿山将是深部开采的先行者。

未来金属矿产资源开发涉及绿色开发、深部开采、智能化采矿三大主要问题。其中，深部开采是统领全局的主题。在深部开采中，包括绿色开发、智能化采矿在内的所有采矿新理念、新方式、新技术、新工艺都必须一显身手，才能保证深部安全开采的实现。

深部开采面临诸多问题，包括深部高应力问题，岩性恶化、深井高温环境等关键难题。解决深部开采一系列难题，必须广泛吸收各学科和各高新技术，开拓先进的非传统的采矿工艺和技术，创造更高效、更低成本、最少环境污染和最好安全条件的采矿模式。

科技问题的战略研究

地应力是地层中的天然应力，采矿开挖前地层处于自然平衡状态，采矿开挖引起地应力向开挖空间释放，形成“释放荷载”，导致围岩变形和应力集中，产生扰动能量。当岩体中聚集的扰动能量达到很高水平，并且在围岩出现破裂等情况下突然释放，就产生冲击破坏，即岩爆。岩爆预测应与采矿过程紧密结合，根据未来开采计划，采用数据模拟等方法，定量计算出未来开采诱发扰动能量的大小、时间和在岩体中的空间分布状况等，就可以对未来开采诱发岩爆的发展趋势做出预判。

深井高温环境控制与降温处理是金属深部开采的另一个最关键工程科技问题。高温会导致工作面条件严重恶化，劳动生产率和设备作业效率大大降低，并造成严重灾害事故。国内外常用的矿井降温技术包括非人工制冷和人工制冷两大类，这些都是被动式降温技术，为高效解决深井降温问题，必须发展主动式降温技术。降温技术重点有两个方向：一是深井高温岩层隔热技术，研发新型高效的隔热新材料、新技术、新工艺，对岩层高温热源进行隔离；二是深井地热开发技术，如果将深井采矿和深部地热开发技术有机结合起来，就为采矿工程深井降温找到了具有颠覆性的技术途径，可以实现深部能源开发与资源开发的共赢。

除此之外，非传统爆破连续破岩切割采矿方法、绿色生态采矿模式、遥控智能化无人采矿等也都属于关键的工程科技问题。要解决这些问题，我国必须加大科技投入，以引进—消化吸收—再创新为基础，立足自主创新。

融资与矿业资本市场

在世界矿业经济全球化和信息化的今天，国际矿业资本流通已凌驾于矿产品市场之上，成为矿业经济发展的重要驱动力量。

矿业是现代化工业体系的基础产业，在各国国民经济体系中居于重要地位。随着矿山企业的改革与发展，以及 1998 年开始的地勘经济体制改革，我国矿产资源开发融资也逐步由过去单一依靠财政计划投入的融资方式向多元化融资方式发展。目前，初步建立起了与社会主义市场经济要求相适应的投融资体制的基本框架，与传统体制相比，其资金筹建方式和运作机制都发生了深刻变化。

虽然，目前我国矿业融资体制改革取得了一定的成绩，但与成熟的市场经济体制相比，还存在较大的距离。矿业融投资中还存在政府职能尚未实现根本转换，企业融资受行政审批的体制依然存在，国内融资渠道存在明显缺陷，金融中介部分失灵难以有效发挥作用，非金融股机构不健全不完善，外商在中国投资存在问题，海外融资受限等主要问题。

矿产资源开发过程中，还存在项目勘查风险、项目矿山建设风险、矿山开采风险等3个主要风险。

推动我国矿业的进一步发展，亟须按照国际矿业资本市场的运行规律和经验，建立具有中国特色的矿业资本市场。缺乏有效的资本市场，就不能进行行业的整合。发展矿业资本市场是分散矿业风险、建立多元的市场化风险配置机制的最重要的制度措施。

同时，发展矿业资本市场，在为企业创造多元融资渠道的基础上，为完善公司治理结构，提供了一个市场化的平台，也为矿业的国际化提供了一个恰当的资本扩展机制，这将从根本上破除产出小矿经营的经济思维。

如何实现深部开采技术的“弯道超车”？——访中国工程院院士、北京科技大学教授蔡美峰

中国矿业报，2017年1月7日

采访/报道人：本报记者　王琼杰

经过多年来的持续高强度开发，我国许多金属矿山已经进入深部开采阶段。随着“三深一土”战略的实施，加强对深部资源的勘查开发，已成为未来发展的主要方向。

我国深部矿产资源高效开发状况如何？目前还存在哪些瓶颈？该从哪些方面进行突破？在最近举行的矿业投融资暨采选实用技术学术会上，中国矿业报记者采访了中国工程院院士、北京科技大学教授蔡美峰。

中国矿业报：我国当前金属矿产资源的状况如何，人均占有量在世界上居于什么水平？

蔡美峰：我国矿产资源总量较丰富。目前，我国已发现171种矿产资源，探明有储量的矿产168种，已探明矿产资源储量潜在价值约占世界矿产资源总价值的14.6%，居世界第3位。然而，我国矿产资源人均占有量远远低于世界平均水平。45种主要矿产资源，我国人均储量居世界第80位，仅为世界平均水平的58%。

国民经济需要的大宗支柱矿产品种，如铁、锰、铜、铅、锌、铝土矿等金属矿产，均不能满足需求。每年60%以上铁精矿、70%以上铜精矿和50%铝土矿须从国外进口。主要金属矿产资源如此高的国外依存度，对我国国民经济发展构成了潜在的严重威胁。更重要的是，我国优势矿产的优势也正在减弱以至丧失，如钨、锡、钼、锑、萤石、

重晶石等，其可供储量对 2020 年需求的保证程度分别仅为 89%、35%、85%、55%、15%、26%。

中国矿业报： 我国金属矿产资源的开采现状及其面临的问题有哪些？

蔡美峰： 经过新中国成立以来 60 多年的开采，我国浅部矿产资源逐年减少和枯竭，矿产资源特别是金属矿产资源开采正处于向深部全面推进阶段。2000 年以前，我国只有 2 个金属矿山开采深度达到 1000m。进入 21 世纪以来，发展速度很快，目前已有 16 座地下金属矿山采深达到或超过 1000m。其中，吉林夹皮沟金矿、云南会泽铅锌矿和六苴铜矿、河南灵宝釜鑫金矿均超过 1500m。

当前国外采深 1000m 以上的金属矿山 112 座。按数量排名，处于前几位的国家是：加拿大 28 座，南非 27 座，澳大利亚 11 座，美国 7 座，俄罗斯 5 座。我国已经超过澳大利亚，居世界第 3 位。但是，如果按照现在的发展速度，我国在较短时间内深井矿山数量就会居世界第一。

在国外 112 座深井矿山中，采深超过 3000m 的有 16 座，其中 12 座位于南非，全部为金矿。我国 16 座深井矿山中，金矿 8 座，有色金属矿山 7 座。国内外情况基本相似，深井矿山中，黄金矿山数量最多。

近期在三山岛金矿西岭矿区 1600～2600m 深度，探明了一个金属储量 400t 的大型金矿床，为我国在胶东半岛深部等类似矿集区找到更大规模金矿床指明了方向。随着“三深一土”战略的实施及勘探技术和装备的进步，我国在 3000～5000m 深部找到一批大型金矿床是完全有可能的。据统计，未来 10 年内，我国将有 1/3 以上金属矿山开采深度达到或超过 1000m。深部开采是我国金属矿产资源开发面临的最主要问题，其中，黄金矿山首当其冲。

未来矿产资源开发涉及绿色开采、深部开采、智能化采矿三大主题，其中深部开采是统领全局的主题。在深部开采中，包括绿色开发、智能化采矿在内的所有采矿新理念、新模式、新技术都必须有创新性的发展，才能保证深部安全高效开采的实现。

深部开采将面临诸多的关键难题：一是深部高应力问题。深部高应力可能导致破坏性的地压活动，包括岩爆、塌方、冒顶、突水等由采矿开挖引起的动力灾害。二是岩性恶化问题。浅部的硬岩到深部变成软岩，弹性体变成潜塑性体，这给支护和采矿安全造成很大负担，严重影响采矿效率和效益。三是深井高温环境问题。岩层温度随深部以 1.7℃ /100m～3.0℃ /100m 的梯度增加。深井的高温环境条件严重影响工人的劳动生产效率。为了进行有效降温，又必将大大增加采矿成本；同时，随着开采深度的增加，矿石和各种物料的提升高度显著增加，提升难度和提升成本大大增加，并对生产安全构成威胁。

中国矿业报： 要实现深部矿产资源的安全高效开发，必须解决好哪些方面的制约？

蔡美峰: 为了解决深部开采一系列关键技术难题，必须广泛吸收各学科的高新技术，开拓先进的非传统的采矿工艺和技术，创造更高效率、更低成本、最少环境污染和最好安全条件的采矿模式。

一是深井高应力条件下的岩爆预测与防控。采矿开挖前地层处于自然平衡状态，采矿开挖引起地应力向开挖空间释放，形成“释放荷载”，导致围岩变形和应力集中，产生扰动能量。当岩体中聚集的扰动能量达到很高水平，并且在围岩出现破裂等情况下突然释放，就产生冲击破坏，即岩爆。这是对岩爆机理的准确认识。基于上述岩爆诱发机理，岩爆预测应与采矿过程紧密结合，根据未来开采计划，采用数值模拟等办法，定量计算出未来开采诱发扰动能量的大小、时间和在岩体中的空间分布状况及其随开采过程中的变化规律，就可以借助地震学中地震能量与震级的关系式，对未来开采诱发岩爆的发展趋势及其震级规律做出预测。同样基于岩爆的诱发机理，岩爆防控应主要从优化采矿方法、开采布局和开采顺序入手，减少和控制开采过程中扰动能量的聚集，从而减轻和控制岩爆的发生。同时，采取吸收能量、防冲击的支护措施，阻止和减弱岩爆的冲击破坏作用。

二是深井高温环境控制与降温治理。地下岩层温度随深度的增加而梯度上升，通常千米以上深井岩层温度将超过人体温度。根据我们最新调查，我国超过 700m 的深金属矿有 100 多座，超过 700m 后岩温普遍超过 35℃。高温导致工作面条件严重恶化，劳动生产率和设备作业效率大大下降，并可造成严重灾害事故。国内外常用的矿井降温技术有非人工制冷和人工制冷两大类。矿井通风是主要的非人工制冷降温技术，但井深超过千米后，常规通风不能达到安全规程对井下工作面环境温度要求。人工制冷降温包括水冷和冰冷两种。水冷是在地面或地下制出冷水送到井下工作站，通过高低压换热器和空冷器使风冷却后，将冷风送到工作面降温。冰冷在井上制出粒状冰或泥状冰，送至井下融冰池融冰，融冰形成的冷水送至工作面进行喷雾降温。

人工制冷和非人工制冷都是被动式降温技术。为高效解决深井降温问题，必须发挥主动式降温技术，重点在以下两个方面。一是深井高温岩层隔热技术。研发新型高效的隔热新材料、新技术、新工艺，对岩层高温进行隔离，在此基础上，再采用人工制冷降温技术等，就会使井下巷道和采矿工作面取得良好的降温效果。二是深井地热开发技术。地热是一种天然能源，目前能源系统正在借助采矿技术进行地热开采的战略研究。如果将深井采矿和深部地热开发有机结合起来，就为采矿工程深井降温找到了一条具有颠覆性的技术途径，可以实现深部能源开发与资源开发的共赢。

所以，就目前的采矿技术和开采成本而言，在地下 3000m 以下进行矿产资源开发并不是非常经济的做法。EGS/E 深地地热开采技术将采矿技术用于地热开发，既能极大地提高深部地热开发效率，又能极大地降低深地采矿的成本，为解决未来的能源问题以及深部采矿的经济性问题开辟了有效途径。二者的理想结合和双赢，将是能源领域和矿业领域科技创新的重大突破，具有颠覆性的效果。我国有希望在这两个方面取得具有中国标记的领先世界的突破性进展。

中国矿业报： 随着科技的发展，非传统的采矿技术已逐渐替代传统采矿技术。目前，在非传统采矿技术方面有哪些进展？

蔡美峰： 传统的爆破采矿技术不但破坏围岩稳定性，而且矿石、废石一起采，大大增加了提升和选矿的工作量和成本。从长远目标出发，采用机械掘进、机械凿岩方法，以连续切割掘进、采矿技术取代传统爆破采矿工艺进行采矿是一个重要方向。机械切割开采空间不需实施爆破而明显提高围岩稳固性，并且不受爆破安全境界限制，扩大开采境界；机械切割能准确地开采目标矿石，使采矿损失率和矿石贫化率降到最低。但采矿机作业受金属矿床形态多变及复杂地质条件的限制，切割头的寿命及费用是实施该技术需要解决的关键问题。在这里，要介绍几种非传统采矿技术及其进展。

高压水射流破岩掘进与采矿技术：高压水射流技术是20世纪70年代发展起来的一种清洗、切割新技术。从高压喷嘴射出的高速水射流具有很大的能量，在目标靶上可产生巨大的冲击力，用来切割岩石、破碎岩石等。目前该技术已用于软岩和中等硬岩，大量应用水射流技术研制的采煤机、切割机和清洗机相继问世，并进行了工业试验和推广应用。但在破碎坚硬矿岩时，需要使用更高的水射流压力才能实现，而目前的水射流发射装置系统尚不能承受如此高的压力。为了解决硬岩破岩问题，高压水射流需向超高压大功率化方向发展，需要进一步发展和完善超高压水射流部件和设备，为在金属矿硬岩中应用创造条件。

激光破岩掘进与采矿技术：激光破岩是利用高能激光束产生的热量对岩石局部迅速加热，当温度足够高时，就会产生一系列复杂的物理化学反应，并随温度升高依次实现破碎、分解、熔化和气化破岩形式。采矿破岩只要实现破碎即可，当高能激光作用于岩石表面时，岩石局部迅速受热膨胀，导致局部热应力升高。当热应力高于岩石极限强度时，岩石就会发生热破碎，实现切割破岩。岩石表面的微裂缝和孔隙等使其极限强度降低，因而会加剧这种热破碎作用。

等离子破岩掘进与采矿技术：这种技术首先向岩体内钻孔，然后将同轴电极紧密地装入钻孔中，并在电极前端充满电解质溶液。接通连接同轴电极的电容器组，在高电能的作用下，电解质很快转变成高温高压的等离子气体。高温高压的离子气体迅速膨胀形成强大的冲击波，导致类似于化学炸药产生的爆破效果，其产生的压力可超过2GPa，足以破裂坚硬岩石。

中国矿业报： 绿色开采是矿山开采的发展方向。当前，我国在积极倡导绿色生态采矿模式，您认为该模式主要有哪几方面？

蔡美峰：一是无废开采模式。无废开采的目标是最大限度地减少废料的产出、排放，提高资源综合利用率，减轻或杜绝矿产资源开发对生态和环境的破坏。矿山无废开采模式遵从工业生态学的观点，以采矿活动为中心，将矿山生态环境、资源环境和经济环境联系起一个有机的工业系统，以最小的排放量获取最大资源量和经济效益。采矿活动结束后通过最小的末端治理使矿山环境与生态环境融为一个整体。为了实现无废开采，应大力提高采选技术水平，大力降低矿石贫化率等，实现废料产出最小化，从源头上控制废石产出率。同时，尽可能提高选矿回收率，减少尾矿排放量，将矿石资源中由于选冶水平低而不能利用的成分减到最少。加强综合回收，实现废弃物的资源化，提高废弃物的整体利用水平，努力实现矿山故土废弃物的零排放、零堆存。

二是原地溶浸采矿模式。这是一种集采选一体化的技术，通过钻孔或爆破在矿体中形成注液通道，直接将溶浸液体注入矿体中。溶浸液浸出的富矿液回收后经集液通道送到地表进行处理。该方法省去了采矿作业，由浸矿液直接回收金属，可大大减少采矿作业和提升的工作量，是较理想和较能实现大规模现场应用的无废采矿方法，对深部矿床开采具有较强的适应性。但目前该工艺可回收的大宗金属品种太少，只有铀、铜和金三种，需要大力研究采用该工艺回收更多金属矿种的技术。

三是地下采选一体化模式。在矿石提升地面之前，在井下进行预选和预富集，抛去大部分废石，可以明显降低矿石提升量。另外，西方国家正试验采用水力提升方式替代箕斗、罐笼等传统提升方式，矿石在地下预选后进行破碎和磨矿，然后用泵扬送到地面选矿场。由于不需要开挖竖井，可大大减少井巷工程投资，使采矿工程的安全性得到极大提高。将选矿平台建在井下，地下选矿后直接向地面输送精矿，可大量减少废石的提升量，是解决提升难题的一个重要途径。同时，废石与尾矿留在井下用于采空区充填，实现原地利用，并减少排出地面后对生态环境的污染、破坏。而且，地面无选矿厂和尾矿库，省去了征地建尾矿库和管理尾矿库的费用，可谓一举多得。

四是遥控智能化无人采矿模式。这是最好的应对不断恶化的深部开采条件和环境条件，最大限度提高采矿效率、保证开采安全的最根本、最有效、最可靠的方法。目前，国内外仍处于建设“无人矿山”的初级阶段。在此阶段，无人采矿的核心技术仍然是采矿工艺和生产组织管理的自动化与智能化。新一代高级无人采矿技术必将涉及采矿工艺及生产过程自身的变革。

中国矿业报：总体来看，我国采矿技术与西方国家相比还有怎样的差距？我们应该如何实现赶超？

蔡美峰：西方国家20世纪80年代就开始实施井下工作面的无人采矿，而目前我国不少矿山就连全盘机械化作业还做不到。但从总体上看，我国的采矿技术在许多方面已接近或达到国际先进水平。矿山整体差距主要体现在大量矿山的采矿设备比较落后，先进采矿设备主要从国外进口，价格昂贵，这是制约我国采矿进步的关键问题。

为了解决上述问题，我国必须加大科技投入，以引进—消化吸收—再创新为基础，立足自主创新。首先在自动化采矿装备研制方面取得突破，在较短时间内实现大型自动化采矿装备国产化。这就为加速我国自动化智能采矿技术的推广应用创造了可靠的条件。同时，对一批新建的大型的金属矿山，从设计一开始就高起点投入，投产后就能实现自动化遥控智能化采矿作业。这批矿山建成后，产量会占我国地下金属矿山产量很大一部分，可以从整体上带动我国自动化、遥控智能化采矿水平上一个台阶。此外，我国从事采矿科技研究和从事矿山工程科技应用与管理的人数多、力量强，只要集中力量，就可以在采矿新技术、新工艺研究与应用方面取得突破，为无人采矿从“初级阶段”向“高级阶段”过渡创造条件。所以，相对西方矿业发达国家，我国的采矿工程科技在不远的将来，实现“弯道超车”是大有希望的。

上海交通大学67届校友蔡美峰院士做客第四期砺远学术讲坛

上海交通大学，2017年4月11日

采访/报道人：张怡凡、孙佳　作者：柴子奇　摄影：黄剑秋、袁浩然

供稿单位：机械与动力工程学院

4月8日下午，67届校友、中国工程院院士蔡美峰做客第四期砺远学术讲坛暨上海交大“院士回母校”系列活动，为交大师生带来了主题为“瞄准目标，坚持不懈 在为国效力中实现人生的梦想和价值”的精彩讲座，分享了他科研报国的人生经历。上海交通大学党委常委、副校长徐学敏出席并致辞。原校党委副书记、校关工委常务副主任蒋秀明，校关工委秘书长吴玉瑛，机械与动力工程学院党委书记杜朝辉以及校团委书记方曦出席活动。本次活动吸引了全校200余名学生到场参加。

徐学敏代表学校向蔡美峰学长以及参加活动的各位嘉宾表示热烈欢迎，肯定了“院士回母校”系列活动在引导广大青少年学生树立家国情怀、报国之志过程中的重要作用，同时对上海交通大学关工委的各位老领导和老同志们长期以来为关心大学生健康成长所做出的努力表示敬意与感谢。徐学敏表示，一代又一代交大人为了民族复兴、国家富强而奋力拼搏，希望蔡美峰学长今后可以经常回母校看看，向广大师生传授科研心得和人生经验。

上海交通大学党委常委、副校长徐学敏致辞

蔡美峰院士分享个人经历

蔡美峰院士与同学们分享了自己早年的艰苦历程和从一名交大学子到院士的奋斗过程，并对同学们提出了四点希望。第一，树立正确的世界观、人生观和价值观，把报答国家和人民的培育之恩，作为一生刻苦学习、勤奋工作的根本动力。第二，正确认识自我，发挥自身特长和优势，根据国家需要在可选择条件下确定发展方向和目标，一生刻苦努力实现目标。第三，有了方向和目标，就必须要坚持，特别是在困难时刻或遇到挫折更要坚持，只有坚持不懈才能实现远大理想和目标。第四，作为交大学子，应时刻以交大为荣，处处以交大人的标准鞭策自己，刻苦学习，将来为国家作贡献，为母校增光。

蔡美峰院士现场访谈

现场访谈中，当被问及在交大求学期间的最大收获时，蔡美峰院士表示，除了扎实的专业知识，更重要的是交大人坚忍不拔的精神。当时他的研究方向难度很大，他表示，“倘若没有这种精神，自己也难以获得今天的成就”。同时，蔡美峰院士对于再次回到母校感触颇深，鼓励同学们坚持做第一等学问，做第一等人才，这样母校才会成为更好的第一等学校。

学校代表为蔡美峰院士赠送礼品

讲座最后，蒋秀明代表学校为蔡美峰院士送上精美的纪念品，表达了母校对他的感谢和祝福。蔡美峰院士也为同学们写下寄语，希望交大学子乘风破浪，砥砺前行。

合影留念

砺远学术讲坛由机械与动力工程学院举办，旨在鼓励广大学生树立远大志向、实现人生梦想的系列讲座。本次活动也是上海交通大学“院士回母校”系列活动的第三场。“院士回母校”活动由教育部关工委联合中国工程院共同发起，旨在教育引导青少年学生树立正确人生观、价值观和择业观的系列活动。

蔡美峰院士获上海交通大学2017年杰出校友卓越成就奖

北京科技大学新闻网，2017年4月19日

采访 / 报道人：蔡美峰院士平台

2017年4月8日蔡美峰院士出席了上海交通大学121周年校庆和1967届校友毕业

50 周年返校日活动。校庆大会上，现任上海交通大学校党委书记姜斯宪和前任校党委书记（1992～2003 年）王宗光一起向蔡美峰院士颁发了 2017 年杰出校友卓越成就奖（本年度唯一获奖人）。

校庆期间，蔡美峰院士还出席了由上海交通大学关心下一代工作委员会、上海交通大学学生工作指导委员会、上海交通大学机械与动力工程学院、上海交通大学校友会共同主办的上海交通大学“院士回母校”系列活动第三期暨砺远学术讲坛第四期活动，蔡美峰院士作为唯一演讲嘉宾作了“瞄准目标，坚持不懈 在为国效力中实现人生的梦想和价值”的报告。

蔡美峰院士作演讲报告

我校蔡美峰院士赴高海拔普朗铜矿考察并指导工作

北京科技大学新闻网，2017 年 4 月 25 日

采访 / 报道人：马著（首钢矿业公司）、任奋华

普朗铜矿位于滇西北横断山脉东北部、青藏雪域高原南缘部分，行政区划在云南省迪庆藏族自治州香格里拉市境内。矿区最高海拔 4702 m，最低 3450 m，一般 3600～4500 m。该矿隶属中国铝业集团云南铜业总公司，设计开采规模为 1250 万吨/年，是目前我国在建的开采规模最大的高海拔地下有色金属矿山。2017 年 3 月 16 日，普朗铜矿已圆满完成一期采选工程投料试车。

蔡美峰院士在普朗铜矿考察井下采场

应普朗铜矿邀请，蔡美峰院士在昆明出席“第二届全国有色金属采选冶实用技术与装备大会”之后，于2017年4月15日到达该矿考察、指导工作。在该矿副总经理兼总工程师刘华武和相关部门负责人等全程陪同下，考察了井下3720 m水平采场、矿石运输系统和地面球磨车间、浮选车间，以及全矿调度与监控系统等。考察过程中，蔡美峰院士与陪同负责人及技术与管理人员，就相关技术问题进行了交流并发表了指导意见。现场考察结束后，与该矿总经理张旭东进行了相关交流。

蔡美峰院士在普朗铜矿考察

蔡美峰院士是亲临普朗铜矿考察并指导工作的第一位院士，接触的领导和职工都怀着敬意衷心感谢蔡院士对该矿的支持、关心和帮助。

访中国工程院院士、著名岩石力学与采矿工程专家蔡美峰

知识产权报（专访），2017年5月3日

采访 / 报道人：赵建国

献身自主创新 翘首中华腾飞

他们是知识产权权利人，他们热爱祖国、追求理想、执着创新，为产业发展作出了杰出的贡献。4月，在2017中国知识产权保护高层论坛举办期间，四位两院院士与各界嘉宾汇聚一堂，共话知识产权保护；并在接受本报记者专访时，表达了他们对知识产权事业发展倾注的殷殷关切之情。为此，本报特开辟专栏，展示院士的风采与心声，以激发社会各界的创业创新热情。

“采矿工程新技术的发展，必须立足自主创新，加强知识产权保护。”在采矿工程领域辛勤耕耘30多年，获得多项国家技术发明奖和国家科学技术进步奖的中国工程院院士、北京科技大学著名岩石力学与采矿工程专家蔡美峰教授，面对记者谈起他的工程研究工作如数家珍。

无私奉献 为国争光

用事实说话，用创新成果说话，是蔡美峰的风格。他在地应力测量等方面所做的独到创新，为我国的采矿产业作出了不可替代的贡献。

地应力测量一直是制约我国采矿工程技术的瓶颈。一般情况下，采矿开挖会引起地应力向开挖空间释放，当能量达到很高水平，就存在产生岩爆的风险。蔡美峰教授从1985年在国外留学开始，就致力于地应力测量技术研究。1990年回国后，他在国家自然科学基金和博士点基金支持下继续对此进行深入研究。30多年来，他建立了考虑岩体非线性、不连续性、不均质性和各向异性的地应力测量分析理论，发明了完全温度补偿的地应力测量方法和装置，并拥有了此项技术的中国发明专利，使地应力测量的可靠性和精度大幅度提高，为推动我国矿山地应力测量技术进步、促进产业发展发挥了重要作用。

采矿的另一个难题是高温。高温不仅会导致工作面条件恶化，而且容易造成严重事故。以往国内外常用的都是被动式降温技术，成本高且效率差。蔡美峰认为，为高效解决深井降温问题，必须发展主动式降温技术。他创新性地提出的思路是，要研发高效的隔热新材料、新技术、新工艺，对岩层高温热源进行隔离；要将深井采矿和深部地热开发技术有机结合起来，将绿色开采、智能开采的采矿新理念、新方法、新技术加以应用，实现深井矿的安全开采。

倾情创新 不断攀登

蔡美峰多年来倾情创新，同时也对保护创新成果的知识产权制度十分关心。他自

己拥有多件专利，也时常告诫课题组的同事和学生，要把创新成果用知识产权来加以保护。为了联系实际解决难题，他总是深入采矿现场一线，常常一天爬两次300m深的斜井。在他看来，只有了解真实的情况，才能使技术创新更有针对性，体现专利的实用价值。他的精神感染着课题组的同事和学生们，在他领衔的课题组里，提交专利申请，面向一线做研发，高度重视专利运用，几乎已经成为一种习惯。

我国地大物博，矿产企业众多，加强知识产权保护和运用，意味着既能将创新成果依法保护，又能及时大面积推广应用，造福采矿企业，这是蔡美峰一直思考的事情。他的想法与中国科学院院士何满潮、宋振骐等业界专家不谋而合。今年3月，他们在国家知识产权局的支持下，成立了中国矿业知识产权联盟。联盟各成员累计提交专利申请超过4万件，拥有有效专利近1.4万件，将推动一系列专利产业化，预计增加产值超过10亿元。

蔡美峰认为，做技术研发工作要本着有益于国家利益、有益于事业、有益于专业的原则，坚持不懈，不断提高，不断拿出水平更高的学术成果，为国家创新驱动发展作出新贡献。

“祝《中国知识产权报》：借党和国家越来越重视知识产权的东风，乘风而上，越办越好，成为我国知识产权新闻宣传的主阵地和国内外了解我国知识产权事业发展的权威窗口。”在接受本报记者采访时，蔡美峰院士为本报写下了一份美好的祝愿。

中国工程院院士蔡美峰：中国深井矿山数量将达到世界第一

中国黄金报（讲座报道），2017年6月30日

采访/报道人：马春红

6月26日，在第八届矿业可持续发展国际会议上，中国工程院院士蔡美峰发表了金属矿产资源可持续开发战略研究的主题演讲。他表示，中国在较短时间内，深井矿山数量将达到世界第一，要主动研究深井岩爆预测与防控、深井高温环境控制与降温治理等问题。

蔡美峰认为，进入21世纪以来，我国深井采矿发展速度很快，目前已有16座矿山开采深度达到或超过1000m，其中，吉林夹皮沟金矿、云南会泽铅锌矿和六苴铜矿达到1500m，河南灵宝釜鑫金矿达到1600m。“可以预见，在近期的未来，中国将有好几个地下金属矿山开采规模达到世界最高水平。”他说。蔡美峰预估，未来10年内，中国三分之一地下金属矿山的开采深度将达到或超过1000m，照此速度，中国在较短时间内，深井矿山数量将达到世界第一。他说：“近期在山东三山岛滨海1600～2600m深度探明了一个金属储量550t的大型金矿床，随着勘探技术和装备的进步，未来，中

国在3000～5000m的深部找到一批大型金属矿床是完全可能的。”

蔡美峰认为，深部开采，是中国和全世界金属矿开采面临的最主要问题，我们必须把5000m开采深度作为深部开采战略研究的目标。进入深部开采后，高应力作用下的地压控制和支护技术，通风、降温、提升、排水、高效率低成本回采技术等，都是需要研究的前沿问题，需要取得突破，否则将很难维持正常生产。基于此种情况，蔡美峰认为，深井采矿岩爆预测与防控、深井高温环境控制与降温治理是当前需要解决的主要问题。在深井采矿岩爆预测与防控方面，蔡美峰认为，基于岩爆的诱发机理，岩爆的预测研究应与采矿过程紧密结合起来。根据未来的开采计划，包括开采量、开采位置、开采布局和开采过程，采用数值模拟、数理统计等方法，定量计算出未来开采诱发扰动能量的大小、时间和在岩体中的空间分布状况等，从而借助地震学相关理论，对开采诱发岩爆的发展趋势及其时间和空间作出预测。同时，基于岩爆的诱发机理，研究防控应主要从选择合理的采矿方法、优化开采布局和开采顺序、改善围岩应力分布，并采取适当的支护措施。“这样能避免采矿岩体中的应力集中和过量位移，从而减小和控制开采扰动能量的聚集，及其对岩层和断层的扰动作用，减轻和控制岩爆的发生。”

在深井高温环境控制与降温治理方面，蔡美峰介绍说，地下岩层温度随深度大约以3℃/100m的梯度上升，高温环境导致工作面条件恶化，工人劳动生产率和设备作业效率大大下降。但目前国内外常用的矿井降温技术，包括非人工智能和人工智能两大类技术的通风效率和成本都不是很理想。

蔡美峰指出，为了高效解决深井降温问题，必须发展主动式降温技术。其重点在两个方向，一是深井高温岩层隔热技术，研发新型高效的隔热新材料、新技术、新工艺对岩层高温热源进行隔离，在此基础上，再采用人工制冷降温技术，就会使井下巷道和采矿工作面取得良好的降温效果。

二是深井地热开发技术，“地热是一种天然能源，在深部开采过程中，采用热交换技术，可以对岩层中的地热资源开发利用，将深井采矿和深部地热开发相结合，就能大幅度降低降温综合成本，从而为采矿深井降温找到了一条具有颠覆性的经济有效的技术途径。”蔡美峰总结说，绿色开发、深部开采和智能化采矿是未来金属矿产资源高效开发的三大主题。其中，深部开采对保证中国和世界金属矿产资源的有效供给具有决定性意义。他说：“遥控智能化无人采矿是实现采矿安全高效最大化的必由之路，而深部无人采矿关键工程科技的战略研究和深部采矿向深部地热开发的延伸与结合，对大幅降低采矿成本，实现采矿工程科技的重大突破将发挥重要的作用。”

蔡美峰院士应邀赴香港大学访问并作特邀报告

北京科技大学新闻网，2017 年 8 月 14 日

采访 / 报道人：蔡美峰院士平台

2017 年 8 月 12 日香港大学为欢迎蔡美峰院士来访，专门举办了首次“岩土与交通领域战略研究论坛”。蔡美峰院士首先作了《采矿和岩土开挖工程稳定性分析与优化设计力学研究》学术报告。香港大学、香港理工大学、香港科技大学、香港城市大学等香港四所主要大学的土木工程学科领域的十多位学科负责人和学术精英参会并作学术报告，介绍各自领域最新的世界一流研究成果，学术交流气氛热烈。这是香港上述四所大学土木工程学科领域均有人同时参加的首次学术交流。

“岩土与交通领域战略研究论坛”部分学者合影

蔡美峰院士作学术报告

中国工程院院士蔡美峰：无人采矿是最有效的深部开采技术

中国黄金报，2017 年 9 月 1 日

采访 / 报道人：许勇

8 月 28 日，在中国国际黄金矿业技术高峰论坛上，中国工程院院士蔡美峰详细介绍了我国金属矿产资源的特点和开采现状，以及未来发展方向。他表示，遥控自动化无人采矿能够应对深部各种复杂环境，最大限度提高劳动生产率和采矿效率，是最根本、最有效的深部开采技术。

据蔡美峰介绍，目前我国已经发现 171 种矿产资源，潜在价值约占世界矿产资源总价值的 14.6%，居世界第三位，但我国矿产资源人均占有量远远低于世界平均水平，45 种主要矿产资源能满足生产需要的不到 20 种。

我国矿产资源选矿难度大，造成资源的回收率和利用率较低，每年我国 60% 以上的金精矿、70% 以上的铜精矿必须通过进口来弥补我国资源的不足。

“为了解决这一现状，保证国民经济的可持续发展，必须加大研究绿色高效的采

矿技术，提高产量效益，最终建成自动化、智能化的无人开采。”蔡美峰说。

进入21世纪以来，我国深井采矿发展速度很快，目前已有16座矿山开采深度达到或超过1000m。蔡美峰预计，未来10年内，中国三分之一地下金属矿山的开采深度将达到或超过1000m，其中最大的开采深度将达到2000～3000m。中国在较短时间内，深井矿山数量将达到世界第一。

“深部开采，是中国和全世界金属矿开采面临的最主要问题，我们必须把5000m的开采深度作为深部开采研究的重点。”蔡美峰说。

井深超过1000m以后，常规通风已无法达到降温效果。为了高效解决深井的降温问题，蔡美峰认为，必须发展主动式的降温技术，重点在以下两个方向。

一是深井高温岩层隔热技术，研发新型高效的隔热新材料、新技术、新工艺对岩层高温热源进行隔离，在此基础上，再采用人工制冷降温技术。二是深井地热开发技术，将深井采矿和深部地热开发相结合，能大幅度降低降温综合成本，为采矿深井降温找到了一条具有颠覆性的经济有效的技术途径。

“就目前来看，在地下3000m以下深度进行矿产资源开发并不具备太大的经济效益，开采地热资源可以提高企业的经济效益，为解决深部矿产资源开采的经济问题开辟了途径。”蔡美峰表示。但是，由于深部开采，高地压、高地温等不利因素逐渐凸显，为了适应深部开采的要求，减少资源开采对环境的破坏，蔡美峰认为必须对传统的采矿模式和工艺进行创新，而遥控自动化无人采矿技术则是最有效的途径。

“目前我国采矿技术已经接近或达到国际先进水平，而差距主要体现在采矿装备方面。先进的采矿装备是制约我国采矿技术进步的关键问题。”蔡美峰表示，我国必须加大黄金企业的科技进步，引进、消化、吸收国际先进的技术，在自动化采矿装备的研制方面取得突破，在较短时间内实现大型化采矿装备的国产化，为加速我国自动化智能采矿技术的推广应用创造了有利的条件。

“我国采矿工艺在不久的将来实现弯道超车是大有可能的。”他指出，我国从事采矿技术研究的人员众多，只要集中力量就能在采矿新技术、新工艺方面取得突破，为无人采矿从初级阶段向高级阶段迈进创造条件。

蔡美峰院士出席2017中国（招远）国际黄金矿业技术高峰论坛并作《金属矿产资源绿色深部开采关键工程科技战略研究》专题演讲

北京科技大学宣传部，2017年9月1日

采访/报道人：蔡美峰院士平台

2017中国（招远）国际黄金矿业技术高峰论坛于8月28日在中国金都山东招远开幕。

这次论坛以“责任与使命——绿色科技、生态矿业”为主题，会期三天，共分金矿深地资源勘查开采，复杂难处理贵金属资源高效利用，黄金矿山新技术新装备、废渣综合利用与矿区生态建设，黄金矿山可持续发展，黄金矿业投资沙龙，“十大”攻关科研项目对接沙龙，废渣综合利用与矿区生态修复沙龙和矿山考察等多个板块。

论坛由中国黄金协会、招远市黄金协会、山东招金集团有限公司和技术创新战略联盟共同主办，并得到了世界黄金协会、中国矿业联合会、中国有色金属工业协会、俄罗斯黄金协会、国际氰化物管理协会，以及多国驻华使馆，国外黄金矿业公司、黄金科研机构和地调地勘单位的支持。在开幕式的专家报告环节，中国工程院院士、北京科技大学教授蔡美峰作了题为“金属矿产资源绿色深部开采关键工程科技战略研究”的专题演讲。

蔡美峰院士作专题演讲

本届论坛规模大、档次高、内容丰富，共有来自15个国家的500多名中外嘉宾出席。会场外，40多家国内外知名企业设置展台，向到场嘉宾展示最新设备与技术。据了解，中国国际黄金矿业技术高峰论坛自开办以来，一直聚焦黄金行业前端科技创新与突破，致力于搭建国际黄金科技交流与合作的平台，已经成为中国黄金和世界黄金行业沟通交流、加速科技创新、加快动能转换的重要载体，并在攻克行业科技瓶颈、促进产业升级、实现投资合作等方面取得了众多成果。

（摄影：土木与资源工程学院）（责编：邢华超）

蔡美峰院士团队赴南非参加国际岩石力学与岩石工程学会年会总结

北京科技大学国际处，2017年10月6日

报道人：北京科技大学国际处

2017年10月1日～5日，蔡美峰院士率团参加国际岩石力学与岩石工程学会年会和非洲岩石力学大会，会议在南非开普敦国际会议中心举行。会议期间，蔡美峰院士

主要主持和参与了以下会议：

一、国际组织工作会议

1. 国际岩石力学与岩石工程学会教育委员会会议

10 月 2 日上午，国际岩石力学与岩石工程学会教育委员会、设计方法委员会、试验方法委员会、石油地质委员会、古遗址保护委员会、地壳应力与地震委员会、核废物处置委员会、软岩委员会、岩石灌浆委员会 9 个专委会召开了工作会议。其中，蔡美峰院士作为国际岩石力学与岩石工程学会教育委员会主席主持召开了教育委员会会议。国际岩石力学与岩石工程学会的相关负责人、教育委员会的相关专家、代表等数十人参加了会议。蔡美峰院士汇报了教育委员会近几年来完成的具有重要国际影响的工作和取得的具有标志性的重要成果，与会负责人专家和代表深受鼓舞。经讨论，确定了教育委员今后两年的主要工作，与会人员充满信心。

蔡美峰院士作国际岩石力学与岩石工程学会教育委员会工作报告

国际岩石力学与岩石工程学会教育委员会中国成员合影

2. 国际岩石力学与岩石工程学会理事会

10 月 2 日下午，国际岩石力学与岩石工程学会理事会召开，会议由国际组织主席 Eda Quadros 主持，61 个国家小组中有 50 个国家小组代表出席了本次理事会。会议听取了国际组织主席、副主席和秘书长的工作报告。

会议通过了如下重要提案：

（1）国际岩石力学学会（International Society for Rock Mechanics）正式更名为国际岩石力学与岩石工程学会（International Society for Rock Mechanics and Rock Engineering），缩写名称 ISRM 维持不变。

（2）两名 ISRM 下届主席候选人在理事会发表竞选演讲，经理事会投票，来自土耳其的 Resat Ulusay 教授顺利当选下一任主席（2019 ~ 2023 年）。

（3）目前 ISRM 有 61 个国家小组，个人会员 7829 人，团体会员 151 个，其中 40% 来自欧洲，35% 来自亚洲。

（4）宣布了主席团决议：

● 中国和日本获得最佳国家小组荣誉称号。

● 宣布了 2018 罗恰奖获得者为南非比勒陀利亚大学的 Michale du Plessis 博士，论文题目为“Design and Behavior of Crush Pillars”；提名奖分别被来自西班牙和芬兰的两位博士获得。

（5）技术监督委员会汇报了各专委会工作情况，对工作开展不活跃的专委会提出建议和意见。

（6）听取了国际学会主办 7 个学术会议工作进展汇报，其中中国国家小组秘书长徐文立汇报了 2017 绍兴国际论坛的工作进展；还听取了 2 个申办 2023 年国际岩石力学大会的韩国和奥地利的申办报告。

（7）秘书长汇报了国际地质工程联合会（FedIGS）于 2017 年 9 月在韩国召开的主席团工作会议及 3 个联合技术委员会的工作情况；同时介绍了国际学会数字图书馆、网站和动态。

二、2017 非洲岩石力学大会

2017 年 10 月 3~5 日，在开普敦召开了非洲岩石力学大会，会议由国际岩石力学与岩石工程学会主办，南非国家小组承办。来自南非、中国、奥地利、加拿大、澳大利亚、土耳其、挪威、意大利、印度、日本、美国、韩国、法国、赞比亚、伊朗等 25 个国家的 245 位专家学者、工程技术和科研人员参加了此次大会，其中中国代表 40 余人。会议的主题为：岩石力学在非洲。

大会安排了 1 个罗恰奖报告、1 个富兰克林报告以及 5 个大会报告，设置了设计方法、微震监测、勘查技术、隧洞工程、数值模拟、露天矿区边坡稳定性、地下开采、地质调查和石油工程 9 个分会场。

蔡美峰率团赴南非威力掘黄金矿业公司考察、调研并指导工作

北京科技大学国际处，2017 年 10 月 9 日

采访 / 报道人：土木与资源工程学院

2017 年 10 月 5~8 日，蔡美峰院士一行 8 人受南非威力掘黄金矿业公司（Village Main Reef Limited）邀请对公司及下属矿山进行了为期 4 天的访问。

10 月 5 日早晨，乘机从开普敦去约翰内斯堡，下飞机后立即乘车（4 小时路程）去该矿业公司。途中赴世界最大金矿区——南非兰德金矿区进行考察，参观了世界最深矿井——姆波尼格金矿（Mponeng Mine，最大开采深度 4350m）。

10 月 5 日晚，威力掘黄金矿业公司副总裁文森特（Vincent）和总工朔佩尔（Chopper）

举行了欢迎招待会，双方在深部采矿方法、支护、深井降温和岩爆防控领域进行了交流，并对今后的合作事宜进行了商讨，初步达成合作意向。

蔡美峰院士团队与威力掘黄金矿业公司商讨合作

10月6日上午8时，公司首席执行官布赖恩（Brien）主持正式欢迎仪式，欢迎蔡院士一行到访。公司主要高层领导全部到场。欢迎仪式后，访问团随即抵达公司下属矿山 Tau Lekoa Gold Mine（井深 1700m）进行调研，详细考察了矿山通风系统、微震监测系统、应力测量系统、开拓系统、生产调度系统等。蔡美峰院士在矿业公司总工 Chopper 等人陪同下到达矿井最深开采面，创造了该矿建矿以来到达此深度年龄最长者纪录（蔡美峰院士 74 岁）。公司安排了医务人员和保安全程陪同。考察过程中蔡院士对该矿深部矿井的矿石成矿特征和机理、开拓和采掘巷道布置、围岩支护体系、巷道失稳特征、采矿掘进方法进行详细询问和了解，并坚持攀爬45°坡度、60m长斜井软梯到达开采工作面进行一线调研，令在场所有人员感动。该矿井井下有效的通风降温和岩爆监测系统等给考察团留下深刻印象。

10月7日至8日，访问团与 Tau Lekoa 矿山公司进行技术研讨会。Tau Lekoa 矿山公司的技术负责人详细介绍了矿山采矿设计、生产管理、深井开采地压活动、岩移、冒顶、岩爆监测与控制等方法的技术和资料，准备很充分，很有参考价值。

蔡美峰院士团队与 Tau Lekoa 矿山公司工作人员合影

蔡美峰院士团队在井下 1700m 处考察

蔡美峰院士和其他随访人员就深井开采设计优化、岩层控制机理及解决方案、微震监测后期定位设计、岩爆诱发机理及控制方法、应力监测技术等进行深入交流，提出了一系列咨询建议。

此次考察，了解了南非及世界深部矿山开采的技术现状、发展趋势和存在问题。达成了与南非相关矿业公司在技术研发、数据共享、项目依托等方面的合作意向。通过实地调研、对比，研究了目前国内外在深井提升和深部开采岩石力学理论、技术发展状况，明确了国内在深井掘进、支护、通风、降温和岩爆防控等方面的优势和不足。对相关国家重点研发计划的未来实施和团队在金属矿山、深部岩石力学领域的发展有重要的参考和指导作用，为双方未来长期合作关系的建立奠定了良好的基础。

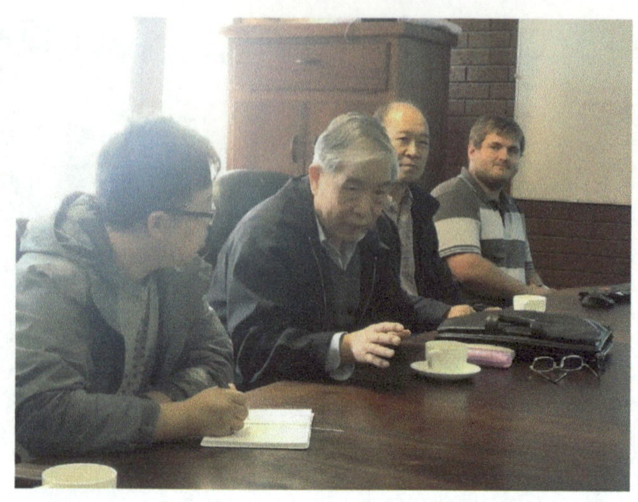

蔡美峰院士与 Tau Lekoa 矿山公司进行技术交流（一）

蔡美峰院士与 Tau Lekoa 矿山公司进行技术交流（二）

中国工程院院士蔡美峰：深部开采应与地热开采相结合

中国黄金报，2017 年 10 月 17 日

采访 / 报道人：许勇、张伟超

10 月 14 日，在紫金矿业集团第五次科技大会开幕式上，中国工程院院士蔡美峰表示，将深井采矿和深部地热开发相结合，就能大幅度降低降温综合成本，从而为采矿深井降温找到了一条具有颠覆性的经济有效的技术途径。

“经过中华人民共和国成立以来 60 多年的开采，随着前部资源的逐年减少和枯竭，我国金属矿产资源的开采正处于向深部全面推进的阶段。”蔡美峰介绍说，当前对于深部开采的深度界限国内外并没有统一的标准，根据大多数专家的意见，我国界定深部开采的起始深度是煤矿 800m 到 1000m，金属矿 1000m。

2000 年以前，我国只有 2 座地下金属矿山开采深度达到或接近 1000m，进入 21 世纪以来，我国深井采矿发展速度很快，目前已有 16 座矿山开采深度达到或超过 1000m。蔡美峰预计，未来 10 年内，中国三分之一地下金属矿山的开采深度将达到或超过 1000m，其中最大的开采深度将达到 2000m 到 3000m。中国在较短时间内，深井矿山数量将达到世界第一。

“深部开采，是中国和全世界金属矿开采面临的最主要问题，我们必须把 5000m 的开采深度作为深部开采研究的重点。”蔡美峰说。

但是，深部开采却面临着深部高地应力、高温、深部岩性恶化及深井提升问题，这些问题使深部开采的成本大幅提升。蔡美峰表示，就目前的采矿技术和开采成本而言，在地下 3000m 以下进行矿产资源开发并不是非常经济的做法，但是深部矿产资源开采向深部地热开发的延伸，就大幅降低了采矿降温成本，增加了开采效益，为解决深部采矿的经济性问题开辟了有效途径。

蔡美峰指出，地层深部地热有多种存在形式，其中，3000m 至 10000m 深处干热岩赋存的地热最具开采价值，但是当前国内外地热开发技术相对落后，热交换面积小，地热开发能力很有限。“将采矿技术用于地热开采可从根本上解决这一问题，从地表向深地打竖井，采用水或液态二氧化碳等作为热交换介质，可成百上千倍地增加热交换的面积、提高地热开发的能力。”蔡美峰说。

据蔡美峰介绍，“地热资源利用”已被列入面向 2030 国家重大科技项目，规划到 2030 年，地热利用在一次能源消费中占 3%，地热总产值占全国国内生产总值（GDP）的 4%。国家对地热资源的大规模开发利用，为深部采矿和深部地热开发相结合的开展，提供了可靠平台。

蔡美峰表示，由于浅部矿产资源的逐步减少和枯竭，深部开采将是全世界面临的普遍问题，谁解决了深部开采的经济性问题，谁就将在深部开采方面抢得先机，成为未来的采矿强国。

“绿色开发、深部开采和智能化采矿是未来金属矿产资源高效开发的三大主题，而深部无人采矿关键工程科技的战略研究和深部采矿向深部地热开发的延伸与结合，必将推动我国在深部采矿领域取得具有国际领先的重要突破，使我国成为未来世界的采矿强国。”蔡美峰总结说。

蔡美峰院士率团赴法国国立巴黎高等矿业学院、国立路桥学院和意大利都灵理工大学讲学交流

北京科技大学国际处，2018年2月10日

2018年1月30日至2月8日，应法国国立巴黎高等矿业学院佩莱（Pellet）教授、意大利都灵理工大学巴拉（Barla）教授和法国国立路桥学院崔玉军教授的邀请，北京科技大学土木与资源工程学院蔡美峰院士赴上述国际著名学府进行讲学并携土木工程系苗胜军主任等4人一行访问三校。在参观考察和学术交流的基础上，就蔡美峰院士团队和北京科技大学土木工程系与上述三校在土木工程、采矿工程和岩石力学等领域开展科研合作意向及相关事宜进行会谈与协商。

2月3日考察团在蔡美峰院士带领下抵达巴黎对法国国立路桥学院进行为期2天的访问。国立路桥学院建校于1747年，是法国历史上第一所综合性研究生工程师学校。1991年该校加入巴黎高科高校联盟并正式更名为巴黎高科路桥学校。她是法国精英教育的杰出代表，是法国社会高级决策者和高级工程师的摇篮，也是法国最顶尖的工程师学校之一。数学家柯西、水利工程师达西、力学家圣维南等世界著名学者均出自该高校。

崔玉军教授与蔡美峰院士会谈

双方首先进行了深部地下空间开发方面的学术交流，蔡美峰院士作了地下空间掘进的应力显现特征的口头报告，崔玉军教授主要介绍了在地下空间开发中核废料处置库建设相关屏蔽材料性能及试验发展。随后，在崔玉军教授引导下考察团着重了解了法国纳维耶（Navier）研究所在核地下处置库研究方面的最新成果和相关实验技术在进入世界顶级土木工程研究所——Navier研究所参观交流期间，蔡院士详细询问了目前法国在核素扩散、屏蔽材料研发、地源热泵与浅地表地热资源开发等方面的最新研究

成果，同时邀请崔玉军教授适当时候访问北京科技大学土木与资源工程学院。

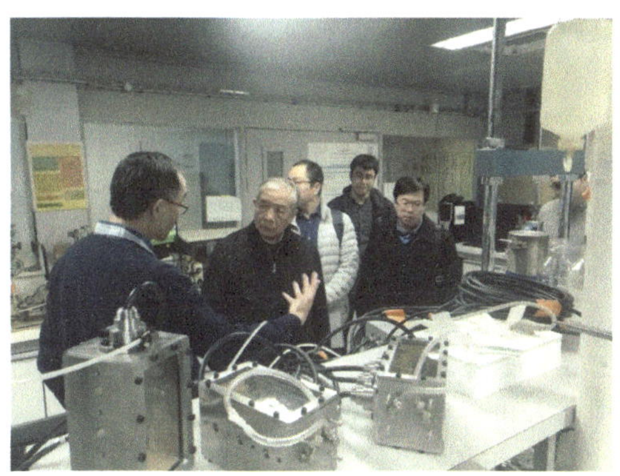

t

考察团参观国立路桥学院实验室

在法国停留期间，应国立巴黎高等矿业学院 Pellet 教授邀请，蔡美峰院士于 2 月 4 日访问了国立巴黎高等矿业学院，会见 Pellet 教授并与 Pellet 教授一起进行了关于深部岩石力学的三场专题报告。国立巴黎高等矿业学院是一所法国顶尖的精英工程师学校，由法国国王路易十六创办于 1783 年，旨在培养“矿业人才的领袖”。作为工程师的多学科交叉的大学校，矿业学院在国际上享有盛名，其岩石力学研究处于世界领先水平。

与 Pellet 教授进行交流

参观国立巴黎高等矿业学院实验室

Pellet 教授正在进行专题报告

蔡美峰院士正在进行专题报告

会面期间，蔡美峰院士介绍了我国深部岩体、岩石力学研究进展，Pellet教授作了“岩石力学研究的挑战和发展方向”的专题报告，蔡美峰院士作了题目为“深部岩体动力冲击灾害孕育机理及工程防治”和“中国深部开采技术中的创新与挑战”两场专题报告。双方在亲切友好的气氛下，对国际深地开采趋势、采矿技术发展前景、地热能源的综合开发等方面进行了深入探讨。会后由Pellet教授引导，蔡美峰院士带领考察团参观了该学院具有世界顶级水平的岩石力学实验室和相关试验设备。蔡美峰院士邀请Pellet教授今年下半年时间在访问东北大学期间来北京进行讲学。

考察团与Pellet教授合影

蔡美峰院士2月5日抵达意大利都灵，开始在都灵理工大学的讲学及访问。都灵理工大学始建于1800年，为世界百强理工学府，是意大利久负盛名的高等学府之一。该校工程、建筑与设计和城市规划方面是欧洲最杰出的大学之一，在汽车、电子与计算机、机械和土木工程等科技领域具有世界顶尖水平，其中土木工程、建筑工程、机械工程位列全球50强。

蔡美峰院士团队与Barla教授团队在城市地下空间及深部地下空间研究方面进行了深入交流，其间，蔡院士应邀作了“深部岩体岩爆倾向性预测研究”和“中国深部岩体相关研究进展”两场专题报告，Barla教授作了“都灵城市地下空间开发”的报告，Barla教授团队成员分别作了“雷达干涉技术在滑坡防控、监测及雪崩预警研究中的应用”，“城市隧道与城市建筑群热能交换技术及试验”，“一种新的探测系统研发”等三个主题的报告。报告会后，双方对未来城市地下空间开发和复杂条件下岩体支护技术和岩石力学理论发展进行了研讨。报告会后，由Barla教授引导，考察团参观了岩石力学实验室、土力学实验室、土木工程结构实验室等土木工程相关试验设备和试验技术，并就高压密封、变形监测稳定性、岩土工程边坡位移的光学测量技术等进行深入探讨。考察后期，苗胜军教授和Barla教授分别代表北京科技大学土木工程系和都灵理工大学土木工程系对未来在城市地下空间研究中的合作和交流进行商讨。

双方研讨会

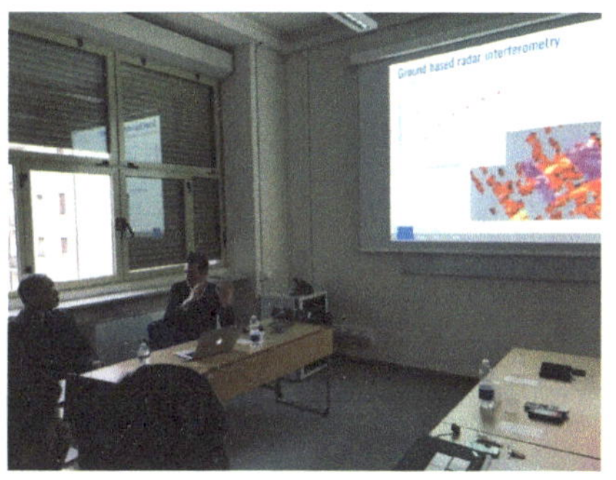

Barla教授报告

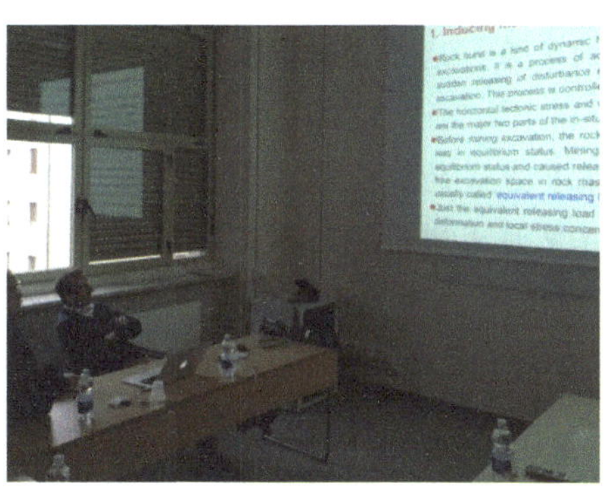

蔡美峰院士作报告

实验室参观

在此次讲学及考察过程中，考察团在蔡美峰院士带领下向国际学术专家和同人介绍了我国深部空间开发和深部采矿技术进展和发展趋势，与法国和意大利土木工程研究团队在自主技术研发、室内试验技术和现场测试方法等进行了深入交流，获取了目前城市地下空间及深部岩石力学最新科研发展的第一手资料，并在研讨中解决了自身研发中遇到的诸多技术问题，也邀请世界著名高校和研究所加入我国深部岩体工程的研究和建设中。

访问期间也为我校国际化交流和工程国际化视野建设开拓了广阔的空间。访问期间，蔡美峰院士邀请崔玉军教授及其研究团队与我系共同申请核废料处置库研究相关课题，并展开合作试验研究，扩展我系在新领域、新方向的研究，提高我系相关领域的研究水平。邀请Pellet教授在今年适当的时候访问北京科技大学，并计划建立定期互访机制，邀请Pellet教授作为我方合作指导导师构建我系岩石力学研究方向的国际研究平台。与都灵理工大学土木工程系达成长期交流意向，计划未来构建双方的合作研究实验室，扩展我校岩土工程、结构工程专业的国际化科研、教学平台。

绿色开采铸就绿水青山——院士蔡美峰分享绿色开采四方面技术变革

中国黄金报，2018年5月15日

采访/报道人：马春红

“矿业传统的无序开采模式会造成资源浪费和生态问题，将阻碍矿业可持续发展。”在5月10日举行的“2018中国绿色矿山建设高峰论坛”上，中国工程院院士、绿色矿山推进委员会高级顾问蔡美峰指出，必须全力推进绿色矿山建设，全面实施绿色有序开采模式，从根本上消除采矿对环境和生态造成的破坏。

蔡美峰表示，实施矿业绿色开发是响应和落实习近平总书记的指示、推进矿业生态文明发展的重要举措，对保证21世纪中叶把我国建成富强、民主、文明、和谐、美丽的社会主义现代化强国有十分重要的关系。这是国家和民族赋予采矿行业的责任和义务，必须不折不扣地完成。

为了适应绿色采矿的要求，减少采矿造成的环境污染和对生态环境的破坏，蔡美峰指出，必须对传统的采矿模式及其工艺技术进行根本变革。为此，他提出了4个方面的重点研究方法。

首先是有别于传统钻爆法的连续破岩切割采矿方法。蔡美峰在会上分享了4个技术。

一是机械连续切割掘进、采矿技术。“从长远目标出发，采用机械掘进、机械凿岩的方法，以连续切割设备取代传统爆破采矿工艺进行开采是一个重要方向。”他表示，机械切割能准确开采目标矿石，使矿石损失率和贫化率降到最低，并大大减少废石和粉尘的产出和排放，减轻采矿对环境的污染和破坏；同时减轻开采对环境的扰动，有利于地表和岩层稳定，避免岩层失稳引起各种地质灾害造成对环境和生态的破坏。

二是高压水射流破岩掘进与采矿技术。蔡美峰表示，高压水射流破碎和切割过程中，能自动排出废料，只需对使用后的水进行简单物理净化，就能实现对水的循环利用。为了解决在破碎坚硬矿岩时还存在水射流压力不足等问题，高压水射流需向超高压大功率化方向发展。“需要进一步发展和完善超高压的水射流部件和设备，如超高压泵、旋转密封、耐磨喷嘴和高压管件等部件，从而为在金属矿硬岩中应用创造条件。”他说。

三是激光破岩掘进与采矿技术。激光破岩是利用高能激光束产生的热量对岩石局部迅速加热，当温度足够高时，就会发生一系列复杂的物理化学反应，并随温度升高依次实现破碎、分解、熔化和气化破岩形式。

四是等离子破岩掘进与采矿技术。该技术利用电能将炮孔中的电解液转变成高压、高温等离子气体，通过等离子气体快速膨胀形成冲击波，产生类似于炸药的爆破效果。爆破产生的压力足以破裂坚硬岩石。“该技术的实施可极大改善作业环境，减少了传统爆破对围岩和环境的影响和破坏。”蔡美峰说。

其次是深井支护技术变革。蔡美峰表示，为了实现绿色采矿，控制岩层移动和地表沉陷、保护自然和生态环境，特别是进入深部开采后控制剧烈地压活动，避免采空区失稳引起各种灾害事故发生，保证开采安全，充填法将是多数矿山不得不选择的采矿方法，这是传统采矿模式的重大变革。为了降低充填成本，必须对充填工艺和充填材料进行重大改革，具有普遍应用前景的技术方案是利用矿山固体废料的充填工艺方法。

再次是采选一体化技术。蔡美峰提出，可发展井下预选、抛尾技术和矿浆输送技术。在此基础上，可将选矿厂建在井下。这样一来，开采的矿石在地下选矿后，直接向地面输送精矿；选矿产生的废石与尾矿留在井下用于采空区充填，实现原地利用，并减少排出地面后对生态环境的污染、破坏。而且不需要在地面建选矿厂和尾矿库，省去征地建厂建库和尾矿库管理的费用，消除了尾矿库产生各种自然灾害的根源。

最后是无废开采技术。在这方面，蔡美峰表示，无废开采模式应包括 3 项基本要素，即资源回收率高、废料排放量小、地表不受破坏，从而以最小的废料排放量获取最大的资源量和经济效益，并使生态环境得到充分保护。

“采矿业是国民经济发展所需资源的保证性行业，只有加速绿色矿山建设，才能使我国更早进入世界采矿强国前列，从而保证我国矿产资源的有效供给和对国民经济发展的持续可靠支撑。只有这样，才能为 21 世纪中叶把我国建成社会主义现代化强国作出采矿业应有的贡献。”蔡美峰最后强调说。

蔡美峰院士团队赴挪威科技大学参加第三届岩石动力学和应用国际会议

北京科技大学国际处，2018 年 6 月 24 日

报道人：土木与资源工程学院　编辑：刘鹏

一、出访基本情况

2018 年 6 月 24 日至 7 月 1 日，应大会主席，挪威科技大学李春林（Charlie C.

Li）教授的邀请，北京科技大学土木与资源工程学院蔡美峰院士、纪洪广教授、乔兰教授和郭奇峰讲师赴挪威科技大学参加第三届岩石动力学和应用国际会议。6月25日完成大会注册，并与挪威科技大学 Charlie C. Li 教授进行了学术交流，介绍各自科研项目和成果，探讨未来联合申请国际合作项目的可行性。26日，蔡美峰院士作大会主题报告“Rock burst in deep mining”，详细介绍了研究团队在深井开采岩爆预测与防控技术研究方面取得的理论成果和应用情况。蔡美峰院士主持大会的岩爆与动态岩石支护论坛，乔兰教授介绍了我国地应力测量的发展情况、北京科技大学原位数字化空心包体应变计的研发，以及北京科技大学蔡美峰院士团队在深部矿床地应力精确测量技术和试验方面的研究成果。郭奇峰介绍了我国深部非传统采矿模式，深井遥控自动化智能采矿的关键技术和发展趋势。27日，纪洪广教授在大会岩石和爆破的动力学测试论坛中，介绍了其主持的国家重点研发计划项目“深部金属矿建井与提升关键技术”，分析了深部地层建井工艺性能及适应性，金属矿深部竖井建井风险特征，以及井筒服役安全风险控制与工程优化措施。挪威公路隧道和桥梁众多，作为国际顶级岩石力学专家巴顿的故乡，其隧道建设和岩土施工技术水平国际领先，6月28日和29日，根据大会行程安排，考察了公路隧道、海底隧道、跨海大桥等岩土工程项目，就围岩支护、边坡防护、滑坡防治等动力灾害问题与各国参会人员进行了交流。

二、访问主要成果

（一）学术交流

此次参加岩石动力学大会，与来自中国、加拿大、澳大利亚、美国及欧洲各国的130余位岩石力学领域的学者和专家进行交流。一方面学习了岩石动力学的国际前沿研究方向，对目前科研团队研究项目的理论深度有了新的认识，另一方面听取多位矿山生产一线专家的开采、支护技术报告，掌握了生产实践对于科研的需求方向，极大提高科研的目标明确性和内容针对性。纪洪广教授代表土木工程系介绍了我校、我系发展历史，介绍了地应力测试技术、岩爆控制技术、岩石本构理论、岩体探测技术的发展情况和未来趋势，并对我校相关领域的发展做了详尽的介绍。

（二）合作发展

在挪威科技大学 Charlie C. Li 教授的组织下，访问挪威科技大学土木工程系，就学科建设、人才培养、教学模式、科研规划、实验室建设、试验设备自主研发等问题进行深入探讨。

邀请大会主席挪威科技大学 Charlie C. Li 教授、美国科罗拉多矿业学院 Ozbay 教授、澳大利亚新南威尔士大学布鲁斯（Bruce）教授在适当时候访问北京科技大学，就矿山开采中的岩石动力学问题和采动灾害预测防控开展暑期讲学，并建立长期互访机制，促进我校土木工程系岩石力学研究方向的国际研究平台建设。

（三）企业交流

本次大会有6家单位布置展台，涉及岩土工程机械制造商、岩土工程支护设备和材料提供商、模拟分析软件供应商等，通过与公司业务人员的沟通和交流，对边坡和围岩支护的新技术、新手段、新装备有了新的认识，诸多技术可供借鉴，用于我校科研项目。

三、成果转换及落实情况

（1）蔡美峰院士提出的基于能量原理的岩爆预测防控技术得到国内外学者的高度评价，多所国外高校的教授和企业专家对该评价技术体系表现出浓厚的兴趣，邀请蔡美峰院士前往开展学术报告和交流，扩大了我校土木工程系的影响力。

（2）岩石力学是我校、我系特色研究方向与优势研究方向，此次参会、考察和交流，促进了北京科技大学与挪威科技大学、美国科罗拉多矿业学院、澳大利亚新南威尔士大学的合作意向，为土木工程专业城市地下空间、岩土工程探测、工程力学等学科的发展提供了有力的支持。

（3）与会的130余位国内外岩石力学学者和专家，在岩石力学理论研究或应用方面都具有世界顶级研究水平，此次参会开拓了研究团队合作平台，也介绍了国内深部岩体工程最新发展，邀请世界一流专家加入我国深部岩体工程研究和建设中来，共同促进岩石力学学科快速发展。

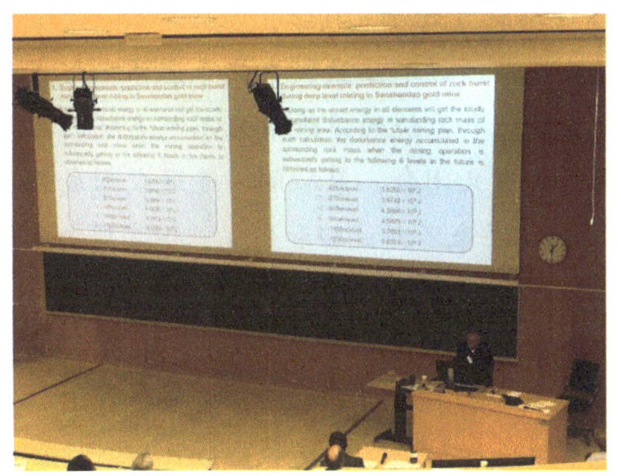

蔡美峰院士作大会主题报告

中国工程院院士蔡美峰：热交换技术将深刻改变深部采矿

中国黄金报，2018年11月13日

采访/报道人：马春红

“在深部开采过程中，如果采用热交换技术对岩层中地热资源开发利用，将深井采矿和深部地热开发相结合，就能大幅度抵消降温成本，从而为采矿深井降温找到一条具有颠覆性的经济有效技术途径。”11月8日，在南京召开的2018全国绿色智能矿山建设高层论坛上，中国工程院院士蔡美峰提出了这一观点。他表示，要解决深部开采面临的高温环境难题，热交换技术是一个主动式降温技术方向。

目前，中国是世界上采矿量最大的国家之一。但经过多年开发，我国的浅部矿产资源逐年减少或枯竭。因此，深部开采成为我国金属矿产资源开发面临的迫切问题，也是保证我国金属矿产资源开发与供给的主要途径。“我们必须把5000m开采深度作为深部开采战略研究的目标。”蔡美峰说。

但深部开采面临一个主要难题，即深井高温环境。据了解，岩层温度随深度以3℃/100m的梯度增加，深井高温环境严重影响工人劳动生产率和设备作业效率。

蔡美峰认为，现有降温技术是被动式降温技术。为了高效解决深井降温问题，必须发展主动式降温技术。其中，最主要的一个方向就是深井地热开发技术。据介绍，地热能的绝大部分赋存在3000m至1万m深层的干热岩（没有水或蒸汽的热岩石，温度范围150℃至650℃）中。据国家863计划项目“干热岩地热地质资源评价与开发技术研究”估算，我国干热岩地热能资源量为2.5×1025J，合860万亿t标准煤。按2%的可开采资源量计算，相当于我国2015年能源消耗总量的4000倍。“也就是说，如果开发出来地热能，我国能用4000年。”蔡美峰说。

美国、英国、法国等国家在40多年前就开始研究增强型地热系统，即采用石油勘探钻孔方法向深部地层打钻孔，从钻孔底部通过水压致裂在热干岩体中形成人工地热储层，从而采出热能。但深部高地应力给这套系统的建造带来不可克服的困难。因为水压致裂形成的裂缝在高地应力作用下往往又闭合，裂隙间不连通或形成短路，无法形成足够体积的热储。尽管西方国家近50年来不断试验和研究，但实现工业化的实用技术没有取得任何突破性进展。

对此，蔡美峰提出，采用采矿的方法，从地表向深地打竖井，在竖井下部打出多水平分布的水平巷道，与增强型地热系统的小口径钻孔和孔底水压致裂相比，可有效地、大规模地提高热储建造能力，成百上千倍地增加热交换面积和地热输送的量级，为大规模地热开发创造条件。

深部开采本身就需要向深部打竖井和一系列巷道，它们就为地热开采提供了必需的通道，省去了为采地热打专用竖井、巷道的费用，从而大大降低地热开发成本。

地热的开发，将从地下采矿空间抽取的热量转换成其他的形式输送利用，就为地下采矿环境降温创造了条件，从而大大降低了专门为采矿降温花费的成本。

同时，蔡美峰指出，深井采矿和深部地热开发相结合还具有战略意义。化石能源时代很快就会过去，水电、太阳能、风能等可再生能源可为人类提供的能源将极其有限，难以替代化石能源的空缺，核能的大规模使用也会受到各种限制。因此，开发深部的巨大地热资源，将是解决人类未来长期能源需求的正确方向。此外，就目前的采矿技术和开采成本而言，在地下 3000m 以下进行矿产资源开发并不是非常经济的做法，降温成本太高是主要问题。将深部矿产资源开发和深部地热开发相结合，就为二者的有效实施、降低成本创造了条件，实现资源和能源开发的双赢，也为解决深部采矿的经济性问题开辟了有效途径。

由于浅部矿产资源的逐年减少或枯竭，深部开采将是全世界面临的普遍问题。“谁解决了深部开采的经济性问题，谁就将在深部开采方面抢得先机，成为未来的采矿强国。”蔡美峰指出，深部采矿和深部地热开发的有机结合，将为我国成为未来的采矿强国作出贡献。

运用关键技术，实现矿产资源科学开采——蔡美峰谈深部开采现状与未来发展走向

中国冶金报，2018 年 11 月 14 日

报道人：杨子江、章利军、郭达清　通讯员：侯爱民

“我国矿山企业要想提高资源综合利用率，必须以习近平新时代中国特色社会主义思想为指引，牢固树立绿水青山就是金山银山的发展理念，积极运用关键技术，努力实现矿产资源科学开采。”11 月 3 日，在“绿色矿山院士行——走进马钢矿业”活动中，中国工程院院士蔡美峰结合多年来的探索和技术研究，畅谈了我国冶金矿山深部开采的现状及未来发展走向。

蔡美峰表示，20 世纪末，我国只有两座金属矿山开采深度达到 1000m，进入 21 世纪以来发展速度很快，已有 16 座深度开采矿山，其中最深的已达到 1600m。目前，在建的思山岭矿山等一批大型地下金属矿山，矿体最大埋深 2000m，矿石最大储量 53 亿 t，超深超大规模位于世界最前列。近期，在山东滨海 1600 ~ 2600m 深度探明了一个金储量 550 t 的大型金矿床。随着勘探技术进步和勘探深度增加，我国未来在 3000 ~ 5000m 深部找到一批大型金属矿床是完全可能的。根据最新调研成果，当前国外开采深度 1000m 以上的金属矿山共 112 座。其中，加拿大 28 座、南非 27 座、澳大利亚 11 座、美国 7 座、俄罗斯 5 座。我国超过澳大利亚，居世界第 3 位。据统计，我国三分之一以上的地下金属矿山，未来 10 年开采深度将达到或超过 1000m，其中部分矿山开采深度可达到 2000 ~ 3000m。按照现在深部开采的发展速度，我国深井矿山数量短时间内有望达到世界第一。

蔡美峰指出，深部开采是我国金属矿开采面临的最主要问题，关键问题来自几个方面：一是深部高地应力问题。地应力是采矿前就存在于地层中的天然原始应力，所有采矿开挖活动都在地应力控制之下进行。地应力值随深度增加呈近似线性增长关系。在深部高地应力作用下，采矿开挖将形成破坏性的地压活动，导致岩爆、塌方、冒顶、突水等开采动力灾害发生，严重影响生产安全和正常开采。二是深部岩性恶化。进入深部后，岩体结构与力学特性会发生重大变化，浅部的硬岩到了深部可能会变成软岩，弹性体变成塑性或塑性体。适用于浅部的采矿和支护设计标准与方法，原封不动地用于深部，可能会出现一系列严重问题。三是深井高温环境。岩层温度随深度以 3.0℃/100m 的梯度增加，深井高温环境严重影响工人劳动生产率和设备使用效率。四是提升问题。随着开采深度增加，矿山的开采难度显著增加，提升难度和成本也会相应增加，并对安全生产构成威胁。

蔡美峰强调，要想解决深部开采的各种问题，就要积极运用关键技术，比如常用降温技术。我国目前采用人工制冷降温的深井矿山只有几个。降温设备多数从国外引进，价格昂贵，很难在我国大范围推广应用，并且现有的降温技术都是被动式降温技术。为了高效解决深井降温问题，就必须发展主动式降温技术，着力实施深井高温岩层隔热技术。深井高温环境主要是高温岩层热辐射所造成的，研发新型高效的隔热新材料、新技术、新工艺，对岩层高温热源进行隔离，在此基础上再采用人工制冷降温技术等，就会使井下巷道和采矿工作面取得良好的降温效果。同时，应着力实施深井地热开发技术。如果在深部开采过程中，采用热交换技术，对岩层中地热资源开发利用，并将深井采矿和深部地热开发利用相结合，就会大幅度抵消降温成本，从而为采矿深井降温找到了一条具有颠覆性的、经济有效的技术途径。

蔡美峰指出，化石能源的时代很快就会过去。同样，水、电、太阳能、风能等可再生能源可为人类提供的能源将极其有限，难以替代化石能源的空缺，核电的大规模使用也会受到各种限制。因此，开发深部的巨大地热资源，将是解决人类未来长期能源需求的正确方向。

蔡美峰认为，下一步，国内矿山企业应大面积推广使用先进传感及检测监控技术、采矿设备遥控及智能化技术、井下无轨导航与控制关键技术（井下目标跟踪技术、运动控制技术、远程通信技术）、高速数字通信网络技术、高度智能地下采矿技术等，并依托国家和科研系统的大力扶持，尽早实现大型自动化设备国产化。“我国从事采矿科技研究人数众多、力量大，只要集中力量，通过战略性创新研究，就能在开发颠覆性采矿新模式、新技术方面取得突破，为无人采矿从初级阶段向高级阶段过渡创造条件。”最后，蔡美峰补充道。

中国工程院院士蔡美峰：无人采矿是安全生产“治本”方法

中国黄金报，2019 年 7 月 12 日

采访 / 报道人：许勇

“遥控智能化无人采矿是最好的应对不断恶化的深部开采条件和环境条件，最大限度提高劳动生产率和采矿效率、保证开采安全的最根本、最有效、最可靠的方法。”7 月 10 日，中国工程院院士蔡美峰在全国黄金行业及非煤矿山安全发展论坛上说。

据蔡美峰介绍，2000 年以前，我国只有两座矿山开采深度达到或接近 1000m。进入 21 世纪以来，已有十多座地下金属矿山开采深度达到或超过 1000m。他表示，未来 10 年内我国将有三分之一以上金属矿山采深超过 1000m，深井矿山数量将在较短时间内达到世界第一。“随着勘探技术和装备进步，我国在 3000m 到 5000m 深部找到一批大型金属矿床是完全可能的，因此我们必须把 5000m 采深作为深部开采战略研究的目标。”他说。

但是，与浅埋矿床相比，由于深部矿岩的地质构造、赋存条件以及地应力等均与浅部矿岩有所不同，其开采技术条件更加复杂，面临包括地压、高温、提升、回采、环境保护等在内更广泛、复杂的技术难题。

西方发达国家在 20 世纪 80 年代就开始实施井下工作面的无人采矿，而目前我国不少矿山机械化程度相对较低。加速我国遥控智能化采矿技术与设备的研究与推广应用任重而道远。“遥控智能化无人采矿是实现采矿安全高效最大化的必由之路。”蔡美峰强调。

蔡美峰表示，我国的采矿技术已接近或达到了国际先进水平。矿山整体差距主要体现在大量矿山的采矿设备比较落后，导致生产效率低、资源损失严重。先进采矿设备主要从国外进口，价格昂贵。这是制约我国采矿进步的关键问题。

为此，蔡美峰提出，我国必须加大科技投入力度，立足自主创新，在自动化采矿装备研制方面取得突破，在较短时间内实现大型自动化采矿装备国产化；同时，对一批新建的大型地下金属矿山，要从设计之初就考虑高起点投入。这样投产后就能实现自动化遥控、智能化采矿作业，从而从整体上带动我国自动化、遥控智能化采矿水平上一个台阶。

蔡美峰表示，我国从事采矿科技研究的人数多、力量强，只要集中力量，就可以在采矿新技术、新工艺研究方面取得突破。“相对西方矿业发达国家，我国的采矿工程科技在不远的将来实现弯道超车是大有希望的。”他说。

蔡美峰指出，随着信息及通信技术的进步，必将推动无人采矿从现行的基于传统采矿工艺的自动化采矿或遥控采矿，向以先进传感器及检测监控系统、智能采矿设备、高速数字通信网络、新型采矿工艺等集成化为主要技术特征的高级“无人矿山”发展。

蔡美峰院士等参加首届国际高压岩体地质力学大会“The 1st International Scientific Conference–Problems of Geomechanics of Highly Compressed Rock and Rock Massifs”

北京科技大学国际处，2019 年 7 月

首届国际高压岩体地质力学大会“The 1st International Scientific Conference–Problems of Geomechanics of Highly Compressed Rock and Rock Massifs”是金砖国家国际合作项目“深部动力灾害演化机制及防控研究”研究中重要的成果推动和国际交流会议。由国际合作项目三方：远东联邦大学和北京科技大学、印度巴纳特国家理工大学共同主办。此次大会主席由中国工程院院士蔡美峰、俄罗斯科学院院士古译夫（Guzev）、俄罗斯拉斯卡佐夫（Rasskazov）教授共同担任，国际合作项目负责人俄罗斯马卡罗夫（Makarov）教授、北京科技大学李远副教授、巴纳特国家理工大学萨穆伊（Samui）教授担任大会副主席。会议期间来自中国、俄罗斯、印度、澳大利亚、塔吉克斯坦、乌克兰等国家的专家学者进行了深入和广泛的交流。

北京科技大学代表团共 10 人由蔡美峰院士任领队，团员包括李远、郭奇峰、黄正均老师及刘洋、杨建明等 6 名学生。大会上代表团作了大会报告 2 次（蔡美峰院士、李远副教授）、分会场报告 8 次，参加了大会组织的全部会议和交流活动。全体会议结束后，应大会组委会邀请分别考察了远东联邦大学地质力学实验室和地球试验场（Nikolaevskii 矿山），并参与各方代表的圆桌会议确定未来合作方向。

一、学术交流

此次考察交流过程中，蔡美峰院士作为大会主席，与 Guzev 院士、Rasskazov 教授共同主持大会的全体会议，并在全体会议中作了第二个报告，题目为“金属矿产资源可持续开发战略研究”，报告中对国内外近几年深部金属矿山开采发展做了简要讲述，在此基础上结合我国金属矿山自身特色，对我国深部矿山资源可持续发展方向做了介绍并回答了与会专家的提问。会上 FEFU 国际事务副主席潘诺娃（Panova），俄罗斯工程学院院长贝克尔（Bekker）和中国科学院院士何满潮等专家对此表现出极大的兴趣，

并在会后就世界未来深部矿产资源开采进行了深入的交流。

大会会议议程结束后，代表团受大会组委会邀请考察远东联邦大学地质力学实验室和地球试验场（Nikolaevskii 矿山），对试验场岩体震动测试及损伤监测系统进行考察。最后代表团参加了各方代表组成的圆桌会议，讨论确定了下一届科学大会的时间。

二、合作项目建设发展

此次大会作为金砖国家合作项目的第一次交流大会，为项目前期成果的总结提供了平台，为项目后期合作的开展方向和路线指出了建设性的方向。同时，课题组最新研究成果向世界同行进行展示和交流，引起了与会专家和相关单位的关注。会后，来自莫斯科、圣彼得堡等地区的科研人员专门询问了相关设备的参数和制作概况，并提出进行合作的意向。我方也根据相关研究的需要，邀请了 Batugin 教授和塔拉索夫（Tarasov）教授在方便的时候访问我校，对未来合作和目前研究进行商讨和交流，并确定了今年 9 月在中俄岩土论坛召开期间，再次会晤曾到访我系的 Chanasov 教授，建立长期合作关系。

蔡美峰院士主持会议

蔡美峰院士作学术报告

在远东联邦大学地质力学实验室拍照留念

中国工程院院士蔡美峰：岩爆预测预警还需进一步研究

中国黄金报，2019 年 8 月 30 日

采访 / 报道人：记者 许勇

中国工程院院士蔡美峰在 2019 中国（招远）国际黄金矿业技术高峰论坛上发表主旨演讲，详细介绍了深部开采中岩爆的诱发机理，并提出了减少岩爆的路径。

与浅埋矿床相比，由于深部矿岩的地质构造、赋存条件以及地应力等均与浅部矿岩有所不同，其开采技术条件更加复杂，面临包括地压、高温、提升、回采、环境保护等在内更广泛、复杂的技术难题。

“随着开采深度的不断增加，出现地应力增大、地质条件恶化、涌水量增大、地温升高、开采工作面作业环境恶化等问题，进而引起围岩变形、塌方、冒顶、片帮等事故隐患不断增多，尤其是高地应力问题对开采方法和地压控制提出了新的要求。”蔡美峰表示，深部高地应力是引起开采动力灾害包括岩爆的根本原因。

蔡美峰指出，岩爆的预测、预报是一项世界级难题。岩爆研究历史已近半个世纪，国内外学者提出了各种岩爆理论和学说，但由于缺少对岩爆机理的准确认识，始终没有形成具有实用性的预测与防控技术。

蔡美峰表示，实际上在采矿开挖前地应力处于自然平衡状态，采矿开挖引起地应力向开挖空间释放，形成“释放荷载”，导致围岩变形和应力集中，产生扰动能量。当岩体中聚集的扰动能量达到很高水平，并且在围岩出现破裂等情况下突然释放，就会产生冲击破坏，即岩爆。

基于上述岩爆诱发机理，根据未来开采计划，采用数值模拟等方法，定量计算出未来开采诱发扰动能量的大小和分布，就可借助地震学中地震能量与震级的关系式依据扰动能量分析，对未来开采岩爆的趋势及其震级作出预测。

蔡美峰认为，岩爆防控应主要从优化采矿方法入手，减小和控制开采开挖引起的扰动能量的聚集，减轻和控制岩爆发生。同时，采取能吸收能量的支护措施，阻止和减弱岩爆的冲击破坏作用。

“当前的主要问题是岩爆的监测和预报缺少成熟的技术，准确的岩爆短期和临震预报还做不到。要依据岩爆诱发机理尽早开发出智能化、可视化的岩爆精准探测与预报技术。”蔡美峰表示，只有精准监测开采过程中岩体能量聚集、演化、岩体破裂、损伤和能量动力释放的过程，特别是精准捕捉能量释放的前兆和过程，才能为岩爆的实时预测、预报提供可靠依据。

蔡美峰：以赤子之心向岩层深处开掘

光明日报（专访），2019 年 12 月 8 日

本报记者 陈鹏 本报通讯员 邢华超

蔡美峰院士近照（本报记者 陈鹏摄 / 光明图片）

“我可是《光明日报》的老朋友。”没等记者开口问候，中国工程院院士、北京科技大学教授蔡美峰就握住记者的手，笑着说。

随即，蔡美峰向记者展示了一份1990年11月8日的《光明日报》，那天的头版头条《问渠哪得清如许——记留澳博士研究生蔡美峰》，记录了他毕业学成归来报效祖国的事迹。

曾经，那位说出“归国效力，天经地义”的博士毕业生，如今已是国际著名岩土工程专家。

1943 年，蔡美峰出生于江苏如东黄海边。他出生刚三个月，父亲出海时不幸去世，母亲孤身一人拉扯 4 个孩子。贫苦的乡村生活是他成长的起点。后来，蔡美峰以高分考入上海交通大学，就读于工程力学本科专业。1978 年，国家恢复研究生招生，他报考了北京钢铁学院（现北京科技大学）采矿工程专业。

入学面试时，岩石力学学科领域专家于学馥教授问蔡美峰的第一个问题就是：“以前，你是搞上天（火箭发射）的，现在要入地，行吗？”蔡美峰回答：“我能吃苦肯学习，干什么都行。”

蔡美峰没想到，当时的回答成为自己人生的重要转折点，他的专业领域从工程力学转入采矿工程。

采矿是一门极为复杂的系统工程，其复杂性既在于开采结构的设计，也在于对开采条件和环境的研判。采矿的理论基础是力学，经过工程力学本科训练的蔡美峰，深感自己在采矿领域“大有用武之地”。

蔡美峰说："以前，采矿被很多人看不起，大家认为采矿就是刨地三尺，没有学问，也不是一门科学。但是，随着矿产资源的开发越来越举足轻重，特别是与国外相比，我国采矿工程的技术水平相对落后，使人们逐渐重视采矿领域的科技应用。"

采矿其实是力学问题，地层本身存在地应力，在没有开采活动的时候，地层处于自然平衡状态。蔡美峰介绍，采矿开挖活动打破了这种平衡，引起地应力的释放，正是这种地应力的释放荷载导致采矿岩体的变形和破坏。

根据实际地应力进行合理的采矿开挖设计，保持采矿工程的稳定性，这项技术重要且复杂，测量误差可能造成上亿元的浪费。

20 世纪 80 年代末，蔡美峰去澳洲留学，主要研究方向就是如何测量地应力。由于资金和人员缺乏，当时，他自己要将试验需要的几十公斤岩石块从试验台上搬上搬下，在一尺半的试验台底部爬进爬出。没多久，连原先的导师都调走干别的项目去了，但是他却经受住脑力、体力的磨炼，继续坚持研究，被称作"采矿系最辛苦的研究生"。

结束完留学生涯，蔡美峰发明了具有自主知识产权的地应力测量技术，并开始在国内推广。

在摆放着各种测量仪器和部分采矿机械模型的办公室里，蔡美峰向记者介绍地应力的测量方法，并不时在纸上画着示意图。

"经过几十年的开采，我国浅层的矿产很快就要采光了，现在需要向更深层次进行开采，这就是深部开采。"如今，深凹露天矿边坡稳定性控制与优化设计方法、露天转地下开采关键技术、深部开采岩爆预测与防控技术，是蔡美峰的主要研究内容。

年逾古稀的蔡美峰，依然领衔多项国家研发技术重点专项："我的目标是，集中优势力量，力争在开拓先进的采矿新理论、新技术、新装备方面取得重大突破。"

30 年前，在本报那篇报道旁，还刊载了一篇短评《新一代知识分子的风范》。文中写道："年轻一代的知识分子对祖国、对人民始终怀有一颗赤子之心，始终牢记着祖国和人民的重托。"

时间是最好的见证。

三大主题指明矿业科技创新方向——中国工程院院士蔡美峰谈如何进行资源高效开发

中国黄金报，2020 年 9 月 11 日

采访 / 报道人：本报记者　宋逸轩

随着信息、通信和人工智能技术的进步，无人采矿将向以高速数字通信网络、互联网、大数据、云计算、智能采矿设备与工艺等集成化为特征的高级无人矿山发展。

届时，无人采矿的设备和控制系统将具有智能目标识别与感知、自主记忆、自主判断、自主决策等功能，不再需要通过外部遥控来实现。

矿山企业科技如何创新，方向在哪里？9月9日，在紫金矿业集团股份有限公司第六次科技大会上，中国工程院院士蔡美峰在矿产开发与生态建设专题讲座上给出了答案。

蔡美峰的讲座以"金属矿产资源绿色智能可持续开发关键工程科技创新研究"为题，他认为绿色开发、深部开采和智能化无人采矿是保证矿产资源可持续高效开发的三大主题。

他说，采矿业是国民经济发展的保障性行业，只有加速绿色智能矿山建设，才能使我国更早进入世界采矿强国行列，从而保障我国矿产资源的有效供给和对国民经济发展的持续可靠支撑。

持续发展命脉：绿色开发

金属矿产资源是世界各国处于第一位的工业原料。长期以来，我国金属矿产资源储量不足，贫矿、小矿多，富矿、大型、特大型矿很少。经过多年开采，我国的浅部资源逐年减少甚至枯竭。此外，长期无序无节制高排放的开采模式，也造成了严重的资源浪费和生态环境破坏。

对此，蔡美峰认为，首先，必须全面推行绿色高效的矿业开发模式。推进绿色矿山建设是落实中央战略部署、推进生态文明建设的重要举措，是国家赋予采矿业的责任和义务。他表示，首先要将采矿与生态环境作为一个大系统进行研究。遵循自然生态系统物质循环规律，使矿山生态系统和谐地纳入自然生态系统物质循环过程，形成清洁生产、资源高效回收和废物循环利用的绿色生态循环经济发展形态。

其次，要有效控制矿区地表和地下岩层稳定，避免和控制采矿引起地表沉陷，边坡坍塌、滑坡，地下采场冒落、岩爆、突水等地质和动力灾害发生，尽可能地规避由其造成的环境和生态的重大破坏。

再次，应采用精准开采的工艺技术，实现废料产出最小化；避免和控制废弃物排放对环境和生态造成的污染和危害。

最后，矿山土地复垦与绿化应与采矿活动同步开展，从而保护水源，防治水土流失，使矿山区域的生态环境与自然生态环境有机地融为一体。

最迫切的问题：深部开采

随着浅部资源的逐年减少和枯竭，我国金属正向深部开采全面过渡。当前正在兴建的一批大中型金属矿，几乎全部为深部地下开采。如何做好深部开采是目前金属矿山面临的迫切问题，也是保证我国金属矿产资源可持续开发与供给的最主要途径。

蔡美峰指出，目前深部开采面临着深部高地应力问题、深部岩性恶化、深井高温环境以及深井提升等方面的挑战。

在深部高地应力方面，采矿开挖形成破坏性的地压活动，可能诱发岩爆等开采动力灾害的发生，严重影响生产安全和生产秩序。

他表示，岩爆的预测、预报是一项世界级难题，当前岩爆监测和实时预报还缺少成熟技术。他认为，岩爆防控应主要从优化采矿方法、开采布局和开采顺序入手，减小在围中产生高岩应力集中和大的位移，减小和控制开采过程中扰动能量的聚集。同时，采取能吸收能量、防冲击的支护措施，阻止和减弱岩爆的冲击破坏作用。

在深井高温环境方面，他表示，地热本身是一种天然能源，在深部开采过程中，可以考虑采用热交换技术对岩层中地热资源进行开发利用，将深井采矿和深部地热开发相结合，从而大幅度抵消目前的降温成本，为采矿深井降温开辟出一条具有颠覆性的经济有效的技术途径。

重要保证：智能化无人采矿

人工智能是新一轮科技革命和产业革命的重要驱动力量，智能化无人采矿是实现采矿安全高效最大化最根本、最有效、最可靠的方法，是我国矿产资源可持续开发的重要保证。

目前国内外采矿业发展仍处于无人矿山的初级阶段。此阶段的无人采矿的核心技术仍然是传统采矿工艺和生产组织管理的自动化与智能化控制。随着信息、通信和人工智能技术的进步，无人采矿将向以高速数字通信网络、互联网、大数据、云计算、智能采矿设备与工艺等集成化为特征的高级无人矿山发展。届时，无人采矿的设备和控制系统将具有智能目标识别与感知、自主记忆、自主判断、自主决策等功能，不再需要通过外部遥控来实现。

蔡美峰说，进入 21 世纪以来，国内采矿界和一大批矿山，在加速智能化采矿技术的研究与推广应用方面，做了大量卓有成效的创新性工作，取得了巨大进展，极大地缩小了与国外的差距。

总体上看，我国采矿技术已达到国际先进水平，但仍有一批中小型金属矿山，设备较为落后，先进设备依赖于进口，因而制约了设备换代升级和先进采矿技术的推广应用。蔡美峰认为，国家和科研系统必须加大科技和经费投入，尽早实现大型自动化设备国产化，为加强我国智能化采矿技术的推广应用创造可靠条件。

“相对目前西方矿业发达国家，我国的采矿在不远的将来实现‘弯道超车’，比他们更早进入无人采矿高级阶段是完全可能的。”蔡美峰说。

以绿色矿业建设和矿山生态修复推进矿业高质量发展——访中国工程院院士、北京科技大学教授蔡美峰

中国矿业报，2021 年 7 月 26 日

采访 / 报道人：首席记者　王琼杰

随着“双碳”目标的提出，“十四五”时期将是我国经济社会发展全面绿色转型、实现生态环境质量改善由量变到质变的关键时期，也是我国矿业转型升级、实现绿色

高质量发展的重要窗口期。

我国矿业的高质量发展之路应该如何走？中国工程院院士、北京科技大学教授蔡美峰在近日举行的中国县域矿业绿色高质量发展百人论坛暨黄河几字弯矿区生态修复与治理研讨会上表示，要从推进绿色矿业建设和矿山生态修复治理两方面入手，实现我国矿业绿色高质量发展。

蔡美峰认为，遵循自然生态系统的物质循环规律，将矿业开发和谐地纳入自然生态系统物质循环过程，形成清洁生产、资源高效回收和废物循环利用为特征的绿色生态循环经济发展形态。尤其是在采矿全过程中，既要实施科学有序的开采，又要把对矿区周边自然和生态环境的扰动控制在环境允许的范围内。采用绿色智能不破坏生态环境的采矿方法，实现矿业生产和环境保护的协调统一。同时，他表示，实现矿业的可持续发展，必须采用先进可行的技术和方法，进行矿山生态环境的修复和治理。

绿色矿业建设必先从绿色开采做起

蔡美峰认为，发展绿色矿业、建设绿色矿山必须先从绿色开采做起，将采矿与生态环境作为一个大系统进行研究。不只把矿产看成资源，同时把土地、地下水、植被、大气等构成生态环境的各种要素都当成重要资源进行利用和保护。

矿山建设伊始，就要对采矿可能造成的对环境与生态系统影响及破坏进行充分评估，通过科学设计并采用先进技术，尽可能减少开采过程中对生态环境要素的影响和破坏，从源头上着力做好矿区自然和生态环境的保护。要有效控制矿山地压活动、维护地表和地下岩层稳定，避免和控制采矿引起地表沉陷、山体崩塌、滑坡、地下采场顶板冒落、岩爆、突水等地质和动力灾害发生，以及由它们造成对原生植被、水资源及生态环境系统的严重破坏。

“采矿、选矿产生大量废石、尾矿，它们是持久并严重的污染源。”蔡美峰说，要以精准切割的方法开采矿石，可以减少废石的产出和排放；同时，开发新的选矿工艺和设备，提高选矿回收率，从而大大减少尾矿排放量。废石、尾矿等废料产出和排放最小化，可以将矿山环境污染防治从传统的末端治理转移到从源头上控制。

绿色开采重在源头和前端。蔡美峰认为，实施采选一体化技术，如矿浆输送技术，将矿石预选后在井下破碎、研磨成矿浆，用管道水力输送至地表选矿厂。与其他运输方案相比，具有基建投资低、对地形适应性强、不占或少占土地等一系列优点，是一项有利于环境保护的技术。将选矿厂建在井下，开采的矿石在地下进行选矿，然后直接向地面输送精矿，选矿产生的废石与尾矿留在井下用于采空区充填，实现原地利用，并减少排出地面后对生态环境的污染、破坏。同时，地下选矿省去征地建厂建库和尾矿库管理的费用，消除了尾矿库产生各种自然灾害的根源。这是发挥矿产资源绿色高效开发综合效益的重要举措。

固体废弃物的堆存，压占大量土地，破坏森林、植被、地貌；废石和尾矿无序排放，淤塞河道、污染水体，对矿山生态环境和人类健康与生存带来极大危害。所以，实现废弃物大规模资源化利用，消化和处理掉堆存的废弃物，并大幅度减少今后的排放和堆存，对环境保护的意义重大。蔡美峰表示："对不可避免产生的废弃物，尽可能直接在原地回收和有效利用。如地下矿山，将采矿产生的废石、选矿产生的尾矿用于充填地下采空区，对维护地下采场的稳定与安全将发挥重要作用，同时避免和控制废弃物排放对环境和生态造成污染和危害。"

"矿产资源开发造成的矿山及周边环境污染与生态破坏，传统采矿模式采取末端治理的方法，工作量大、效果差。为此，必须与采矿同步开展土地复垦、绿化、防治水土流失等保护矿山生态环境的活动，如果等采矿全部结束、生态环境已被严重破坏再做治理，代价太大，而且达不到恢复自然生态环境的效果。"蔡美峰表示。

矿山生态环境保护与修复治理必须同步进行

在矿山开采前，对采矿开挖可能造成的对环境与生态系统的影响及破坏进行充分评估，包括地面自然和生态环境系统、植被系统、水文系统、建筑物设施等。要通过科学设计，规避可能出现的影响与破坏，从源头上做好矿区自然和生态环境的保护。

蔡美峰指出，露天矿开采要始终把采场和排土场的边坡稳定性维护放在最重要的位置，采取有效监测与控制措施，规避边坡滑坡、倾倒、崩塌、泥石流等灾害事故的发生。这些事故对自然生态环境、植被、建筑物设施、人的生存环境会造成毁灭性的破坏。地下矿开采过程中，要采用充填法等手段处理好采空区，有效监测和控制矿压活动，避免采空区存在和失稳引起顶板塌方、冒顶、地表沉陷、破坏贯通等严重破坏环境的灾害事故的发生。

"露天采矿对环境的影响范围大，可造成的灾害类型多，从保护环境和生态的角度考虑，应尽可能将露天开采变为地下开采。"蔡美峰说。

土地复垦是矿山生态修复的主要举措，服务于环境整治和农地保护与恢复两个目标。

蔡美峰说，土地复垦技术主要可分为物理工程技术、化学技术和生物技术三大类。物理工程技术是矿山环境和土地整治的主要手段。包括：地表整形工程。采用充填、回填、堆垒和平整等措施，对复垦土地的地形以及地貌进行一定的整理和修复，使之达到矿区自然环境和复垦地使用的要求。挖深垫浅工程。将局部积水沉陷较大区域挖深，用于养鱼、栽藕等，用挖出的泥土垫高下沉较小区域，形成农地。把沉陷前单纯种植性农业变成种植、养殖相结合的生态农业。尾矿造地复垦工程。尾矿属于无机物质，不具备基本肥力，可采取覆土、掺土等方法处理后进行造地复垦、植被绿化。还有一些必要工程措施，如削坡卸载、挂网加锚杆、建挡土墙等边坡稳定措施，截排水减少水土流失以及覆盖措施等。

土地复垦化学技术主要作用是改良土壤。针对酸性土壤，使用尾矿、煤灰等工业废料来降低土壤酸性；对碱性土壤或 pH 值较高的土壤，利用腐殖酸等物质进行改良；施用有机肥或氮、磷、钾等无机肥来促进土壤熟化、增加土壤肥力；对于有毒的尾矿及废弃物和被污染的土地，一般先进行表土覆盖。

土地复垦生物技术主要是林草种植。在选择树种、草种时，必须根据当地自然气候条件和岩土成分，考虑树种、草种的抗旱性、抗寒性、耐贫瘠性、生长发育速度和一定的土壤改良作用；土壤动物蚯蚓的存在可以改良土壤结构，增加土壤保水保肥的能力，还可以应用菌根、酶等微生物对废弃地进行改良。复垦应重视采取生物技术，在生态环境良好的复垦区注重采前生态环境保护、采后生态环境恢复；生态环境脆弱区更应注重生态环境保护，采后进行复垦工作时，多注重生态效益，改善矿区生态环境。

在谈到环境整治与生态修复综合技术时，蔡美峰认为，生态修复以污染控制、生态价值、生物多样性、环境效益、景观改良等为目标和评价指标。主要技术有：

被污染土壤治理技术。主要包括物理、化学和生物三类修复技术。物理修复包括充填法、换土法、客土法和深耕翻土法等；化学修复通过添加化学物质改变土壤性质；生物修复运用微生物和植物，使土壤中的有害污染物得以去除。

土地整治与复耕技术。矿区在采矿初期剥离的表土，包括耕地的表土，在开采后的环境整治中，除用于填埋采矿形成的地表坑洞外，还可作为矿区复耕覆土之用。应根据不同情况，采取土地整治和覆土措施，恢复耕地功能。

水均衡系统保护技术。采用保水开采技术，有效避免和防止对含水层的破坏；优化井巷工程设计，不在含水层中布置井巷工程或减少穿越含水层的工程量，以减少对含水层的破坏。

废水治理技术。包括物理法、化学法和生物法三种。物理法有吸附法和膜分离法两种。吸附法主要用于废水的深度处理和给水处理，传统的吸附剂有活性炭和磺化煤，新开发出的有硅藻土、膨润土和壳聚糖及其衍生物。膜分离法主要用于清除废水中镍、铜、锌、铅等金属离子。化学法包括化学中和法和化学氧化法，中和法通过中和剂使废水中重金属离子生成氢氧化物沉淀与水分离，氧化法通过化学氧化将液态或气态的无机物和有机物转化成微毒、无毒的物质，达到废水排放的标准。生物法利用微生物分离水体中的重金属离子并清除出去。

植被恢复技术。根据当地情况，选择根蘖性强，生长迅速，耐干旱贫瘠的适生树种，以保护现有植被为主，开展植树造林、还林还草生态建设；对废弃不用的开采工作面和堆放的弃土、弃渣表面，应先覆盖 20～50cm 的土壤再进行植被恢复。

生态文明建设必须摆在发展全局高度位置

绿色矿山是我国矿业行业贯彻落实生态文明理念、推进生态文明建设的重要实践。蔡美峰表示，绿色开发是保证矿业可持续发展的命脉，也是保证 21 世纪中叶建成美丽中国，国家允许矿业开发的模式。这是新时代保护生态环境制度的刚性约束和不可触碰的高压线。

“合理利用资源、保护环境，是实现矿业可持续发展的必然要求。只有走以最有效利用自然资源和保护环境为基础的循环经济发展之路，矿业可持续发展才能得以实现。”蔡美峰说，生态环境是人类生存和发展的根基。党的十九大把“人民日益增长的美好生活需要和不平衡不充分的发展之间的矛盾”明确为目前我国社会的主要矛盾。伴随着社会经济的不断发展，人民群众对优美生态环境的需要日益成为这一矛盾的主要方面。因此，必须把生态文明建设摆在发展全局的高度位置。

“全国范围的生态环境整治和绿化建设，利用森林植被吸收二氧化碳，将是实现碳中和的重要手段。建设绿色矿山，发展绿色矿业责任重大，意义深远，也是中国矿业实现高质量发展的必由之路。”蔡美峰最后表示。

学校举行“蔡美峰张贵银矿业教育基金”捐赠仪式

北京科技大学宣传部，2022 年 4 月 14 日

摄影：王占奎　责编：付云笛、邢华超

4 月 13 日上午，中国工程院院士蔡美峰（硕 78 级校友）与夫人张贵银女士用个人积蓄向北京科技大学教育发展基金会捐赠300万元，成立“蔡美峰张贵银矿业教育基金”，以支持学校教育事业发展与人才培养。捐赠仪式在校办公楼 306 会议室举行。

捐赠仪式现场

校党委书记武贵龙，校长杨仁树，副校长闫相斌、王鲁宁，党办、校办主任盛佳伟，学生工作部、武装部部长尹兆华，土木与资源工程学院党委书记苗胜军、院长尹升华，以及学校相关部门、学院师生代表出席捐赠签约仪式。校友会办公室、基金会办公室主

任何进主持仪式。

捐赠仪式上，王鲁宁与蔡美峰、张贵银夫妇签署矿业教育基金捐赠协议；杨仁树代表学校接收捐赠支票，并向蔡美峰、张贵银夫妇颁发捐赠证书；武贵龙授予蔡美峰、张贵银夫妇“教育贡献奖”纪念牌，同时还赠送了一份特殊且珍贵的礼物，蔡美峰先生就读研究生时的“学生登记卡”。

王鲁宁与蔡美峰、张贵银夫妇签署捐赠协议

杨仁树代表学校接收捐赠支票

武贵龙授予蔡美峰、张贵银夫妇“教育贡献奖”纪念牌

蔡美峰先生在致辞中表示，此次捐赠是为报答党和国家的养育之恩，报答学校的教育培养之恩，助推北科大国际一流学科建设，确保北科大“矿业工程”学科国际排名永列前茅。同时，这次捐赠也是献给母校的生日礼物，祝愿母校发展日新月异，为祖国培养出更多的栋梁之材，在双一流学科建设的征途上，勇攀高峰，再创辉煌。

蔡美峰致辞

蔡美峰先生回顾了自身的成长经历，鼓励青年师生要不忘初心、刻苦学习、努力工作，用实际行动报效祖国，号召大家要学习科学理论和高新技术，为提高我国采矿工程和技术的科学水平作出自己的努力和贡献。

蔡美峰先生也表达了对学校矿业工程学科的发展期望，期望矿业工程学科能够在学校的关心和支持下，持续强势发展，培养更多高水平人才、产出更多高水平成果，为国家作出更大的贡献。

张贵银女士发言中表示，对此次捐赠表示支持。张贵银女士也感动于蔡美峰先生爱党、爱国、爱校的情怀，被蔡美峰先生投身矿业工程发展的决心和毅力所折服。张贵银女士还感慨，通过蔡美峰先生的影响，自己对矿业工程有了新的认识，了解到矿产资源是工业的粮食，大力培养矿业人才是国家战略发展的方向，学习矿业大有可为。最后，张贵银女士对学校 70 周年华诞表达了祝福。

张贵银发言

武贵龙代表学校向蔡美峰先生和张贵银女士致以崇高的敬意和诚挚的感谢。武贵龙表示对蔡美峰先生设立矿业教育基金的初衷和精神表示感谢，蔡美峰先生见证了矿业工程学科的发展历程，始终关心着矿业学科的发展；蔡美峰先生爱党、爱国、爱校的情怀令人感动，同时也表现出了个人的担当，起到了模范和示范作用；蔡美峰先生获得的“高等学校教学名师奖”“全国模范教师”“全国优秀科技工作者”荣誉称号凝聚了他的辛勤付出。

武贵龙强调，“矿业工程双一流建设”到了关键时期，广大师生要继承和发扬老一辈矿业人的优良作风，在认真学习老一辈矿业人宝贵的教学科研方法的基础上，结合新时代学生特点，持续优化人才培养方案，积极与企事业单位合作共赢。他希望广大师生和校友学习蔡美峰先生的精神，不断加强基础理论研究，加快促进科技成果向生产力的转化，不断提升人才培养的层次与内涵，为培养兼具专业知识和家国情怀的优秀矿业人才而不懈努力。

武贵龙讲话

作为国内外著名的岩石力学与采矿工程专家、我国矿山地应力测量和以地应力测量成果指导科学采矿的主要开拓者之一，蔡美峰先生首次开发出我国具有自主知识产权的“实现完全温度补偿并考虑岩体非线性的地应力解除测量技术”，引领和推进了我国矿山地应力测量的开展、普及与提高；提出了以地应力为基础的采矿优化的理论与技术体系、安全高效开采技术和矿山动力灾害预测与防控技术等。先后完成了近百项采矿基础理论和采矿工程科研项目，获国家科学技术进步奖二等奖4项（3项排名第一，1项排名第二）、三等奖1项（排名第三）、国家技术发明奖三等奖1项（排名第一），省部级科技奖励二等奖以上的16项（排名第一）。出版学术著作8部，发表学术论文

400余篇，从教40多年来，开设本科生课程、研究生课程15门，培养出博士研究生110名、硕士研究生115名、博士后30余名；主编“十五”国家级规划教材《岩石力学与工程》，发行量7万余册，至今一直被全国几百所高校采用，2005年获国家级教学成果二等奖（排名第一）。

蔡美峰先生在岩石力学与采矿工程领域40多年的奋力拼搏与不懈努力，为提高我国采矿工程和技术的科学水平、实现科学采矿，解决一批有代表性大中型金属矿山、非金属矿山、煤矿等采矿过程中的关键工程技术难题，同时为国家培养一批高水平的矿业研究、设计和工程管理人才，作出了突出的贡献。2008年、2009年、2010年分别被授予“高等学校教学名师奖”“全国模范教师”“全国优秀科技工作者”荣誉称号。

蔡美峰先生对科研、学校和国家的深沉热爱和淳厚感情感染了所有在场的师生。纪洪广代表土木与资源工程学院全体教师表示，蔡先生的捐赠善举和感恩精神又为我们上了一课，纪洪广回顾自己自1997年来校工作的经历，历经矿业工程学科的起伏发展，对蔡院士的心系矿业精神表示了崇高的敬意，也表达广大师生要充分发扬传承蔡院士的科研进取精神和艰苦朴素的生活作风，为我校的发展贡献力量，同时祝愿在新的“十四五”建设当中，传承奋斗精神，把母校越办越好。

纪洪广发言

土木与资源工程学院矿业工程学生陈康宁表示，蔡院士为科研奉献的精神将成为她学术道路上不断奋进的动力，蔡院士是年轻采矿学子的坚实后盾，她要学习蔡院士为科研奉献的崇高精神，刻苦学习专业知识，不负厚望，脚踏实地，争取取得新的突破和成绩。土木与资源工程学院多位师生代表参加了矿业教育基金的捐赠仪式。

陈康宁发言

国运兴衰，系于教育；教育兴衰、系于教师。蔡美峰先生一直告诫大家，作为人民教师，必须爱岗敬业，怀着强烈的责任心和使命感，以广博的学识、丰富的实践经验和高尚的人格魅力，言传身教，为人师表，把培养的每一个学生锤炼成国家建设的有用之才。40 多年来，蔡美峰先生除培养了一代又一代的本科毕业生外，还指导了 200 多名研究生和博士后研究人员。他对自己指导的每一个学生，既严格要求又热情关心。如今，他的好多学生已经成长为国家的栋梁，正在为祖国的繁荣和富强贡献着力量，蔡美峰将此视为“引以自豪的终身成就”。

合影留念

2022 年迎来学校 70 周年校庆，蔡美峰夫妇捐赠的矿业教育基金是学校的宝贵财富，承载着蔡美峰院士爱国、爱校、爱矿业的高尚精神和情怀，将鼓舞着北科学子深植远大理想和抱负，以蔡美峰院士为学习楷模，传承我校“学风严谨，崇尚实践”优良传统，发扬“求实鼎新”的校训精神，肩负新时代崇高使命，为国家发展贡献更大的北科力量。

北京科技大学老教授群体风采——严谨治学 甘为人梯（讲述·弘扬科学家精神）

人民网，2022年7月6日

报道人：吴月

图1至图6分别为章守华、胡正寰、佘永宁、蔡美峰、毛新平、岳清瑞近照。图为王占奎摄，其余均为北京科技大学供图。

4月21日，习近平总书记给北京科技大学的老教授回信，对培养更多高素质人才，促进钢铁产业创新发展、绿色低碳发展提出殷切期望。

此前，北京科技大学的15位老教授给习近平总书记写信，汇报学校70年来的发展情况，表达了为我国钢铁产业高质量发展培养更多高素质人才的坚定决心。

本报记者独家采访老教授，倾听他们为我国钢铁工业发展奉献一生的动人故事，感受他们严谨治学甘为人梯的宝贵精神，呈现他们正在为铸就科技强国、制造强国作出新的更大的贡献……

——编者

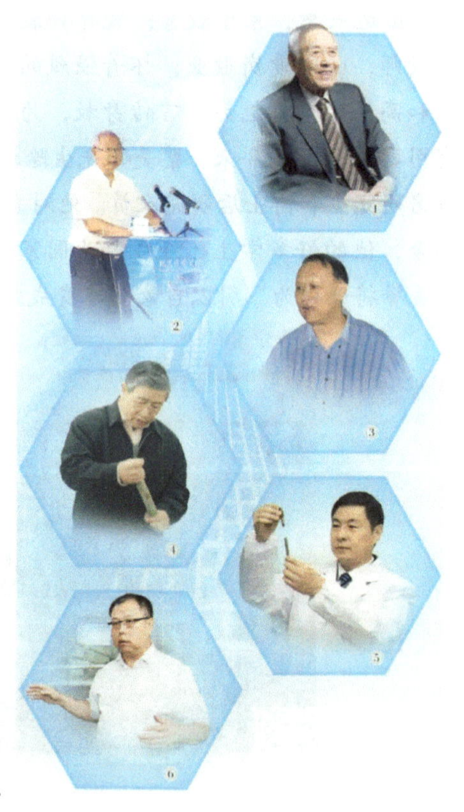

北京科技大学老教授章守华家中的书柜上，摆着一只时钟。指针嘀嗒，留下光阴的痕迹……

出生于1917年的章守华，已过百岁。回顾在北科大的工作过往，他说："我一直工作在教学和科研第一线，大多时间是和年轻教师、学生一起上课、下厂，做研究、编教材。"作为著名的金属材料学家，他为我国材料科学和教育事业作出了卓越贡献。

在时光的流转里，不变的是科学研究、教书育人的热忱。在北科大校园，活跃着许多老教授的身影：88岁的中国工程院院士胡正寰教授，几乎每天都来到学校西北角的国家高效零件轧制研究与推广中心，全身心投入到研究了一辈子的轴类零件轧制技术；79岁的中国工程院院士蔡美峰，依然领衔多个科研项目，办公桌的电脑旁摆满了学生毕业论文、科研资料……

70 年来，北科大一代代师生在“钢铁摇篮”的淬炼中成长，练就一副副“钢筋铁骨”。青丝变白发，老教授们老当益壮、一往无前。

“能够培养国家需要的创新型人才，是我最高兴的事”

1948 年，在海外留学的章守华作出一个重要决定：放弃国外的优越条件和继续攻读博士学位的机会，回国任教。

为适应国家建设需要，1952 年，北京钢铁工业学院（1960 年更名为北京钢铁学院、1988 年更名为北京科技大学）成立，成为新中国成立的第一所钢铁工业高等学府。作为学校目前唯一健在的建校筹备委员会委员，章守华仍记得建校伊始的艰辛：“无风三尺土，下雨两脚泥，上课钻工棚，夜读须秉烛。”

然而，怀着“钢铁报国”的志向，师生们并不觉得苦……担任金相热处理系主任的章守华带领年轻教师们一边教学、一边建设，开设许多专业课程。有学生回忆：“章先生为我们讲授‘钢的热处理’，没有教材，他就边翻译边油印讲义，然后讲给大家听。章先生患有胃病，总是带病坚持上课。”“章先生经常穿一双四眼布鞋，衣着整洁朴实，板书工整。他常常给大家讲述最新的科研信息，开阔了我们的眼界，很受学生欢迎。”

主持创建我国第一个金相热处理专业，主编我国第一本《合金钢》教材，开展超高强度结构钢应用基础研究、为“东方红一号”卫星发射火箭超高强度壳体材料的成功研制奠定学术基础……对章守华来说，为国效力，是内心坚定的追求，“能够培养国家需要的创新型人才，是我最高兴的事。”年逾百岁，他仍坚持工作，心系科研人才培养……

70 年前，章守华为学校筹建奔忙时，18 岁的胡正寰才刚刚踏入大学校园，成为北京钢铁工业学院的第一批学生。“国家建设离不开钢铁，我们必须努力学本领，为我国钢铁事业贡献力量。”胡正寰回忆道。

1958 年，留校工作的胡正寰开始研究轴类零件轧制技术，提出要攻克轧制钢球技术。当时，我国主要通过锻压和铸造的方法生产钢球，而轧制钢球具有生产率高、生产环境好等优点。在学校支持下，胡正寰与同事们满怀激情，经过 100 多天日夜攻关，成功试轧出钢球。那一年，胡正寰只有 24 岁。从此，他与轴类零件轧制结下不解之缘。

“我的毕生追求，就是将轴类零件轧制技术转化为生产力。”胡正寰说。从实验室研究到工业性试验，再到工业生产，60 多年来，他带领团队解决了一系列难题，研发的轴类、球类产品质量不断超越国际同类产品水平。现阶段，团队已在 27 个省份推广高效绿色零件轧制生产线 300 多条、出口国外 18 条；团队研发、企业投产的轴类、球类零件品种达 500 多种，产量超过 600 万 t，应用于汽车、发动机等领域，效益显著；他们首创的楔横轧凸轮轴成形技术被应用于我国大型柴油机厂，每年可实现节材 2 万多吨。

面对困难，如何坚持？面对选择，为何坚守？对于这样的问题，胡正寰的回答只有两个字：初心。“作为党员和科技工作者，就应该将所学努力转化为生产力，服务国家、造福人民。”胡正寰说。

“科学研究要紧密结合生产建设一线，在实践中检验、发展和创新”

“以前，你是搞‘上天’（火箭发射）的，现在要学‘入地’（采矿工程），行吗？”40多年过去，蔡美峰院士仍记得研究生入学面试时岩石力学专家于学馥教授的提问。

“我能吃苦、肯学习，干什么都行！”这是蔡美峰的回答。1978年，他考取北京钢铁学院研究生，攻读采矿工程岩石力学研究方向硕士学位。

当年，我国采矿技术水平相对落后。本科学过工程力学的蔡美峰觉得，自己有责任用包括力学在内的科学理论和技术为提高采矿工程科技水平作贡献。

地应力是存在于地层中的天然应力，测算出准确的地应力是实现采矿和岩土工程开挖设计和决策科学化的必要前提。20世纪80年代，蔡美峰留学海外，专攻地应力测量理论和技术研究。他回忆，地应力测量研究不光耗费脑力，在体力上也是个很大的考验。“试验需要200多块岩石，每块重70多公斤。每天搬上搬下，劳动强度不亚于工地上的建筑工。”

了解地应力状态，离不开现场测量。回国后的第二个月，蔡美峰就开始下矿，工作在第一线，“下井、爬山，蔡老师都跑在最前面。”蔡美峰的学生李长洪回忆，1998年，山东新城金矿主溜井塌方，井边围满工程技术人员，大家都不敢贸然靠前。蔡美峰到现场后，穿上工作服，戴上安全帽，拿起手电筒，就伏在井边仔细观察塌方情况。“深入一线、真抓实干，蔡老师用实际行动教会了我们如何对待科研、如何对待工作。”李长洪说。

在北京科技大学，“学风严谨，崇尚实践”是优良的传统。中国工程院院士、北京科技大学城镇化与城市安全研究院院长岳清瑞亦是践行者。

什么是好的科研？如何运用所学报效祖国？这是岳清瑞反复思考的问题。他率先开展以冶金工业建（构）筑物为代表的建筑可靠性检测鉴定与加固改造技术研发与推广工作，深入武汉钢铁开展工业建筑诊治等一系列基础研究工作。从工业港的原料码头到初轧厂、大型厂，从单层工业厂房到通廊、炉窑和烟囱，足迹遍布武钢的角角落落。

一次，为采集一项重要试验数据，岳清瑞穿着工装，顶着高温，独自一人登上120多米高的烟囱进行检测。炎热的天气、长时间保持不动，工装被汗水浸透，干了湿、湿了又干，脱下时，衣服已然可以“干巴巴”地立在地面！

“虽然苦，但工作取得进展时，那种满足感会让人觉得再苦也值得。”长期的基层一线工作经历，让岳清瑞心中的答案愈发明了：“科学研究要紧密结合生产建设一线，在实践中检验、发展和创新。”

如今，岳清瑞已步入花甲之年，科研报国的脚步仍然笃定……去年，团队牵头申报国家自然科学基金重大项目“重大基础设施服役安全智能诊断研究”获得批准。“我们致力于突破传统服役安全诊断方法的不精准、不及时等瓶颈问题，建立智能诊断基础理论体系，保障重大基础设施服役安全，满足公共安全和防灾减灾的需求。”岳清瑞说。

“教书育人是教师的首要职责，我们不仅要敬业，更要乐业”

自1953年考入北京钢铁工业学院以来，从学生成长为教师，余永宁从未远离过这个校园；88岁的他获得过很多荣誉，国家级教学名师奖是他最珍视的一项。

一本800多页的《材料科学基础》，凝聚了余永宁的毕生教学、科研经验。在北科大，学生们将这本教材叫作“材科基”。不少学生初学时感叹其厚重，视为“天书”，毕业后却小心翼翼地珍藏着……“怀念余老师略带口音的普通话”“敬佩余老师学识的渊博，想念他的可爱和认真”……在网络论坛上，毕业生们表达着对老先生的尊敬和爱戴。

余老师魅力何在？学生们回忆：“严于学问，却没有老学究的死板；德高望重，却没有高高在上的疏离；功底深厚又贴近生活，耄耋之年仍充满年轻人的活力。”纵然年逾八旬，走进课堂的余永宁总是神采奕奕、一丝不苟；课后，他还经常邀请学生到家中做客，探讨学问、谈天说地，“有时还请我们喝咖啡！”

执教60多年来，余永宁从未间断对教学改革的探索：从20世纪60年代的“现场教学”、70年代的“结合课题教学”，到近年的高等工程教育教学改革，他都倾注了大量心血，“教书育人是教师的首要职责，我们不仅要敬业，更要乐业；不仅要教育学生，更要帮助青年成长。”余永宁说。

“子承父业，干钢铁；师从大师，学钢铁；四十载风雨，终身伴钢铁……”中国工程院院士毛新平领衔主讲的“大国钢铁”课，受到了同学们的热捧。为了让学生们更好地理解一代代钢铁人的传承、精神和梦想，他结合自身经历娓娓道来：

“我的父亲是北京钢铁工业学院第一届毕业生，一辈子学一个专业、干一个专业；攻读博士学位期间，我有幸师从殷瑞钰院士，近距离感受老一辈科学家们的科研精神和家国情怀；我从1982年进入当时的武汉钢铁学院学习，一直扎根钢铁行业，未来也将与钢铁为伴……”毛新平说，“我们还需要一批又一批青年学子，继承传统，不懈努力，为实现钢铁强国而奋斗！”

实际上，这不是一门专业课程，而是面向全校学生开设的一门课程，“希望通过开设这门课程，让同学们深入了解中国钢铁工业的过去、现在及未来，从前辈们的手中接过火炬，继续攀登高峰，树立科技报国、科技强国的远大理想。”毛新平说。

甘为人梯、奖掖后进的育人精神，是老教授们的共同品质。不久前，胡正寰、余雪子夫妇，蔡美峰、张贵银夫妇向母校捐款，成立教育基金，支持教育事业发展与人才培养。他们说："国家的发展离不开科学研究，科研成果的价值体现在推动社会发展、行业进步上。祖国的未来要靠青年一代！"这是对母校的感恩和回报，也是对学子们的殷切期待……

"虽然年龄大了，但拼劲不减，我们会一如既往、竭尽全力地为钢铁事业拼搏奋斗、培育新人。我们最大的愿望就是培养更多钢铁事业接班人，为铸就科技强国、制造强国的钢铁脊梁作出新的更大的贡献。"这是老教授们的共同心声……

（李洁、杨阳参与采写）

■记者手记

让传承和坚守熠熠生辉

采访中，记者接触了多位老教授的同事和学生。有人向记者讲述了他们眼中的老教授："遇到科研上的难题，老师总是勉励大家看准方向、坚持下去。""科研之外，老师经常提出到工厂去看看，了解企业生产情况。"这些侧面反映了老教授们潜心研究、重视实践的精神品质。

言传身教，润物无声。在中青年学子身上，记者感受到了这种精神的传承："受老师影响，我现在指导学生时尤其强调选题紧密联系生产实际""做研究不能盲目追逐热点，要肯下数十年磨一剑的苦功夫"……

成就一番事业、锤炼钢筋铁骨，需要精神传承和执着坚守。在这样的传承中，他们的人生更加精彩，愈发熠熠生辉……